# Tourenübersicht

**Bayern**

1 Almbachklamm
2 Gerer Klamm
3 Marxenklamm
4 Wimbachklamm
5 Aschauer Klamm
6 Weißbachschlucht
7 Alpgartensteig

**Flachgau**

8 Aigner Park
9 Trockene Klamm
10 Rosittental
11 Wildkar-Wasserfall
12 Tiefsteinklamm
13 Felssteig zur Schönalm
14 Plötz bei Ebenau
15 Felsenbad in Faistenau
16 Eiskapelle in Hintersee
17 Tiefenbach und Ladenbach
18 Strubklamm bei Ebenau

**Salzkammergut**

19 Plombergstein
20 Zinkenbachklamm
21 Wirersteig
22 Hohenzollern-Wasserfall
23 Rettenbachklamm

**Tennengau**

24 Tauglklamm
25 Schleierfall
26 Kertererbachschlucht
27 Gollinger Wasserfall – Variante Bluntautal
28 Gollinger Wasserfall – Variante Gasteig
29 Bluntau Wasserfall
30 Kehlbach Wasserfall
31 Strubklamm im Tauglboden
32 Salzachklamm (Salzachöfen)
33 Aubachfall
34 Lammerklamm (Lammeröfen)
35 Winnerfall
36 Trickl- und Dachserfall

**Pongau**

37 Blühnbachtal
38 Gainfeldbach-Wasserfall
39 Liechtensteinklamm
40 Rupert-Weissacher-Kamin im Birgkar
41 Wasserfallweg in Bad Hofgastein
42 Gadaunerer Schlucht (Gasteiner Höhenweg)
43 Wasserfallweg in Bad Gastein
44 Kessel-, Schleier- und Bärenfall
45 Johanneswasserfall

**Pinzgau**

46 Innersbachklamm
47 Staubfall in Unken
48 Mayrbergklamm
49 Wasserfallweg Lofer (Oberer Würmbach)
50 Untere Würmbachschlucht (Stegbrückerl)
51 Teufelssteg bei Lofer
52 Thurnlöcher und Martinsschlucht
53 Wildenbachschlucht
54 Strohwollner Schlucht
55 Seisenbergklamm
56 Vorderkaserklamm
57 Birnbachloch
58 Kitzlochklamm
59 Rauriser Urquell
60 Sigmund-Thun-Klamm
61 Piesendorfer Klammweg
62 Schösswendklamm
63 Gamseckfall und Seebachfall
64 Krimmler Wasserfälle

**Lungau**

65 Tennfall
66 Wasserfall im Veitschengraben
67 Gletschermühlen in Mauterndorf
68 Wasserfallboden im Riedingtal
69 Granier- und Ulnwasserfall
70 Wasserweg Leisnitz

1. Auflage

Erlerstraße 10, A-6020 Innsbruck
E-Mail: mail@uvw.at
www.michael-wagner-verlag.at

Umschlag, Layout, Satz und Aufbereitung der Karten: Michael Wagner Verlag/
Maria Strobl – www.gestro.at

Fotos und Kartenvorlagen: Christian Heugl
Karten:
© BEV, CC BY 4.0,
OpenStreetMaps, openstreetmap.org, Open-Database-Lizenz,
opendatacommons.org, creativecommons.org

Bibliografische Information der Deutschen Nationalbibliothek
Die Deutsche Nationalbibliothek verzeichnet diese Publikation in der Deutschen Nationalbibliografie; detaillierte bibliografische Daten sind im Internet über <http://dnb.dnb.de> abrufbar.

ISBN 978-3-7107-6806-4



Gedruckt auf umweltfreundlichem, chlor- und säurefrei gebleichtem Papier.

Hinweis:
Die einzelnen Angaben wurden vom Autor sorgfältig nach bestem Wissen und Gewissen zusammengestellt. Für die Richtigkeit der Angaben kann keinerlei Haftung übernommen werden. Wandern im alpinen Gelände erfolgt stets auf eigene Gefahr. Eine Haftung des Autors oder des Verlages für selbst erlittene oder anderen zugefügte Schäden ist ausgeschlossen.

CHRISTIAN HEUGL

# SALZBURGER WASSER-WANDERUNGEN

## 70 WEGE ZU ERFRISCHENDEN BÄCHEN, KLAMMEN UND WASSERFÄLLEN

Michael Wagner Verlag

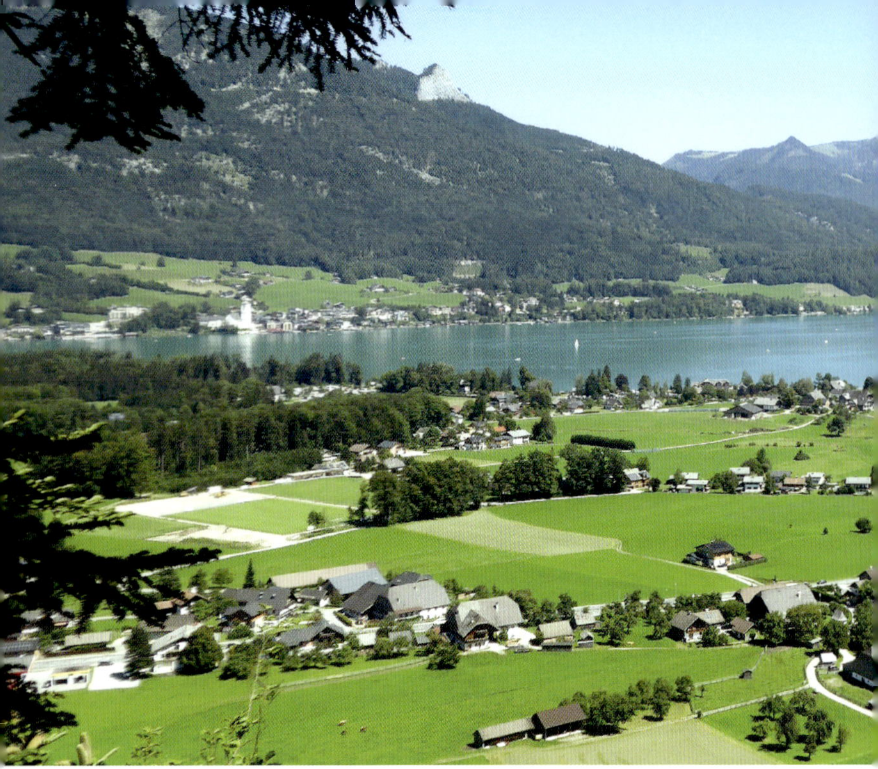

Blick auf St. Wolfgang (links), das Zinkenbach-Delta und Strobl (rechts).

# Vorwort

Die veränderten klimatischen Bedingungen führen auch zu einem veränderten Freizeitverhalten. Sonnige Genussplätze sind nach wie vor gefragt, dazu kommt aber immer häufiger die Suche nach Orten, die Abkühlung versprechen. Unter dem Sonnenschirm am Seestrand könnte das auch gelingen, aber der Bewegungsradius ist, abgesehen vom Abtauchen ins kühle Nass, doch etwas eingeschränkt. Wer sich in den zunehmend heißeren Sommertagen in erfrischend angenehmer Atmosphäre aktiv bewegen will, ist in Klammen, Schluchten und auf kühlen Wasserfallwegen sehr gut aufgehoben. Solche Rückzugsorte zum Durchatmen und Auftanken gibt es in Salzburg und Umgebung in beruhigender Anzahl. Neben den bestens beworbenen Superklammen sind die weniger bekannten Ziele dann die echten Überraschungen. Es warten stille Schönheiten in allen Kategorien, von der langen Drei-Wasserfall-Wanderung nach Sportgastein, bis zu Minivarianten, wie etwa der Strubklamm im Tauglboden, deren smaragdgrüner Verlauf sich so magisch vor den Besuchern auftut. Auch die Wasserfälle überraschen mit einer unglaublichen Vielfalt: einmal überschäumend und am besten mit

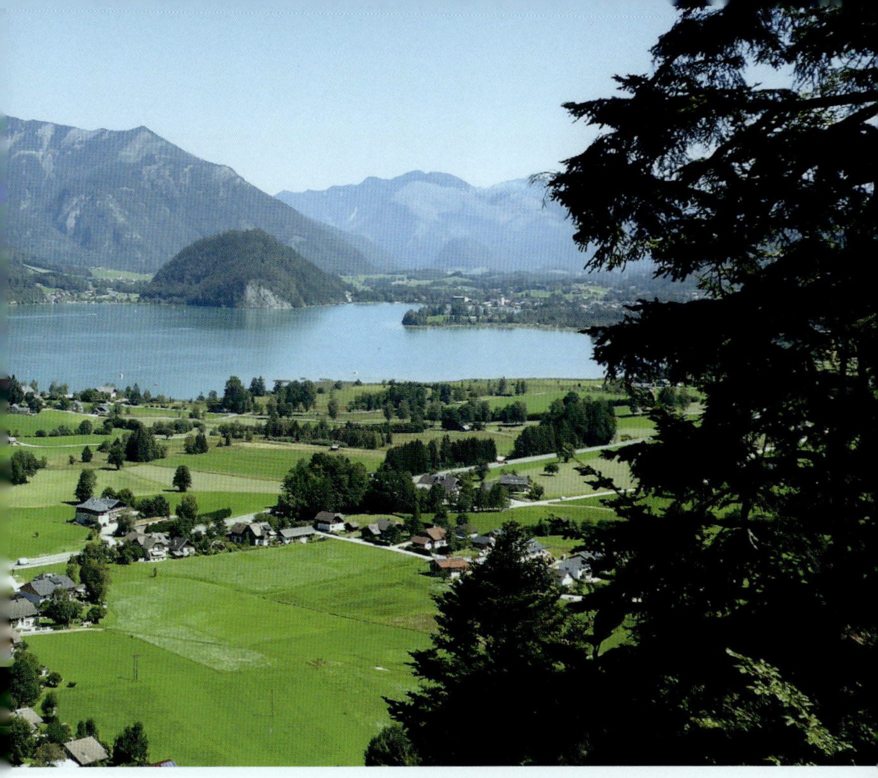

Respektabstand betrachtet, dann wieder feinst gewoben aus einem Vorhang von Millionen winzigen Wassertröpfchen. In diesem Fall empfiehlt es sich sogar länger zu verweilen, dazu auch noch tief durchzuatmen – und schon wird der Sprühnebel mit der hohen Konzentration an negativen Luft-Ionen zur natürlichen Medizin bei Atemwegsbeschwerden und soll eine stimulierende Wirkung auf das Immunsystem haben. Die Kraft der Sonne ist für unsere Energieversorgung extrem wichtig, für die körperliche Leistung ist die sauerstoffreiche, kühle Luft in den Wäldern, den Schluchten und in der Nähe der Gebirgsbäche aber der beste Energielieferant und ein einzigartiges Dopingmittel. Die auf den nächsten Seiten beschriebenen Wege führen zu diesen außergewöhnlichen Orten. Vorsicht, es besteht Suchtgefahr!

Viel Spaß beim Wandern und kommen Sie immer gesund und trocken nach Hause!

Christian Heugl

# Die wichtigsten Begriffe kurz erklärt

Was sind ...

Klammen: Für die Geomorphologen, die sich mit der Gestalt der Erdoberfläche beschäftigen, ist die Klamm die steilste aller Talformen. Charakteristisch sind nahezu senkrechte, teils überhängende Seitenwände. Sehr oft ist der Talboden breiter als die Klammöffnung in der Höhe. Eine Klamm entsteht, wenn sich ein Gewässer über einen langen Zeitraum hinweg in das harte Gestein einschneidet. Durch die geringe Sonneneinstrahlung in den Klammbereichen kommt es zur Ausbildung von speziellen, daran angepassten Lebensformen.

Schluchten: Schluchten und Klammen ähneln sich. Doch während bei der Klamm die Talwände senkrecht oder sogar überhängend verlaufen, gehen die Seitenwände bei einer Schlucht flankenartig steil auseinander. Durch den abgeschrägten Verlauf bieten sie auch andere Angriffs- und Verwitterungsflächen als in der Klamm. Die freiliegenden Gesteinsschichten ermöglichen zudem oft reizvolle Einblicke in die Entstehungsgeschichte der Erde und präsentieren ein geologisches Landschaftsprofil, das von beständigen Veränderungen betroffen ist. Allerdings ensprechen die in der Literatur verwendeten Zuordnungen „Klammen“ und „Schluchten“ oft nicht den tatsächlichen Gegebenheiten, die aus verschiedenen Gründen so bezeichnet wurden.

Wasserfälle: Ganz einfach formuliert entstehen Wasserfälle dann, wenn ein Fließgewässer abschnittsweise in den freien Fall übergeht. Der durchgehende freie Fall ist allerdings eher die Ausnahme, meistens stürzt das Wasser über mehrere Stufen in die Tiefe. Die Entstehung eines Wasserfalls hängt von verschiedenen Faktoren ab, denn eigentlich hat das Fließwasser ja das Bestreben nach „Ausgeglichenheit“. Die Gefällestufen in der Landschaft werden nach Möglichkeit durch Erosion abgeschwächt, das Ziel ist ein ausgleichendes Längsprofil. Diesem Bestreben stehen die unterschiedlich harten Gesteinsarten im Wege. Liegt etwa hartes Untergrundgestein auf einer weicheren Gesteinsschicht auf, bildet sich im Übergangsbereich ein Gumpen, der das härtere Gestein unterspült und der Wasserfall entsteht.

Gumpen: Gumpen sind überwiegend kesselartige Auswaschungen, die im Laufe der Jahrtausende durch die Dynamik der Sturzbäche in den felsigen Untergrund eines Bachbetts erodiert wurden. Oft bilden sich mehrere Gumpen hintereinander und gestalten in der Folge das Bachbett stufenförmig. Dies führt wiederum zur Entstehung von Kaskaden, aus denen sich letztendlich unterschiedlich mächtige Wasserfallstufen entwickeln. Die Bezeichnung

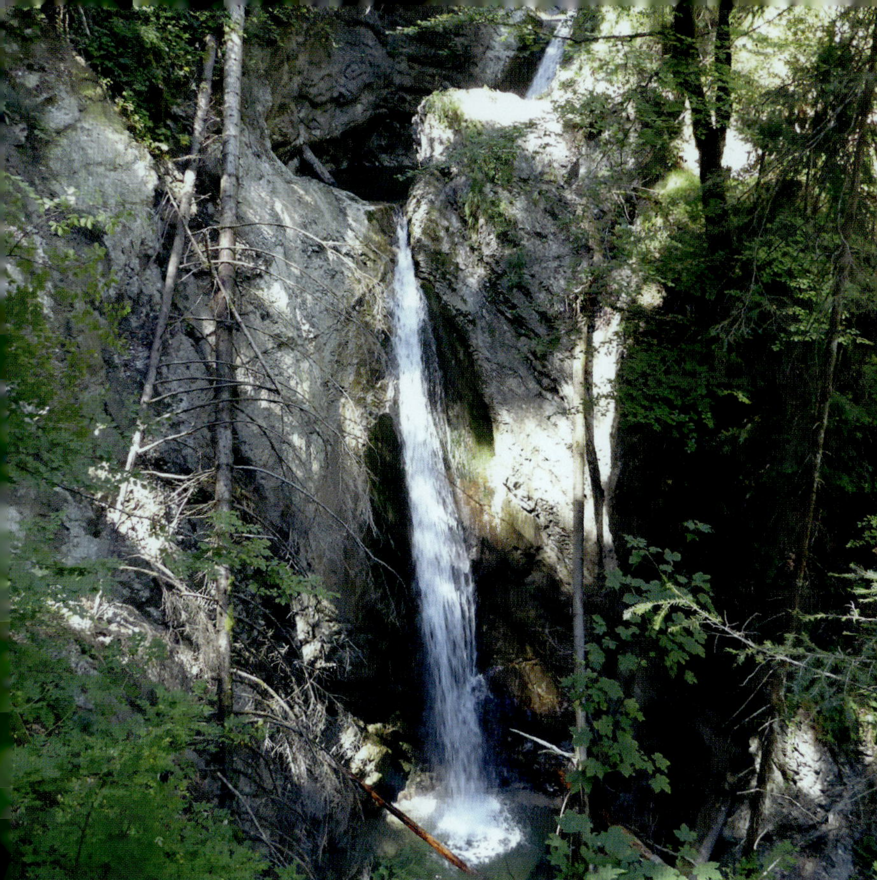

Die kaum bekannte Würmbachschlucht bei Lofer.

Gumpen ist vor allem im österreichischen und bayerischen Sprachgebrauch üblich.

Kolke: Gumpen oder Kolke sind Erosionserscheinungen in Form einer Vertiefung in der Fließgewässersohle. Mitgeführter Sand und Gesteinsbruchstücke schleifen die Gewässersohle aus, in der Folge bilden sich durch Strudel und Wasserwalzen trichter- oder kesselförmige Vertiefungen. Auslöser für die Bildung von Kolken können aber auch bestehende Unregelmäßigkeiten in der Festigkeit des Untergrundes oder Fließhindernisse, wie Baumwurzeln, sein. Ebenso bilden sich Kolke, teils unter hohem Druck, durch fließendes Schmelzwasser unter Gletschern (siehe Gletschertopf).

Gletschermühlen: Durch das von der Gletscheroberfläche abrinnende Schmelzwasser entstehen spiralwandige Hohlformen im Eis. Die mitgeführten Gesteins- und Sandpartikel führen zur weiteren Aushöhlung. Die so

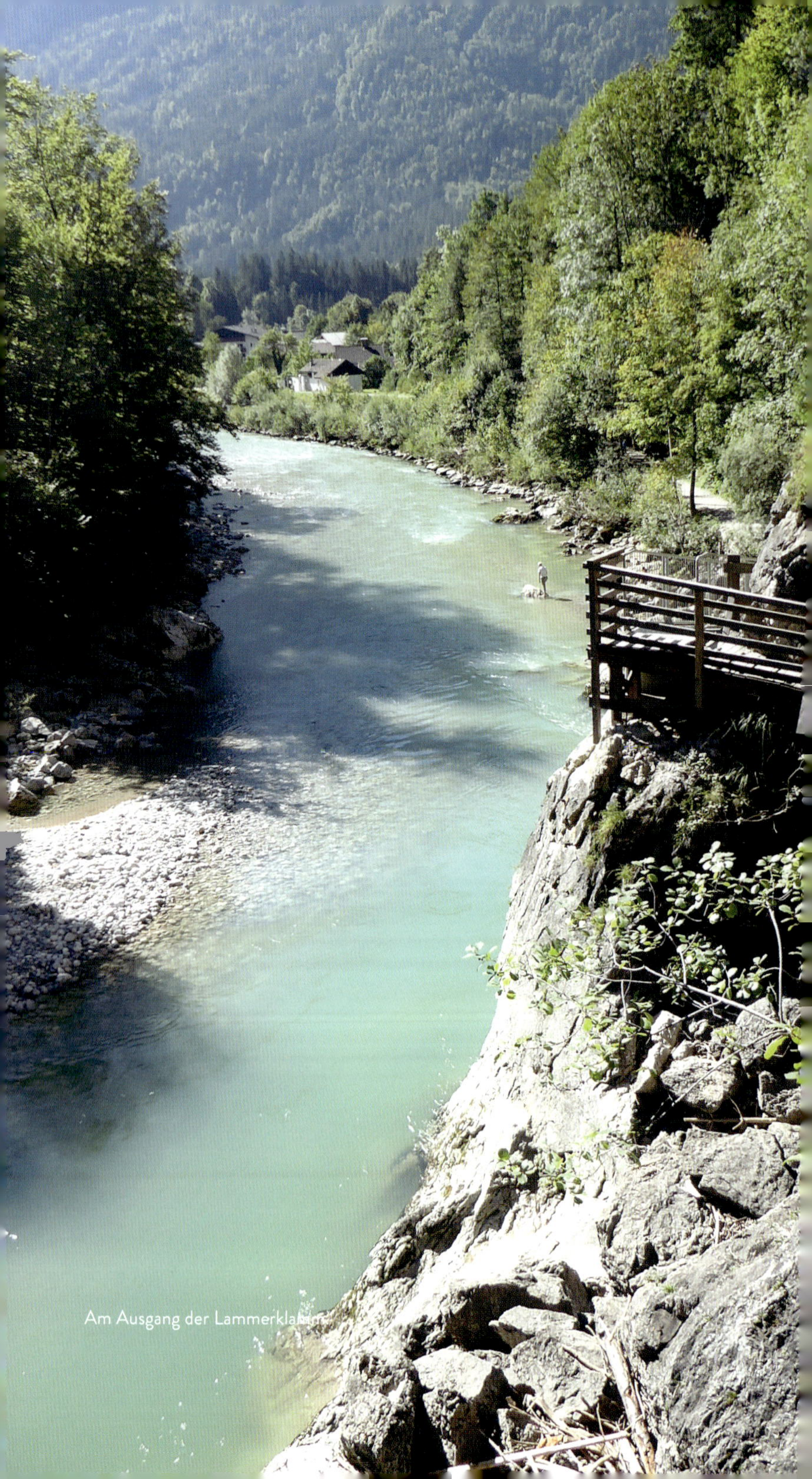

Am Ausgang der Lammerklamm

im Eis entstandenen Gletschermühlen können Durchmesser von bis zu 20 Meter annehmen. Wird der Gletscherboden erreicht, entstehen im felsigen Untergrund als Folge der Gletschermühlen durch Erosion die Gletschertöpfe.

Gletschertöpfe: Gletschertöpfe sind kesselartige Vertiefungen im Felsgestein, die durch fließendes Wasser im Bereich von Gletschereis entstehen oder ursprünglich so entstanden sind. Das Schmelzwasser vereinigt sich zu Strömen und bildet an gewissen Stellen Wirbel. Dabei können Fließgeschwindigkeiten von bis zu 200 km/h entstehen. Der dabei entstehende hohe Druck leistet, in Verbindung mit den mittransportierten Sand- und Kiespartikeln, die hauptsächliche Erosionsarbeit und führt zum topfförmigen Aushöhlen des Felsbettes. Sind die mitgeführten Gesteinsteile härter als der umgebende Fels und bleiben sie über längere Zeit im Strudel- oder Gletschertopf, werden sie nach und nach kugelig geschliffen.

Strudeltöpfe: Strudeltöpfe sind trichterförmige Aushöhlungen im Festgestein des Bachbettes, die durch das Fließwasser entstanden sind. Die mitgebrachten Gesteinsbruchstücke und Sand führen in Zusammenhang mit dem hohen Wasserdruck zur allmählichen Ausweitung der Hohlformen. Sind die Gesteinsteile härter als die Hohlform, nehmen sie im Laufe der Zeit eine kugelige Form an. Die Durchmesser der so entstandenen Töpfe können mehrere Meter, bis zur Größe von Schwimmbassins, erreichen.

Erosionen: Wie tief sich das Wasser in den Felsuntergrund einschneidet, hängt von verschiedenen Ursachen ab. Je nach geologischer Beschaffenheit der Einzugsgebiete werden enorme Gesteinsmassen in den Bächen mittransportiert. Sand, Steine und Geröll sind in jedem Fall ein wirkungsvolles Schleifmaterial, mit dem ein schnell fließendes Gewässer sein Bett beständig eintiefen kann. Dabei gilt, je erosionsbeständiger das Gestein der Bachsohle ist, desto steiler werden die Talwände. Weiches Untergrundgestein hat zur Folge, dass seitlich mehr abtransportiert wird und das Tal verbreitert sich. Schließlich spielen auch noch die Temperaturschwankungen eine Rolle bei den Vorgängen der Erosion: Bei Kälte gefriert Wasser und es kommt zu Frostsprengungen an den steilen Talflanken.

SAC – Schwierigkeitsgrade:
T1: Leichter Talweg
T2: Einfacher Bergweg (blau)
T3: Mittelschwerer Bergweg (rot)
T4: Schwieriger Bergweg (schwarz)
T5 und T6: Alpine Routen mit Kletterstellen

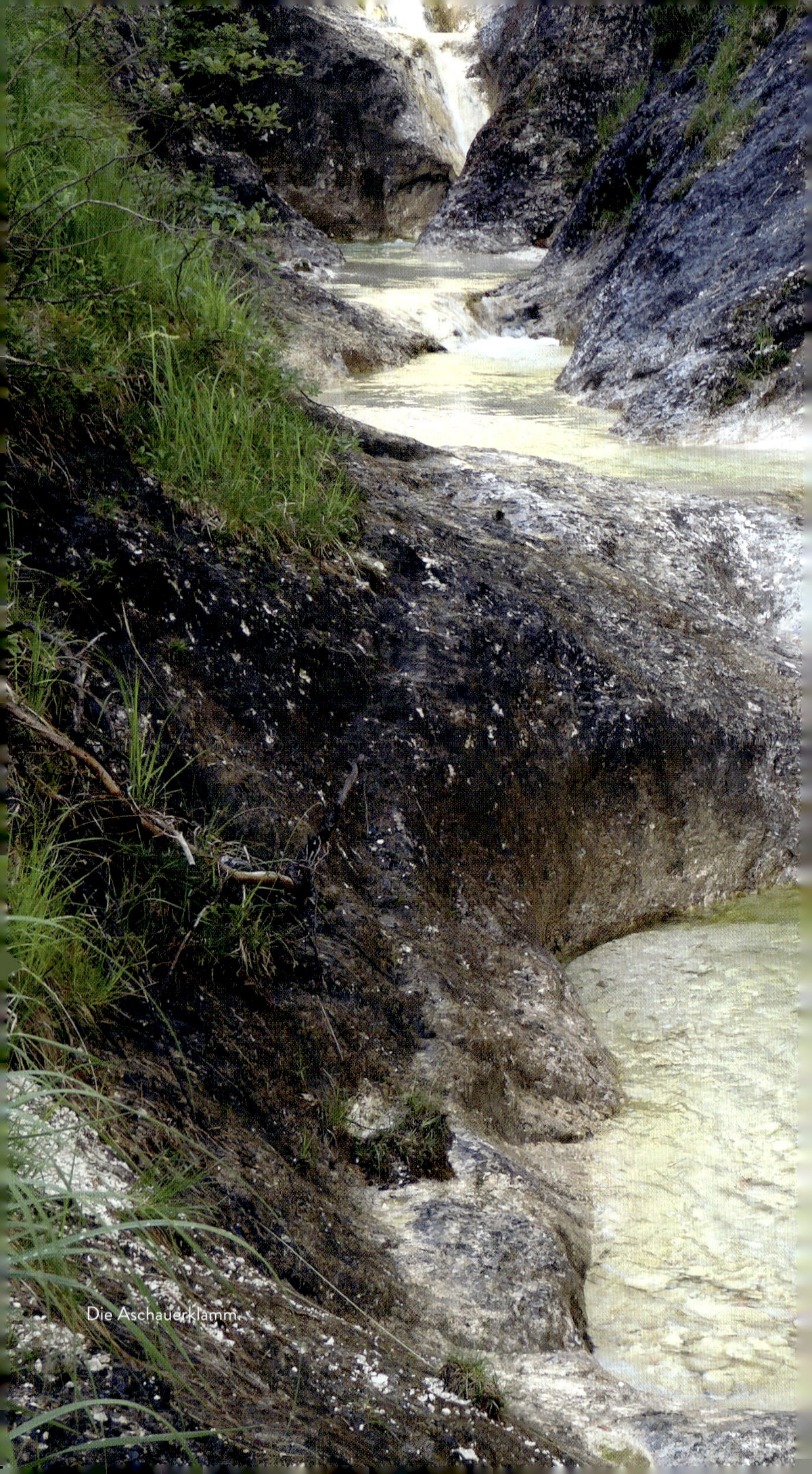

Die Aschauerklamm

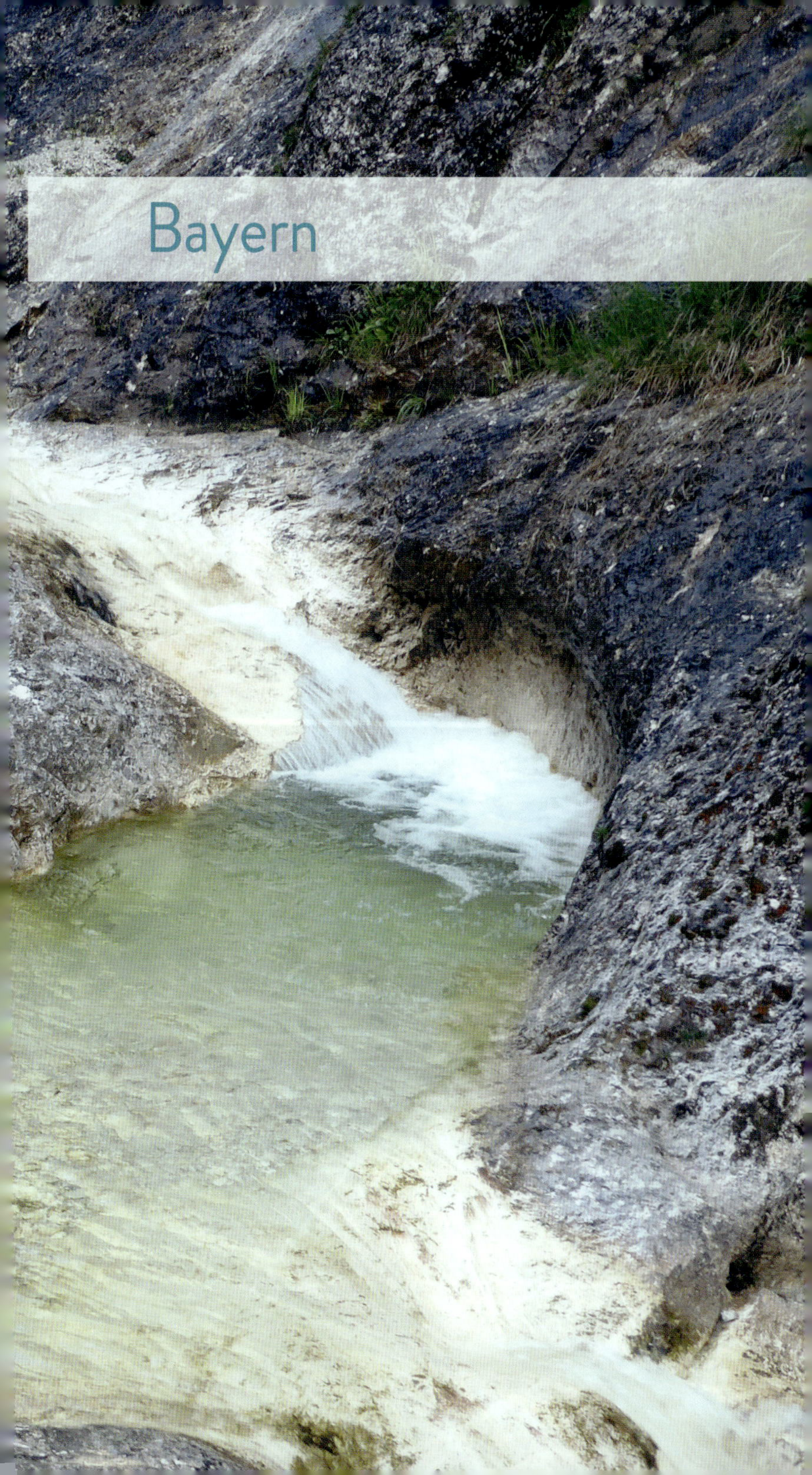

# Bayern

# 1 Almbachklamm

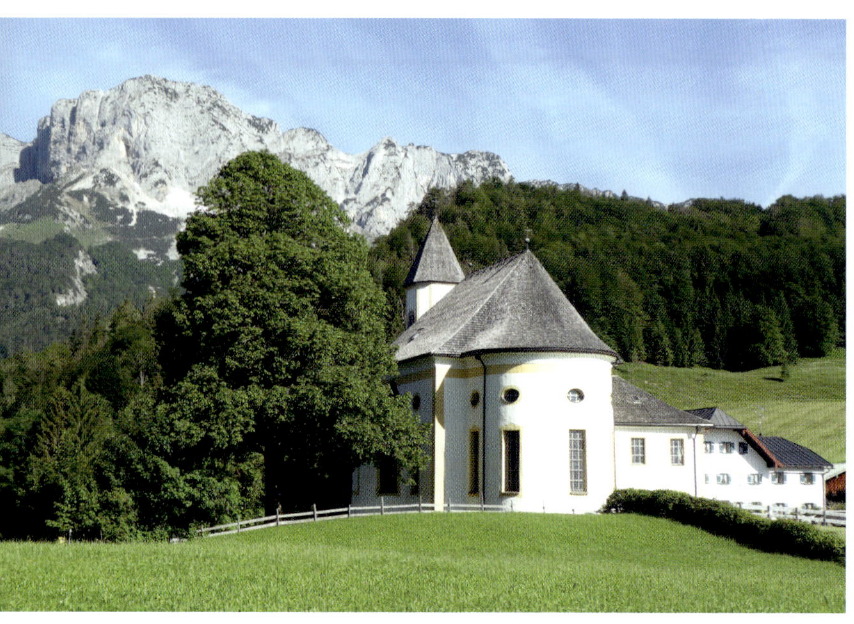

Die Wallfahrtskirche Maria Heimsuchung in Ettenberg vor dem Untersberg.

**Von Marktschellenberg am Fuß des Untersberges durch die Almbachklamm zum Wallfahrtsort Mariä Heimsuchung in Ettenberg.**

Am Fuße des sagenhaften Untersberges gibt es beinahe genauso viele Klammen wie Stätten der Marienverehrung. Der Grund ist einfach: Zwischen diesen faszinierenden Orten bestehen oft starke Verbindungen, weil Licht und Schatten zusammengehören. Aus der Enge des Talbodens hinauf in das strahlende Licht, das mag für die Kirchgänger und Wallfahrer eine genauso eindrucksvolle Erfahrung gewesen sein, wie das die Bergsteiger empfinden, wenn sie ihr Gipfelziel erreichen. Eine Art Läuterung, gepaart mit der großen Freude, es geschafft zu haben.

Die Errichtung der ersten Weganlagen in der Almbachklamm hatte aber wesentlich profanere Gründe. Für die Salzproduktion in den Sudpfannen waren Unmengen an Holz nötig, das im Idealfall aus den nächstgelegenen Wäldern kam. Diese Ressourcen waren bald erschöpft, die Holzeinbringung wurde auf alpine Lagen ausgeweitet. Als Transportwege dienten für die Holztrift geeignete Bergbäche. Weil es oft zu Verklausungen in den Schluchtbächen kam, wurden Triftsteige errichtet, die Vorläufer der heute so beliebten Wanderwege durch die Klammen. Der drei Kilometer lange Steig durch die Almbachklamm wurde im Jahr 1894 in kurzer Bauzeit durch Soldaten instand gesetzt. Dabei wurden ein Tunnel, 29 Brücken und 320 Stufen angelegt, um die 200 m Höhenunterschied zu überwinden.

**Anfahrt PKW:** A 10, Abfahrt Salzburg Süd, Richtung Grödig. Über St. Leonhard, den Grenzübergang Hangenden Stein und Marktschellenberg auf der Deutschen Alpenstraße 7 km bis zur Abzweigung rechts, Almbachklamm.
**Anfahrt Bus & Bahn:** mit Bus 840 ab Salzburg Hbf. (Engelbert-Weiß-Weg) bis Marktschellenberg Abz. Kugelmühle.

**Länge:** 4,3 Kilometer
**Höhenmeter:** 370
**Dauer:** 2 ¾ Stunden
**Schwierigkeit:** T 3
**Öffnungszeiten:**
Mai–Oktober, 9–18 Uhr
www.berchtesgaden.de/almbachklamm

**Gastronomie:** Gasthof Kugelmühle, www.gasthaus-kugelmuehle.de

**Reizvoll:** durch die dunkle Klamm in den strahlenden Wallfahrtsort Ettenberg

**Tipp:** Marmorkugeln als Mitbringsel von einer der letzten von ehemals vielen Hundert Kugelmühlen in Bayern am Beginn der Almbachklamm

**Geologie:** Das häufigste Gestein im Klammbereich ist der helle Ramsaudolomit. Durch den hohen Magnesiumanteil hat der eng mit dem Kalk verwandte Dolomit harte und spröde Eigenschaften,

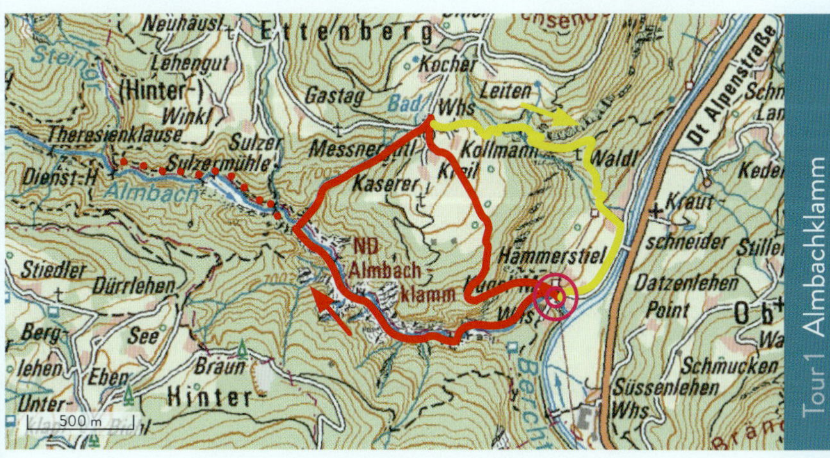

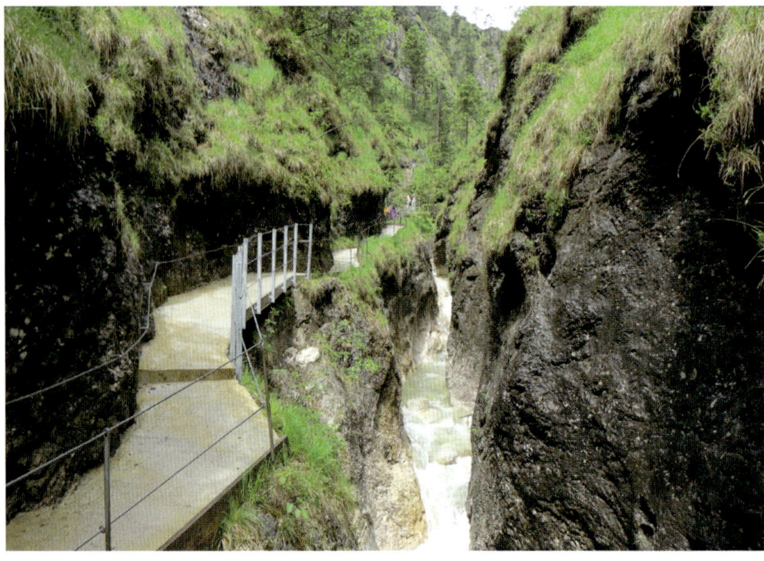

Der untere Abschnitt der Almbachklamm.

die seine Verkarstung verhindern. Dolomit ist allerdings für mechanische Verwitterung anfällig: Wasser sprengt das Gestein beim Gefrieren, Schuttbildung ist die Folge. Am Beginn der Klamm treten tonig-sandige Werfener Schichten auf. Je weiter der Weg klammaufwärts in die Höhe führt, werden diese mergeliger und kalkiger, bis die Gesteinsschicht schließlich ohne scharfe Grenze in den Dolomit übergeht.

**Schutzstatus:** Naturdenkmal und „wertvolles Geotop"

**Weitere Touren:** Hintergern – Dürlehen – Theresienklause (3 Std., T 3). Kneifelspitze (3 Std., T 3)- Scheibenkaser (4 Std., T 3). Laroswacht (1 ½ Std., T 1).

**Der Weg**

Ausgangspunkt ist der Parkplatz vor dem Klammeingang. Über einen Holzsteg wird der Almbach überquert, auf der anderen Uferseite werden die Besucher von der Kugelmühle und vom dahinterliegenden Gastgarten empfangen. Wunderschön gemusterte Marmorkugeln in allen Größen und Preislagen sind beim Kiosk erhältlich, dann geht es aber wirklich am Kassagebäude vorbei in die Almbachklamm. Zu Beginn noch weitläufiger und mit einigen Einstiegsmöglichkeiten im Uferbereich versehen, verengt sich der Klammbereich mit zunehmender Dauer. Damit einhergehend entwickelt der quasi kanalisierte Durchfluss ein gewaltiges Kraftpotential, das sich auch in den mächtigen, oft kreisrunden Auswaschungen niederschlägt. Der dicht an der Felswand verlaufende Steg bewegt sich nun weit oberhalb der tosenden Wassermassen, an ein erfrischendes Fußbad ist jetzt nicht mehr zu denken. Dafür ergeben sich tolle Fotomotive und an manchen Stellen ein feiner Sprühnebel, dem eine heilbringende Wirkung nachgesagt wird. Nach einer kurzweiligen Gehstunde zweigt der Weg nach Maria Ettenberg nach rechts ab. Sehr lohnend ist zuvor noch der ein Kilometer lange Abstecher am 100 Meter hohen Sulzer Wasserfall vorbei an das Ende der Klamm zur Theresienklause. Mit einer Flutwelle aus 15.000 Kubikmetern Wasser wurden bis 1963 Holzstämme durch die Klamm getriftet – nicht immer zum Vorteil der Flora und Fauna.

Der 40-minütige Steig hinauf nach Maria Ettenberg ist steil, an manchen Stellen auch rutschig, dann aber sind die Wallfahrtskirche Mariä Heimsuchung, der Mesnerwirt vis-a-vis oder das sonnige Hochplateau traumhafte Plätze zum Durchatmen und Rasten.

Für den dreiviertelstündigen Abstieg bieten sich zwei gleich anspruchsvolle Varianten an: entweder von der Kirche genau südwärts auf dem Wiesenweg am schönen Hof vorbei über die „Hammerstielwand", oder vom Mesnerwirt zur nahen Kreuzwegkapelle, wo der „Gatterlweg" nach links abzweigt (in der Karte gelb). Beide Varianten sind gut versicherte alpine Steige, die Trittsicherheit und Schwindelfreiheit erfordern.

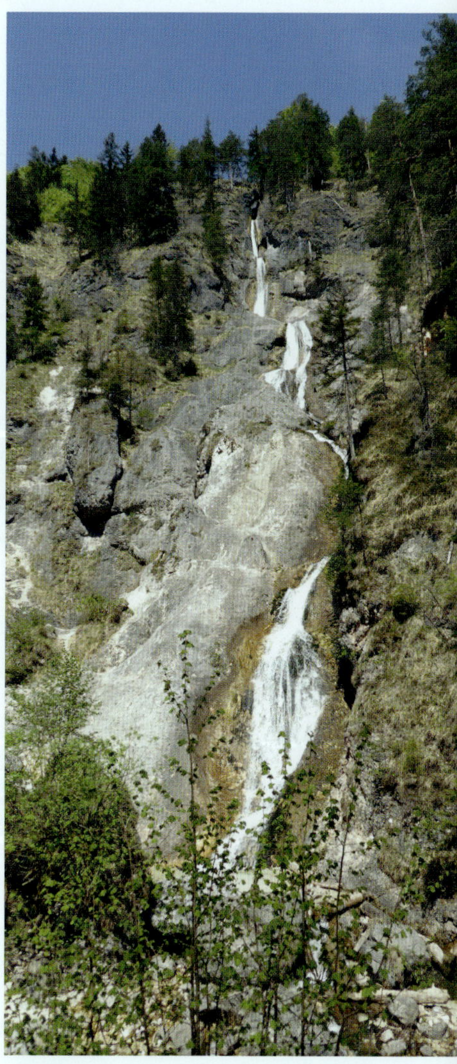

Der Sulzer Wasserfall in der Almbachklamm.

# 2 Gerer Klamm

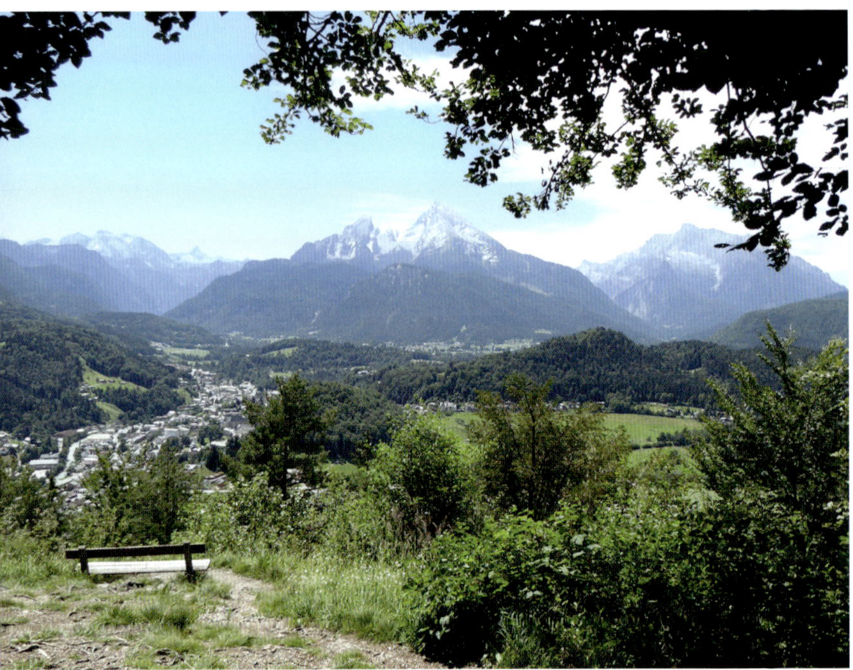

Blick von der Marxenhöhe Richtung Watzmann.

Durch die Enge der Klamm hinauf in das Licht zur Wallfahrtskirche Maria Gern am Fuß des Untersberges.

Der besondere Reiz von Maria Gern ist die harmonische Verbindung von Natur- und Kulturlandschaft. Der allgegenwärtige Untersberg, der recht unterschiedlich breite Gerer-Graben und die steilen Wiesen bilden den Hintergrund, die berühmte Wallfahrtskirche, der Wirt, das alte Mesnerhaus und die jahrhundertealten Höfe sind der Vordergrund. Alles steht wohlüberlegt am rechten Platz und ergibt ein wunderbar gefälliges Gesamtbild. Interessant dabei ist, dass die Gastwirtschaft noch um 1800 zugleich auch Mesnerhaus, Bierschenke und Schulhaus war. Das Treiben im Mehrzweckraum, in dem das Bier ausgeschenkt wurde und zugleich der Unterricht stattfand, stieß bald auf Kritik und musste verändert werden. Im Jahr 1869 wurde eine eigene Schule errichtet, die 100 Jahre später wieder geschlossen wurde. Bis 1971 war Maria Gern eine eigene Gemeinde, seither gehört sie zur Kommune Berchtesgaden. Ganz klar, dass sich in der Abgeschiedenheit des Hochtales auch besonderes Brauchtum entwickelt hat, wie etwa das Buttnmandllaufen am 24. Dezember jeden Jahres. Mit viel Lärm und wilden Tänzen vertreiben die in langes Stroh eingebundenen „Mandln“ (Männern) den Winter.

**Anfahrt PKW:** A 10, Abfahrt Salzburg Süd, auf B 160 über den Grenzübergang Hangenden Stein in St. Leonhard bei Grödig nach Marktschellenberg und 7 km weiter nach Berchtesgaden. Am Ortsanfang nach rechts Richtung Obergern abzweigen, oder gleich auf dem Parkplatz des Salzbergwerks Berchtesgaden stehen bleiben (Variante 2).

**Anfahrt Bus & Bahn:** Bus 840 ab Salzburg Hbf. (E.-Weiß-Weg) Haltestelle Berchtesgaden Salzbergwerk.

**Länge (über Marxenhöhe):** 6,4 Kilometer
**Höhenmeter:** 350
**Dauer:** 2 ¼ Stunden
**Schwierigkeit:** T 2

**Gastronomie:** Gasthaus Maria Gern, neben der Wallfahrtskirche, www.mariagern.de

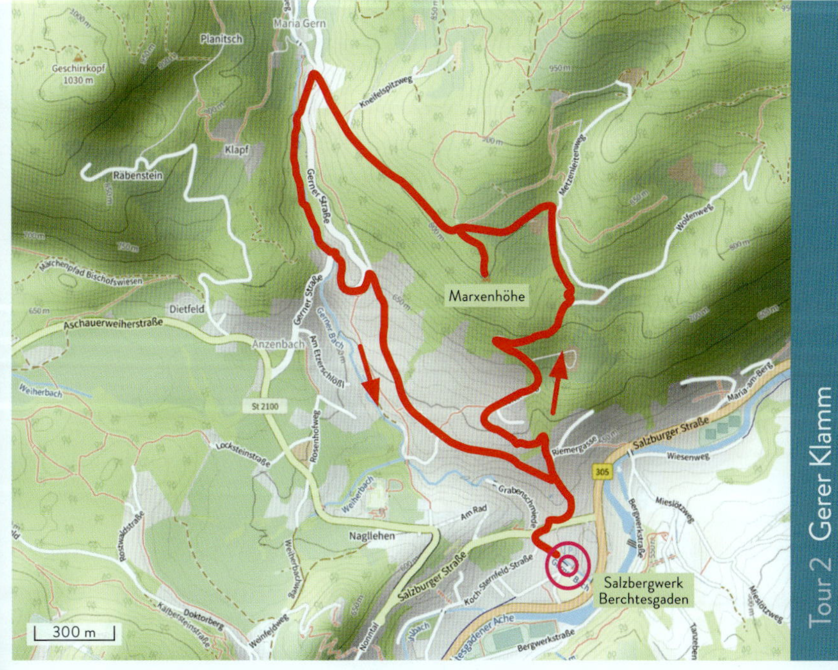


Tour 2 Gerer Klamm

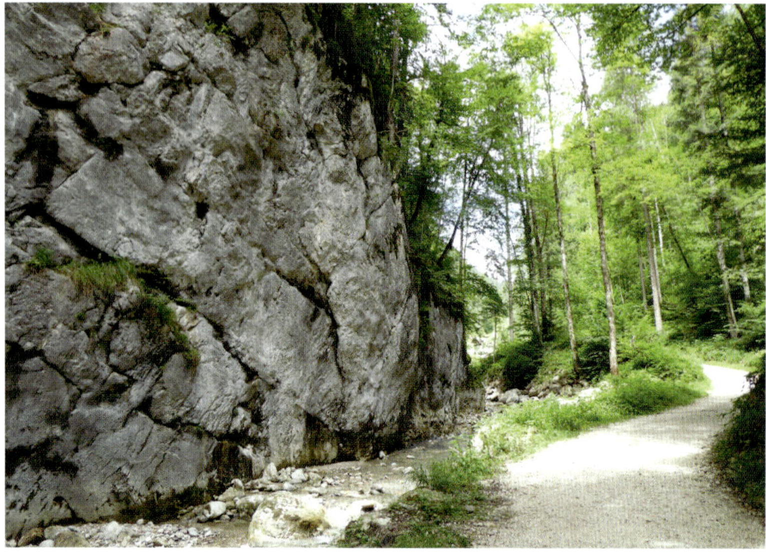

Der Weg durch die Gerer Klamm.

**Reizvoll:** großartige Ensemble-Wirkung in Maria Gern

**Tipp:** Besuch im Salzbergwerk Berchtesgaden, www.salzbergwerk.de

**Geologie:** Der für die Klammbildung verantwortliche Gerner oder Gerer Bach entsteht aus verschiedenen Zuflüssen am Südfuß des Untersberges. Die geologischen Verhältnisse schaffen Verengungen im Bachverlauf oberhalb, vor allem aber unterhalb der Wallfahrtskirche Maria Gern. Dort hat der Gerer Bach bei Hochwasserereignissen die höchste zerstörerische Kraft. In regelmäßigen Abständen muss daher die Steganlage mit den beiden Brücken saniert werden. An seiner kurzen Fließstrecke von rund fünf Kilometern liegen die Berchtesgadener Ortsteile Vordergern, Hintergern, Obergern sowie „Am Etzerschlössl".

**Schutzstatus:** Landschaftsschutzgebiet

**Weitere Touren:** Maria Gern Parkplatz – Kneifelspitze – Rundwanderung (ges. 3 Std., T 2). Maria Gern Parkplatz – Gerer Höhenweg (ges. 3 Std., T 2).

### Der Weg

**Variante 1 – Parkplatz Maria Gern:** Der kürzeste Weg in die Gerer Klamm folgt vom Parkplatz unterhalb der Wallfahrtskirche Maria Gern ganz einfach dem Gerer Bach talwärts. Nach wenigen Minuten ist die Weganlage durch den engen Graben erreicht, die nach dem großen Unwetter 1998 und auch in den Folgejahren immer wieder gänzlich erneuert werden musste.

**Variante 2 – Über die Marxenhöhe:** Startpunkt ist der große Parkplatz Salzbergwerk Berchtesgaden an der Abzweigung der Salzburger Straße nach Maria Gern. Von dieser Auffahrt zweigt nach 100 Metern der Metzenleitenweg nach rechts ab, dem die angeschriebene Richtung „Marxenhöhe" 1,5 km lang folgt. Ein steiler Ziehweg führt nun nach links zum herrlich gelegenen Marxenlehen hinauf. Leider fehlt hier das Wegschild Marxenhöhe, die Route umgeht das Lehen über die Hauszufahrt auf der linken Seite. Ein schöner Feldweg verläuft zu einer Weggabelung, der Aussichtspunkt Marxenhöhe liegt 10 Minuten weiter südlich. Wieder bei der Gabelung führt die Route in weiteren 20 Minuten, zuerst flach, dann steil talwärts zur Wallfahrtskirche Maria Gern. Entlang der Zufahrt wenige Meter talauswärts, zweigt dann der Abstieg in die Gerer Klamm nach rechts ab. Am Ende der Klamm verläuft die Route entlang der Zufahrt am Cafe Etzerfelsen vorbei nach links und gleich wieder auf den Fußweg nach rechts. Der letzte Abschnitt folgt dem Bachverlauf, bis die Richtung Salzbergwerk nach links abzweigt und in den bereits bekannten Metzenleitenweg einmündet.

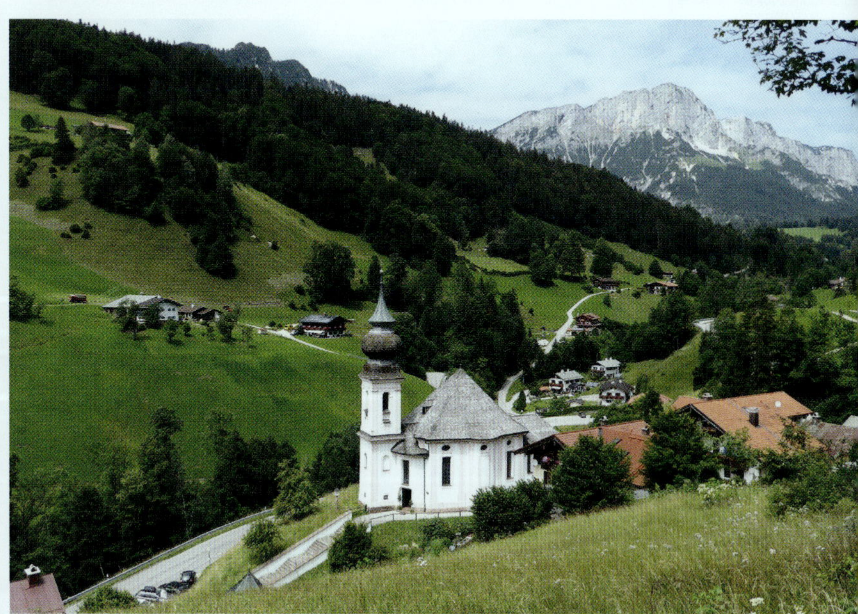

Die barocke Wallfahrtskirche Maria Gern mit dem Untersberg im Hintergrund.

# 3 Marxenklamm

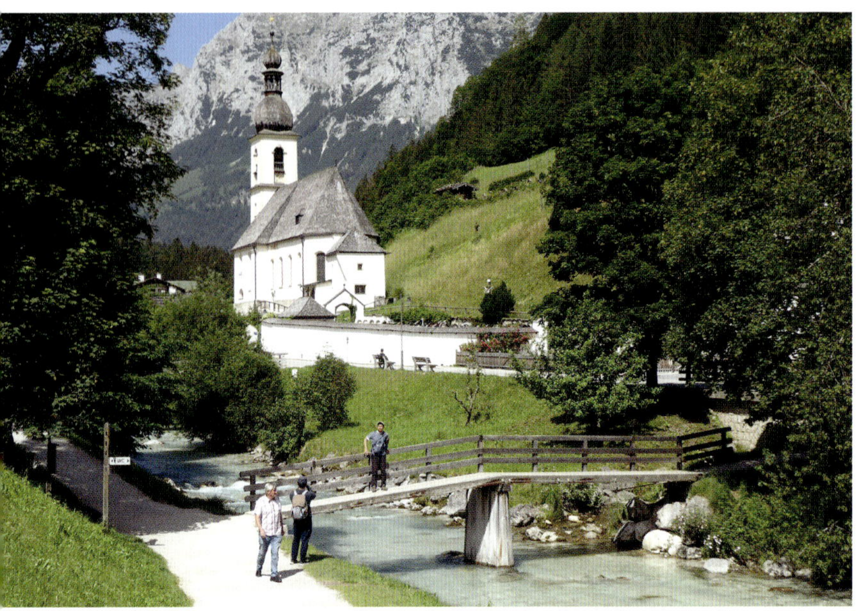

Das idyllisch gelegene Bergsteigerdorf Ramsau.

**Von der bayerischen Ramsau entlang der Ache zur Marxenklamm am Eingang in den mystischen Zauberwald.**

Eine Störung muss nicht immer negative Folgen haben. Die Marxenklamm ist durch eine Störungszone entstanden, die sich zwischen den großen geologischen Einheiten Lattengebirge und Reiteralpe auf der Nordseite sowie Watzmann und Hochkalter südlich davon gebildet hat. Auch die Maler der Romantik haben ihre helle Freude an dieser wild-dramatisch gestörten Landschaft, die sie mit mehr oder weniger phantasievollen Ergänzungen bildhaft umgesetzt haben. Darunter sind auch ungewollt wertvolle Zeitdokumente, wie jenes Gemälde von Ferdinand Waldmüller (1793–1865), das den Blaueisgletscher im Hochkaltermassiv in beeindruckender Größe zeigt. Der jetzige Zustand deutet auf ein nahendes Ende des „Ewigen Eises" hin. Von dieser Seite sind übrigens vor rund 3500 Jahren jene unvorstellbaren 15 Millionen Kubikmeter Gestein in das Tal gedonnert, die zur Bildung des heute so beliebten Zauberwalds und in weiterer Folge durch die aufstauende Wirkung auch zur Vergrößerung des Hintersees führten. Heute werden diese beeindruckenden Naturdenkmäler millionenfach über die diversen Kanäle weitergeschickt, vor knapp 200 Jahren übernahmen die talentierten Landschaftsmaler diese Aufgabe. Diesen berühmten Künstlern der Wiener und Münchner Malerschulen ist ein Themenweg gewidmet. In loser Abfolge sind vor den beliebtesten Motiven Staffeleien mit den Kopien der „alten Meister" aufgestellt.

Die Marxenklamm selbst ist 140 Meter lang, sie liegt direkt neben der Zufahrt in den etwas unterhalb beginnenden Zauberwald und kann von einer spektakulären Brücke aus ideal betrachtet und abgelichtet werden. Ein Vorläufer dieser luftigen Stahlkonstruktion wurde bereits 1908 vom Verschönerungsverein Ramsau errichtet.

**Anfahrt PKW:** A 10, Abfahrt Salzburg Süd. Auf B 160 und B 305 über St. Leonhard und Berchtesgaden nach Ramsau. Gebührenpflichtige Parkplätze im Ort.
**Bus & Bahn:** ab Berchtesgaden Hbf. (Busbahnhof) mit Bus 847 bis Haltestelle Ramsau Kirche oder Ramsau Marxenbrücke.

**Länge (Ramsau – Marxenklamm und retour):** 4,6 Kilometer
**Höhenmeter:** 80
**Dauer:** 1 ½ Stunden
**Schwierigkeit:** T 1

**Reizvoll:** nicht nur die Klamm selbst, sondern auch am Hinweg (Ramsauer Mühlsteinweg) periodisch auftretende Gletscherquellen

**Tipp:** Von der Marxenklamm 10 Min. flussaufwärts befindet sich bei der Oberlmühle ein originelles, durch Wasserkraft betriebenes mechanisches Theater mit entzückenden Zwergendarstellungen.

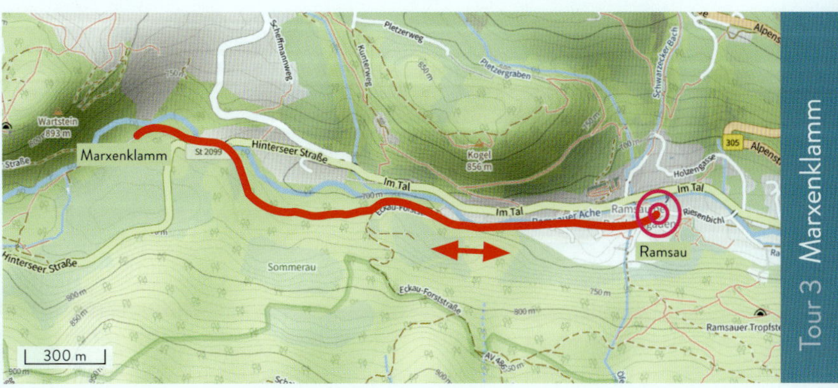

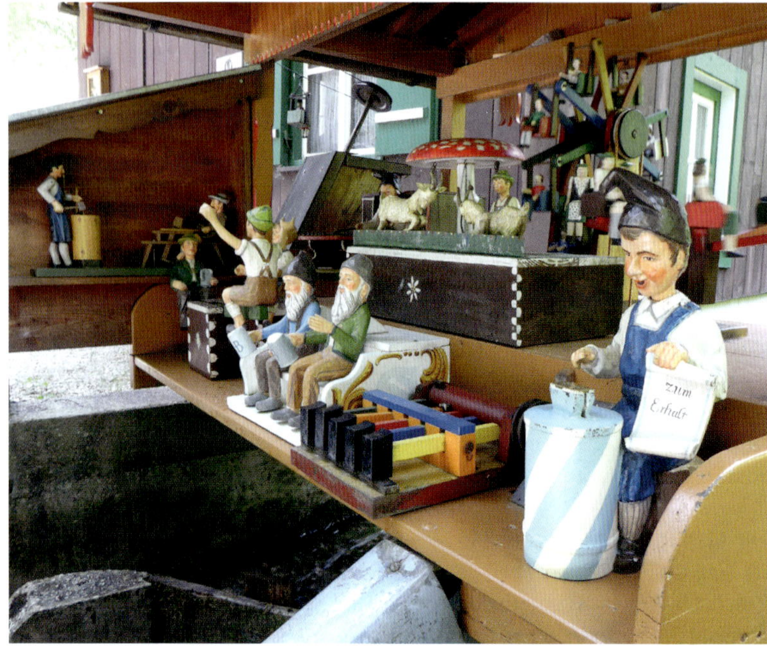

Das mechanische Puppentheater. Eine nette „Spielerei“ am Weg in die Marxenklamm.

**Geologie:** Die Marxenklamm ist durch das Zusammentreffen verschiedener geologischer Einheiten auf engstem Raum und der daraus resultierenden Störungszone entstanden: Dachsteinkalk auf der Süd- und die ältere Werfener Schicht auf der Nordseite. Die Ramsauer Ache hat sich entlang dieser Linie ihren Weg gebahnt. An den Wänden der Marxenklamm sind charakteristische Kolke zu sehen. Sie entstehen durch starke Verwirbelungen des fließenden Wassers und durch die darin mitgeführten winzigen Steinchen. Die Geröllteile am Boden sind größer, auch sie verursachen die Bildung von mächtigeren Kolken und Gumpen. Das Gesteinsmaterial stammt von der Reiteralpe und wird bei Starkregenereignissen zuerst durch den Klausbach, dann durch den Hintersee und weiter durch die Klamm transportiert. Die Klamm ist von einem schmalen Schluchtenwaldgürtel umgeben, südwärts dahinter beginnen die steilen Felder der Landwirtschaften.

**Schutzstatus:** Naturdenkmal

**Weitere Touren:** Rundweg Zauberwald ab Marxenklamm oder ab PP Zauberwald (1 Std., T 2). Rundweg Hintersee, verschiedene Ausgangspunkte (1 Std., T 1).
Alle drei Routen können auch bestens

miteinander verbunden werden. Eventuell mit Rückfahrt Bus 847.

## Der Weg

Die Marxenklamm befindet sich zwei Kilometer nach der Ortschaft Ramsau in Richtung Hintersee direkt an der Hinterseer Straße. Gleich nach der Marxenbrücke zweigt die Zufahrt zur Klamm nach rechts ab. Wesentlich genussvoller und interessanter ist der zwei Kilometer lange Fußweg, der im Ort Ramsau beginnt und entlang der Ramsauer Ache zur Klamm führt. Die Strecke ist ein Teil des Ramsauer Mühlsteinweges. Info-Tafeln versorgen die Wanderer mit wissenswerten Details und die auf Staffeleien präsentierten Gemälde zeigen die Region aus der Sicht der berühmtesten Landschaftsmaler des 19. Jahrhunderts. Ein guter Einstiegspunkt befindet sich unterhalb der malerischen Kirche von Ramsau. Über die Holzbrücke gelangen wir auf die andere Uferseite. Auf halber Strecke führt der bequeme Fußweg an Gletscherquellen vorbei, die, abhängig von Niederschlägen und Schmelzvorgängen, in zeitlich unterschiedlich starker Schüttung aus dem bemoosten Blockfeld ans Tageslicht treten. Ein Kiosk sorgt dazu für ein kleines kulinarisches Angebot. Der Fußweg zur Marxenklamm dauert eine gute halbe Stunde, eine Fortsetzung in den anschließenden Zauberwald ist natürlich möglich und lohnend.

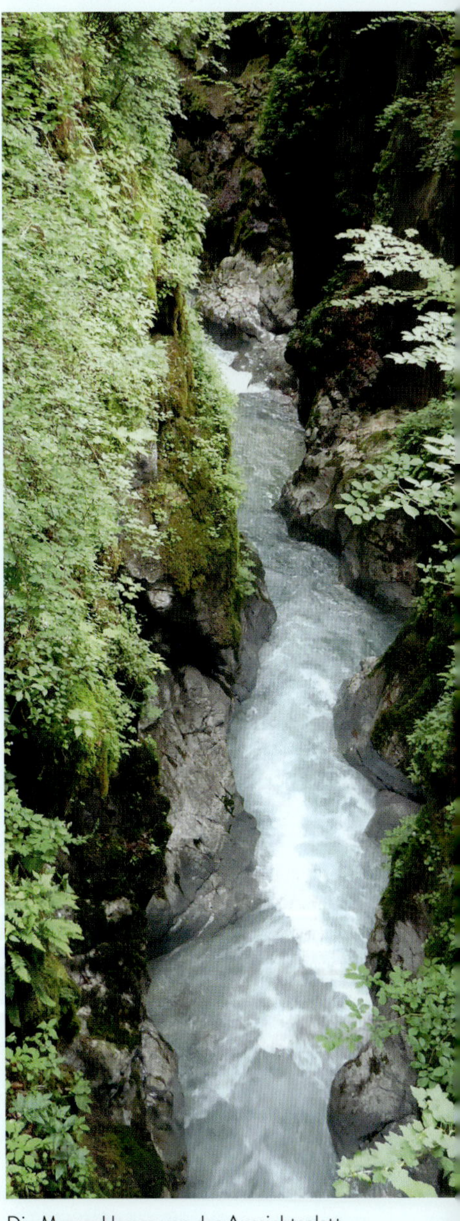

Die Marxenklamm von der Aussichtsplattform aus betrachtet.

# 4 Wimbachklamm

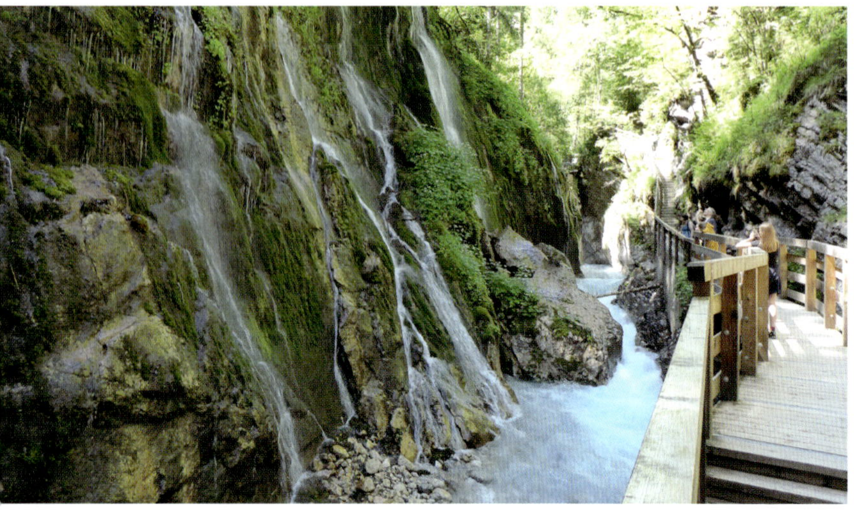

Schichtquellenaustritte in der Wimbachklamm.

Gut 4000 Tonnen Geschiebe und rund 80.000 Besucher durchqueren jährlich die faszinierende Klamm.

Die Enge der tief eingeschnittenen Klamm steht im starken Gegensatz zum riesigen Schotterfeld, Gries genannt, das sich im Oberlauf des Tales erstreckt. Der Weg durch die Klamm wurde als Triftsteig angelegt, um die geschlagenen Holzstämme in gefährlichen und aufwändigen Aktionen vor Verklausungen zu bewahren. Bis 1843 wurde auf diese Weise Brennholz für die Saline in Berchtesgaden transportiert, danach wurde die Holztrift eingestellt. Bereits ab 1847 wurden die Stege nach Sicherungsarbeiten für die Öffentlichkeit zugänglich gemacht und somit touristisch genutzt. Seit 1927 betreut die Gemeinde Ramsau die Klamm, damals wurden schon 40.000 Besucher gezählt, heute sind es etwa doppelt so viele.

**Anfahrt PKW:** A 10, Abfahrt Salzburg Süd. Auf B 160 und B 305 über St. Leonhard und Berchtesgaden nach Ramsau. Gebührenpflichtige Parkplätze im Ort.
**Bus & Bahn:** ab Berchtesgaden Hbf. (Busbahnhof) mit Bus 847 bis Haltestelle Ramsau Kirche oder Ramsau Wimbachbrücke.

**Länge (Ramsau – Wimbachklamm und retour):** 6 Kilometer
**Höhenmeter:** 120
**Dauer:** 2 Stunden
**Schwierigkeit:** T 1

**Öffnungszeiten:**
1. Mai–31. Oktober, 7–19 Uhr
www.berchtesgaden.de/wimbachklamm

**Gastronomie:** Wirtshaus Hocheck, www.wirtshaus-hocheck.de
Berggaststätte Wimbachschloss, www.wimbachschloss-ramsau.de

**Reizvoll:** Zahlreiche Schichtquellen treten entlang der Bankungen auf der Ostseite der Klamm ans Tageslicht.

**Tipp:** regionale Spezialitäten in „Wimbach's Wollstadel" am Taleingang, wo auch die Eintrittsjetons für die Klamm erhältlich sind

**Geologie:** Der geologische Aufbau der kurzen Klamm führt, ausgelöst durch die gekippte Lagerung der Gesteinsschichten, immer tiefer in das Erdzeitalter. Am Beginn der Klamm steht Radiolarit, es folgen Rotstein-, Knollen- und Hornsteinkalke. Am oberen Ende der Klamm tritt der Dachsteinkalk in Erscheinung, der dann mit einer Mächtigkeit von gut 1000 Metern das beherrschende Gestein von Watzmann und Hochkalter wird. Der Dachsteinkalk hat sich in einem Zeitraum von 20 Millionen Jahren als Ablagerung im flachen Meer gebildet, daher lassen sich viele Versteinerungen, wie Muscheln, in der Klammwand und weiter oberhalb entdecken. An den Bankungen der Liaskalke auf der Ostsei-

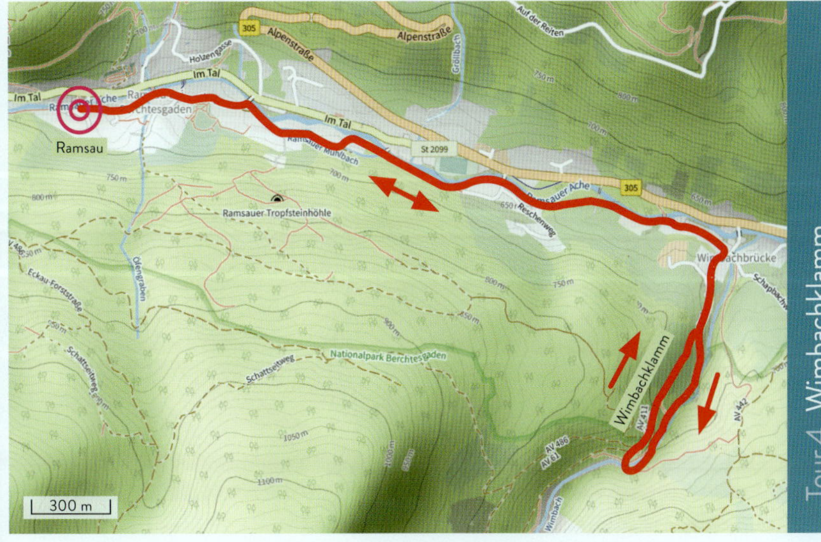

te der Klamm (links) treten zahlreiche Schichtquellen auf. Zu sehen sind auch einige gewaltige Strudellöcher.

**Schutzstatus:** Natura-2000-Gebiet

**Weitere Touren:** PP Wimbachbrücke – Wimbachklamm – Wimbachschloss (Einkehrstation) – Wimbachgries – Wimbachgrieshütte (T 1, einfache Strecke 2,5 Std., 8 km, 650 hm).
PP Wimbachbrücke – Wimbachklamm – Wimbachschloss – Hochalm – Eckaualm – Wimbachklamm – PP Wimbachbrücke (T 3, anspruchsvoll, 5 Std., 12 km, 1000 hm).

### Der Weg

Der schnellste Weg in die Klamm führt vom beinahe immer stark frequentierten Parkplatz Wimbachbrücke am Taleingang in 30 Minuten zum Ziel. Wesentlich attraktiver und interessanter ist eine Wanderung, die im Bergsteigerdorf Ramsau beginnt, dann flussabwärts der Ramsauer Ache 2,5 km folgt und bei der Wimbachbrücke nach rechts in das Wimbachtal abzweigt. Zehn Minuten weiter oberhalb befindet sich beim Wollstadel ein Kassenautomat für die Eintrittsjetons in die Wimbachklamm. Der durch ein Drehkreuz abgesicherte Klammeingang befindet sich nochmals 10 Minuten oberhalb, der Ausgang nach 300 Metern führt auf den breiten Wirtschaftsweg hinauf, der entweder in den Talschluss oder retour zum Parkplatz bzw. nach Ramsau führt.

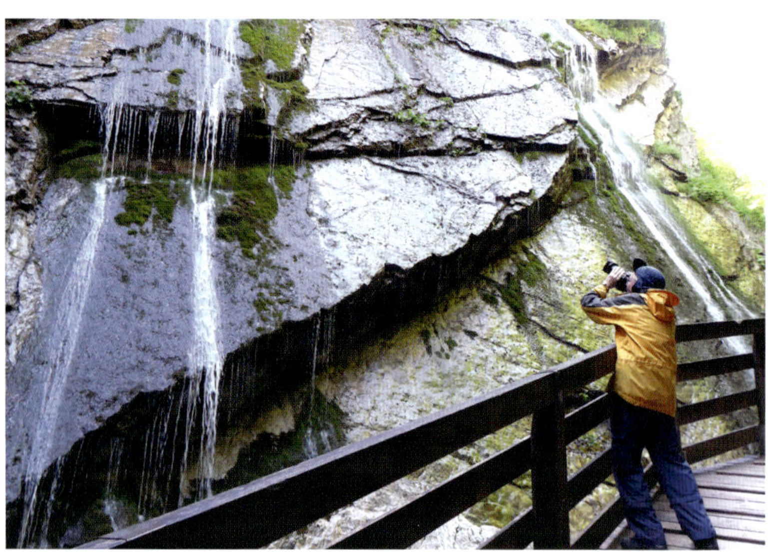

Auf sicheren Holzstegen durch die Wimbachklamm.

# 5 Aschauer Klamm

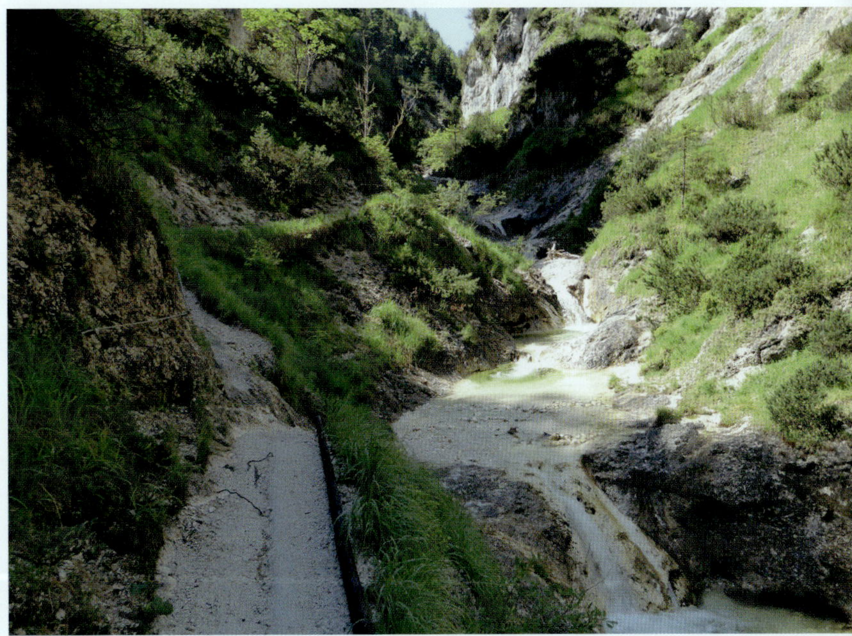

Der Verlauf der Aschauer Klamm ist von vielen kleinen Gumpen geprägt.

## Ein kleines Paradies für Blumen- und Schluchtenliebhaber.

Im Vergleich zur nahen Weißbachschlucht und zu den anderen Klammen im Saalachtal hat die versteckte Aschauer Klamm auf der östlichen Talseite einen schwierigen Stand. Umso empfehlenswerter ist ein Besuch, denn die Wege sind kaum überlaufen und auch zwei Möglichkeiten zu einer Runde lassen sich über den oberhalb führenden Wirtschaftsweg konstruieren, was bei Klammenwanderungen ja naturgemäß nicht sehr oft der Fall ist. Das Herzstück der Klamm ist eine grandiose Aneinanderreihung von blendend hellen Gumpen, durch die der Bach über unzählige Kaskaden fließt. Der Bachverlauf liegt nahe am Weg, es finden sich also ausreichend Uferplätze für einen erfrischenden, direkten Kontakt. An einigen Stellen verläuft der Weg aber doch so hoch, dass ihm alle Aufmerksamkeit gelten sollte. Trittsicherheit, Schwindelfreiheit und gut besohltes Schuhwerk gegen das Ausrutschen auf dem manchmal feuch-

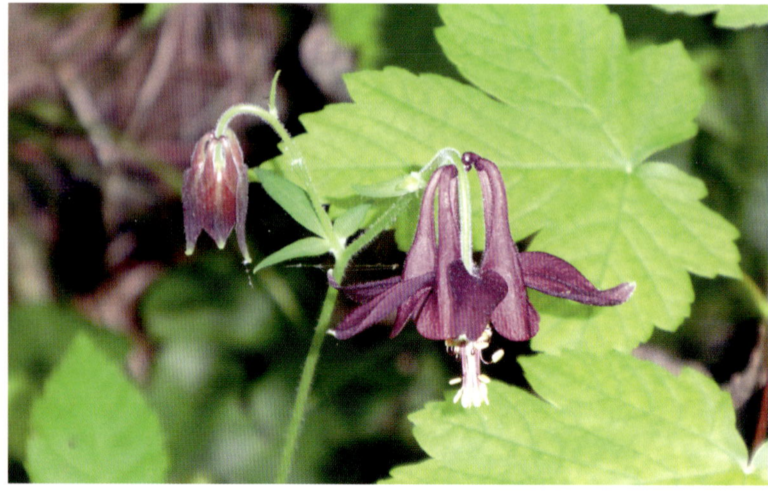

Die Gemeine Akelei liebt kühle, kalkhaltige Standorte.

ten Fels sind notwendige Vorgaben. Drahtseilsicherungen an den unangenehmsten Stellen helfen zusätzlich. Der Rückweg verläuft dann auf einer breiten Wirtschaftsstraße, die vor allem von den Alpinen der Deutschen Bundeswehr befahren wird, denn im Gebiet Reiteralpe befindet sich eine Kaserne. Aber auch diese hoch oberhalb der Klamm führende Schotterstraße mit ihren beiden Tunnels kann dank der Tiefblicke als durchaus spektakulär bezeichnet werden.

**Anfahrt PKW:** A 8, Abfahrt Bad Reichenhall. Auf B 20 und B 21 über Bad Reichenhall nach Schneizlreuth, Parkplatz.
**Anfahrt Bus & Bahn:** mit Bus 260 ab Bhf. Bad Reichenhall oder Hbf. Salzburg bis Schneizlreuth Rennerparkplatz.

**Länge:** 8,5 Kilometer
**Höhenmeter:** 330
**Dauer:** 3 Stunden
**Schwierigkeit:** T 2

**Gastronomie:** Gasthof Haiderhof (geöffnet am Wochenende) am Beginn der Aschauer Klamm, www.haiderhof.de

**Reizvoll:** im Frühsommer überreiche Flora mit zahlreichen seltenen Orchideenarten

**Tipp:** Einkehren im Brotzeitgarten Haiderhof (Haidermühle)

**Geologie:** Gumpen und Wasserfälle bilden sich im schneeweißen Ramsaudolomit. Auf den Wegen ist der Dolomit stellenweise vom Wasser oder noch mehr von den Tritten der Wanderer marmorartig poliert. Das Naturschutzgebiet

Aschauer Klamm erstreckt sich auf einer Fläche von 666 ha mit einem Höhenunterschied von knapp 1500 Metern auf der kurzen Distanz von nur 4 km. Das bedeutet, dass in diesem Bereich eine große Vielfalt an verschiedenen Lebensräumen auftritt. Der Bogen spannt sich von naturnahen Bergwäldern bis hin zu den spezialisierten Pflanzengemeinschaften in den Fels- und Schuttregionen. Entlang des Klammweges sind zahlreiche Vertreter aus der Familie der Orchideen und Akeleien zu entdecken.

**Schutzstatus:** Naturschutzgebiet Aschau, Natura-2000-Schutzgebiet

**Weitere Touren:** durch die Aschauer Klamm nach Reit (3–4 Std, T 2), retour mit dem Bus 260. Schneizlreuth (Gasthof Post) – Ristfeuchthorn (Anspruchsvoll! Anstieg 3 Std., T 4).

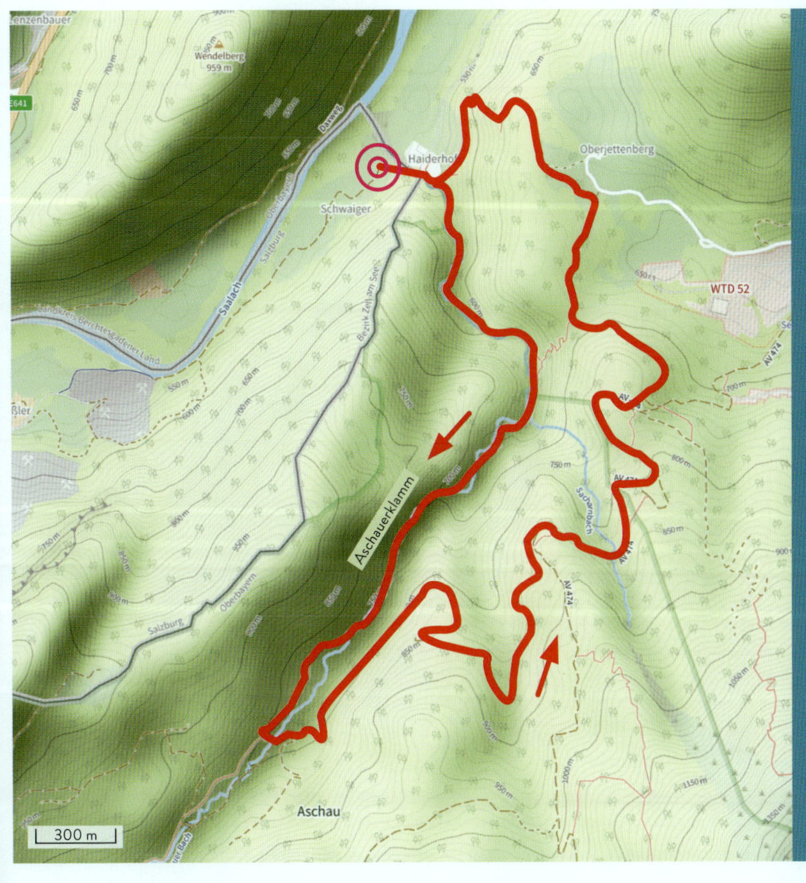

## Der Weg

Von der Straßenabzweigung kurz vor Schneizlreuth führt eine schmale, drei Kilometer lange Schotterstraße zum gebührenpflichtigen Parkplatz Haidermühle. Der Gastgarten des gleichnamigen Wirtshauses wirkt äußerst einladend, aber hier wird der Klammbesuch ja auch wieder enden. Nach 40 Minuten zweigt eine erste mit „Oberjettenberg" angeschriebene Rückkehrvariante auf den oberhalb verlaufenden Wirtschaftsweg nach links ab. Der schmale Pfad in der Klamm wechselt hingegen noch einige Male zwischen den Ufern hin und her, bevor es nach dem eindrucksvollsten Abschnitt mit den vielen, hintereinander liegenden Gumpen stiller wird. Das Rauschen lässt nach und alsbald erreicht der nur noch wenig ansteigende Pfad nach insgesamt 1 ¼ Stunden die Aschauer Klause. Natürlich wurde auch dieser Gebirgsbach für die Holztrift verwendet, mit dem aufgestauten Wasserschwall wurden die einheitlich 90 Zentimeter langen Hölzer in die Saalach und weiter zur Saline Reichenhall transportiert. Der eineinhalbstündige Rückweg zur Haidermühle quert über den Holzsteg auf den Wirtschaftsweg nach links und führt in zwei größeren Ausbuchtungen weit oberhalb über eine Abzweigung in die Klamm und an den Ausgangspunkt retour.

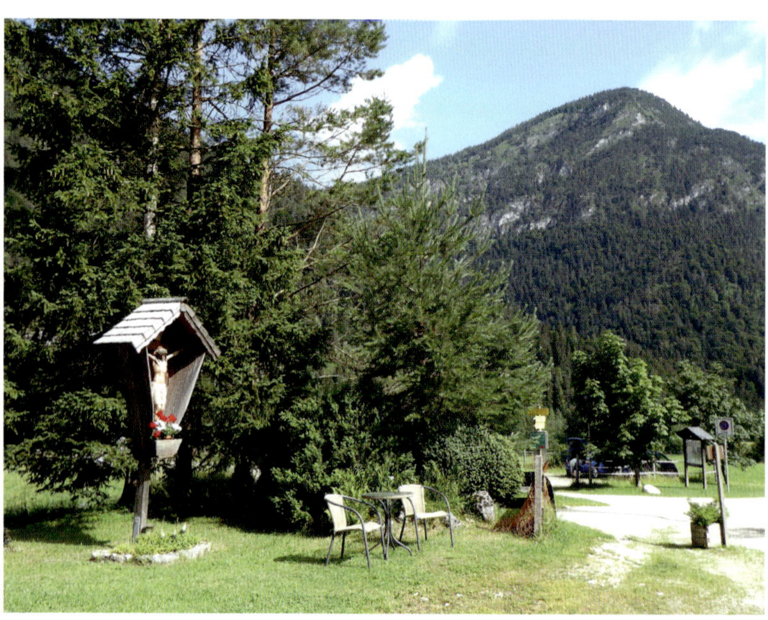

Bei der Haidermühle (auch Haiderhof) am Beginn der Aschauer Klamm.

# 6 Weißbachschlucht

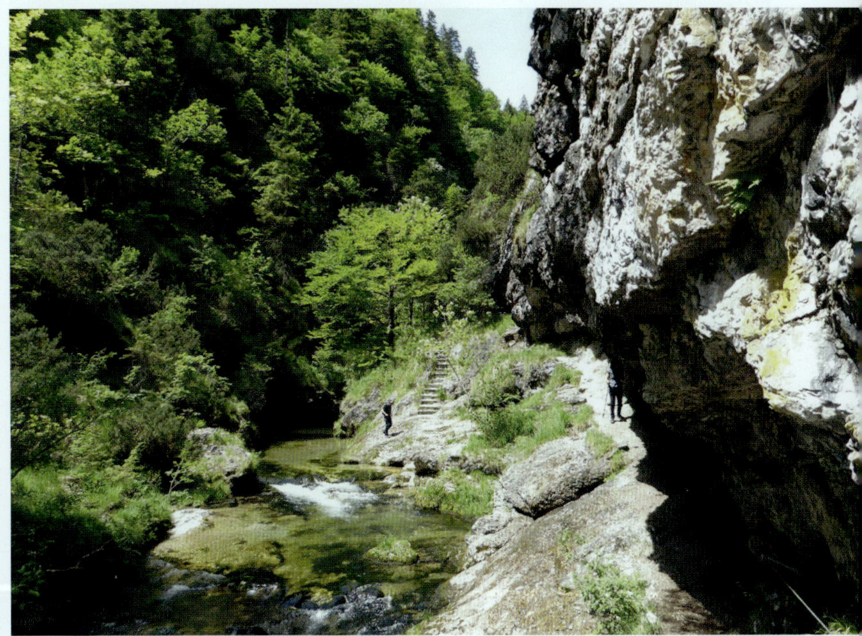

An wenigen Stellen auch in gebückter Haltung durch die Weißbachschlucht.

## Auf alten Triftsteigen durch die abenteuerlich enge Weißbachschlucht.

Es ist heute kaum vorstellbar, wie mühsam der Holztransport vom Ort der Schlägerung in den alpinen Regionen zu den Großverbrauchern vonstattenging. Weil in den schluchtenartigen, engen Tälern keine Fuhrwerke eingesetzt werden konnten, der Bedarf an Holz für die Saline in Reichenhall aber enorm war, blieb nur der Wasserweg. Das Flößen, wie auf den breiten Flüssen, war natürlich nicht möglich, aber durch das gezielte Aufstauen konnten auch Bäche mit relativ geringer Wasserführung für den Transport der einheitlich 90 Zentimeter langen Stämme genutzt werden. Die Weißbachschlucht war dafür gut geeignet, das wertvolle Brennholz wurde einige Kilometer weiter flussabwärts nach der Einmündung in die Saalach in großen Rechen gesammelt und der Verwertung zugeführt. Spätestens 1912 beendete der Bau der Kraftwerksstufe Saalach Kibling diese

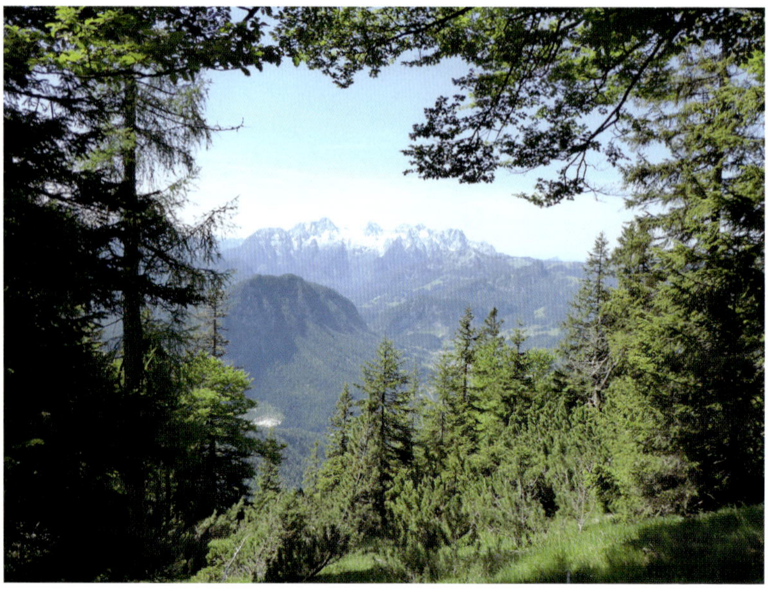

Der Anstieg Ristfeuchthorn mit Blick auf die Loferer Steinberge.

Variante, aber schon zuvor übernahmen Bahn und Straße den Transport neuer Energieträger, wie etwa der Kohle. Geblieben ist in der Weißbachschlucht ein abenteuerlicher Triftsteig, der zwar über nachträglich eingebaute Stufen, Leitern und Seile so weit wie möglich abgesichert wurde, aber dennoch eindrucksvoll an die Leistung der Holzpioniere erinnert.

**Anfahrt PKW:** Autobahnabfahrt Bad Reichenhall. Auf B 20 und B 21 an der Saalach entlang Richtung Lofer bis Ortschaft Schneizlreuth, Parkplatz gegenüber Gasthof Wurznwirt.
**Anfahrt Bus & Bahn:** mit Bus 260 ab Bhf. Bad Reichenhall oder Hbf. Salzburg bis Schneizlreuth Rennerparkplatz.

**Länge (Schneizlreuth – Abz. Mauthäusl und retour):** 7 Kilometer
**Höhenmeter:** 130
**Dauer:** 2 ½ Stunden
**Schwierigkeit:** T 2. Bei Nässe nicht ratsam, auf Steinschlag achten. Während Sturm, Gewitter und Starkregen ist das Begehen verboten.

**Gastronomie:** Wurznwirt, www.wurznwirt.com
Landhotel Mauthäusl, www.hotel-mauthaeusl.de

**Reizvoll:** eindrucksvolles Wandern auf einem historischen Triftsteig

**Tipp:** 1 km nördlich von Weißbach befindet sich rechts oberhalb der Deutschen

Alpenstraße ein sehenswerter Gletschergarten.

**Geologie:** tief eingeschnittene, 3 km lange Klamm am östlichen Rand der Chiemgauer Alpen in Nord-Süd-Ausrichtung. Geformt durch den 8 km langen Weißbach, der am Falkenstein entspringt und in die Saalach mündet. Bis in das Jahr 1590 wurde der Personen- und Warentransport über den schmalen Klammweg abgewickelt, danach kam es zum Bau eines breiteren, oberhalb führenden Weges. Das Gasthaus Mauthäusl erinnert an die Zeit, als für den Erhalt der Weganlage eine Abgabe zu entrichten war.

**Schutzstatus:** Naturdenkmal und Geotop

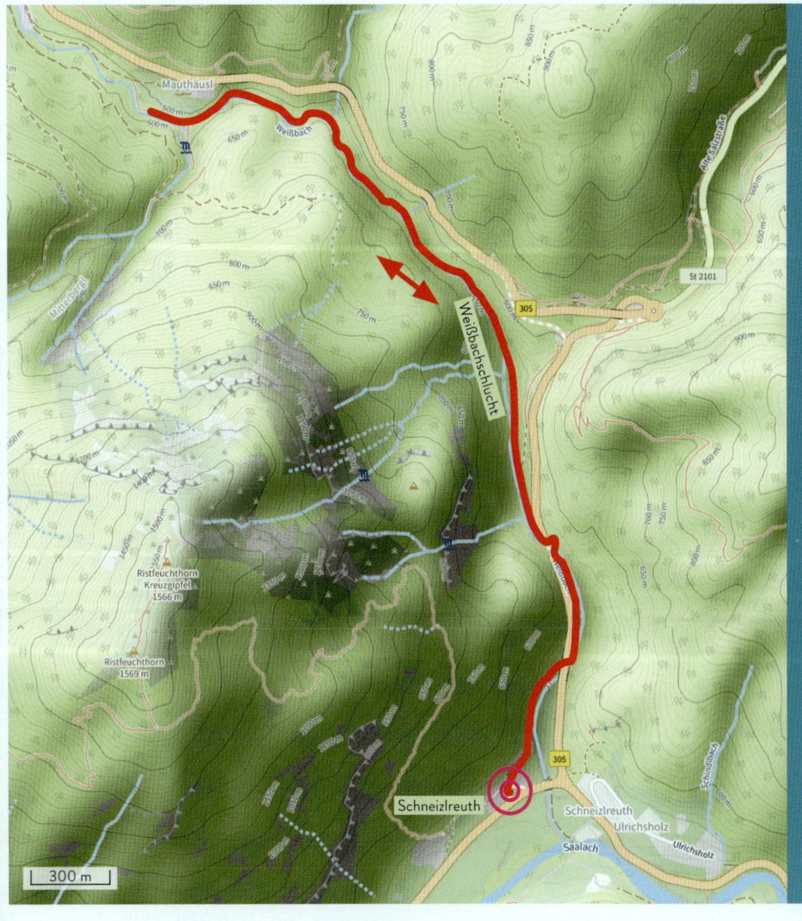


Tour 6 Weißbachschlucht

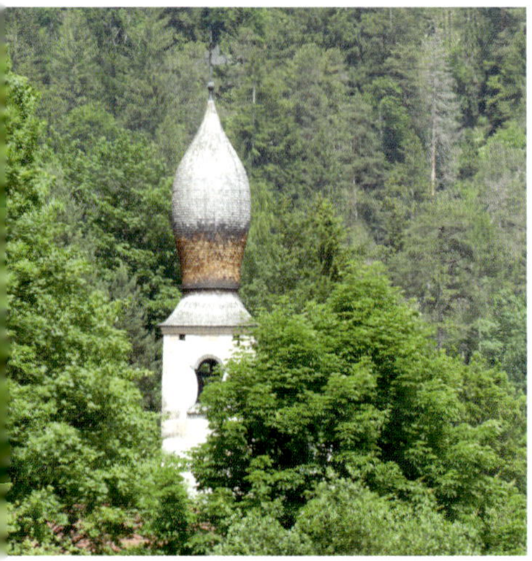

Kirchturm Maria Hilf in Schneizlreuth.

**Weitere Touren:** Schneizlreuth entlang Saalach – Steinpass oder Unken (1 ½–2 ½ Std., T 1), retour mit Bus 260. Schneizlreuth – über Haidermühle und Jettenberg rund um den Kienberg (3 Std., T 2). Schneizlreuth Gasthof Post – Ristfeuchthorn – Überschreitung – Weißbach – Weißbachschlucht (6–7 Std., T 4. Sehr anspruchsvoll!).

## Der Weg

Vom Parkplatz Wurznwirt führt der Weg rechts an der Kirche vorbei und verläuft nach 400 Metern durch eine Straßenunterführung. Immer am glasklaren Weißbach entlang geht es zunächst noch auf einem breiten, leicht ansteigenden Weg weiter, dann aber wird der Verlauf zunehmend felsiger und alpiner. An vielen Wasserfällen und Gumpen vorbei, einmal in gebückter Haltung unter einem spektakulären Felsvorsprung hindurch, dann raschen Schrittes durch einen Sprühvorhang, gelangt der abwechslungsreiche Klammweg zur Abzweigung Mauthäusl (Einkehr). Erweiterte Varianten nach Weißbach (30 Min.) oder zum Gletschergarten (1 Std.). Retour auf der gleichen Route oder mit dem Bus.

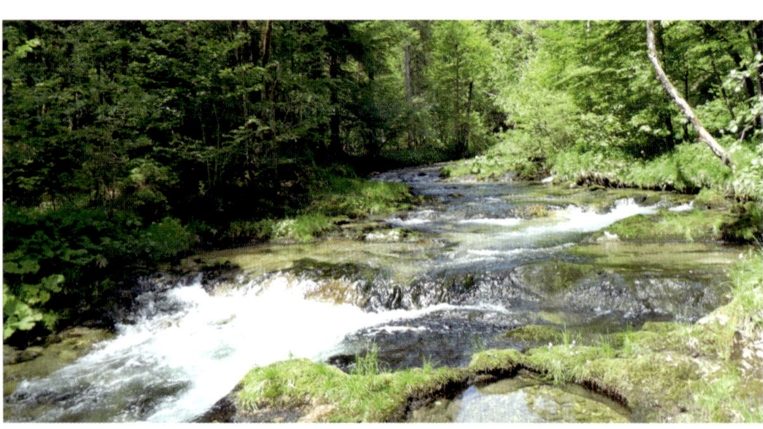

Am Ausgang der Weißbachschlucht.

# 7 Alpgartensteig

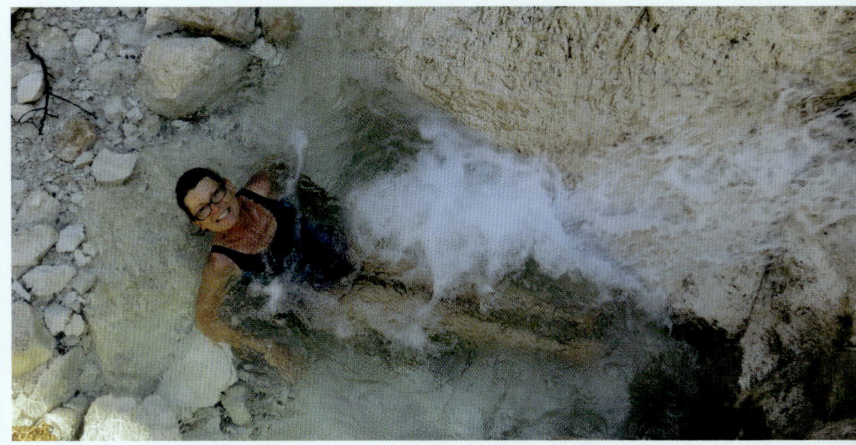

Sprudelnde Erfrischung im Wappach.

Eine ideale Rundwanderung für heiße Sommertage auf der kühlen Nordseite des Lattengebirges.

Das nördliche Lattengebirge ist von tiefen Gräben durchzogen, über die der Kalkstock entwässert wird. Der vielleicht auffallendste Grabenverlauf nimmt im sogenannten Alpgarten auf der Nordseite zwischen Hochschlegel (1518 m) und Predigtstuhl (1688 m) seinen Anfang. Der obere Teil füllt sich nur bei Starkregenereignissen mit Wasser und steht sonst trocken, im unteren Abschnitt aber tritt der Wappach (auch Wappbach) ans Tageslicht und bildet einen reizvollen, von vielen Kolken geprägten Gebirgsbachverlauf. Kurz vor Bad Reichenhall mündet der Wappach in den Hauptfluss Saalach, ein abgeleiteter Teil wird seit 1438 zuvor für den Antrieb der Wasserräder in der Alten Saline verwendet. In den alten Landkarten ist noch häufig der alte Name Weidbach zu lesen, also Bach an der Weide. Für den orografisch rechten Oberlauf ist auch jetzt noch die Bezeichnung Weidbach gebräuchlich, der linke Arm ist als Alpgartengrabenbach bekannt. Wie es zu dieser allmählichen Namensveränderung vom Weidbach zum Wappbach und schließlich Wappach kam, lässt sich nicht mehr eruieren, aber vermutlich ist ein Hör- und in weiterer Folge ein Schreibfehler die Ursache. Wie auch immer, der Bach ist mit jeder Bezeichnung die reinste Augenweide.

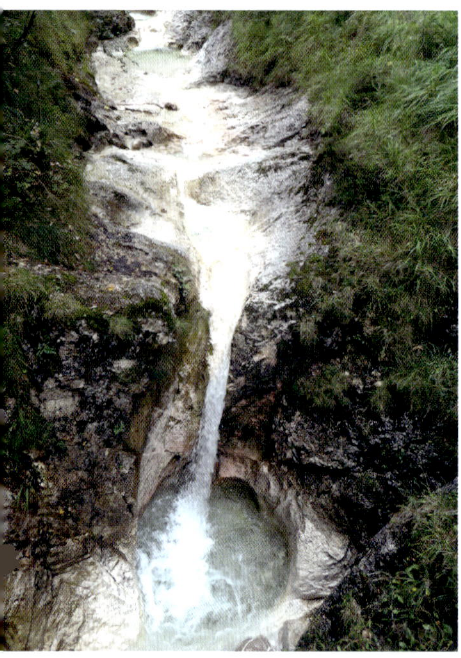

Kolke im Alpgartengraben.

**Anfahrt PKW:** über A 8, Abfahrt Bad Reichenhall, nach Bad Reichenhall und auf B 20 Richtung Bayerisch Gmain abzweigen. Nach 3 km auf Höhe Bushaltestelle nach rechts abzweigen und der Beschilderung „Wanderzentrum" 1 km auf den Parkplatz (Gebühr) folgen.
**Anfahrt Bus & Bahn:** mit Bus 180 ab Salzburg Hbf. (Südtiroler Platz) bis Bayerisch Gmain Brücke oder mit Zug S 4 ab Bhf. Freilassing bis Bayerisch Gmain Bahnhaltestelle. Entlang Obere Bahnhofstraße und Alpentalstraße 10 Min. zum Wanderparkplatz.

**Länge:** 3 Kilometer
**Höhenmeter:** 230

**Dauer:** 1 ¾ Stunden
**Schwierigkeit:** T 2 (festes Schuhwerk!)

**Gastronomie:** entlang der Rundwanderung keine, aber zahlreich in den Orten Großgmain, Bayerisch Gmain und Bad Reichenhall

**Reizvoll:** ein Gesamtkunstwerk vom fein gepflegten Alpengarten („Alpinum") am Startpunkt, bis zu den bizarren Felsformationen im wilden Lattengebirge

**Tipp:** Am Ausgangspunkt befindet sich ein sehenswerter Garten mit seltenen Alpenpflanzen, dessen Entstehung auf den beginnenden Kurtourismus vor mehr als 100 Jahren zurückgeht.

**Geologie:** Die wichtigsten geologischen Einheiten im Unterbau des Lattengebirges sind der Ramsaudolomit und der diesen teilweise überlagernde Dachsteinkalk. Ein ganz ähnlicher Aufbau findet sich im Untersbergmassiv und in der Reiter Alpe. Der Ramsaudolomit hat sehr spröde Eigenschaften, was dann bei entsprechenden Witterungseinflüssen zur Bildung von eindrucksvollen Zacken und Türmen führt. Speziell auf den Kämmen wirken die fragil in die Höhe ragenden Felsformationen wie bizarre Kunstwerke.

**Schutzstatus:** seit 1978 Nationalpark Berchtesgaden

**Weitere Touren:** Rundwanderung Hochplatte (2 Std., T 2). Rundwanderung

Dötzenkopf (3 Std., T 3). Wald-Idyllpfad am Maisweg (2 Std., T 1).

### Der Weg

Der Alpgarten-Rundweg (Weg 2) beginnt am gebührenpflichtigen Wanderparkplatz in Bayerisch Gmain. Ein Kiosk bietet noch letzte Wanderinformationen, das benachbarte Alpinum (Alpengarten) erlaubt Einblicke in die vielfältige Flora des Lattengebirges. Der im Graben entlangführende Weg ist zunächst noch breit, im Winter dient dieser Teil ja als Rodelbahn. Dann verengt sich die Route aber und folgt dem Wappach-Verlauf eine halbe Stunde bergauf, bis der angeschriebene Alpgartenrundweg 2 nach rechts über einen Steg auf die andere Grabenseite wechselt. Der Pfad führt noch einige Meter bergauf, dann geht es über ein weiteres Eisenbrückerl zum parallel verlaufenden Alpgartengraben hinüber. Dicht in die steile Flanke eingearbeitet quert der Steig nun wieder talwärts und kommt dem Bachverlauf immer näher. Ein letztes Mal überbrückt ein sicherer Steg den tief eingeschnittenen Graben und gibt dabei besonders eindrucksvolle Einblicke auf die Aushöhlungen frei. Über den bereits bekannten Rodelweg schließt sich die schöne Rundwanderung.

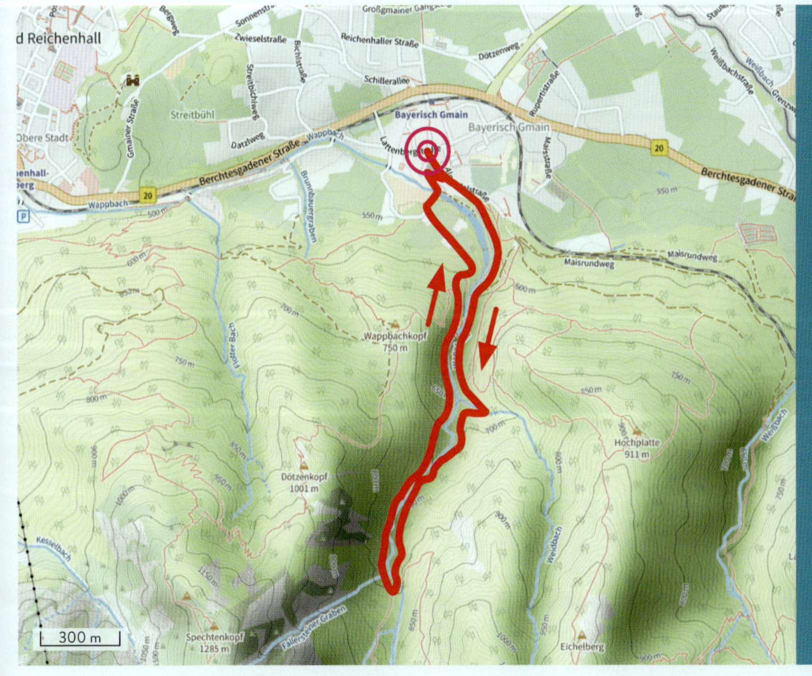

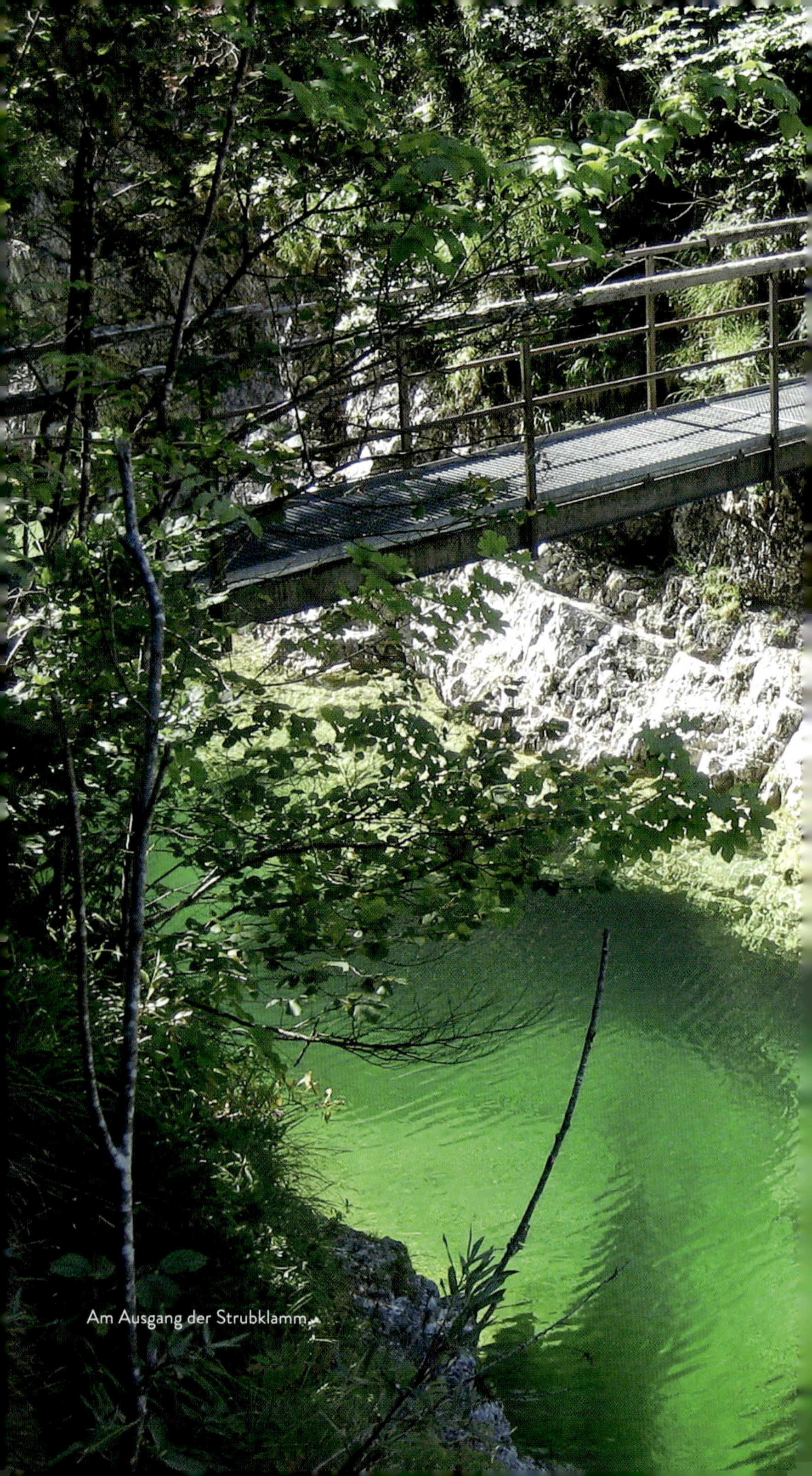

Am Ausgang der Strubklamm

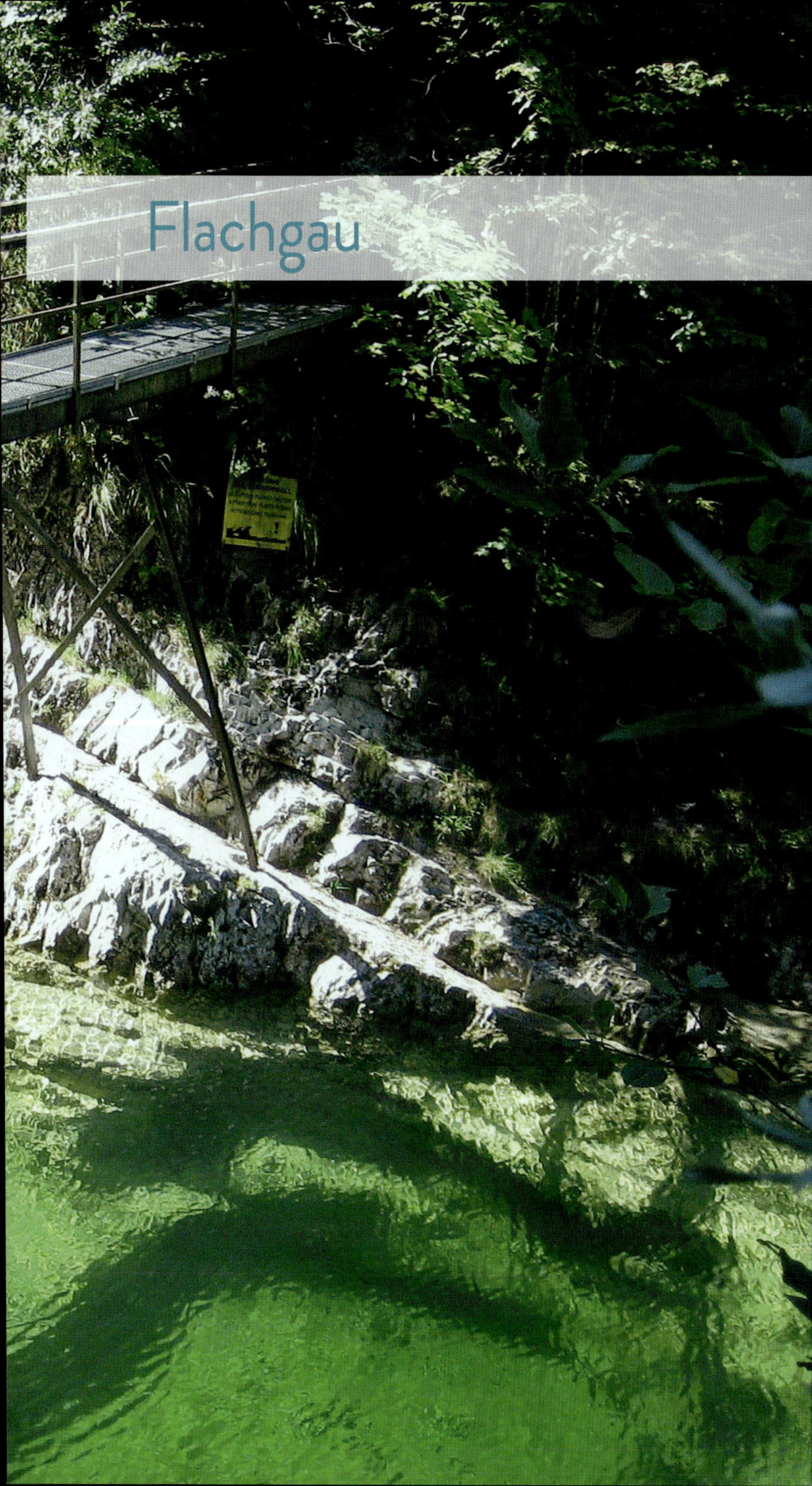

# Flachgau

# 8 Aigner Park

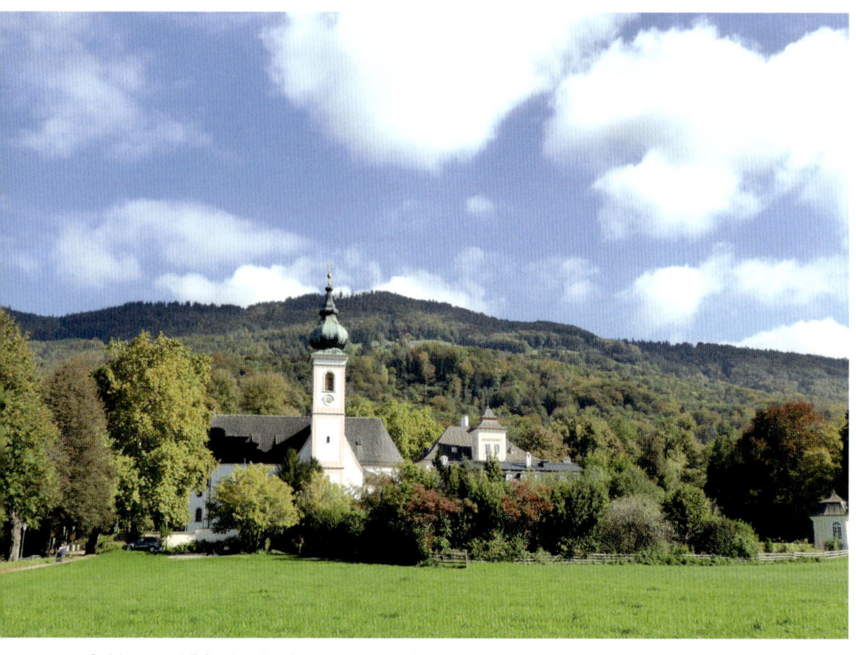

Schloss und Pfarrkirche Aigen vor dem Aigner Park.

Der Aigner Park in der Stadt Salzburg ist auch 200 Jahre nach der Öffnung ein märchenhafter Zaubergarten.

Die Wälder und Wiesen auf der Südwestseite des Gaisbergs versprühen einen besonderen Charme. In früheren Zeiten vielleicht noch viel mehr durch das Wechselspiel aus unverbauter Natur und der Nähe zur Stadt Salzburg. Ein Ausflug oder eine Wanderung in die bis zur Eingemeindung in den Jahren 1935 und 1939 selbstständige Gemeinde Aigen war zumeist ein Ganztagesunternehmen. Hier vor den Toren der Stadt wurde erstmals 1524 ein Wildbad erwähnt und 1862 gab es ein Badehaus mit sechs Behandlungszimmern, daneben ein gemauertes Wohnhaus für die Kurgäste. Diese kamen in Scharen, darunter gekrönte Häupter, die den Ruf dieses zauberhaften Ortes weiter in die Welt hinaus trugen. Am beliebtesten waren die Kuren mit dem bittersalzhaltigen Heilwasser, dessen versteckte Quellfassung oberhalb der Ganslwiese noch heute zu sehen ist. Eine zum Schloss Aigen gehörende Parkanlage gab es zwar schon, aber erst durch die romantische Umgestaltung unter der Federführung des Schlossherrn Ernst Fürst Schwarzenberg um 1800 wurde der Garten zu einem der bedeutendsten Besuchermagneten in Salzburg. Für die Umsetzung wurde der Kunstgärtner Sebastian Rosenegger gewonnen. Er war der Bruder von Josef Rosenegger, der rund um den Bürglstein eine weitere Salzburger Gartenattraktion gestaltete. Mit dem Naturpark zu Aigen ist eine phantastische Gartenanlage mit mystischen Grotten, Wasserfällen, verschlungenen Pfaden, Glorietten, Eremitagen und prachtvollen Aussichtspunkten entstanden, die auch heute noch zu größtmöglicher Verzauberung fähig ist. Dabei ist es egal, welcher der verschlungenen Pfade betreten wird, am besten ist ohnehin das Sich-treiben-Lassen von einem Wunschpunkt zum nächsten.

**Anfahrt PKW:** aus dem Zentrum der Stadt Salzburg über Rudolfskai und Bürglsteinstraße in die Aignerstraße bis zur Abzweigung Ernst-Grein-Straße (links). Über die Ziegelstadl-Straße und Revertera-Allee zu Kirche und Schloss und 50 Meter weiter zum kleinen Parkplatz am Beginn der Lotte-Lehmann-Promenade.

**Anfahrt Bus & Bahn:** mit Bahn (Bahnhof Aigen) oder Stadtbus 7 in die Aignerstraße (Haltestelle Salzachstraße). Durch die Fußgängerunterführung gegenüber Olivier-Straße in die Revertera-Allee. Zwischen Kirche und Schloss vorbei zum linken Parkeingang (Baumlehrpfad).

**Länge:** 2–4 Kilometer
**Höhenmeter:** 80
**Dauer:** 1 ½ bis 2 Stunden
**Schwierigkeit:** T 2

**Gastronomie:** Gasthof Aigen, Tel. +43 (0) 664 / 408 15 15

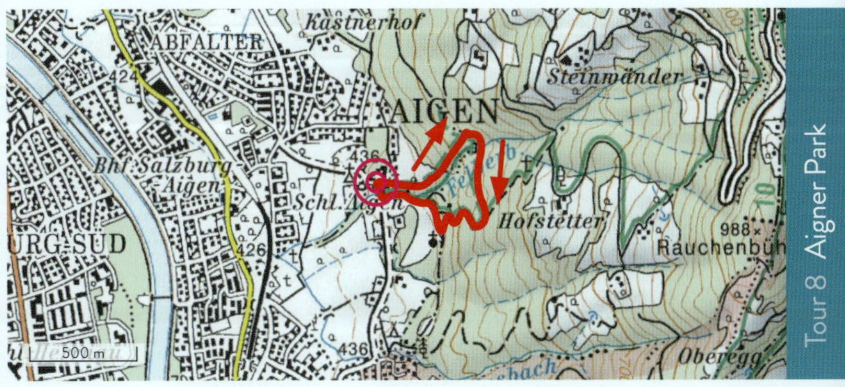

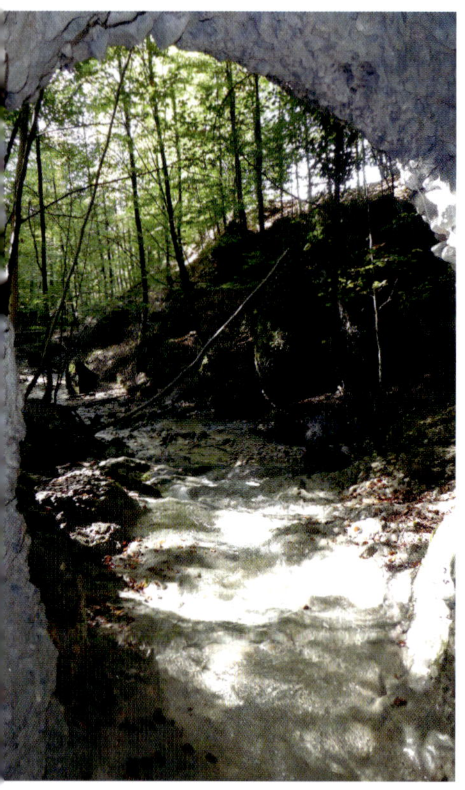

Die Untere Grotte („Hexenloch").

**Reizvoll:** Eine im Idealtypus der Romantik entstandene Vermischung aus Natur und behutsamen menschlichen Eingriffen begeistert auch im 21. Jahrhundert noch immer.

**Tipp:** wasserfestes Schuhwerk für die Höhlenexpeditionen, dazu vielleicht noch eine Taschenlampe mitnehmen

**Geologie:** sehr reizvolles Auftreten von Gosaukonglomerat an vielen Stellen. Das mit Kalk verfestigte Geröll ist vor rund 90 Millionen Jahren entstanden. Durch die unterschiedlichen Formen, Gesteinsgrößen und Farbschattierungen eignet sich der Konglomerat gut zum Lesen aus der erdgeschichtlichen Vergangenheit, das noch dazu bestens in die Gedanken- und Gefühlswelt der Romantik passt. Außerdem ist es ein idealer, gerade in der Barockstadt Salzburg sehr vielseitig verwendeter Bau- und Zierstein.

**Schutzstatus:** geschützter Landschaftsteil seit 1980

**Weitere Touren:** Gaisbergspitze (ges. 3 Std., T 2). Über Campingplatz Aigen zum Hof Mahbach, retour durch den Aigner Park (2,5 Std., T 2). Auf Promenadenwegen nach Parsch (1 Std., retour mit dem Bus. T 1).

## Der Weg

Ausgangspunkt ist auf jeden Fall der Parkplatz an der Schwarzenberg-Promenade vor dem Eingang in den Aigner Park. Die Informationstafeln liefern den geschichtlichen, naturkundlichen und den orientierungsmäßigen Hintergrund. Der Felberbach ist solch eine gute Orientierungshilfe, am flachen Auslauf gleich nebenan rechts befand sich das Badehaus. Weiter oben, wo das Bachbett in steiles Gelände übergeht, befindet sich auch heute noch die Untere Grotte. Die natürliche Höhle wurde von den Gestaltern künstlich erweitert und konnte mit einem schweren Tor verschlossen werden.

Die massiven Eisenhalterungen sind noch erkennbar. Am Grottenende zieht sich ein feiner Wasservorhang über die ganze Länge. Wieder retour auf dem Hauptweg bei der Ganslwiese öffnet sich der Blick auf vier Schlösser: Schloss Neuhaus in Gnigl, das Franziskischlössl am Kapuzinerberg, die Festung Hohensalzburg und natürlich das nahe Schloss Aigen. Am linken oberen Ende der Ganslwiese ist am Waldrand die Einfassung der Bitterquelle zu entdecken. Der Weg bleibt aber rechts davon und führt zur Oberen Grotte, einer kleinen Höhle, die auf natürliche Weise entstanden ist. Wer nun nach rechts abzweigt, findet sich nach wenigen Minuten am höchsten Punkt des Rundgangs, auf der viel besungenen, gemalten und in romantische Verse gefassten Jägerhöhe, wieder. Der Blick von der berühmten Aussichtskanzel auf die Stadt Salzburg und die Berchtesgadener Alpen ist, nach dem erfolgten Baumschnitt, auch heute noch überwältigend. Im Talboden geht es entweder gleich wieder rechter Hand zurück zum Felberbach, oder mit einem lohnenden Umweg nach links über das kleine Golser Bergl. Entlang der Hundewiese führt der Weg retour zum Startpunkt.

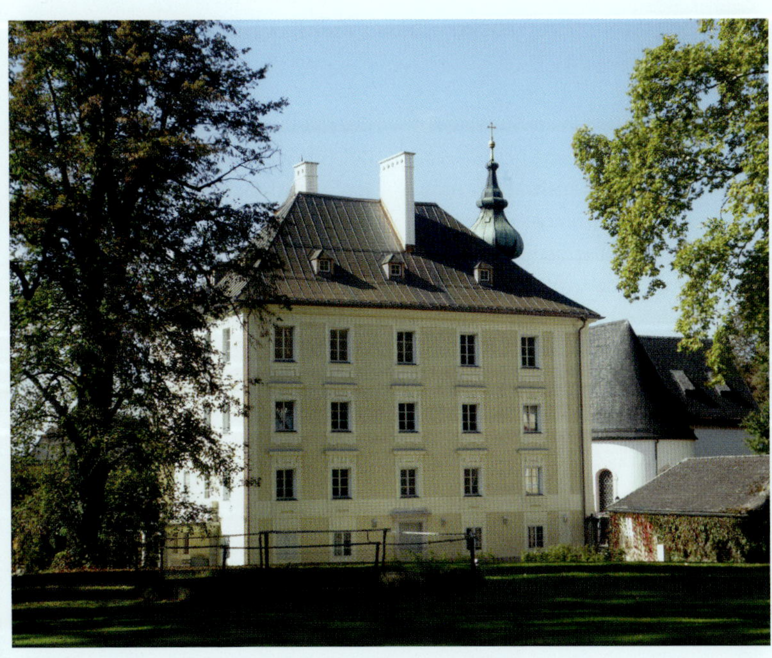

Das Schloss Aigen befindet sich im Besitz der Familie Revertera.

# 9 Trockene Klamm

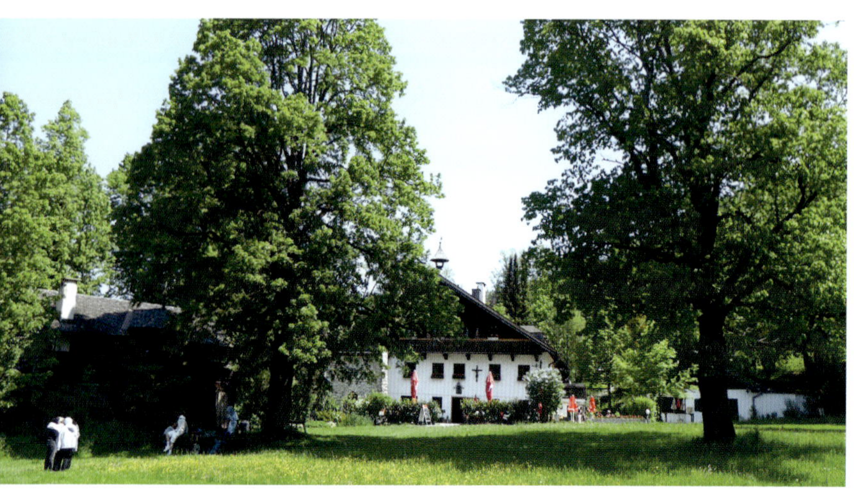

Eine Wegvariante führt von der Trockenen Klamm zur Erentrudisalm.

Eine buchstäblich ver-rückte Zauberwelt in Elsbethen.

Nachdem das Parken am Zustieg zur Trockenen Klamm nahe beim Naturdenkmal Archstein nicht mehr möglich ist, herrscht meistens Ruhe im sonst von abenteuerlustigen Jugendlichen sehr gern besuchten steinernen Irr- und Klettergarten. Der Besuch in der Trockenen Klamm lässt sich daher am besten mit dem Bus, der Bahn oder mit dem Rad umsetzen. Der 20-minütige Anstieg entlang der Zufahrtsstraße Stadlerweg hat zudem den Vorteil, dass damit gleich ein weiteres Naturdenkmal, der Stadlerkessel, sichtbar wird, an dem sonst meist achtlos vorbeigefahren wird. Dabei handelt es sich um tiefe Strudellöcher, die durch die Wasserkraft des Kehlbachs entstanden sind. Bei der Bildung der Trockenen Klamm war ausnahmsweise, wie der Name schon andeutet, nicht die Erosionswirkung durch Wasser schuld. Nach dem Abschmelzen der Gletscher fehlte das stabilisierende Widerlager und das riesige Gesteinspaket begann talwärts zu rutschen. Durch die geringe Hangneigung von 30 Grad war dies vermutlich ein langsamer Prozess und hatte nicht die zerstörende Auswirkung von Felsstürzen, wie etwa im Zauberwald am bayerischen Hintersee. Das Ergebnis ist trotzdem ähnlich: ein grandioses Labyrinth mit haushohen Schluchten, Durchgängen und Höhlen.

**Anfahrt PKW:** A 10, Abfahrt Puch-Urstein. Weiter auf der Landesstraße Richtung Elsbethen-Zieglau. Parkmöglichkeiten nur in weiter Entfernung zum hier abzweigenden Startpunkt Stadlerweg.
**Anfahrt Bus & Bahn:** Bus 160 ab Salzburg Hauptbahnhof (Vorplatz) bis Elsbethen-Zieglau.

**Länge:** 4 Kilometer
**Höhenmeter:** 200
**Dauer:** 1 ¾ Stunden
**Schwierigkeit:** T 3

**Gastronomie:** keine

**Reizvoll:** felsiges Labyrinth mit einer Unzahl an Durchgängen, Schlurfen und Klüften; ideal für trittsichere Kinder

**Tipp:** Am Rückweg, kurz nach der Einmündung auf die Hofzufahrt „Golsweg", zweigt der wenige Minuten dauernde Abstecher zum großartigen Kehlbach-Wasserfall ab.

**Geologie:** Das Kalkgestein in der Trockenen Klamm wurde schon lange vor der endgültigen „Zerreißung" durch gebirgsbildende Vorgänge in zahlreiche feine Klüfte zerlegt. Als die stabilisierenden Gletscher nun am Ende der Eiszeit wegschmolzen, brachen die Gesteinspakete entlang dieser Klüfte auf und

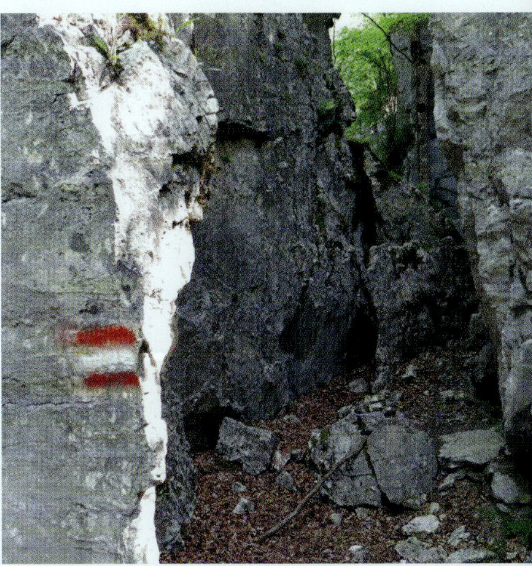

Weg durch die Trockene Klamm.

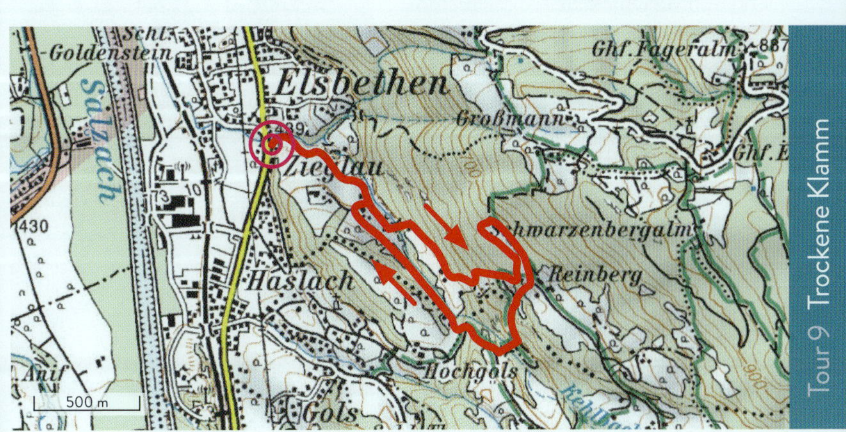

setzten sich in Bewegung. Das geschichtete Kalkgestein stammt aus der oberen Jura-Zeit vor etwa 150 Millionen Jahren und liegt auf noch älterem, wasserundurchlässigem Tongestein.

**Schutzstatus:** Stadlerkessel Naturdenkmal seit 1959; Trockene Klamm Naturdenkmal seit 1936

**Weitere Touren:** Elsbethen – Erentrudisalm – Vollererhof – St. Jakob (3 Std., T 2). Elsbethen – Erentrudisalm – Glasenbachklamm (2 Std., T 2).

## Der Weg

Der Anstieg zu den Trockenen Klammen beginnt bei der Bushaltestelle Elsbethen-Zieglau und folgt dem vor der Brücke abzweigenden Stadlerweg bergauf. Mit Tiefblick auf das Naturdenkmal Stadlerkessel geht es über die Kehlbach-Brücke zum Beginn des neuen, hierher verlegten Klammzustiegs. Interessante Schautafeln erklären verschiedene erdgeschichtliche Phänomene, die zur Bildung der Trockenen Klammen führten. Nach einer Orientierungstafel führt der Weg bei einer Gabelung rechter Hand noch tiefer in die Wunderwelt der Trockenen Klamm. Am oberen Ende des 150.000 m² und bis zu 20 Meter hohen Felslabyrinths zweigt der Weg 7 b Richtung St. Jakob nach rechts ab. Leider ist der Verbindungsweg zum Archstein gesperrt, daher verläuft die Ersatzroute linker Hand weiter, quert den Kehlbach und trifft dann auf den abwärtsführenden Golsweg. Von dieser Zufahrtsstraße zweigt, jeweils rechts, zuerst ein kurzer Abstecher zum Kehlbach-Wasserfall und dann einige Meter weiter talwärts der Rückweg nach Elsbethen-Zieglau ab. Auf dem bereits bekannten Stadlerweg schließt sich die Runde.

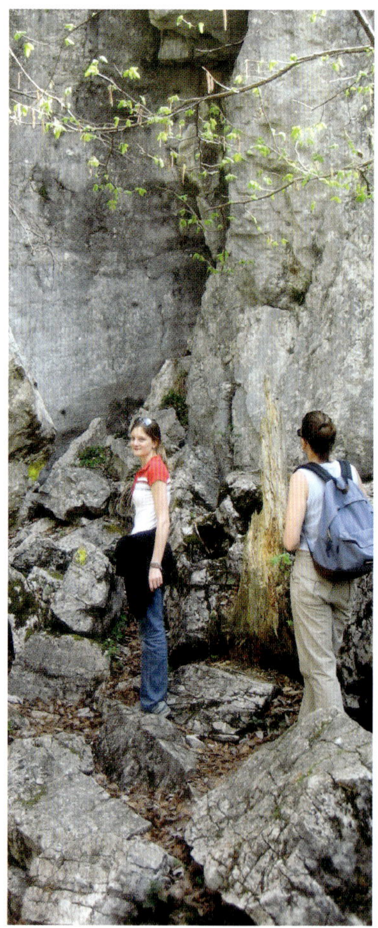

Unterwegs im Felslabyrinth.

# 10 Rosittental

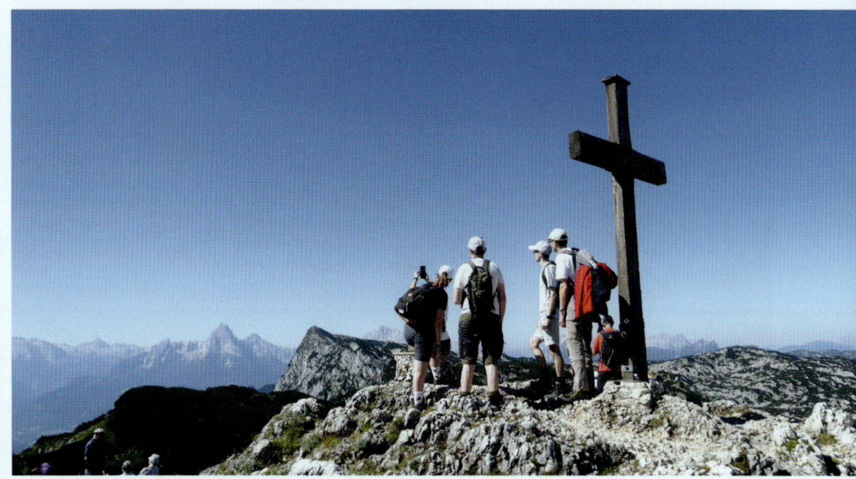

Am Salzburger Hochthron (1853 m) mit Blick auf den Watzmann.

Am Rosittenbach entlang und über den Dopplersteig auf den Untersberg, den anspruchsvollen Hausberg der Stadt Salzburg.

Den Untersberg braucht man in Salzburg wohl kaum mehr vorzustellen. Weit genug von der Stadt Salzburg entfernt, als dass dem urbanen Zentrum die langen Schatten der untergehenden Sonne etwas anhaben könnten, aber doch nah genug, um eine überaus anziehende Wirkung auf die „bewanderten" Stadtsalzburger auszuüben. Vor allem in den immer heißer werdenden Sommermonaten erfreut sich die kühle Nordseite des Untersberges regen Zuspruchs. Im Fokus der Alpinisten steht neben Zeppezauerhaus und Salzburger Hochthron (1853 m) in erster Linie der spektakuläre Dopplersteig, der sich gut gesichert über 400 Stufen durch eine senkrechte Felswand zieht. Diese Aufstiegsvariante wird vom überwiegenden Teil der Gipfelstürmer gewählt, während für den Rückweg der weniger ausgesetzte Reitsteig oder die knieschonende Gondelbahn die besten Karten aufweist.

Das ganze Unternehmen Untersberg ist aber nicht zuletzt aufgrund der erheblichen Höhendifferenz von zumindest 1300 Höhenmetern kein Sonntagsspaziergang. Einen geringeren konditionellen Aufwand erfordert das „Schluchtenschnup-

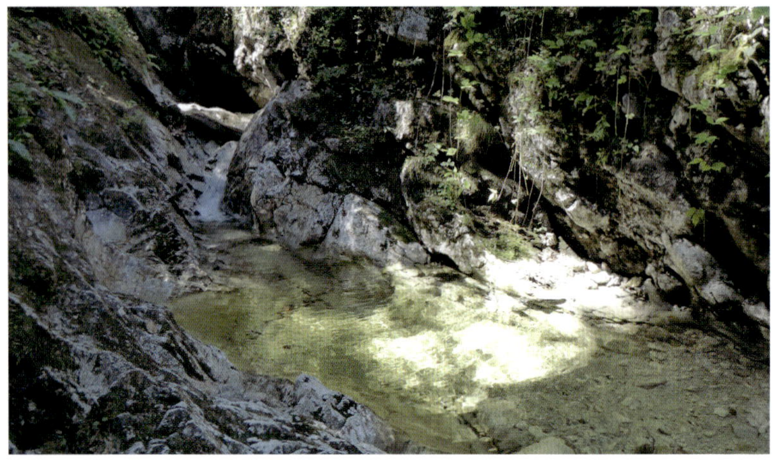

Der Rosittenbach am Beginn des Anstiegs auf den Untersberg.

pern" am Rosittenbach entlang durch das Rosittental. Aber auch bei dieser verkürzten Variante erfordert speziell der erste Abschnitt erhöhte Vorsicht und Trittsicherheit. Die professionellen Schluchtenwanderer haben zwar einen schwierigen Durchgang am Klammboden gefunden, aber der Verlauf flößt auch von oben, vom Wanderweg aus betrachtet, reichlich Respekt ein.

**Anfahrt PKW:** A 10, Abfahrt Salzburg Süd, Richtung Grödig. Durch das Ortszentrum 2,5 km Richtung Fürstenbrunn bis zum Wanderparkplatz Glanegg (Gebühr). Hierher aus der Stadt Salzburg auch über die Moosstraße.
**Anfahrt Bus & Bahn:** mit Bus 35 ab Grödig bis Glanegg Dopplerstraße.

**Länge (Anstieg Salzburger Hochthron):** 5,5 Kilometer
**Höhenmeter:** 1350
**Dauer:** 3 ¾ Stunden
**Schwierigkeit:** T 4

**Gastronomie:** Zeppezauerhaus, www.zeppezauerhaus.at, Hochalm, Untersberg-Bergstation

**Reizvoll:** dem sagenhaften Untersberg und seinem wertvollen Gestein (Untersberger Marmor) auf Schritt und Tritt begegnen

**Tipp:** Besuch des Untersbergmuseums in Fürstenbrunn, Kugelmühlweg 4, www.untersbergmuseum.net

**Geologie:** Vorherrschend sind Dachsteinkalk und Ramsaudolomit. Einen besonders hohen Stellenwert als Naturwerkstein genießt der helle Untersberger Marmor, der in den Brüchen in Fürstenbrunn und Glanegg gewonnen wird. Dabei handelt es sich um ein sehr dichtes Kalksteinkonglomerat aus der oberen Kreidezeit, das ausgezeichnete Materialkennwerte aufweist. Je nach Färbung und Textur unterscheidet man verschiedene Sorten des Untersberger Marmors: Untersberger Naturell, Untersberger Gelb- oder Alt-Rosa und die berühmte, feinrötlich gepunktete „Untersberger Forelle“ (z. B. Residenzbrunnen in der Stadt Salzburg). Der Untersberg hat auch eine besondere Bedeutung für die Trinkwasserversorgung in der Stadt Salzburg. Die Brunnen Fürstenbrunn sowie die Grundwasserbrunnen Glanegg und St. Leonhard sind für den Großteil des städtischen Trinkwassers verantwortlich.

**Schutzstatus:** teilweise Natura-2000-Gebiet

**Weitere Touren:** Glanegg – Schellenberger Sattel – Toni-Lenz-Hütte – Mittagsscharte – Zeppezauerhaus – Reitsteig (6–7 Std., T 4). Glanegg – Rund um den Schlossberg (1 Std., T 1).

## Der Weg

Vom gebührenpflichtigen Parkplatz in Glanegg führt der Weg geradeaus auf den Untersberg zu. Am ehemaligen Gasthaus Rositten vorbei, das gemeinsam mit den angrenzenden Häusern längst zu herrschaftlichen Anwesen umgewandelt wurde, ist die kleine Brücke über den Rositten-

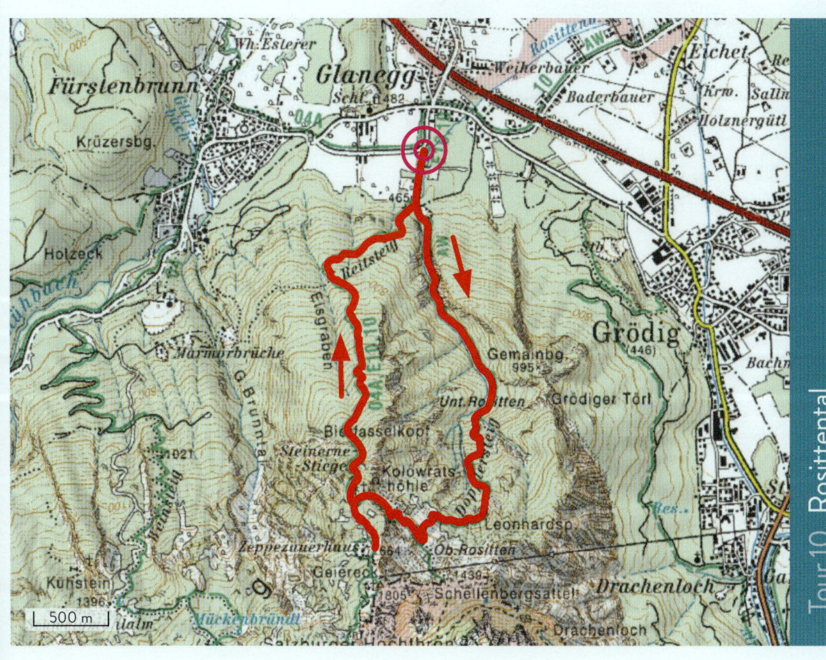

bach bald erreicht. An diesem Punkt trennen sich die Anstiege auf den Untersberg in den anspruchsvollen Dopplersteig (T 4) und den nach rechts abzweigenden, auch sehr steilen, aber kaum ausgesetzten Reitsteig (T 3). Für dieses Themenbuch ist der Weg zum Dopplersteig interessanter, denn dieser führt am klammartigen Rosittenbach entlang. Nach kurzer Distanz ergibt sich noch eine letzte Einstiegsmöglichkeit, dann entfernt sich der schmale Pfad aber rasch ansteigend vom Bachniveau und quert die steile, ostseitige Grabenflanke.

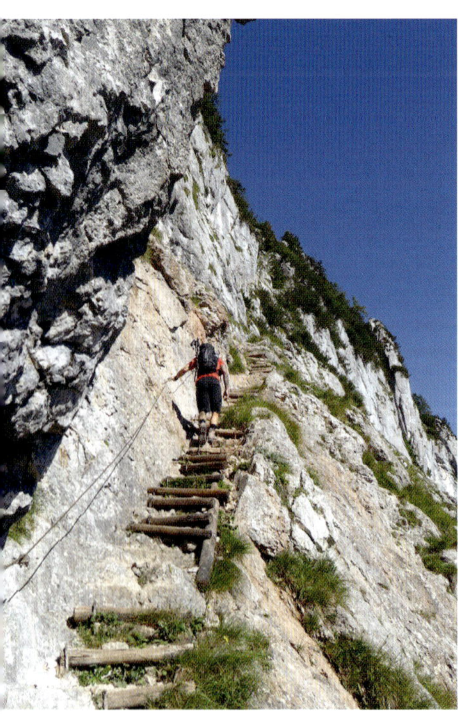

Der luftige Dopplersteig.

Noch etwas weiter östlich öffnet sich, mit einem Drahtseil geschützt, der jähe Abgrund eines aufgelassenen Steinbruchs. Das Interesse gilt aber dem Rosittenbach, der sich durch das lockere Gestein ein veritables Bett geschaffen hat. Der Wasserfluss hängt von der vorangegangenen Niederschlagintensität ab und versiegt schließlich ganz. Das nun zumeist ausgetrocknete Bachbett wird breiter und ist auch leichter zugänglich. Trotzdem zeigt eine mit großem Aufwand errichtete Hangsicherung, dass es hier auch anders zugehen kann. Weiter oben kommen kleinere Zuläufe in den Rosittenbach, an heißen Tagen bieten sie eine willkommene Erfrischung. Die letzte, gefasste Quelle tritt an einer Weggabelung unterhalb des Dopplersteiges ans Tageslicht.

Der nun folgende Dopplersteig ist die „Königsetappe" der Untersbergtour. Am Ende der beeindruckenden Felswand steht das Taxhamerkreuz (1550 m), zum Zeppezauerhaus sind es noch 20 Minuten, auf den Salzburger Hochthron sollte eine Stunde eingeplant werden. Der Rückweg kann über den nahe beim Taxhamerkreuz abzweigenden Reitsteig oder die bequeme Untersbergbahn erfolgen. In diesem Fall dient der von der Talstation aus regelmäßig verkehrende Bus 35 Richtung Fürstenbrunn als Zubringer zum Parkplatz (Haltestelle Glanegg Dopplerstraße).

# 11 Wildkar-Wasserfall

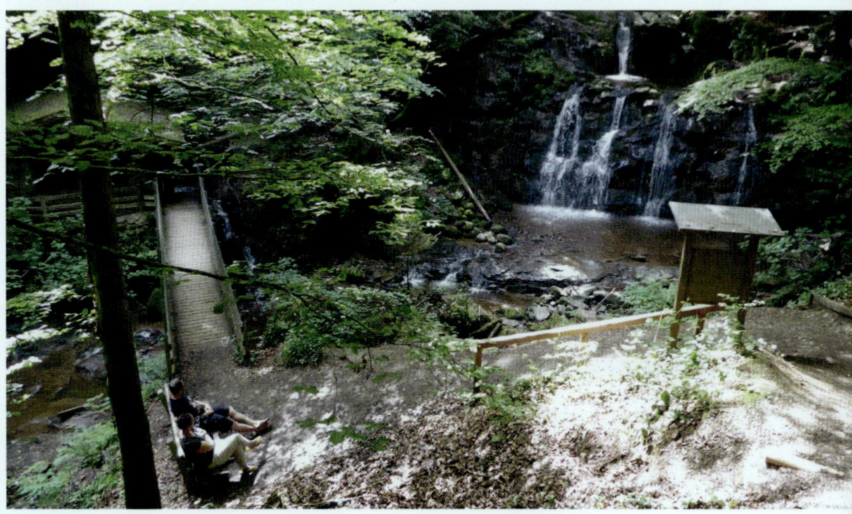

Der Wildkar-Wasserfall im Teufelsgraben.

Ein Wasserfall im Flachgau? Im Teufelsgraben bei Seeham ist vieles möglich.

Verursacher der Wasserfälle in der sanft-hügeligen Flachgauer Flyschzone sind zumeist härtere Gesteinsstufen, die sich dem Bachverlauf in den Weg stellen und dann für spektakuläre Wasserspiele sorgen. Die Bezeichnung Teufelsgraben ist erst in der Zeit der Romantik im 19. Jahrhundert entstanden. Dass es im Graben, speziell nach Unwettern, wirklich teuflisch wild zugeht, ist aber leicht vorstellbar. Aber auch ohne Starkregenereignisse ist die Wasserfallstufe mitten im Wald recht spektakulär und erscheint ganz unerwartet. Mühlen verschiedenster Art können mit dem Bachverlauf ebenso gut leben, vom Getreide bis zu den Marmorkugeln spannt sich die Produktpalette. Zu bestimmten Zeiten finden in den Mühlen interessante, praxisbezogene Führungen statt. Am abwechslungsreichen Weg durch den Teufelsgraben sorgen 17 Stationen für zusätzliche Informationen. Wer hätte schon gedacht, dass der hervorstechende Baumgigant, der „Teufelsgrabenriese", rund 250 Jahre alt und 50 Meter hoch ist? Am Bachufer gibt es dazu nette Rastplätze, aber auch die Röhrmoosmühle ist ein einladender Ort für lustige Tischgesellschaften.

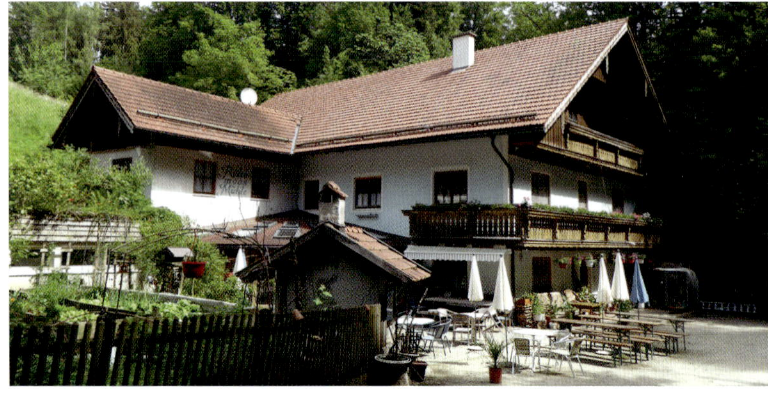

Die Jausenstation Röhrmoosmühle mit der angeschlossenen Schaumühle.

**Anfahrt PKW:** A 1, Abfahrt Salzburg Nord. Auf der Mattseer Landesstraße nach Obertrum, beim 2. Kreisverkehr Richtung Seeham. 1 km vor Seeham, in Matzing nach links zum Parkplatz bei der Tobelmühle abzweigen.
**Anfahrt Bus & Bahn:** Bus 120 ab Hbf. Sbg. (Südtiroler Platz) bis Haltestelle Seeham-Matzing. 15 zusätzliche Gehminuten.

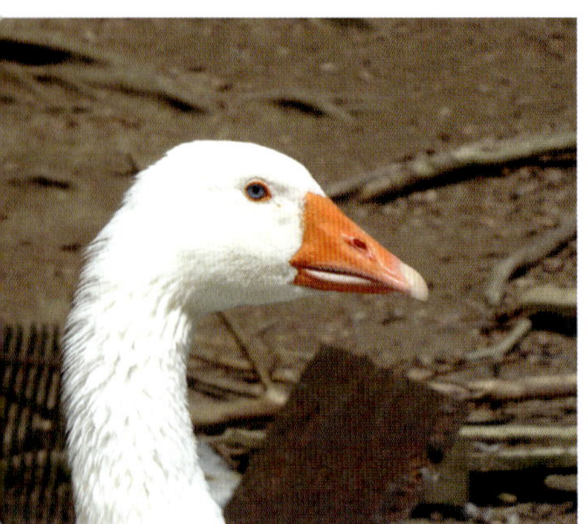

Wachgans bei der Röhrmoosmühle.

**Länge:** 3–4,3 Kilometer
**Höhenmeter:** 80
**Dauer:** 1 ½–2 Stunden
**Schwierigkeit:** T 1

**Gastronomie:** Röhrmoosmühle, Familie Gruber, 5164 Seeham, Röhrmoosmühle 1, Tel. +43 (0) 6217 / 7318

**Reizvoll:** Der Naturerlebnisweg eignet sich besonders gut für kurzweilige Familienausflüge.

**Tipp:** Besuch im Hochseilpark Seeham am Eingang in den Teufelsgraben, www.hochseilpark.at/hochseilpark-seeham

**Geologie:** Der Wildkar-Wasserfall wird durch die hier auftretende, härtere Gesteinsschicht der Helvetischen Zone gebildet. Die obere Stufe überwindet dabei acht und die untere Stufe zwölf Meter. Der Teufelsgrabenbach hat seinen Ursprung im unweit westwärts gelegenen Hochmoor, das nach dem Abschmelzen der Gletscher am Ende der letzten Eiszeit vor rund 10.000 Jahren entstanden ist. Seit dieser Zeit gräbt sich der Abfluss in die Moränen des Mattseer Beckens ein.

**Schutzstatus:** Wildkar-Wasserfall seit 1977 Naturdenkmal

**Weitere Touren:** Seeham – Wiesenberg – Thallacken – Schupfen – Röhrmoosmühle – Teufelsgraben – Tobelmühle – Seeham (7,5 km, 2 ¼ Std., 130 hm, T 1).
Bienenerlebnisweg in Seeham (2,5 km, 1 Std., 30 hm, T 1).
Kapellenweg: Friedhofskapelle in Seeham – Pfarrgraben – Ed – Sprunged – Berg – Dürrnberg – Friedhofkapelle (4,5 km, 1 ½ Std., 60 hm, T 1).

## Der Weg

Vom Parkplatz in Seeham-Matzing führt der Weg an der Tobelmühle, den Hasen, den Ziegen und einem Nostalgie-VW-Käfer vorbei zum Hochseilpark. Über den Köpfen saust der Flying Fox hinweg, in den gewaltigen Baumriesen turnen, gut gesichert, verwegene Kletterer herum. Der Weg am Bach entlang ist nicht zu verfehlen, zahlreiche Infostationen sorgen zwischendurch für Abwechslung und Wissenszuwachs. Ein Höhepunkt ist dann der Wildkar-Wasserfall und auch die davor errichtete Kugelmüllerei. Die bald folgende Röhrmoosmühle bietet gute Hausmannskost, der geradeaus weiter verlaufende Weg erlaubt spektakuläre Einsichten unter der Wasserlinie. Der Weg führt leicht links aufwärts und zweigt dann am Waldrand entlang wieder nach links ab. Begleitet von herrlichen Blicken auf die Trumerseen geht es in den Wald und zum Parkplatz retour.

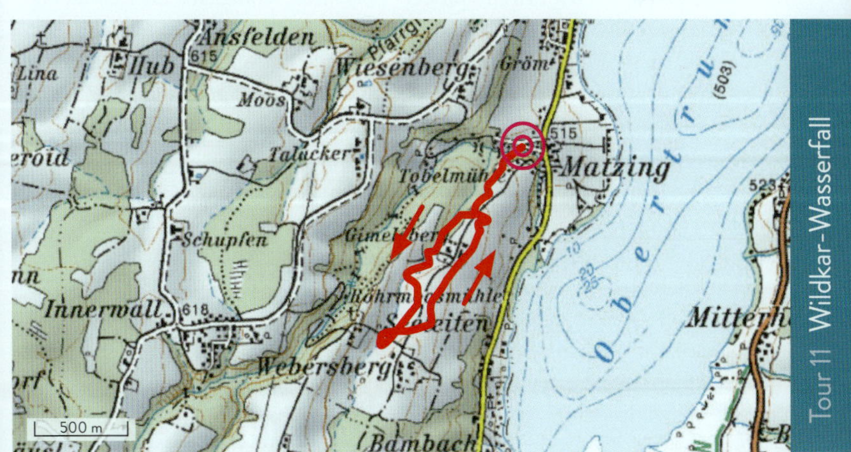

# 12 Tiefsteinklamm

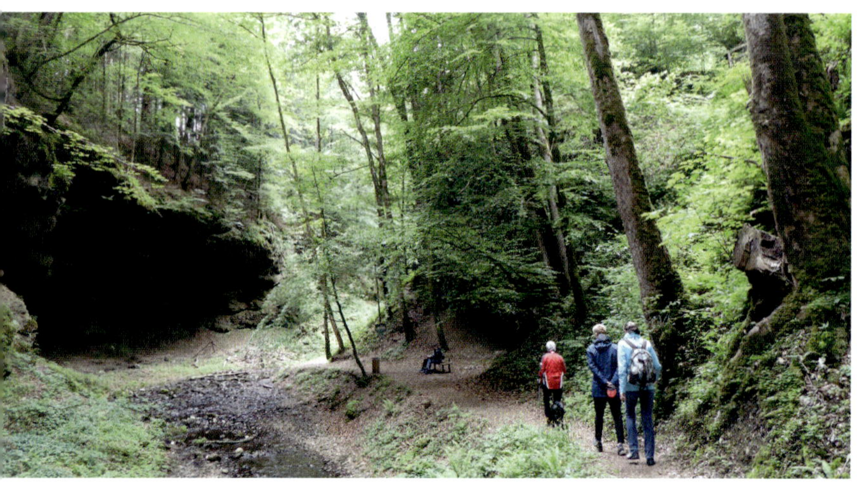

Der kurze Weg in die Tiefsteinklamm.

Zwischen Schleedorf und Wallersee entzückt recht unerwartet eine romantische Klamm.

Eine Klamm im flachhügeligen Seengebiet? Wie gibt's denn so was? Den Gletschern der letzten Eiszeit und der Kraft des ständig fließenden Wassers sei Dank, sie sind die Basis für dieses kleine Naturjuwel zwischen Schleedorf und dem Köstendorfer Ortsteil Fischachmühle. Nach dem Ende der letzten Eiszeit vor rund 10.000 Jahren suchten sich die Bäche der abschmelzenden Gletscher einen Weg durch den verdichteten Schotterkegel, in diesem Fall von den Egelseen zum Wallersee hin. Im Laufe von vielen Tausend Jahren entstand auf diese Weise die wildromantische Tiefsteinklamm.

Der etwa 500 Meter lange Abschnitt ist ein generationenübergreifender Abenteuerspielplatz, die Klamm eignet sich aber auch bestens für sagenhafte Erzählungen, als Baustoffdepot für die Schleedorfer Pfarrkirche und auch ein Quellschutzgebiet für die Schleedorfer Haushalte befindet sich im Einzugsgebiet. Außerdem konnte die überraschend große Anzahl von 60 verschiedenen Schneckenarten im Umfeld der Klamm nachgewiesen werden. Also wirklich ein Schatz mitten im Wald.

Von einem Goldschatz handelt auch die Sage, den drei Schwestern, eine davon ohne Augenlicht, teilen sollten. Die Blinde wurde von den beiden gierigen Schwestern übervorteilt, indem sie den angeblich vollen Goldeimer auf den Kopf stellten, nur den oberen Außenring mit ein paar Goldklumpen befüllten und anschließend die arme Frau davonjagten. Das Schicksal schlug alsbald zurück und begrub die nimmersatten Schwestern unter der einstürzenden Klamm. Für den Wiederaufbau der brandgeschädigten neuen Pfarrkirche in Schleedorf in den Jahren 1874 bis 1876 waren die großen Konglomeratblöcke aber ein höchst willkommenes und günstiges Baumaterial.

**Anfahrt PKW:** A 1, Abfahrt Eugendorf. Auf Obertrumer Landesstraße nach Seekirchen bis Abzweigung Köstendorf nach rechts. Nach 6,5 km gegenüber Kranerzeugung Palfinger nach links und 1,5 km bis Sportplatz (Parkplatz) in Schleedorf.

**Anfahrt Bus & Bahn:** mit Bus 121 bis Haltestelle Schleedorf Käsehof.

**Länge:** 2,5 Kilometer
**Höhenmeter:** 60
**Dauer:** 1 Stunde
**Schwierigkeit:** T 2. Familientauglich mit größeren Kindern. Keine Kletterausflüge im hinteren Klammbereich!

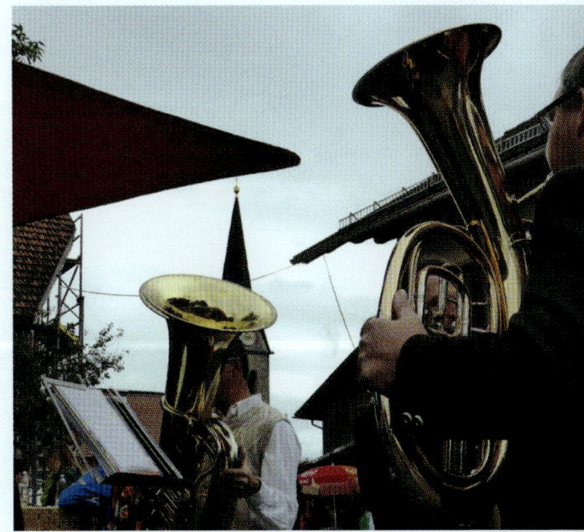

Schleedorf in Feierlaune.

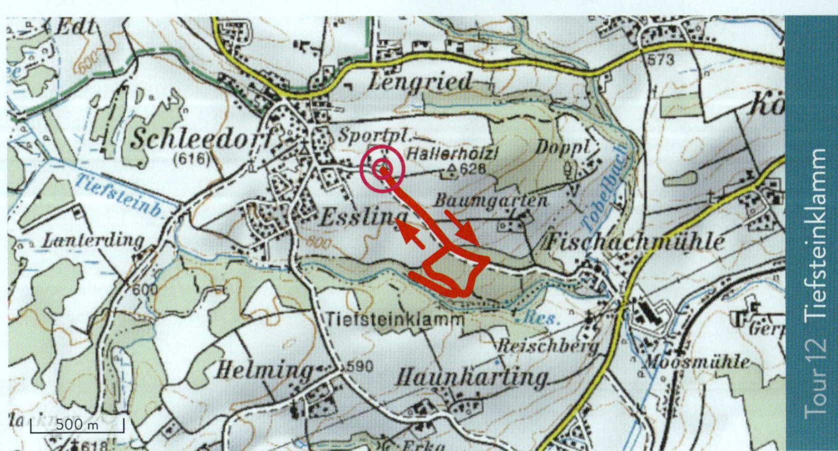

**Gastronomie:** im Ort Schleedorf

**Reizvoll:** eine faszinierende Klamm in einer Region, in der man sie nicht unbedingt erwarten würde

**Tipp:** Die Runde kann um das Doppelte verlängert werden, indem man dem Tiefsteinbach in Fließrichtung auf der rechten Uferseite 800 m bis zu einer schmalen Holzbrett-Brücke nahe der Fischachmühle (Erbhof, seit 1697 in Familienbesitz) folgt und nach dem Überqueren links abzweigend entlang der Zufahrt zurückspaziert.

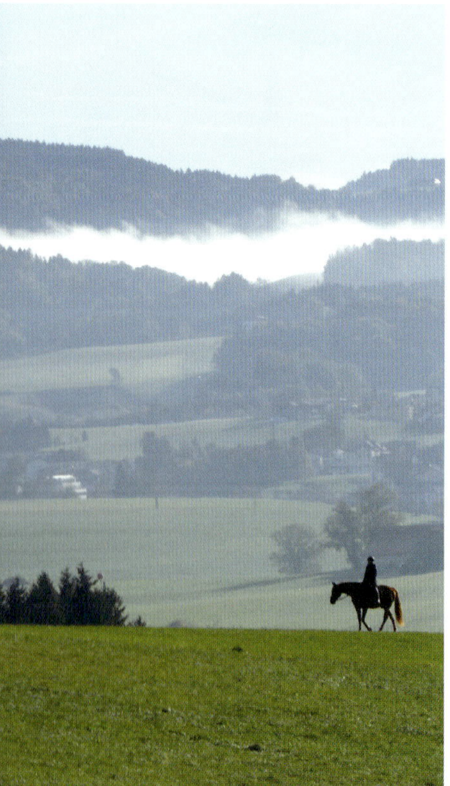

Am Weg nach Schleedorf.

**Geologie:** geschichtete, vom Tiefsteinbach durchschnittene Konglomeratbank. Die wildromantische Schlucht mit ihren überhängenden Felsen, riesigen Halbhöhlen und vielen kleinen Wasserfällen ist von Mischwald und einer vielfältigen Geländestruktur umrahmt. Die stark wechselnden Feuchtigkeits- und Lichtverhältnisse bewirken eine Vielzahl an wertvollen Kleinbiotopen.

**Schutzstatus:** seit 1981 „Geschützter Landschaftsteil"

**Weitere Touren:** Runde Schleedorf – Egelseen (2 Std., T 1). Schleedorf – Tannberg (ges. 3 Std., T 2).

## Der Weg

Ausgangspunkt ist der Parkplatz neben dem Fußballplatz am Ortsrand von Schleedorf. Der beschilderte Weg „Tiefsteinklamm" folgt der Zufahrt 1 km bis zur Abzweigung nach rechts. Kurz vor dem Treppenabstieg zur Klamm befindet sich auf einer Waldterrasse ein netter Jausentisch. Nach dem Besuch in der Klamm wieder hierher zurück und dem leicht links abzweigenden Forstweg (Schleedorf M 5) durch den Wald bis zur Wiese folgen. Am Waldrand entlang nach rechts, dann nach links auf dem bereits bekannten Straßenabschnitt retour zum Sportplatz.

# 13 Felssteig zur Schönalm

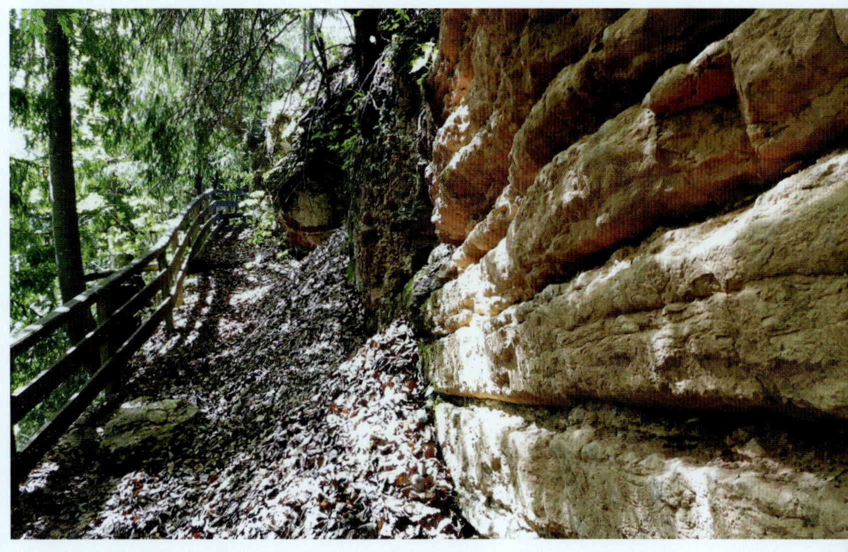
Bizarre Felsformation („Adneter Schicht“) am Weg zur Schönalm.

Vom Vollererhof über klammartige Umwege zur malerischen Schönalm.

Die waldreiche Gegend um den Vollererhof ist für einen erholsamen Kuraufenthalt wie geschaffen. Diesen Umstand hat sich das Kurhotel zunutze gemacht, das Angebot an äußeren und inneren Wellnessangeboten sorgte für Furore und eine prominente Gästeschar. In der Zwischenzeit ist es ruhiger geworden, aber die spannenden, in alle Himmelsrichtungen und mit allen Schwierigkeitsgraden führenden Wege gibt es natürlich noch. Einer davon verläuft über einen kleinen Umweg zur Schönalm, die ganz zu Recht so heißt. Bevor sich der paradiesische Almboden aber öffnet, quert der Steig einen kurzen, klammartigen Abschnitt, der von pittoresken Felsformationen gebildet wird.

**Anfahrt PKW:** A 10, Abfahrt Puch-Urstein. Auf der Landesstraße Richtung Puch, vor der Tankstelle links zum Kurhotel Vollererhof abzweigen. Parkplatz nach 4 km am Ende der Straße.
**Anfahrt Bus & Bahn:** mit S 3 bis Bhf. Puch-Urstein oder mit Bus 160 bis Puch Vollererhofstraße. Zusätzliche Gehzeit 1 Std.

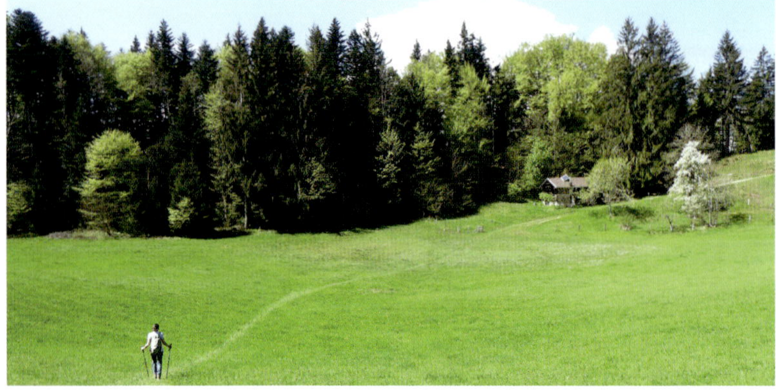

Vor der Schönalm zweigt eine Wegvariante nach links ab.

**Länge:** 5,5 Kilometer
**Höhenmeter:** 240
**Dauer:** 2 Stunde
**Schwierigkeit:** T 2

**Gastronomie:** unterwegs keine

**Reizvoll:** Bevor sich die Schönalm in ihrer ganzen Idylle zeigt, heißt es die bizarr geformte, schluchtartige Felsverengung zu durchschreiten.

**Tipp:** Bei der Hubertuskapelle oberhalb der Schönalm gibt es die schönsten Rastplätze.

**Geologie:** Der canyonartige Übergang kurz vor der Schönalm-Wiese ist ein spektakulär freigelegter Felsabschnitt, bestehend aus der markant rötlich-braunen „Adneter Schicht". Die Formation beherbergt viele Fossilien – darunter Ammoniten, Nautiliden und Schnecken. Im feuchten Zustand strahlen die Adneter Schichten in besonders intensiver Rotfärbung. Hauptverantwortlich sind Mangan und Eisenoxyde, aber auch Einwehungen von Wüstenstaub. Die Adneter Schichten sind kein einheitliches Gestein, sie bestehen aus Ablagerungen der Oberen Trias und der Lias, sie sind also 180 bis 200 Millionen Jahre alt.

**Schutzstatus:** Landschaftsschutzgebiet

**Weitere Touren:** Vollererhof – Erentrudisalm, Rundwanderung (3 Std., T 2). Rund um den Mühlstein (3 ½ Std., T 2). St. Jakob – Vollererhof, Rundwanderung (2 Std., T 2).

## Der Weg

Ausgangspunkt ist der große Parkplatz am Ende der Zufahrtstraße zum Vollererhof. Der Weg 12 (Wiestalstausee) zweigt wenige Meter später nach rechts ab. Er verläuft durch eine schöne Wald- und Wiesenlandschaft und verliert dabei knapp 100 Höhenmeter, bis er auf eine asphaltierte

Zufahrt stößt. Entlang dieser geht es linker Hand eineinhalb Kilometer bis zum idyllisch gelegenen Hof Gimpl. Der angeschriebene Weg zur Schönalm zweigt nach links ab, quert die Wiese, den Hangwald und schließlich die gut gesicherte Felspassage, die von eindrucksvoll verwitterten Gesteinsformationen (Adneter Schicht) geprägt ist. Gleich hinter dieser steilen, klammartigen Verengung breitet sich die märchenhaft anmutende Almwiese aus. Etwas oberhalb steht am höchsten Punkt der Runde die Hubertuskapelle, daneben bieten Sonnenbänke eine nette Gelegenheit zum Rasten. Der bequemste Abstieg folgt der Beschilderung Vollererhof und führt auf den breiten Verbindungsweg hinüber. Eine andere, sehr einsame, kaum markierte Rückwegvariante (in der Karte gelb). zweigt direkt vor der Schönalm in den Wald ab und führt am großzügigen Wildgehege vorbei zurück zum Ausgangspunkt Vollererhof.

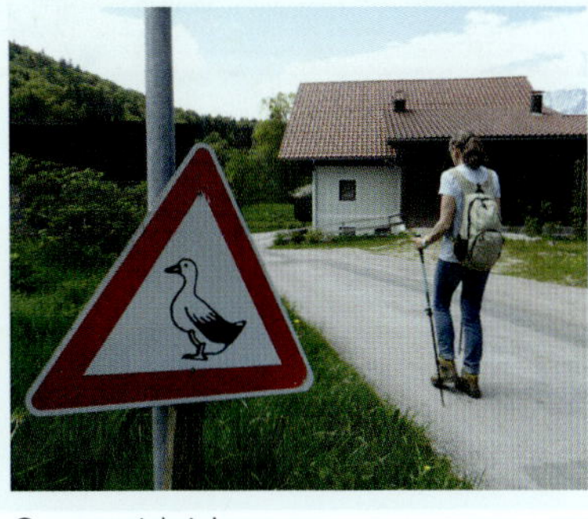
Gans vorsichtig!

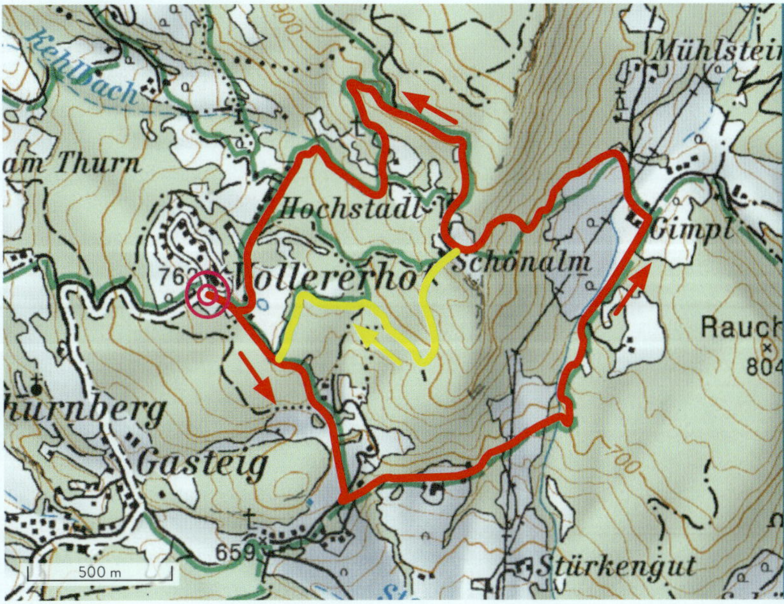

# 14 Plötz bei Ebenau

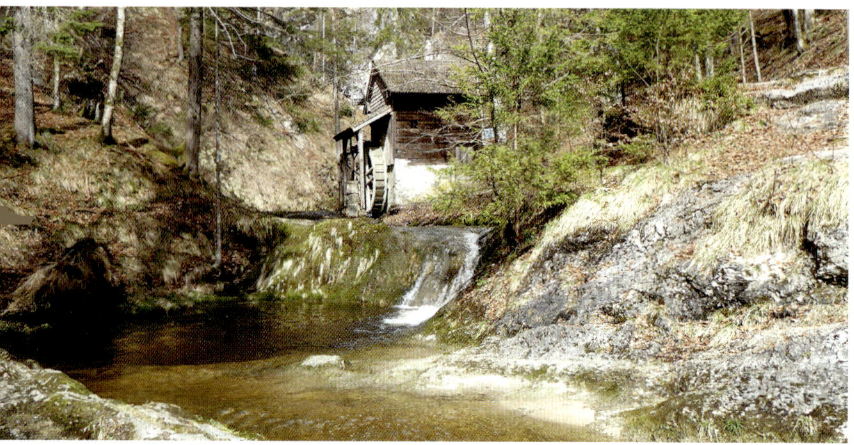

Die Edermühle am Beginn der Plötz wurde im Jahr 1742 erbaut.

Immer ein Erlebnis! Besonders aber bei heißem Sommerwetter, denn da lockt ein Bad im einzigartigen Rettenbach-Natur-Whirlpool.

Die wichtigsten landschaftsbildenden Elemente, durch die es zur Entstehung des einzigartigen Naturraums Plötz kam, sind die eiszeitlichen Gletscher und der Rettenbach. Nach dem Rückgang der Gletscher vor rund 12.000 Jahren bildete sich das Koppler Moor, aus dem der Rettenbach heute seine Kraft bezieht. Und diese ist erstaunlich. So still der kleine Moorbach in seinem Oberlauf noch ist, so effektvoll durchschneidet er dann wenig später die Felsbarriere, die sich ihm in den Weg stellt.

Im Laufe der Jahrtausende wurden die Dolomitbänke eingekerbt und die Strudellöcher erreichen durch die ständig rotierenden Wasserwalzen, in Verbindung mit den mitgeführten Gesteinspartikeln, metertiefe Aushöhlungen. Die Gesteine, die der Rettenbach je nach vorangegangener Niederschlagsintensität mehr oder weniger umfangreich transportiert, sind Moränenmaterial oder Hauptdolomit-Bruchstücke von den umgebenden Wieselbergen. Die am schönsten von der Kraft des Wassers geformten Rundsteine, finden sich am Grund des Naturbeckens unter dem insgesamt 50 Meter hohen Wasserfall. Die bräunlich gelbe Färbung des Wassers weist auf den Ursprungsort Koppler Moor hin und hat seine Erklärung in den Huminsäuren, die als gelöster Farbstoff mittransportiert werden.

**Anfahrt PKW:** von Hallein (A 10) oder von der Stadt Salzburg über B 158 durch das Wiestal nach Ebenau, Parkplatz neben der Feuerwehr.
**Anfahrt Bus & Bahn:** ab Sbg. Hbf. (Südtiroler Platz) mit Bus 150 oder 155 bis Koppl Sperrbrücke. Mit Bus 154 bis Ebenau Ortsmitte-Schleife (große Runde) oder Ebenau Plötz (direkter Zugang).

**Länge:** 5,5 Kilometer
**Höhenmeter:** 250
**Dauer:** 2 Stunde
**Schwierigkeit:** T 2

**Gastronomie:** unterwegs keine, im Ort Ebenau

**Reizvoll:** Fünf historische Mühlen, die meisten errichtet im 16. und 17. Jahrhundert, gilt es auch noch zu entdecken.

**Tipp:** im Sommer die Badesachen mitnehmen

**Geologie:** Der Landschaftscharakter der Plötz wird vom Hauptdolomit bestimmt, der im Gemeindegebiet von Ebenau stark vertreten ist. Die Mächtigkeit reicht von Dezimetern bis zu vielen Metern. Entstanden ist das Gestein vor 220 bis 215 Millionen Jahren in einer Bucht des tropischen Tethys-Ozeans auf der geografischen Breite des heutigen Nordafrika.

**Schutzstatus:** seit 1934 Naturdenkmal

**Weitere Touren:** Mühlenwanderweg (2 Std., Weg 61, T 2). Ebenau – Koppl (1 Std., Weg 77, T 1). Rund um den

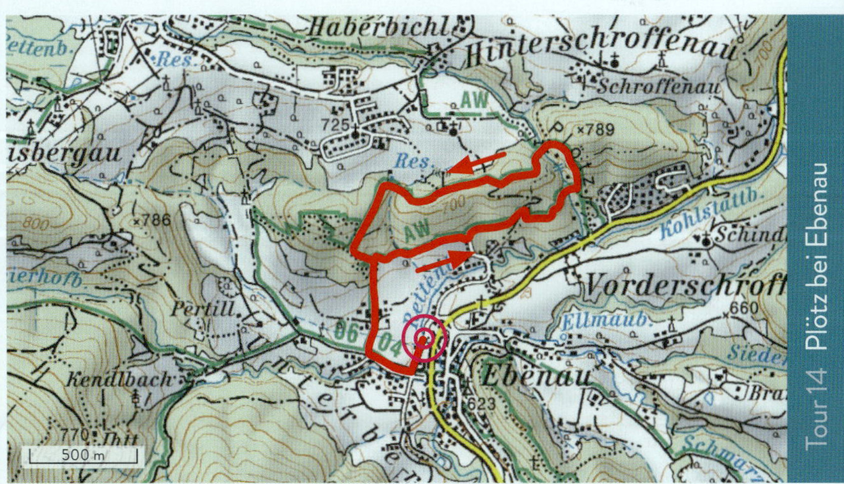

Pitrach (3 Std., Weg 65, T 2). Zistelalm (2 ½ Std., Weg 69, T 2).

## Der Weg

Der kürzeste Anstieg in die Wunderwelt Plötz dauert nur wenige Minuten und beginnt auf dem kleinen Parkplatz (Bushaltestelle Ebenau Plötz) an der Wiestal Landesstraße im Ortsteil Vorderschroffenau, einen Kilometer nordöstlich vor der Abfahrt Ebenau.

Wesentlich vielfältiger ist der familienfreundliche Weg, der im Ort am Parkplatz neben der Feuerwehr gegenüber der Waschlmühle beginnt. Die Doppelmühle war bis 1955 in Betrieb und ist die am besten erhaltene, der insgesamt sieben historischen Bauernmühlen in Ebenau. In der Waschlmühle finden auch immer wieder Veranstaltungen statt. Der Weg führt an der Feuerwehr vorbei und zweigt beim Kindergarten nach rechts in die Unterbergstraße ein. Nach 250 Metern verläuft der markierte Weg 62 (Plötz über Waldweg) rechter Hand an einem Hof vorbei an den Waldrand und erreicht wenig später einen sonnigen Rastplatz mit Liegen, Kneippbecken und sogar einer eigenen Bücherkiste. Gut 20 Minuten später trifft der Weg auf den Rettenbach, der der Reihe nach mit einem Felsenbad, der Edermühle und vor allem als Höhepunkt mit dem phänomenalen Plötz-Wasserfall begeistert. Auch am oberen Ende des Wasserfalls steht überaus spektakulär eine Mühle. Der kurzzeitig etwas alpinere Wanderweg 61 verläuft dort oberhalb vorbei und zweigt dann gleich wieder nach links, dem Schild „Watzmannblick“ folgend, nach links ab. Der Weg über den Watzmannblick ist eine Variante, etwas kürzer ist jener mit „Kneippbecken“ beschilderte Steig, der schon zuvor nach links abzweigt und in die bereits bekannte Route einmündet.

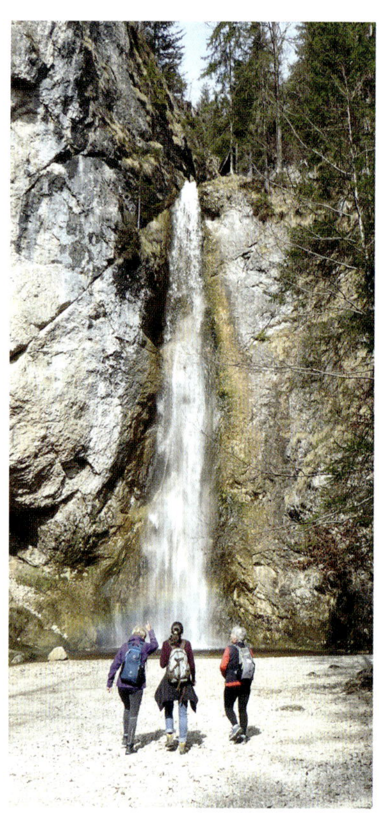

Der Plötz-Wasserfall.

# 15 Felsenbad in Faistenau

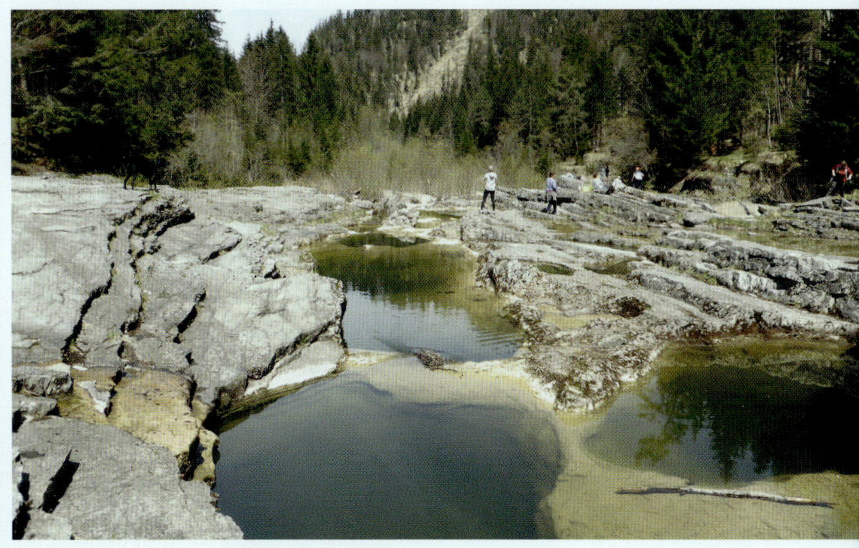

Reizvolle Pool-Landschaft im Faistenauer Felsenbad.

Ein natürliches Erlebnisbad der Sonderklasse, das vor allem bei Familien mit Kindern hoch im Kurs steht.

Der knapp sechs Kilometer lange Almbach kann zwischen seinem Ursprungsort Hintersee und der Einmündung in den Wiestalstausee auf eine bewegte Strecke zurückblicken. Für die Freunde des anspruchsvollen Canyonings ist wohl die Strubklamm das Maß aller Dinge, für die abenteuerlustigen Kinder übt das Felsenbad im Oberlauf einen unwiderstehlichen Reiz aus. Das sogenannte Felsenbad ist im Laufe der Jahrtausende nach dem Abfließen der Gletscher durch die Kraft des Almbachs entstanden. Ein Hinter- und Nebeneinander von unterschiedlich großen Gumpen und Wasserfällen eröffnet vielfältige Lebensräume, aber auch gute Spielmöglichkeiten speziell für die jungen Besucher. Abhängig ist das Badevergnügen auch von der Durchflussstärke, die hängt wiederum stark mit dem schwankenden Seespiegel des Hintersees zusammen.

An besucherstarken Schönwettertagen ist der Wirbel im Felsenbad groß. Eingeplant sollte jedenfalls die fehlende Infrastruktur werden, Toiletten oder Umkleidekabinen gibt es keine.

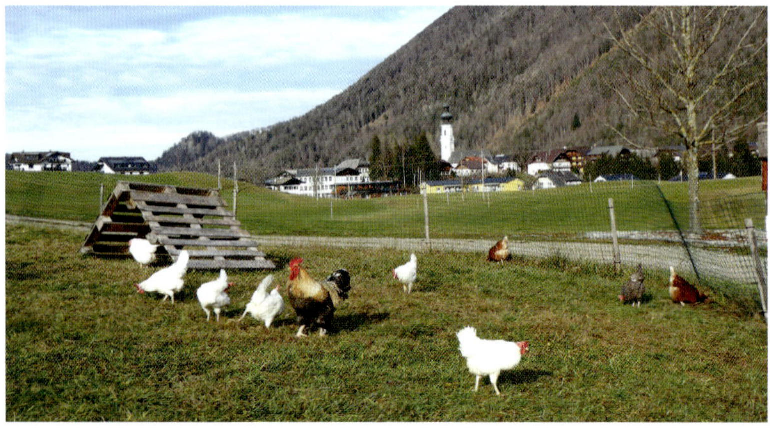

Glückliche Hühner mit Blick auf Faistenau.

Selbstredend ist das Grillen oder das Entfachen von Lagerfeuern verboten, auch die Abfälle müssen selbst entsorgt werden. Wer also die Ruhe im Felsenbad sucht, sollte im Herbst oder gar im Winter kommen.

**Anfahrt PKW:** A 1, Abfahrt Thalgau. Über Hof und über den Kreisverkehr Baderluck (B 158) in das Ortszentrum von Faistenau. Rechts an der Kirche vorbei zu den Parkplätzen.
**Anfahrt Bus & Bahn:** mit Bus 155 oder mit Bus 150 (umsteigen in Hof Ortsmitte) bis Faistenau Ortsmitte.

**Länge (Kugelbergrundweg):** 4 Kilometer
**Höhenmeter:** 200
**Dauer:** 1 ½ Stunden
**Schwierigkeit:** T 2

**Gastronomie:** Bramsaubräu,
www.bramsau-braeu.at
Tel. +43 (0) 62 28 / 25 66

**Reizvoll:** die Kraft des Wassers, messbar in Dutzenden unterschiedlich großen Gumpen im Felsenbad

**Tipp:** Waldkletterweg Faistenau; Zugang am Sportplatz vorbei,
www.waldkletterweg-faistenau.at

**Geologie:** Großräumig geprägt wurde das Gebiet um Faistenau durch das Zusammentreffen mehrerer Gletscherzweige. Ein Nebenstrom des Traungletschers suchte sich den Weg aus der Richtung Mondsee – St. Gilgen kommend über die Tiefbrunnau, ein lokaler Gletscher kam aus dem Hinterseegebiet. Es wurden mächtige Moränenmassen abgelagert, die zur Aufstauung von Seen führten und sehr viel später als Basis für den Siedlungsraum Faistenau dienten. Die Gemeinde Faistenau ist mit 786 Metern Seehöhe übrigens die am höchsten gelegene im Flachgau.

**Schutzstatus:** Naturdenkmal

**Weitere Touren:** Grabner-Rundweg (2 Std., T 2). Lidaun (2 ½ Std., T 2). Rund um den Hintersee (2 Std., T 1).

### Der Weg

Das Felsenbad liegt beinahe direkt an der schmalen Almbachstraße, die von der Strubklamm zum Hintersee verläuft. Von den wenigen Abstellplätzen entlang der Straße sind es nur wenige Meter zum Felsenbad. Wer mit umfangreicher Badeausrüstung unterwegs ist, wird wohl diesen Zugang wählen.

Wesentlich spannender (und lehrreicher) ist der Felsenbadbesuch in Verbindung mit einer Wanderung um den Kugelberg. Dieser Weg 43 beginnt am besten auf dem großen Parkplatz (Bushaltestelle) nahe der Schule in Faistenau, verläuft über die Bramsaustraße zum gleichnamigen Wirtshaus Bramsaubräu und mündet nach ein paar weiteren Schritten bergauf nach links oder nach rechts in den Kugelberg-Rundweg ein. Die rechte Variante führt eher zum Felsenbad hinab und folgt dann zum Wiedereinmünden in den Rundweg kurz der Almbachstraße Richtung Hintersee. Ein kurzer, mittelsteiler Anstieg zweigt nach rechts in den Quizweg ein, der dann beim Bramsaubräu endet. Der längste Abschnitt des Kugelberg-Rundweges ist ein breiter Wirtschaftsweg, ein kleiner Teil verläuft aber auch auf einem schmalen, bergpfadähnlichen Steig, der etwas Umsicht erfordert.

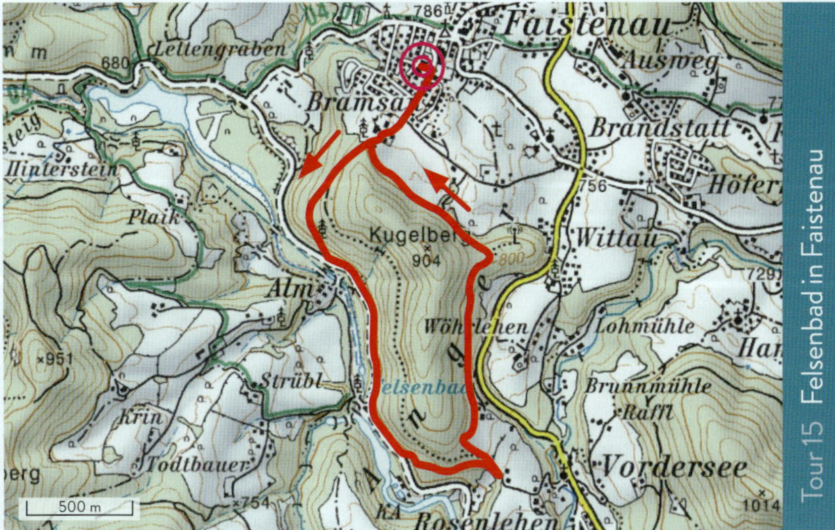

# 16 Eiskapelle in Hintersee

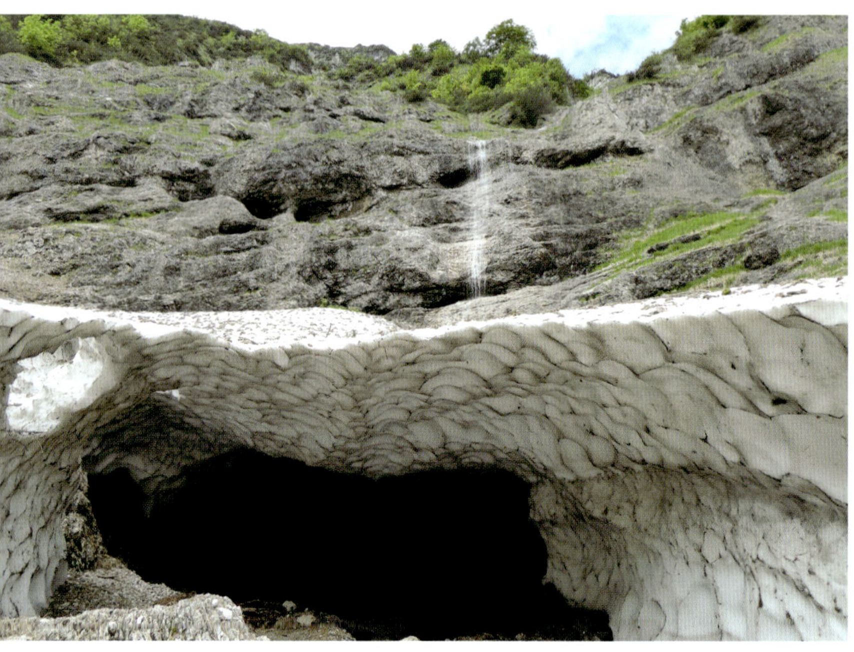

Die Eiskapelle am Nordfuß des Wieserhörndls ist eine filigrane Konstruktion.

Eine Schneeballschlacht im Sommer? Bei der Eiskapelle im Gemeindegebiet Hintersee könnte es gelingen.

Wer an heißen Sommertagen Lust auf winterliche Berührungspunkte hat, ist am Hintersee im Gemeindegebiet von Faistenau und Hintersee gut aufgehoben. Die erfrischende Einleitung könnte vielleicht das Bad im meist recht „zapfigen" Hintersee sein, die Steigerung ist dann eine Schneeballschlacht vor der drei Kilometer entfernten Eiskapelle. Das Naturphänomen aus Tonnen von hart gepresstem Lawinenschnee in der Felsarena unter dem Wieserhörndl (1567 m) bildet sich jeden Winter aufs Neue. Wie lange der Schnee hält und wie groß der bizarre Hohlraum wird, hängt natürlich von der vorangegangenen Niederschlagsintensität und Lawinentätigkeit ab. Die besten Chancen auf eine wirklich beeindruckende Konstruktion aus Schnee und Eis bestehen im Frühsommer. Zu dieser Zeit, in den Monaten Mai und Juni, zeigen sich als Draufgabe dann auch noch Tausende Sibirische Schwertlilien in der Nordbucht des Hintersees. Verboten sind dabei zwei Dinge: das Pflücken der streng geschützten blauen Schwertlilien und das Herumklettern auf der einsturzgefährdeten Eiskapelle.

**Anfahrt PKW:** A 1, Abfahrt Thalgau. Nach Hof und dort am Ortsende beim Kreisverkehr Baderluck nach Faistenau und 3 km weiter zum Parkplatz (Gebühr) gegenüber Badeplatz Hirschpoint am Hintersee.
**Anfahrt Bus & Bahn:** mit Bus 155 bis Faistenau Schule, mit Bus 157 bis Hintersee Hirschpoint.

**Länge (inklusive Seerunde):** 9,3 Kilometer
**Höhenmeter:** 120
**Dauer:** 2 ¾ Stunden
**Schwierigkeit:** T 2

**Gastronomie:** Badekiosk Hirschpoint (Start) und Lago-Bar an der Nordbucht. Geöffnet jeweils im Sommer bei Badewetter.

**Reizvoll:** wandern zwischen den Jahreszeiten

**Tipp:** zahlreiche Badeplätze rund um den See; große Wiese und feine Kuchenauswahl beim Strandbad Hirschpoint.

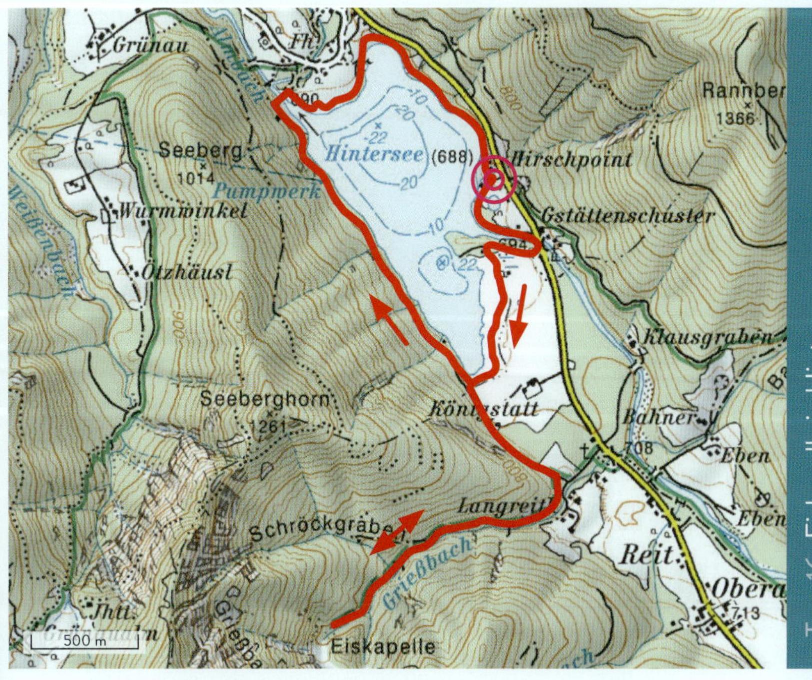

**Geologie:** Hintersee und Eiskapelle sind zwei völlig gegensätzliche Landschaftstypen. Hier das offene Seengebiet mit schönen Ufer- und Badeplätzen, auf der anderen Seite eine enge, steil aufragende Felsarena mit Lawinenschnee bis weit in den Sommer hinein. Ein talauswärts liegender Moränen- und Schuttkegel, die schattige Lage und die, lokalklimatisch bedingt, großen Niederschlagsmengen wirken sich günstig auf die alljährlich wiederkehrende Bildung der Eiskapelle aus.

**Schutzstatus:** Naturdenkmal seit 1974

**Weitere Touren:** Rund um den Hintersee (1 ¼ Std., T 1). Hintersee entlang Tauglbach in den Ort Hintersee (1 ½ Std., T 1. Retour mit Bus 157).

### Der Weg

Ausgangspunkt ist der Parkplatz gegenüber der Badewiese Hirschpoint. Der Weg zur Eiskapelle führt links am Badegelände vorbei, überquert das meist trockene Bachbett der Taugl und verläuft zum Südende des Hintersees. Hier wartet ein schöner Rastplatz mit einer bequemen Holzliege. Die Route zweigt zuerst nach links, dann nach rechts ab (Nordic-Walking-Schild: „Sensotorikrunde“) und erreicht am Grießbach entlang eineinhalb Kilometer später das Gebiet der Eiskapelle. Bitte die Schneekuppeln nicht betreten, Einsturzgefahr!

Auf dem gleichen Weg bis zur Abzweigung Hirschpoint retour, dann bei entsprechender Lust, Laune und Kondition am linken, westlichen Seeuferweg bleiben und über die Schwertlilienwiese sowie an einem netten Einkehrstüberl vorbei zum Parkplatz Hirschpoint.

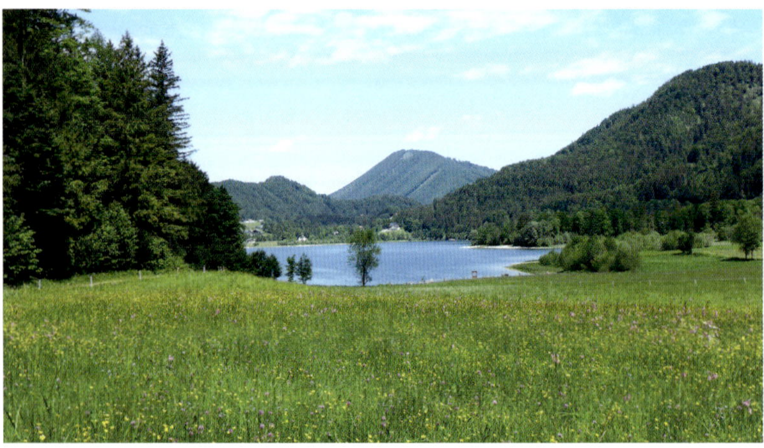

Vom idyllischen Hintersee zur frostigen Eiskapelle.

# 17 Tiefenbach und Ladenbach

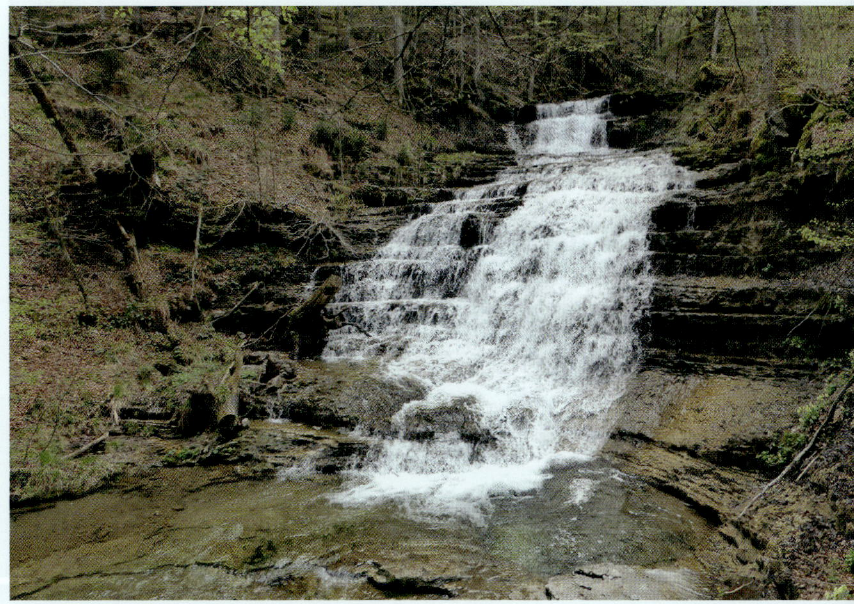

Einer der höchst unterschiedlichen Wasserfälle am Tiefenbach.

Der Ladenbach und der Wasserwunderweg Tiefenbach in Hintersee sind Meisterwerke der Natur.

Die Wasserläufe auf der Nordseite des Regenspitz haben landschaftsprägende Einschnitte zur Folge. In Verbindung mit den geologischen Vorgaben entstanden im Laufe der Zeit unterschiedlich groß geformte Wasserfallstufen und Becken. Manche dieser Gumpen sind so dimensioniert, dass sich sogar ein paar Schwimmtempi ausgehen, die meisten eignen sich aber doch eher nur für ein Fußbad. Auch die Wasserfälle sind von reizvoller optischer Vielfalt, die vom fein geperlten Wasservorhang bis zum beinahe umwerfenden Schwall reicht.

Bei dieser Wanderung zwischen Feichtenstein und Ladenberg lassen sich sogar zwei dieser wunderbaren Wasserfallwege miteinander zu einer Runde verbinden. Der Anstieg folgt auf gut beschilderten und ausgebauten Wegen dem Tiefenbach, der im Gegensatz dazu eher einsame Rückweg führt am Ladenbach entlang retour zum spektakulären Satzstein.

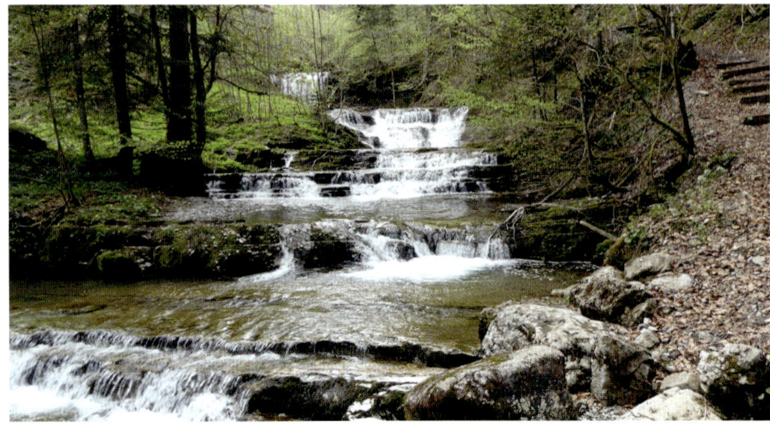

Der kleine Tiefenbach formt die Landschaft.

**Anfahrt PKW:** von der A1, Abfahrt Thalgau, über Hof, oder der A 10, Abfahrt Hallein durch das Wiestal, nach Faistenau und 9 km weiter in den Ort Hintersee. Vor der Kirche nach rechts 500 m zum Bundesforste-Parkplatz Satzstein.
**Anfahrt Bus & Bahn:** mit Bus 155 bis Faistenau Schule, mit Bus 157 bis Hintersee Ortsmitte

**Länge (Wasserwunderweg/Ladenbachrunde):** 2 Kilometer/4,6 Kilometer
**Höhenmeter:** 130/230
**Dauer:** 1 Stunde/2 ¼ Stunden
**Schwierigkeit:** T 2

**Gastronomie:** Alte Krämerei, Tel. +43 (0) 677 / 63 87 91 17 und Das Hintersee, www.hintersee.at, im Ort Hintersee

**Reizvoll:** die Kraft des Wassers in all seinen Ausformungen mit tiefen und seichten Gumpen

**Tipp:** im Sommer ein Fußbad im Bach oder ein Vollbad im nahen Hintersee

**Geologie:** Welche Urkräfte die Gletscherströme der letzten Eiszeit entwickeln konnten, wird mit dem riesigen Satzstein eindrucksvoll veranschaulicht, der an den Ausgangspunkt der Runde nahe der Ortschaft Hintersee vor vielen Tausend Jahren hierher verfrachtet wurde. Bedrohlich überhängend steht der riesige, rund 1000 $m^3$ große Felsblock am Rand des Bundesforste-Parkplatzes.

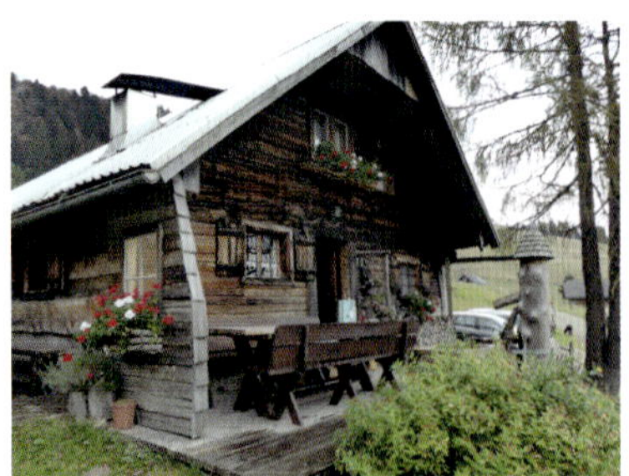

Hütte auf der Ladenbergalm.

**Schutzstatus:** Naturschutzgebiet

**Weitere Touren:** Rundwanderung Regenspitz (3,5 Std., T 3). Feichtenstein (2 Std., T 2). Bergalm – Ladenbergalm (3 Std., T 2).

### Der Weg

Am Parkplatz Satzstein zweigt der bestens markierte und mit Info-Tafeln versehene Wasserwunderweg-Tiefenbach Richtung Feichtenstein nach links ab. Zunächst noch flach, gewinnt der Steig aber bald an Höhe, Holzstufen erleichtern den steilen Anstieg. An passenden Stellen sind immer wieder Zustiege zum Tiefenbachverlauf möglich, eine breite Schotter-Ausbuchtung mit dem abschließenden Wasserfall eignet sich besonders gut für einen ersten Kontakt oder für ein erstes Picknick. Weiter oben folgen dann noch tiefere Einstiege und eine Aussichtsplattform mit Blick auf den Tiefenbach. Kurz nach der Tiefenbachbrücke trifft der Wasserfallweg auf eine Forststraße. Die kurze Variante zweigt nach rechts ab und führt an einem schönen Gehöft vorbei in einer halben Stunde retour zum Parkplatz.

Die große Runde (in der Karte gelb) folgt dem Forstweg noch kurz bergauf bis zu einer Weggabelung und orientiert sich dann an der Richtung „Ladenberg“. Noch bevor das Gebiet der Ladenbergalm erreicht ist, verläuft der alte Almweg rechts abzweigend am Ladenbach entlang zurück zum Ausgangspunkt Satzstein.

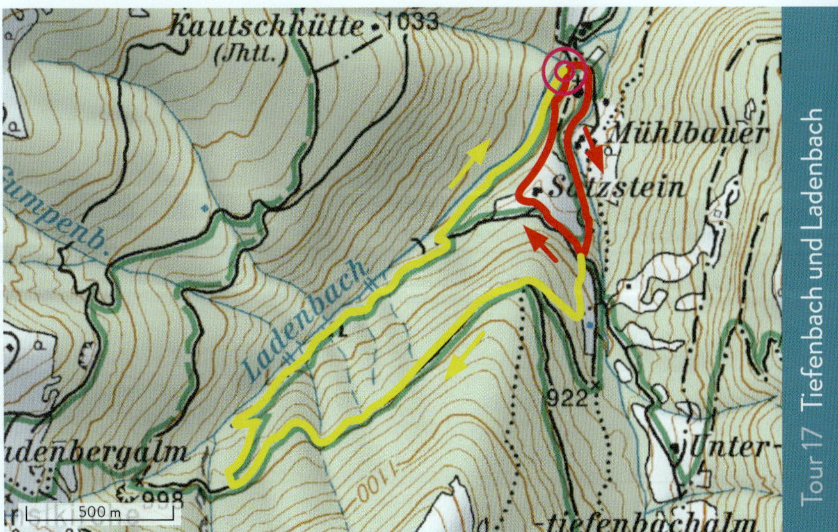

# 18 Strubklamm bei Ebenau

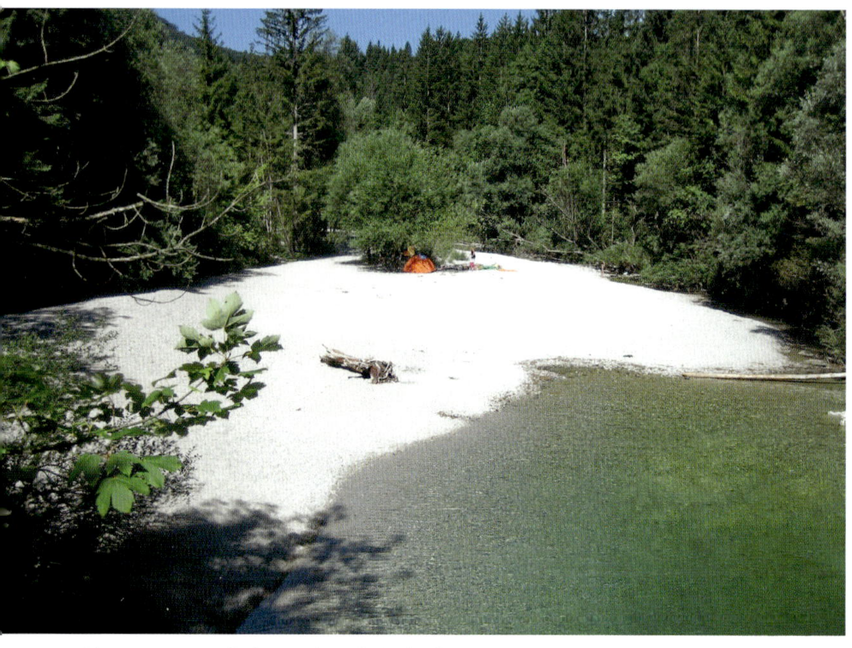

Ein unerwarteter Badestrand am Ende der Strubklamm.

Auf dem sagenumwobenen Metzgersteig durch die Strubklamm bei Ebenau.

Der Name Metzgersteig kennt gleich zwei Ursprünge: Im Jahre 1673 stieß ein Metzger seine nicht mehr geliebte Angetraute in den tödlichen Abgrund und erhielt dafür eine gerechte Strafe. Nämlich jene, dass er dem Irrsinn verfiel, weil ihm das Mordopfer hinter dem Altar in der Kirche von St. Wolfgang erschien. Ebenso ist der schmale Weg als Viehsteig bekannt, auf dem viele Nutztiere zur Schlachtbank der Metzger getrieben wurden.

Wie auch immer, der Metzgersteig scheint gefährlich zu sein und erfordert besondere Achtsamkeit. Trittsicherheit sowie Schwindelfreiheit sind nötig, unterwegs öffnen sich atemberaubende Tiefblicke in das Innere der Strubklamm.

Im Sommer ist die Durchquerung für besonders trainierte Canyoning-Abenteurer auch genau dort, am Grund der Schlucht, möglich. Die anspruchsvolle Strecke wird teils schwimmend, teils kletternd von der Staumauer bis zum Ausgang nahe der Wiestalstraße zurückgelegt. Aber auch der Verlauf der immer gut erkennbaren, schmalen Straßenverbindung zwischen Faistenau und Ebenau auf der gegenüberliegenden Klammseite ist überaus spektakulär. Entlang dieser Felsenstraße führt eine mögliche Variante retour, eine längere Route verläuft über Ebenau und den Strumberg, oder Rückweg und Hinweg sind identisch.

Beeindruckend ist neben dem Naturdenkmal Strubklamm und der Schluchtenstraße dann auch noch die beinahe festungsartige Kraftwerksanlage zu Beginn der Wanderung. Die 80 Meter lange, 36,5 Meter hohe und an der Sohle 30 Meter breite Staumauer muss überquert werden, um zum Metzgersteig zu gelangen. Das Speicherkraftwerk wurde zwischen 1920 und 1924 errichtet. Von der Staumauer ausgehend führt ein 2415 Meter langer Druckstollen hinab in das Wiestal zum Kraftwerk Strubklamm.

**Anfahrt PKW:** von A 10, Abfahrt Hallein, Richtung Ebenau durch das Wiestal bis zur Abzweigung Faistenau nach rechts. Nach

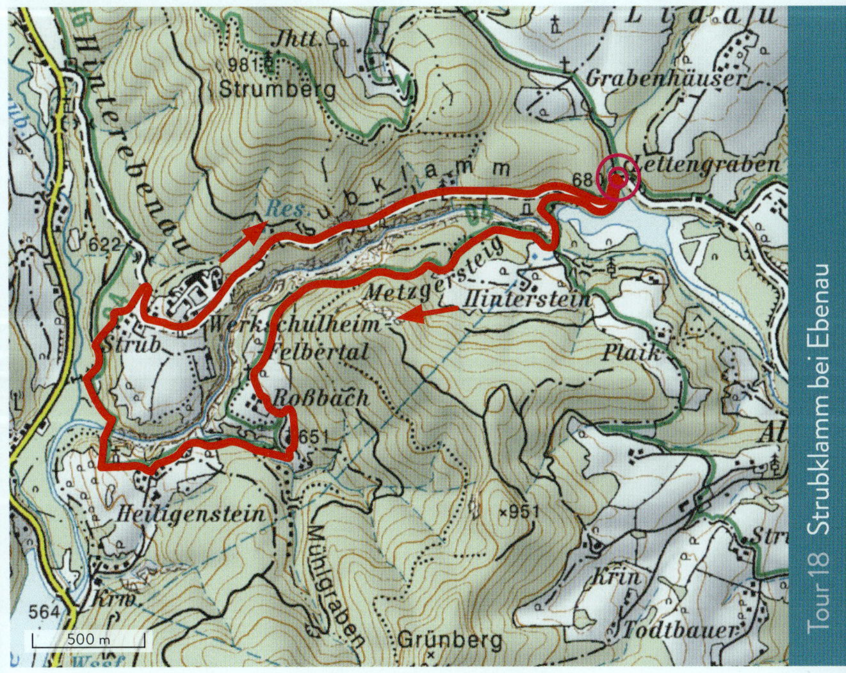

3,5 Kilometern Parken vor, nach oder beim Gasthof Seewirt (bitte um Parkerlaubnis fragen).

**Anfahrt Bus & Bahn:** mit Bus 154 ab Koppl Sperrbrücke bis Ebenau Abzw. Strubklammwerk. Aufstieg dann entgegen der oben erwähnten Wegbeschreibung!
**Länge (Rundweg über Felbertalschule):** 7,5 Kilometer
**Höhenmeter:** 250
**Dauer:** 2 ½ Stunden
**Schwierigkeit:** T 3

**Gastronomie:** Seewirt Strubklamm, www.seewirt-faistenau.at

**Reizvoll:** imposanter Kraftwerksbau aus der Frühzeit der Elektrizität am Beginn der Wanderung

**Tipp:** Canyoning für Fortgeschrittene in der Strubklamm, www.vertical-one.at

**Geologie:** Der Verlauf der knapp drei Kilometer langen Strubklamm zwängt sich durch die bis zu 100 Meter tiefe Einkerbung aus Dolomitgestein zwischen

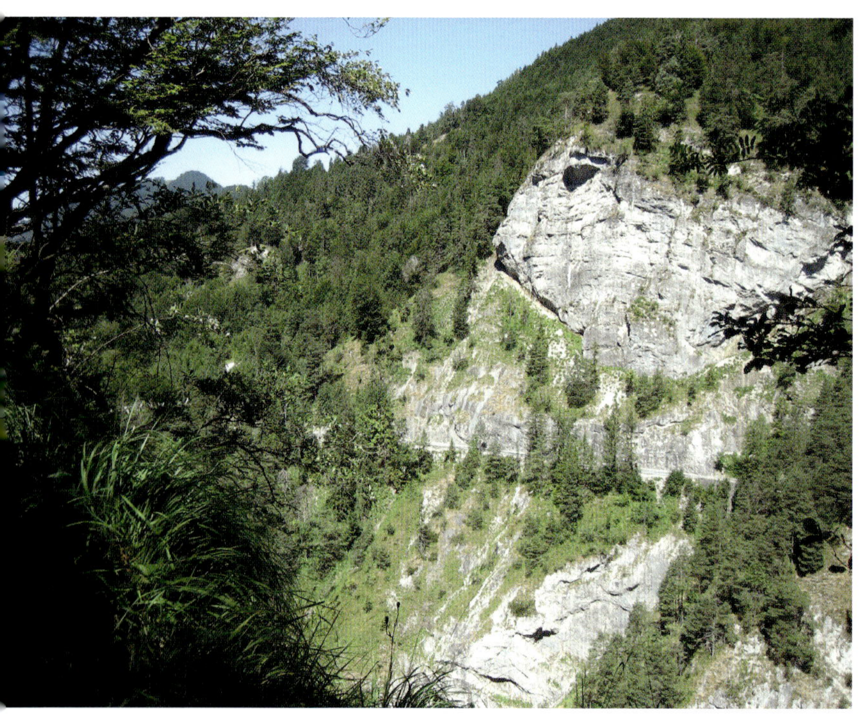

Die verwegene Straßenführung auf der gegenüberliegenden Seite der Strubklamm ist kaum erkennbar.

dem Strumberg auf der nördlichen und dem Grünberg-Ochsenberg-Stock auf der südlichen Seite.

**Schutzstatus:** Naturdenkmal Strubklamm

**Weitere Touren:** alternativer Rückweg nach der Strubklamm-Durchquerung nicht über die Klammstraße, sondern nach Ebenau und dort dem Weg 63 über den Strumberg folgen (gesamt 3–4 Std., T 3). Felsenbad Faistenau über Plaik (2 Std., T 2). Grabner-Rundweg nach Faistenau (2 Std., T 2).

### Der Weg

Von der empfehlenswerten Gastwirtschaft Seewirt führt die Route wenige Meter entlang der Straße in Richtung Klamm und zweigt dann nach links zur Staumauer ab. Gleich nach der Querung der breiten, elegant gebogenen Krone beginnt rechts der markierte Metzgersteig. Der Weg führt noch einmal auf eine romantische Lichtung hinaus, dann mehren sich aber doch jene Stellen, die neben großartigen Tiefblicken auch erhöhte Vorsicht einfordern. Nach einer Stunde wird das Gelände wieder sanfter, der Weg führt am Rand einer hochtalartigen Ebene entlang und an den Höfen vorbei zu einer Abzweigung nach rechts. Noch einmal geht es steiler abwärts zu einem Steg, der mit Blick auf schöne Badeplätze das Ende der Klamm quert. Der Rückweg führt aufwärts zur Klammstraße und folgt dieser am Werkschulheim Felbertal vorbei 2,3 Kilometer bis zum Ausgangspunkt Seewirt.

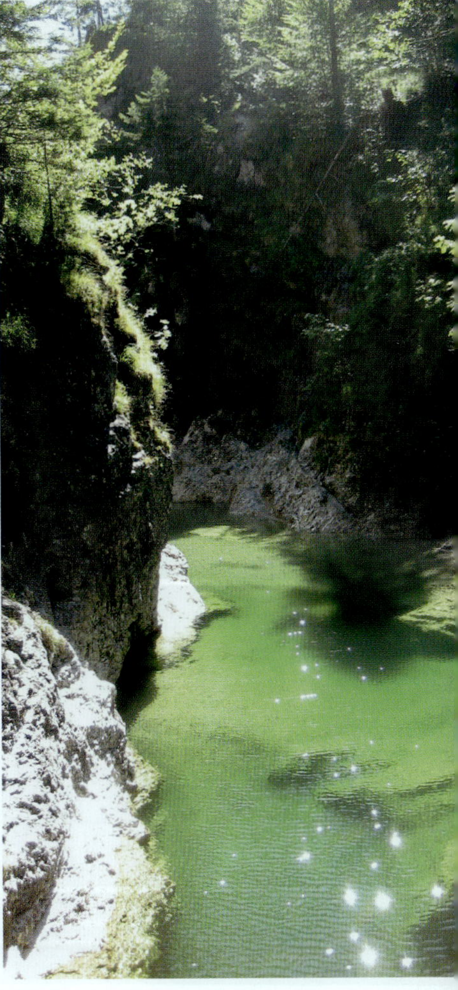

Die Strubklamm.

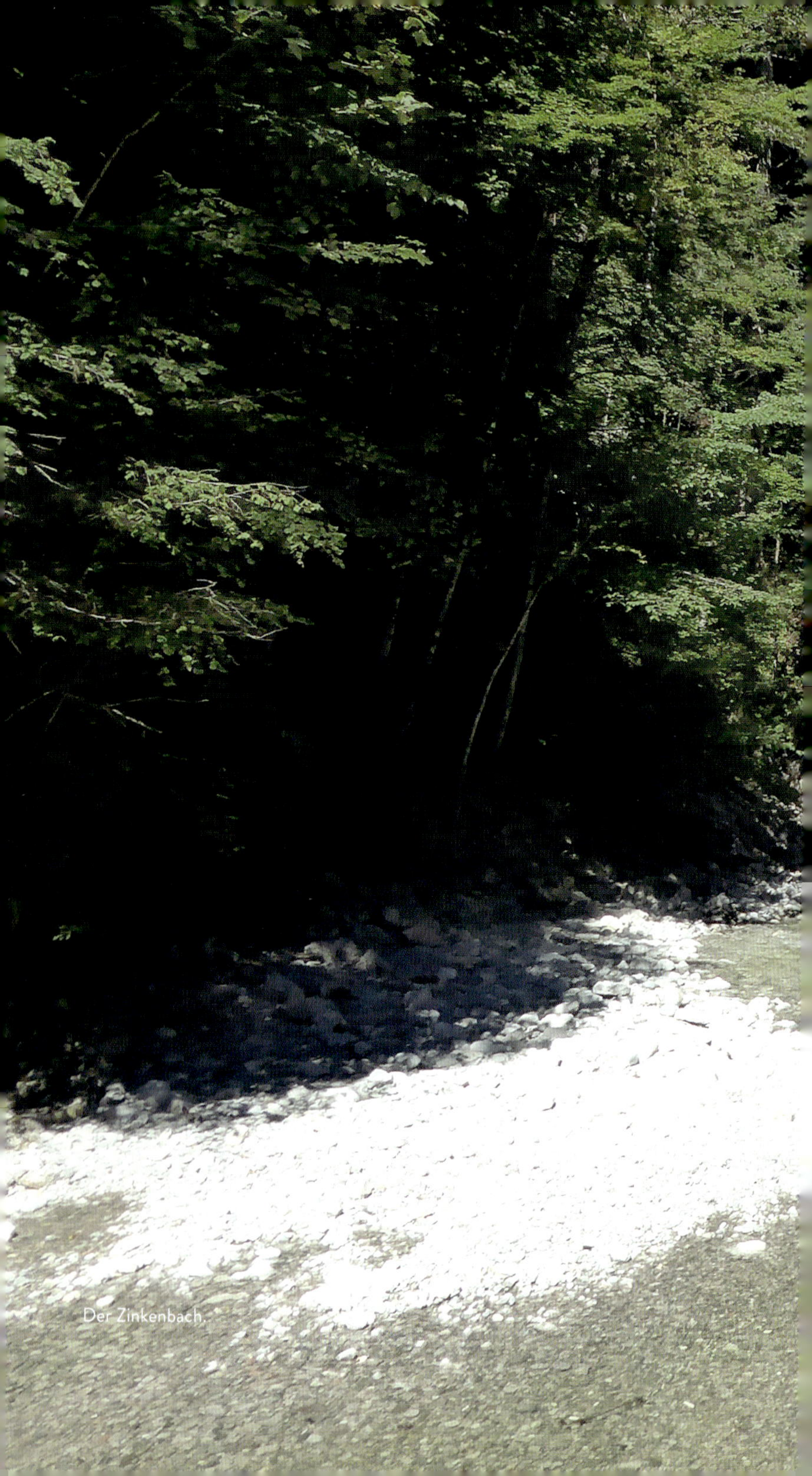

Der Zinkenbach.

# Salzkammergut

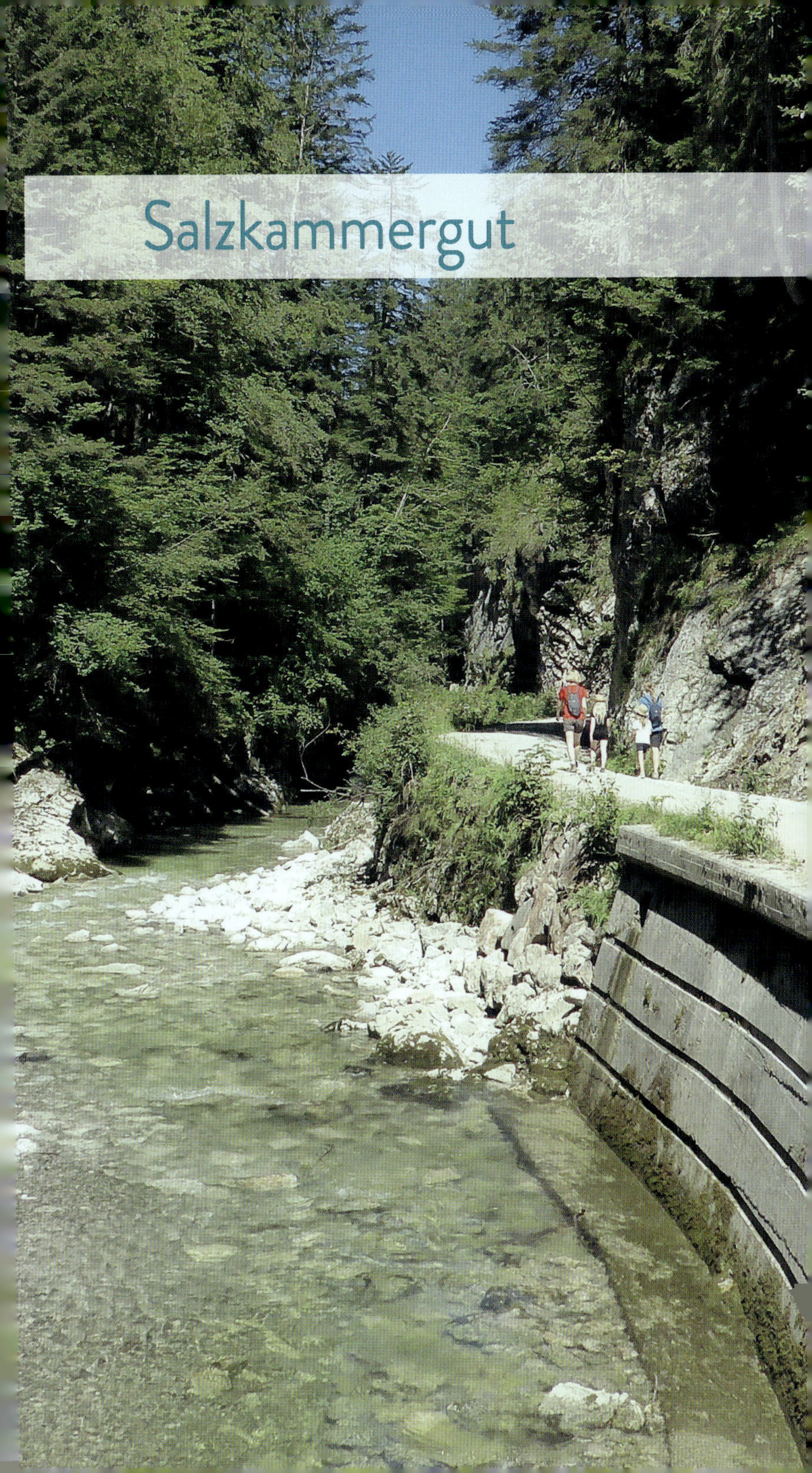

# 19 Plombergstein

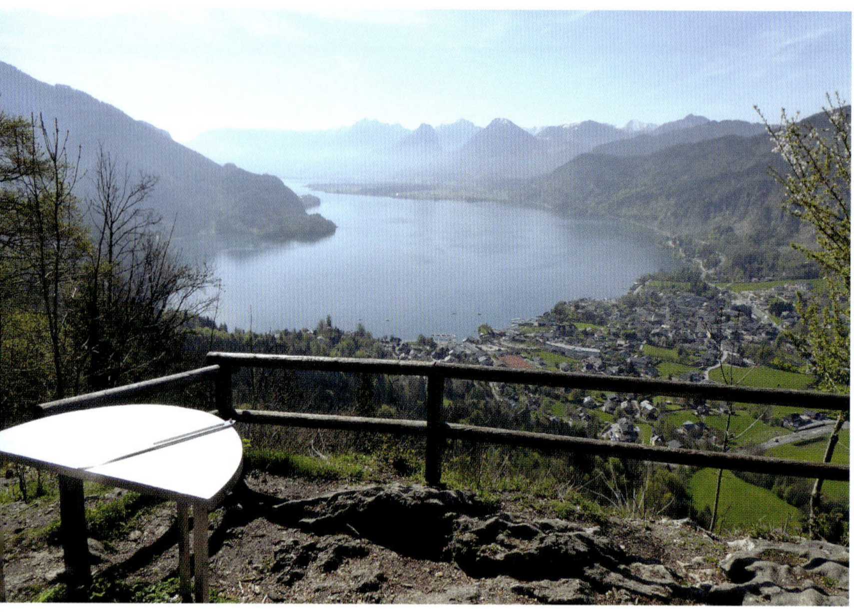

Panoramablick vom Plombergstein auf St. Gilgen und den Wolfgangsee.

Eine phantastische Abenteuerlandschaft aus Fels, Spalten und Höhlen mit Blick auf den Wolfgangsee.

Der Plombergstein (830 m) ist keine besonders hohe, aber durch sein festungsartiges Aussehen eine sehr auffallende Erhebung. Von St. Gilgen aus betrachtet bildet er ein mächtiges Bollwerk Richtung Norden. Das Plateau ist aber immerhin groß genug für eine Gipfelhütte, in der früher sogar eine Jausenstation zum Einkehren anregte. Geblieben ist auf jeden Fall der großartige Ausblick auf den fjordartigen Wolfgangsee, der am südlichen Horizont ganz malerisch von den Dachsteingipfeln abgeschlossen wird.

Die märchenhafte Entstehungsgeschichte des Plombergs und der benachbarten Erhebungen Mitterstein und Obenauerstein hat mit drei Brüdern zu tun, die, bevor sie um die Hand der Prinzessin anhalten durften, den schönsten Platz auf Erden finden mussten. Der Platz hier heroben war so überwältigend, dass die drei Brüder vor Ehrfurcht augenblicklich zu Stein erstarrten. Für die Brüder vielleicht kein glückliches Ende, für die Besucher und Kletterer umso mehr.

Speziell für die jugendlichen Besucher bilden die entstandenen Felsklüfte und Aushöhlungen eine exzellente Abenteuerlandschaft zum Erforschen und Eintauchen. Namen wie Teufelsschlucht, Kalte Küche oder Franzosenhöhle regen die Phantasie an und beruhen sogar auf durchaus vorstellbaren Szenarien. Besonders während der Zeit der Franzosenkriege, am Beginn des 19. Jahrhunderts, war die ländliche Bevölkerung ja ständig auf der Suche nach sicheren Verwahrplätzen. Die Spalten und Höhlen am Plombergstein kamen da gerade recht.

**Anfahrt PKW:** A 1, Abfahrt Thalgau. Nach Hof und auf B 158 nach St. Gilgen. Parkplatz 1 km vor dem Kreisverkehr, gegenüber ehemaliger Gastwirtschaft Mühlradl.
**Anfahrt Bus & Bahn:** mit Bus 150 ab Salzburg Hbf. (Südtiroler Platz) bis St. Gilgen Mozartblick.

**Länge (über den Plombergstein):** 4 Kilometer
**Höhenmeter:** 250
**Dauer:** 2 ½ Stunden
**Schwierigkeit:** T 3 (Trittsicherheit)

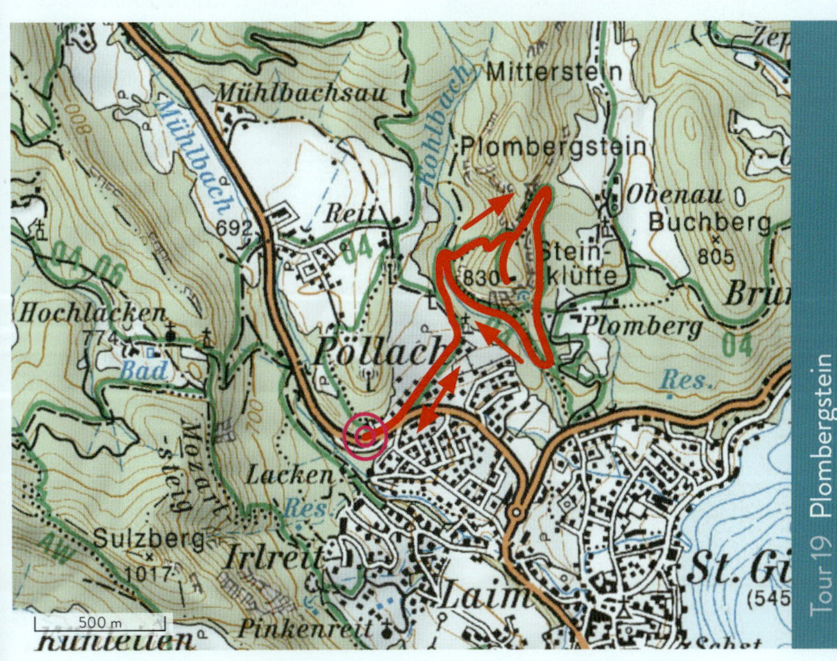


Tour 19 Plombergstein

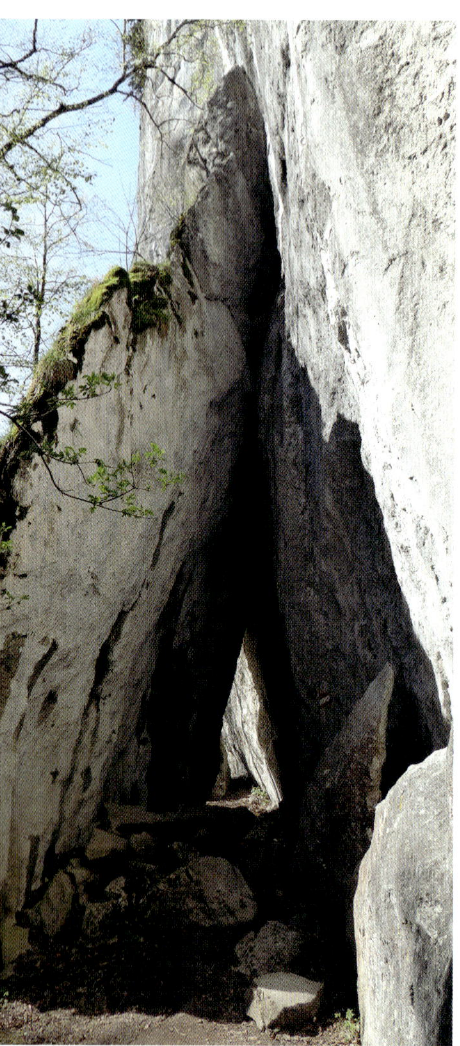

Schräger Durchgang am Plombergstein.

**Gastronomie:** im Ort St. Gilgen, unterwegs keine

**Reizvoll:** zahlreiche, unterschiedlich schwierige Kletterrouten. Die Benützung ist an die Einhaltung bestimmter Auflagen (Zeit, Lärm ...) gebunden.

**Tipp:** Stirnlampe für die tiefsten Höhlen mitnehmen

**Geologie:** Die geologische Entstehungsgeschichte ist im Gegensatz zum Märchen mit den drei Brüdern weniger pathetisch, aber doch auch spannend. Der zwei Kilometer lange Riegel mit den zu Stein erstarrten Geschwistern ist ein in Nord-Süd-Richtung verlaufender Plassenkalkkörper, der in unregelmäßiger Abfolge auf der sogenannten St. Gilgener Synklinale (= Falte) aufliegt. Im Nordteil hat er Hauptdolomit, Plattenkalk und Kössener Schichten zur Unterlage, im Südteil neben anderen Kalken den bunten Liaskalk.

**Schutzstatus:** teilweise Naturschutzgebiet

**Weitere Touren:** Almkogel 1030 m (Anstieg 2 Std., T 2). Über Obenau und Zeppezau rund um den Buchberg (gesamt 2 Std., T 2).

## Der Weg

Ausgangspunkt ist der Parkplatz (Bushaltestelle) an der B 158 im Ortsteil Pöllach gegenüber der ehemaligen Gaststätte Mühlradl, oberhalb von St. Gilgen. Der Weg 17 („Plombergstein“) folgt der bergwärtsführenden Zufahrt und trifft auf eine Gabelung. Nach rechts verläuft die kurze Variante („Voralpenweg 804“) am Fuß des Plombergsteins direkt zu den Steinklüften, der Steig auf den Plombergstein aber führt geradeaus auf der Nordseite weiter. Stahltreppen helfen über die steilsten Stellen hinweg. Kurz vor dem Gipfel gibt es nochmals eine Gabelung in eine schwierige und leichtere Variante.

Der Abstieg folgt wieder kurz dem Anstieg und zweigt dann nach rechts ab. Am Fuß des Plombergsteins kommen, vor allem aus Sicht der jungen Bergsteiger, aber erst die Höhepunkte: sagenhafte Felszerreißungen, klammartige Verengungen und kleine Höhlen. Gut möglich, dass der Zeitplan angesichts so vieler Attraktionen leicht durcheinander kommt. Am Ende der Steinklüfte zweigt der Verbindungsweg („Voralpenweg 804") nach rechts ab, der nach wenigen Minuten in den bereits bekannten Anfangsteil der Runde einmündet. Oder der Rückweg folgt der Route „Güterweg St. Gilgen" und führt mit dem Umweg (40 Min.) über den Ort retour.

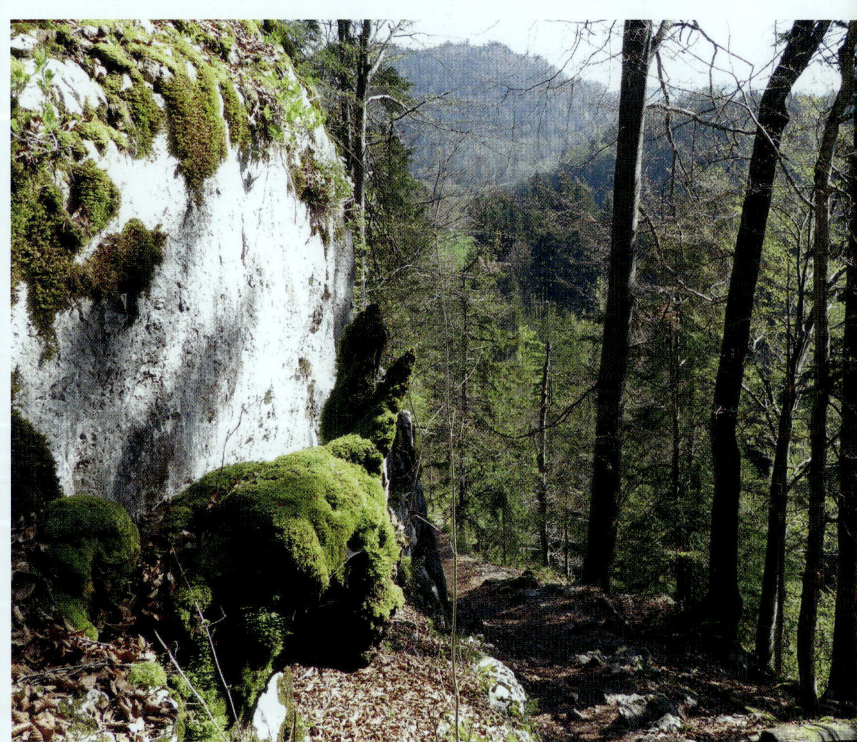

Ein origineller Mooshase (links) am Weg zum Plombergstein.

# 20 Zinkenbachklamm

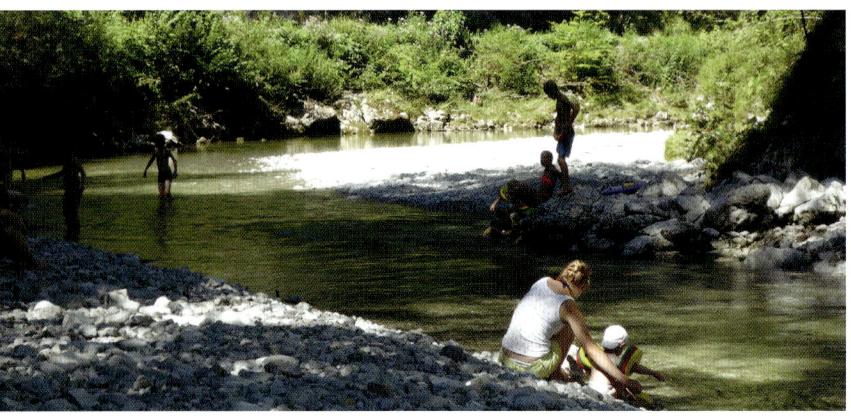

Im Sommer bietet der Zinkenbach erfrischende Perspektiven.

Der Zinkenbachschotter schafft badefreundliche Kiesbänke und die Anbindung nach St. Wolfgang.

Die hohe touristische Attraktivität im Herzen des Salzkammerguts ist deutlich spürbar. Viele Strandbäder, Erlebniswelten und andere touristische Einrichtungen sind ein Produkt der großen Nachfrage im wiederauflebenden Sommerfrische-Boom. Trotz allem gibt es noch die stillen, weniger berührten Orte. Solch einer ist der Zinkenbachverlauf, der auf seiner sechs Kilometer langen, aus der Osterhorngruppe kommenden Fließstrecke ganz unterschiedliche Bereiche schafft. Durch die enormen Schottermengen, die der Sturzbach aus dem Kalkgebirge in das Wolfgangsee-Delta mitnimmt, schafft der Zinkenbach früher oder später eine durchgehende Landbrücke zwischen dem Orsteil Abersee (St. Gilgen) und St. Wolfgang. An der engsten Stelle fehlen noch 200 Meter, die Tiefe beträgt hier, im größten und tiefsten See auf Salzburger Boden, gerade einmal 20 Meter. Sehr hilfreich für das stete Zusammenwachsen ist auch das Dittelbach-Delta auf der gegenüberliegenden Seite in St. Wolfgang. Aus großer Höhe betrachtet, etwa vom Breitenberg oder von der Bleckwand, ist der Blick auf die Engstelle besonders eindrucksvoll. Trotzdem ist für die nächsten Jahrhunderte keine Gefahr in Verzug.

Interessanter für die Gegenwart und für die naturliebenden Wanderer ist ohnehin der Mittellauf des Zinkenbachs. Denn dort öffnen sich zwischen den klammartigen Verengungen immer wieder kleine bis mittelgroße Schotterbuchten, die sich an heißen Sommertagen bestens für familientaugliche Wasserspiele eignen. Damit verbinden lassen sich ganz nach Lust und Laune unterschiedlich lange Wanderungen.

**Anfahrt PKW:** A 1, Abfahrt Thalgau. Über Hof auf B 158 bis zur Abzweigung Abersee, 5 km nach St. Gilgen, rechts. Entlang Seestraße zur Kreuzung Zinkenbacherstraße, dort rechts zum Parkplatz vor dem „Arboretum".
**Anfahrt Bus & Bahn:** mit Bus 150 bis Haltestelle Abersee.

**Länge:** 4,5 Kilometer
**Höhenmeter:** 150
**Dauer:** 1 ½ Stunden
**Schwierigkeit:** T 1

**Gastronomie:** Gasthof Zinkenbachmühle in Abersee, www.zinkenbachmuehle.at

**Reizvoll:** Wandern auf den Spuren einer lebensfrohen Künstlerkolonie, die in den 1920er Jahren günstige Sommerquartiere in den Bauernhäusern rund um den Zinkenbach bezogen. Die Maler, Poeten und Lebenskünstler waren unter ihrem Namen „Zinkenbacher Malerkolonie" lokale Berühmtheiten. Ein kleines Museum in St. Gilgen (www.malerkolonie.at) erinnert an diese unbeschwerte Zeit, die 1938 mit dem Anschluss Österreichs schlagartig zu Ende war.

**Tipp:** im Sommer am Ausgangspunkt den Urapfel im „Arboretum" ausprobieren. Sehr sauer, sehr hart!

**Geologie:** Der Zinkenbach ist ein typischer Wildbach, der bei Starkwasser-

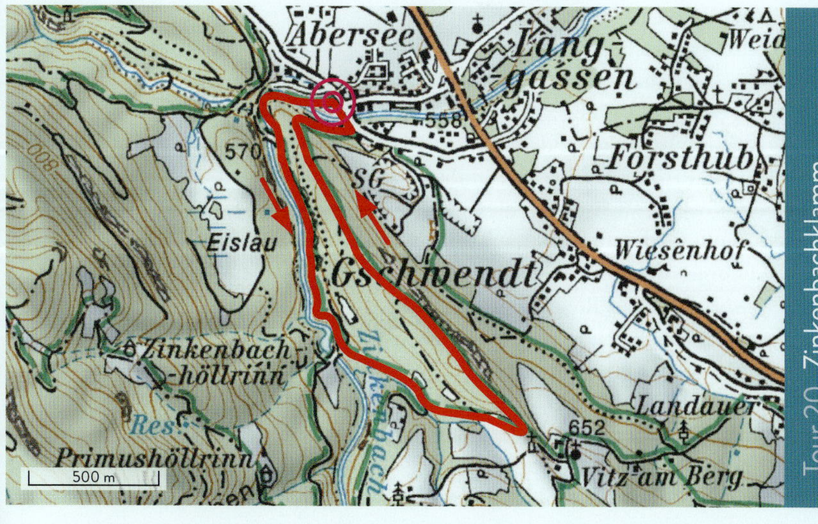

ereignissen aus seinem 70 $km^2$ großen Einzugsgebiet stets viel Geschiebe und Schottermaterial mitführt. Deshalb schiebt sich der Mündungsbereich immer weiter in den Wolfgangsee vor und bildet dort, in Zusammenarbeit mit dem gegenüberliegenden Delta des Dietelbaches, die engste Stelle.

**Schutzstatus:** Landschaftsschutzgebiet

**Weitere Touren:** Breitenbergrunde (3 ½ Std., T 2). Bleckwand (5 Std., T 3). Zinkenbach – Wolfgangsee (1 ½ Std., T 1).

### Der Weg

Ausgangspunkt der familienfreundlichen Runde ist ein kleiner Parkplatz im Ortsteil Abersee (Gemeinde St. Gilgen), der von der B 158 (Wolfgangsee-Bundesstraße) kommend vor der Zinkenbach-Brücke über die Ausfahrt „Abersee" erreicht wird. Direkt hinter dem Parkplatz verbirgt sich die neu gestaltete, frei zugängliche „Walderfahrungswelt Arboretum". Unter anderem wächst hier der Holzapfel aus der Familie der Rosengewächse. Von diesem eigentümlich schmeckenden Urapfel stammen die meisten unserer Apfelsorten ab. Die Route folgt an den letzten Häusern und an Wehrstufen vorbei dem Zinkenbach, der in einer weiten Linksschleife seine Richtung und seinen Charakter ändert. Breite Schotterbänke und Verengungen wechseln einander ab, bis nach eineinhalb Kilometern grabeneinwärts der Weg „Vitz am Berg" nach links abzweigt. Auf einer sonnigen Lichtung mündet die Route wenig später im spitzen Winkel nach links in den Brunneckweg ein und führt über den bewaldeten Kamm zu einem unerwartet großzügigen Aussichtspunkt mit Blick auf den Wolfgangsee. Von der kleinen Erhebung verläuft der Pfad wieder talwärts zum nördlichen Ortsanfang von Gschwendt hinab. Links abzweigend über die Brücke schließt sich die malerische Zinkenbacher Runde.

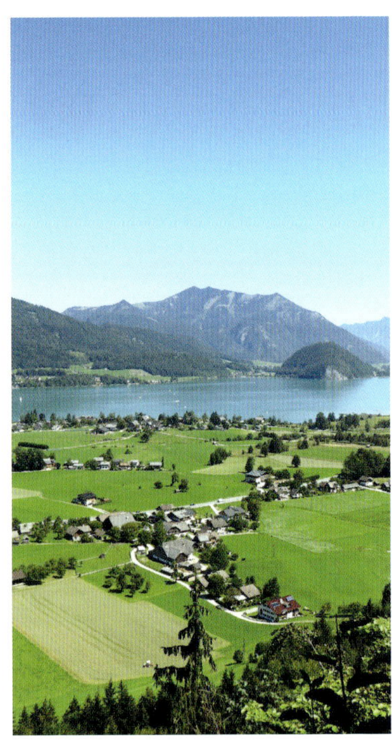

Zinkenbachdelta und Bürglstein (rechts).

# 21 Wirersteig

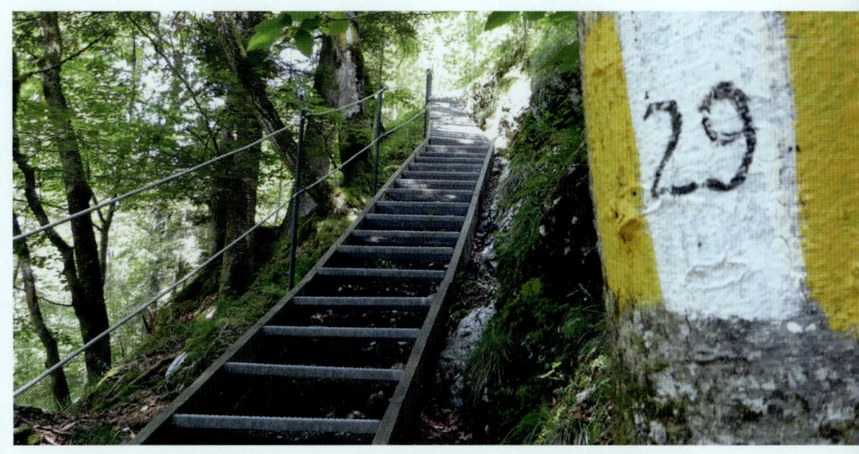


Unzählige Stufen folgen dem Weg 29 über den Wirersteig zum Schwarzensee.

**Auch wenn der Schwarzensee in der jetzigen Größe künstlich entstanden ist, sind See und Wege von beeindruckender Natürlichkeit.**

Der luftig leichte Begriff Sommerfrische ist untrennbar mit dem Salzkammergut verbunden. Der Aufenthalt in einer von Wäldern, Bergen und Seen geprägten Landschaft, ist Balsam für Geist und Körper. Dazu kommen, als Belohnung für die langen Streifzüge durch die Natur, herz- und gaumenerwärmende kulinarische Angebote. Bei der Wanderung im Herzen des Salzkammerguts von St. Wolfgang zum Schwarzensee (716 m) stimmen alle diese Vorgaben. Nach dem steilen Anstieg durch den Schwarzenbachgraben auf dem gut versicherten Wirersteig öffnet sich der Blick auf den malerischen Schwarzensee – und auf den einladenden Gastgarten der „Lore"! Beide sind für ihre Fische berühmt, einmal im tiefgründigen See und einmal perfekt zubereitet auf dem Teller. Dabei ist der malerische, knapp 50 Hektar große und bis zu 54 Meter tiefe See ein angestautes „Kunstprojekt", der das über 100 Jahre alte Kraftwerk am Beginn der Wanderung mit dem nötigen Druck versorgt. Die Nutzung als Speichersee hat aber leider auch eine stark wechselnde Spiegelschwankung zur Folge, die je nach Bedarf bis zu sechs Meter betragen kann. Der Abfluss muss sich mit einer Restwassermenge zufriedengeben, aber die (wenigen) Einblicke in die Tiefe des Schwarzenbachgrabens sind trotzdem beeindruckend. Die

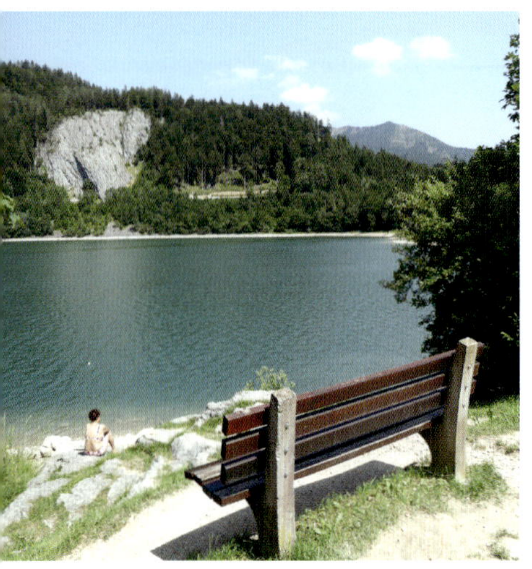

Badestopp am Schwarzensee.

größte Aufmerksamkeit muss ohnehin dem exponierten Weg gelten, der zwar gut gesichert ist, aber trotzdem Trittsicherheit und Schwindelfreiheit einfordert.

**Anfahrt PKW:** A 1, Abfahrt Thalgau. Nach Hof und dann auf B 158 nach Strobl und 3 km weiter Richtung St. Wolfgang bis zur Abzweigung Rußbach. Einige Parkplätze beim Kiosk (ehemaliges Tourismusbüro) neben der riesigen Weihnachtslaterne.
**Anfahrt Bus & Bahn:** mit Bus 150 bis Busbahnhof Strobl und mit Bus 546 bis St. Wolfgang Schwarzenbach.

**Länge:** 6,5 Kilometer
**Höhenmeter:** 200
**Dauer:** 2 ¼ Stunden
**Schwierigkeit:** Wirersteig T 3, Almweg T 2

**Gastronomie:** Lore's Wirtshaus. 1. April bis 26. Okt. tgl. geöffnet, www.schwarzensee.at, Tel. +43 (0) 664 / 876 25 15

**Reizvoll:** 410 Stufen über den Wirersteig – und dann ein (Fuß-)Bad im Schwarzensee

**Tipp:** In den Sommermonaten erreicht der Schwarzensee Badetemperatur und wird dementsprechend gern frequentiert. Also Badesachen mitnehmen!

**Geologie:** Seinen Namen verdankt der Schwarzensee vermutlich der auffallend dunklen Färbung und diese hängt mit dem hohen Mangangehalt in der Tiefe zusammen. Trotzdem hat der See eine sehr gute Wasserqualität und ist auch als Naturschutzgebiet ausgewiesen.

**Schutzstatus:** Naturschutzgebiet

**Weitere Touren:** Rund um den Schwarzensee (1 ¼ Std., T 1). Rückweg ab Schwarzensee über den Sattelweg 28 (ges. 2,5 Std., T 2). Rund um den Bürglstein (1,5 Std., T 1).

## Der Weg

Der Ausgangspunkt zur Rundwanderung befindet sich an der Verbindungsstraße von Strobl nach St. Wolfgang am kleinen Parkplatz (Bushaltestelle St. Wolfgang Schwarzenbach) hinter der markanten Riesenlaterne. Der Weg führt rechter Hand am Gasthof „Das Franzl" vorbei

100 Meter bis zur Schwarzenbachbrücke der Straße Richtung Rußbach und verläuft nun nach links. Wenig später zweigt die sanfte Wegvariante zum Schwarzensee auf den Almweg (Weg 30) nach rechts ab, während die anspruchsvolle Klammvariante über den Wirersteig (Weg 29) geradeaus weiter verläuft. An der idyllischen Grabenmühle und dem im Jahr 1908 erbauten Kraftwerk vorbei gewinnt der knapp einstündige Treppensteig rasch an Höhe und erreicht nach dem abschließenden Flachstück das Seeufer (716 m) und den Gasthof „Zur Lore". Bei Bedarf kann der fischreiche Schwarzensee in eineinviertel Stunden (4,5 km) leicht umrundet werden, die schönsten Badeplätze befinden sich aber am Westufer. Der Rückweg über den Almweg (Weg 30) folgt am Parkplatz vorbei der Zufahrt und zweigt nach einem Kilometer nach rechts in den Wald ab. Erst zum Ende hin öffnet sich eine sonnige Wiese und gibt den schönen Blick auf Sparber und Bleckwand frei. Im Talboden lohnt sich dann noch, immer der Duftspur folgend, der kurze Umweg nach rechts zurück zur Grabenmühle, denn dort gibt es ein ganz köstliches Holzofenbrot zum Mitnehmen (Sonn- und Feiertage geschl.).

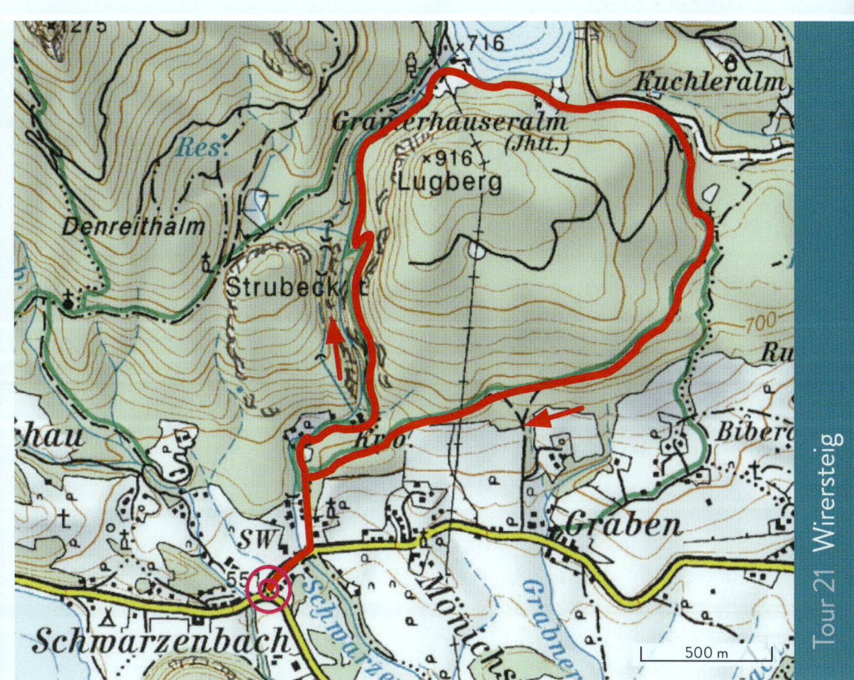

# 22 Hohenzollern-Wasserfall

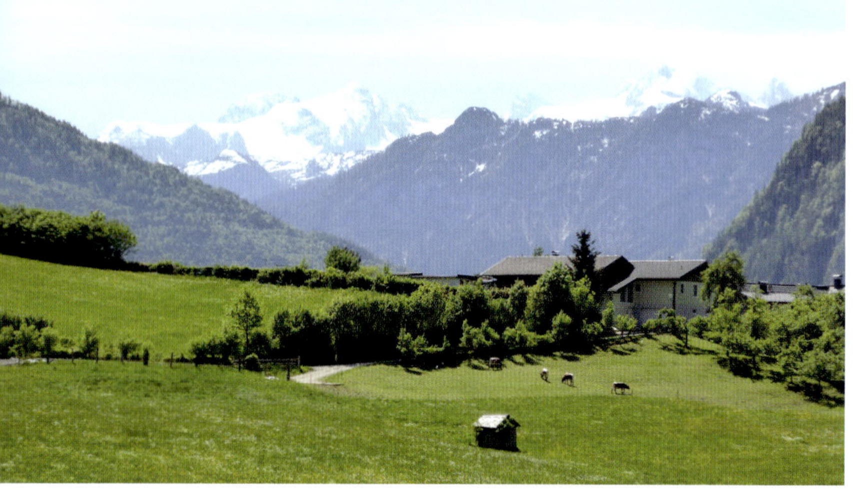

Der Dachsteinblick am Weg zum Hohenzollern Fall ist ein Pflichtstopp für Dichter, Maler und Fotografen.

## Auf kaiserlichen Spuren rund um den Jainzenberg unterwegs in Bad Ischl.

Die Vorliebe der Kaiserin Elisabeth für außergewöhnliche Orte, vor allem für abgeschiedene außergewöhnliche Orte, hat sich hier am Jainzenberg, abseits vom Trubel in Bad Ischl, bestimmt erfüllt. Kein Wunder also, dass sie dieses gerade einmal 835 Meter hohe Berglein während ihrer Anwesenheit in Bad Ischl sehr oft, am liebsten frühmorgens, besucht hat. Die Kaiservilla am südlichen Fuß des Jainzenberges, das Hochzeitsgeschenk von Erzherzogin Sophie an ihren Sohn Franz Joseph und seine Gemahlin Elisabeth, war ja nicht allzu weit entfernt. Das prachtvolle Anwesen war luxuriös ausgestattet, die Kaiserin war aber auch eine Liebhaberin der einfachen Natur. Zahlreiche Gedichte hat die Monarchin zu diesem Thema verfasst. Das geradezu magische Naturschauspiel, das der Hohenzollern-Wasserfall auf der Nordseite des Jainzen bietet, hat die Kaiserin interessanterweise nicht erwähnt, dafür kommt der Schriftsteller Viktor von Scheffel (1826–1886) mit Blick auf den gegenüberliegenden Dachstein ins Schwärmen: „Dort steht er, der

Dachstein, der selige Greis, die Krone von Felsen, das Stirnband von Eis, als König der norischen Alpen.“ Einer der bedeutendsten Maler aus der Zeit des Biedermeier, Ferdinand Georg Waldmüller (1793–1865), richtete den Blick in die Gegenrichtung und verewigte den Hohenzollern-Wasserfall auf Leinwand.

Dieser heute etwas in Vergessenheit geratene Wasserfall war in der Biedermeierzeit eine vielbesuchte Sehenswürdigkeit, benannt ist er nach der Fürstin Pauline von Hohenzollern-Hechingen (1782–1845). Sie stiftete einen mit Bank und Tisch ausgestatteten Ruheplatz, der sich genau dort befand, wo jetzt ein stimmungsvolles Marterl steht. Die Inschrift ruft allerdings ein tragisches Ereignis in Erinnerung, als sich in den 1930er Jahren eine junge Frau aus Jainzen aus Liebeskummer die Felswand hinabstürzte.

**Anfahrt PKW:** A 1, Abfahrt Thalgau. Auf B 158 bis Bad Ischl Zentrum. Mit Parkleitsystems zum gebührenpflichtigen „Parkplatz Rechensteg“.
**Anfahrt Bus & Bahn:** ab Salzburg Hbf. (Südtiroler Platz) mit Bus 150 bis Bad Ischl Bahnhof (Busterminal).

**Länge:** 7 Kilometer
**Höhenmeter:** 260
**Dauer:** 2 ½ Stunden
**Schwierigkeit:** T 2

**Gastronomie:** unterwegs keine, große Auswahl in Bad Ischl

**Reizvoll:** sich treiben lassen zwischen den Zauner-Mehlspeisen an der Espla-

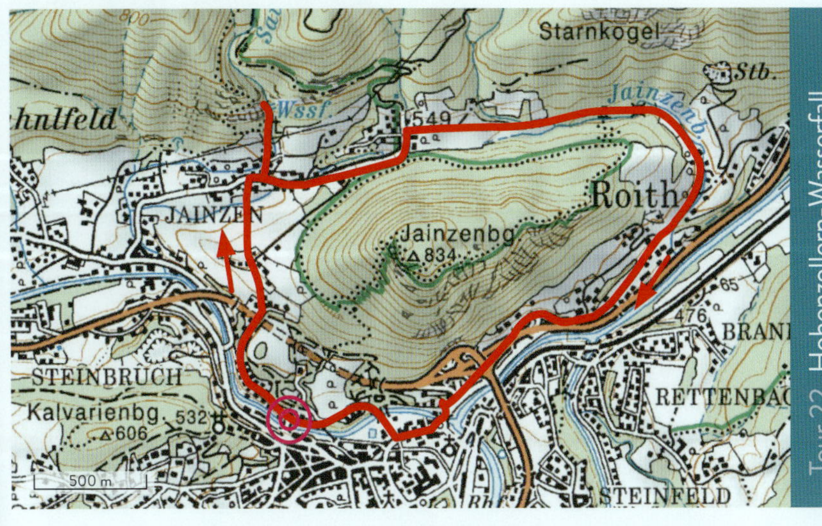

nade in Bad Ischl und einem einsamen Fußbad im kreisrunden Felsbasin beim Hohenzollern-Wasserfall: Sommerfrische von der feinsten Art.

**Tipp:** Besuch in der Kaiservilla, www.kaiservilla.at

**Geologie:** beeindruckender Wasserfall mit kesselförmigem Auslauf, wannenförmigen Auswaschungen (Kolken) und mit nahem Aussichtsplatz

**Schutzstatus:** Landschaftsschutzgebiet

**Weitere Touren:** Rundwanderung Siriuskogel (1 ¼ Std., T 1). Rundwanderung Bad Ischl – Ruine Wildenstein – Nussensee – retour entlang der Ischl zu Fuß oder mit Bus (4 Std., T 1).

## Der Weg

Vom „Parkplatz Rechensteg" nahe beim Parkbad führt die Route über den Rechensteg auf die gegenüberliegende Uferseite der Ischl und folgt dem angeschriebenen „Rundweg um den Jainzen" (Weg 3) entlang der Jainzendorfstraße steil bergan. Beinahe am höchsten Punkt zweigt der Weg zum Hohenzollern Wasserfall nach links ab. Der halbstündige Abstecher ist allerdings mit einem Gegenanstieg verbunden, denn der einstweilen noch versteckte Wasserfall befindet sich im bewaldeten Gegenhang vis-a-vis. Je nach Vorlieben und Frequenz ist vom Ganzkörper-Wannenbad bis zum Zehenspitzen-Eintauchen alles möglich. Ein Platz zum Erwärmen ist dann die Dachsteinansicht, genauso wie der wieder zurückführende Anstieg auf den Rundweg 3. An gepflegten Gärten vorbei folgt dieser noch kurz der Jainzentalstraße, zweigt dann aber am Sattelpunkt (549 m) bei der Kapelle Maria Heimsuchung nach rechts ab. Durch die ruhige, hochtalartige Landschaft geht es auf Naturwegen und Zufahrten in den Ortsteil Roith. Der ansteigende Verkehrslärm kündigt das Ende der Jainzen-Umrundung an. Durch ein Gewirr von Unter- und Überführungen verläuft der gut markierte Weg 3 über die Ischl retour in das Zentrum der Kaiser- und Kulturstadt Bad Ischl.

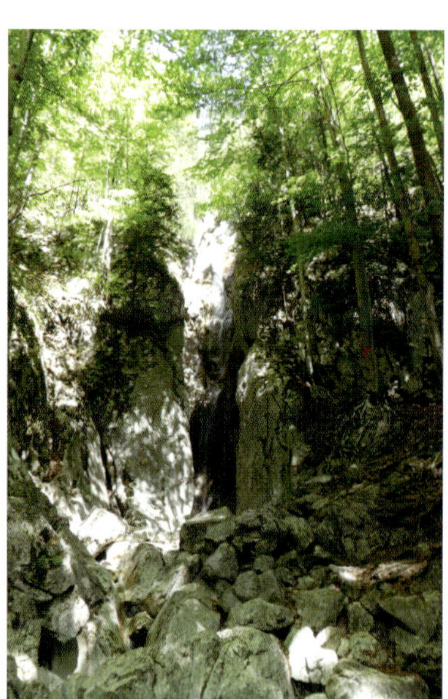

Der Hohenzollern Wasserfall.

# 23 Rettenbachklamm

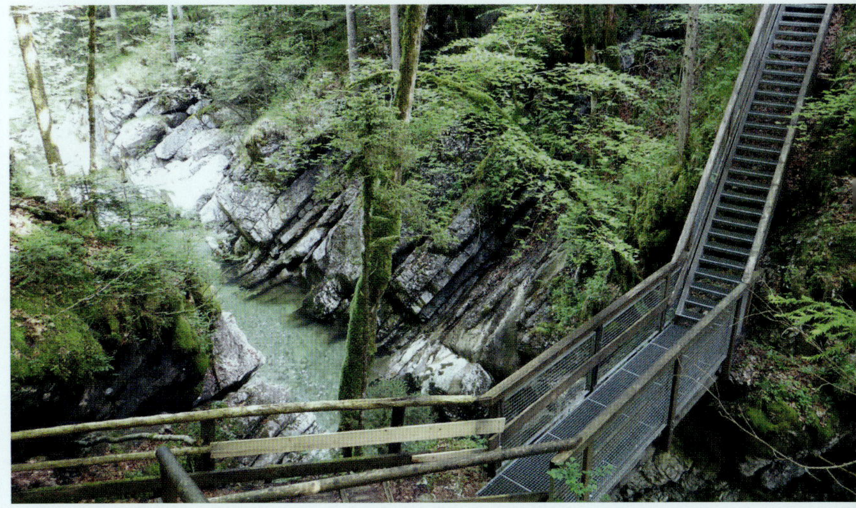

Die Rettenbachklamm liegt etwas abseits der Wanderroute.

Vom Zaunerkipferl an der Esplanade in Bad Ischl zum tosenden Wasser in der Klamm.

In Bad Ischl sind gemütliche Flaniermeilen genauso wichtig wie nervenkitzelnde Wanderwege. Vermutlich war diese Mischung vor 150 Jahren zur Blütezeit des Kurtourismus auch schon besonders gefragt. Die ausschmückenden Erzählungen von schwindelerregenden Klammen und Felssteigen, die man tagsüber bewältigte, waren der richtige Stoff für kurzweilige Kaffeehausgeschichten an der Esplanade. So wie damals braucht man nur der Traun und dann dem einmündenden Rettenbach flussaufwärts zu folgen und schon öffnet sich die beste Erlebnislandschaft. Dazu gehört die zwar kurze, aber dennoch atemberaubende Rettenbachklamm, umgeben von nicht weniger faszinierenden Begleitwegen. Die Steige und Wege sind mit großer Raffinesse angelegt, sie führen dicht an den Fels gedrängt schwindelerregend über den Tälern und sind dennoch für jeden trittsicheren Wanderer leicht zu bewältigen. An einer Stelle geht es nicht anders, da hilft ein kurzer Tunnel über einen heiklen Abschnitt hinweg, wenig davor ist bei Bedarf ein völlig ungefährlicher Höhlenabstecher in den Gamsofen möglich.

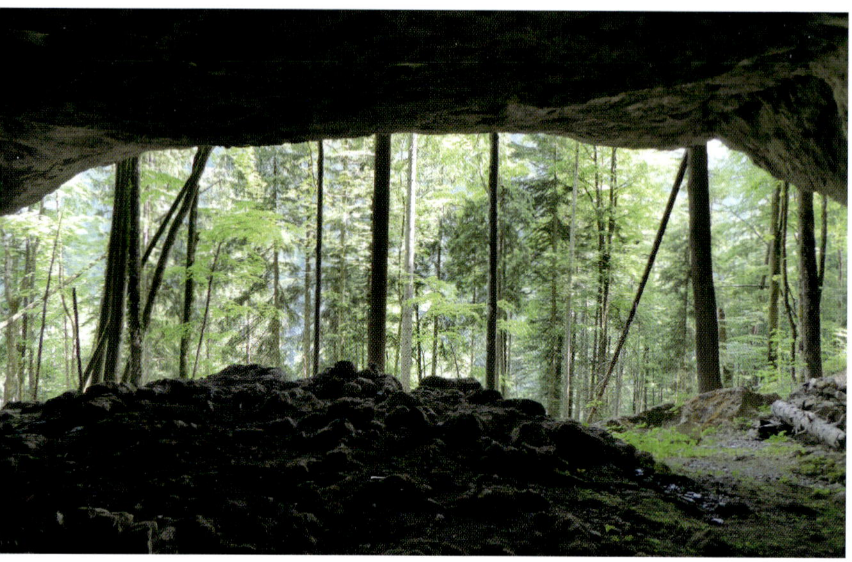

Blick aus der Gamsofen-Halbhöhle.

Nur das Gipfelerlebnis fehlt bei dieser Runde. Doch wer kurz vor dem Ziel Hoisnradalm Lust auf einen halbstündigen Gipfelabstecher jenseits der 1000-Meter-Schallmauer verspürt, könnte auf die Kolowratshöhe (1109 m) abzweigen. Dort oben gab es zu Kaisers Zeiten sogar einen hölzernen Aussichtsturm, benannt nach Graf Franz Anton von Kolowrat (1778–1861). Seit 2019 steht allerdings ein 42 Meter hoher Funkturm am Gipfel und hat wohl den ambitionierten Plänen zur Wiederrichtung der Plattform mit Blick auf den Dachstein einen Strich durch die Rechnung gemacht. Der Abstieg von der einladenden Hoisnradalm, in der schon der Kaiser vielleicht einen Schmarrn verspeist hat, folgt einem weiteren wegtechnischen Meisterstück. Der aus Anlass des 50-jährigen Regierungsjubiläums im Jahr 1898 errichtete sogenannte Jubiläumssteig führt nicht nur durch die großartige Landschaft, sondern präsentiert diese auch in der gebührenden Art. Den Kaiser hat's seinerzeit bestimmt sehr gefreut (er hat die Wegerrichtungskosten ja auch übernommen). Wir schließen uns seiner Meinung an und kommen gerne wieder.

**Anfahrt PKW:** A 1, Abfahrt Thalgau. Über Hof auf B 158 bis Ausfahrt Bad Ischl Zentrum. Auf Bahnhofstraße links über Steinfeld- und Rettenbachwaldstraße zur Rettenbachbrücke. Wenige Parkplätze. Oder Parkplatz Contipark Salinenplatz 1

(zusätzliche Gehzeit auf Berge-Seen-Trail ab Bhf. ½ Std.).
**Anfahrt Bus & Bahn:** mit Bus 150 bis Bhf. (Busterminal) Bad Ischl.

**Länge (kleine Runde/Runde über Gschwendtalm):** 2 Kilometer/10 Kilometer
**Höhenmeter:** 40/510
**Dauer:** 40 Minuten/3 ½ Stunden
**Schwierigkeit:** T 2/T 3

**Gastronomie:** Hoisnradalm, www.hoisnradalm.at

**Reizvoll:** unterwegs auf den Spuren der Habsburger

**Tipp:** Einkehren beim Zauner an der Esplanade

**Geologie:** auf kurzer Distanz bis zu 20 m tiefe Einschnitte im Dachsteinkalk mit beeindruckend großen Kolken. Der Rettenbach war eine viel genutzte Triftstrecke für die holzintensive Salzproduktion. Kein Licht ohne Schatten: An einer besonders romantischen Einstiegsstelle in den Rettenbach, gleich nach der Straßenbrücke im Ortsteil Hinterstein, ereignete sich eine schreckliche Tragödie, die so gar nicht zum friedlichen Platz passt. Im Jahr 1868 sammelten der Kurgast Fürst Leo Gagarin aus Moskau und seine beiden Söhne besonders schön

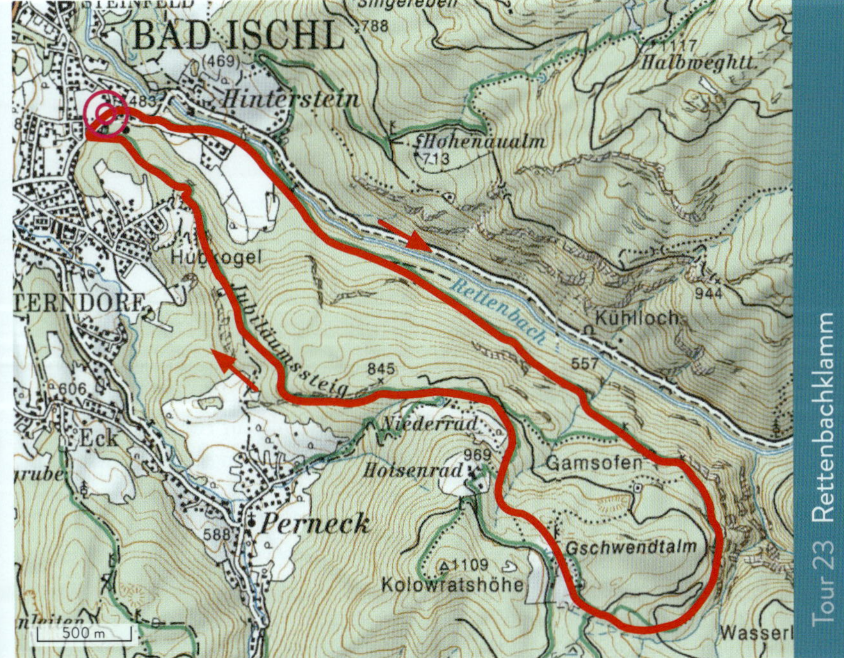

geformte Steine, als sie in der Bucht von einer Flutwelle erfasst wurden, die zum Zwecke der Holztrift wenig oberhalb abgelassen wurde. Eine Gedenktafel erinnert an das Unglück mit drei Todesopfern.

**Schutzstatus:** Naturschutzgebiet

**Weitere Touren:** Rundweg Rettenbachklamm – Karstquelle Hubhanslau (2 Stunden, T 2). Rundweg Siriuskogel (1 ½ Stunden, T 2).

## Der Weg

### Kurze Klammrunde

Ausgangspunkte sind die wenigen Parkplätze vor oder nach der Rettenbachbrücke im Ischler Ortsteil Hinterstein. Kurz vor der Brücke zweigt der Wanderweg 240 zur Hoisnradalm nach rechts ab. Vorerst noch am Rand der Lichtung, führt der Weg dann oberhalb am Rettenbach entlang, leicht ansteigend in den Wald und trifft nach 15 Minuten auf eine Gabelung. Der Weg 5 (Rettenbachwildnis) zweigt nach links ab und erreicht wenige Augenblicke später die tief eingeschnittene Rettenbachklamm. Der Rückweg führt über den Klammsteg und auf der rechten Uferseite retour zur Brücke.

### Variante Rettenbachweg – Gschwendtalm – Hoisnrad – Jubiläumssteig

Wie bei der kurzen Klammrunde folgt auch diese große Rundwanderung zunächst dem Weg 240 Richtung „Hoisnrad“. Nach dem Abstecher in die kurze, aber äußerst eindrucksvolle Klamm führt der schön angelegte Waldweg 240 steiler bergan und trifft nach 2,5 km auf eine erste Abzweigung zur Hoisnradalm. Der steile Verbindungssteig erreicht in 30 Minuten die sonnige Wiese rund um die beliebte Jausenstation, der geradeaus weiterführende Weg 240 über die Gschwendtalm braucht doppelt so lange, ist aber auch um einiges attraktiver. Hoch über dem Retten-

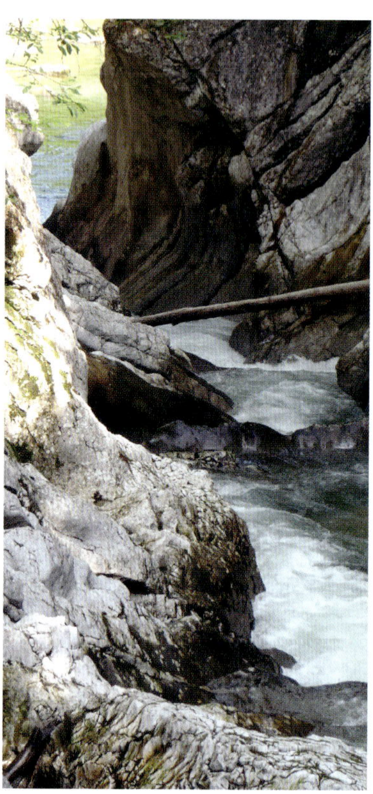

Die Rettenbachklamm.

bachtal beschreibt der luftige, aber immer ausreichend breite und sichere Felssteig einen südwestwärts drehenden Bogen, verläuft durch einen kurzen Tunnel, quert eine Forststraße und erreicht schließlich oberhalb der idyllischen Gschwendtalm-Hütten mit 990 Metern den höchsten Punkt der Runde. Wer über die 1000 Meter hinaus will, könnte wenig später die angeschriebene Kolowratshöhe (1109 m) anpeilen. Aber auch die Aussicht von der Hoisnradalm (968 m) kann sich sehen lassen, zwar ohne Dachsteingletscher, dafür mit Blick auf die Hohe Schrott und Bad Ischl, begleitet von feiner Almkost. Der Rückweg nach Bad Ischl führt am Spielplatz bei der Hoisnradalm vorbei und folgt dann dem nach links abzweigenden Weg 840 (Jubiläumssteig). Auch dieser höchst attraktive Steig verläuft größtenteils im Wald, aber auf der Südwestseite des Höhenrückens ist es wärmer als auf dem nordseitigen Aufstieg. Im Ortsteil Hinterstein schließt sich die Runde wieder vor der Brücke über den Rettenbach. Wer noch Lust auf ein Bad im Rettenbach hat, findet eine perfekte Einstiegsstelle nach der Brücke zweimal links abzweigend.

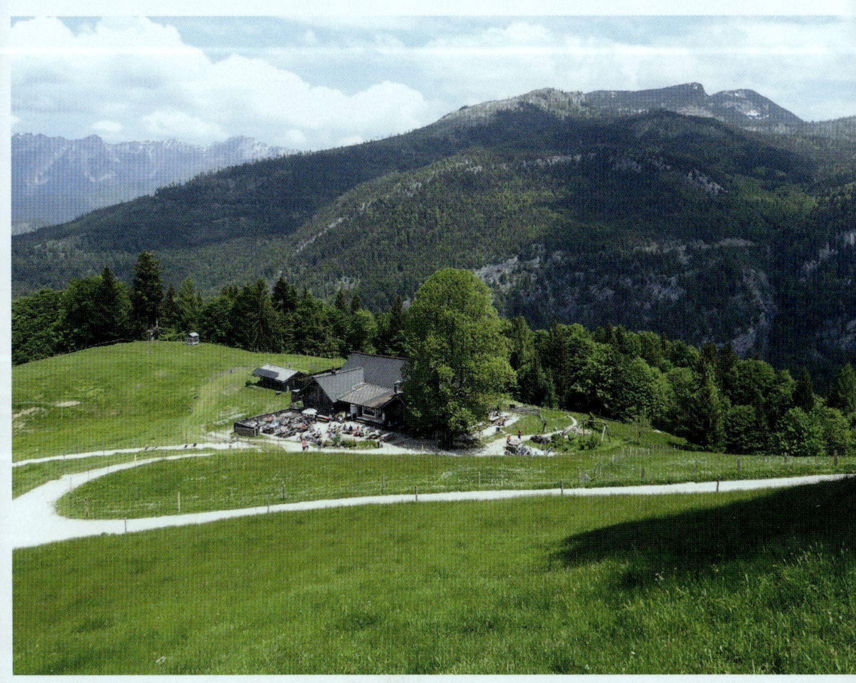

Die Hoisnradalm.

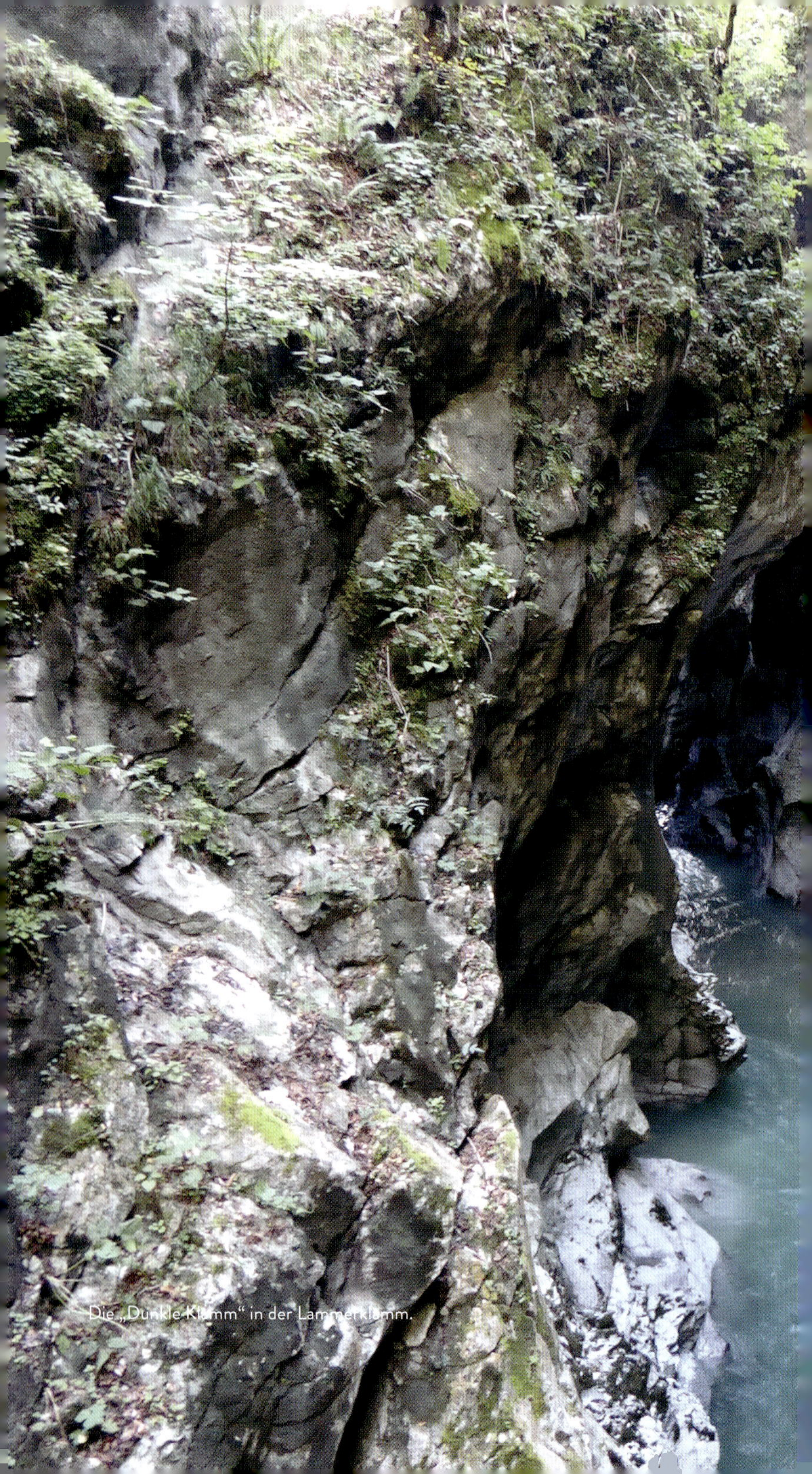

Die „Dunkle Klamm“ in der Lammerklamm.

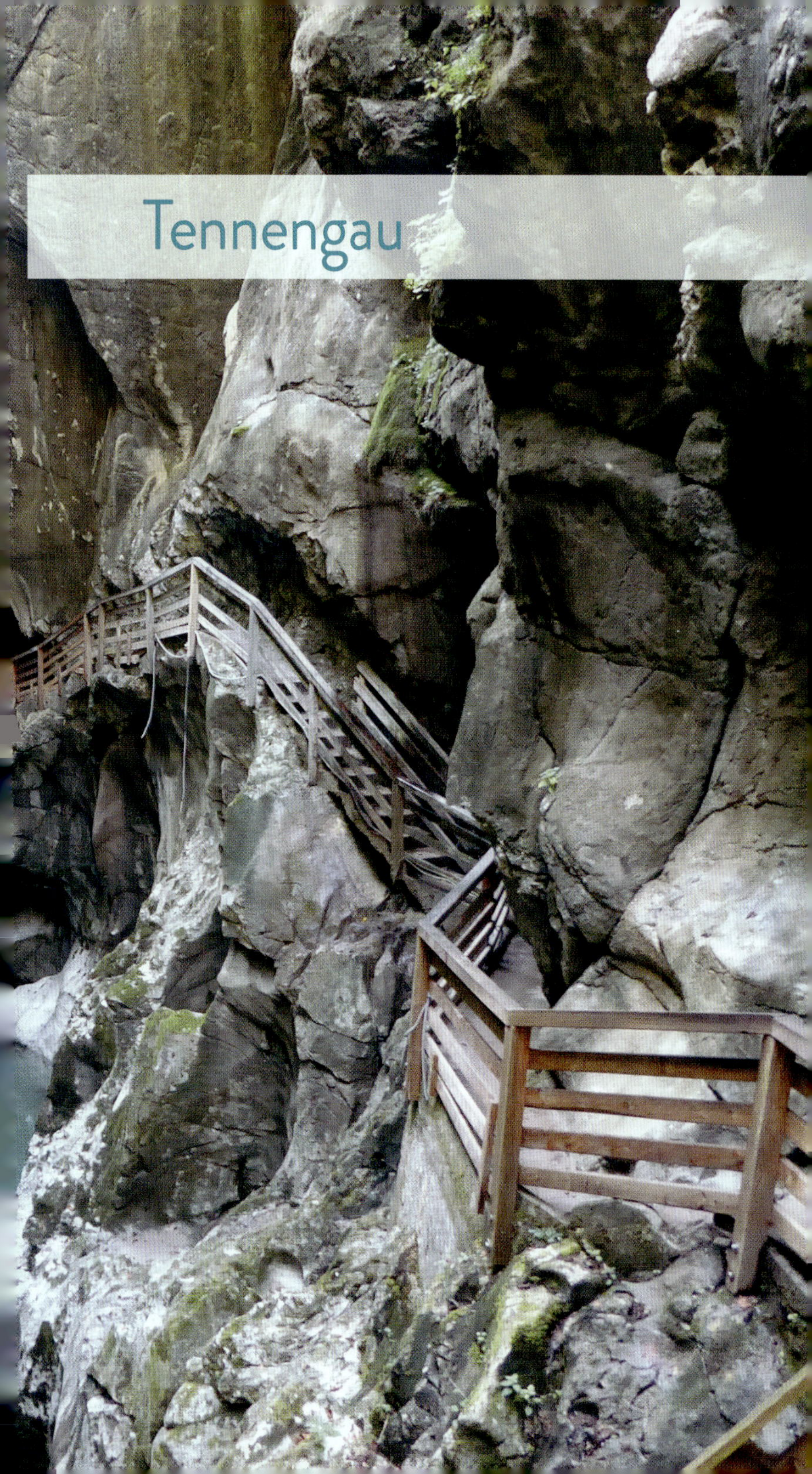

# Tennengau

# 24 Tauglklamm

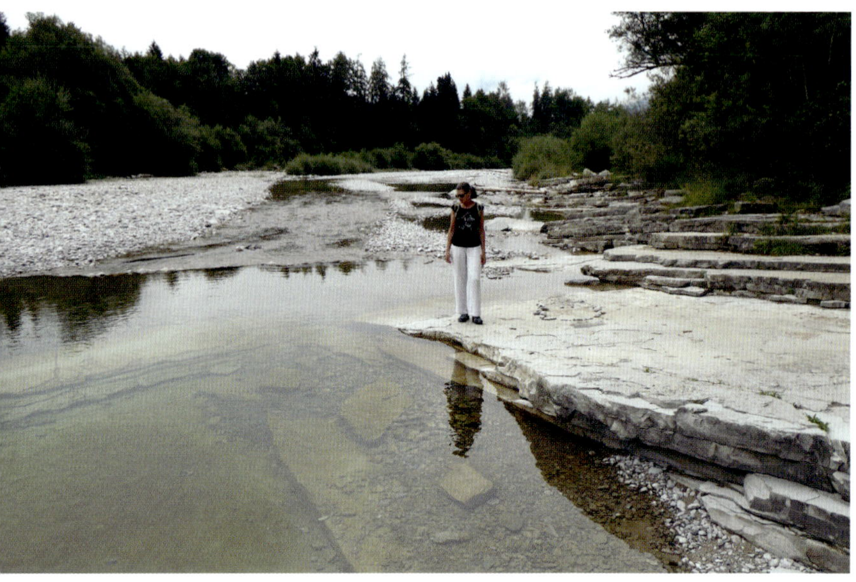

Am Übergang von der engen Klamm in das breite Tauglgries.

## Von Bad Vigaun entlang der „Lebensader Taugl" vom breiten Tauglgries zur Römerbrücke.

Die Taugl entspringt unter dem Gruberhorn und kann sich auf ihrer 12 Kilometer langen Reise bis zur Mündung in Bad Vigaun beinahe grenzenlos entfalten. Im ersten Abschnitt geht der beinahe völlig naturbelassene Fluss vor allem in die Tiefe, die einsame Strubklamm oder die Tauglschlucht sind famose Zeugnisse, dass der stete Tropfen selbst den härtesten Stein höhlt. Ganz anders dann das Finale in Bad Vigaun. In dieser weiten Schotterlandschaft kann sich das Wasser endlich horizontal ausbreiten und das Geschiebe ablagern. Hier, im sogenannten Tauglgries, kommt es auch zu den markantesten Veränderungen. Vor allem die Prallufer sind ständigen Wechseln unterworfen. Wo vor kurzem noch der gewaltige Kletterstein lag, gähnt jetzt ein großes Loch. Zur Zeit der Schneeschmelze oder nach Gewittern dehnt sich der Fluss in beeindruckender Breite aus, meist aber präsentiert sich ein trockenes Schotterfeld. Genau die richtige Umgebung für eine Handvoll Spezialisten, wie etwa die geschützten Kiesbrüter, die in den sicheren Uferzonen ihre unauffälligen Gelege verstecken. Aus diesem Grund besteht ein partielles Betretungsverbot zwischen 1. April und 31. Juli.

**Anfahrt PKW:** A 10, Abfahrt Hallein. Auf B 159 3 km Richtung Golling bis zur Abzweigung Bad Vigaun. Nach 600 Metern nach rechts auf den zentralen Parkplatz neben Schule und Kirche abzweigen.
**Anfahrt Bus & Bahn:** ab Hallein Bhf. (Vorplatz) mit Bus 42 bis Haltestelle Bad Vigaun Gemeindeamt.

**Länge:** 7,5 Kilometer
**Höhenmeter:** 60
**Dauer:** 2 ¼ Stunden
**Schwierigkeit:** T 1

**Gastronomie:** Cafè Leichtsinn (Dorfplatz 14). Neuwirt (Dorfplatz 10), www.neuwirt-badvigaun.at

**Reizvoll:** ... weil ganz unterschiedliche Lebens- und Landschaftsbereiche entlang der 2 km langen Strecke zwischen Tauglgries und Römerbrücke warten.

**Tipp:** im Sommer die Badesachen mitnehmen. Auf der linken Uferseite, 300 m unterhalb der Römerbrücke, befindet sich ein Wildbad. Bitte unbedingt die saisonalen Betretungsverbote auf den ausgewiesenen Flächen einhalten!

**Geologie:** Die Taugl (oder Tauglbach) ist einer der letzten völlig unverbauten Wildbäche im Land Salzburg. Auf sei-

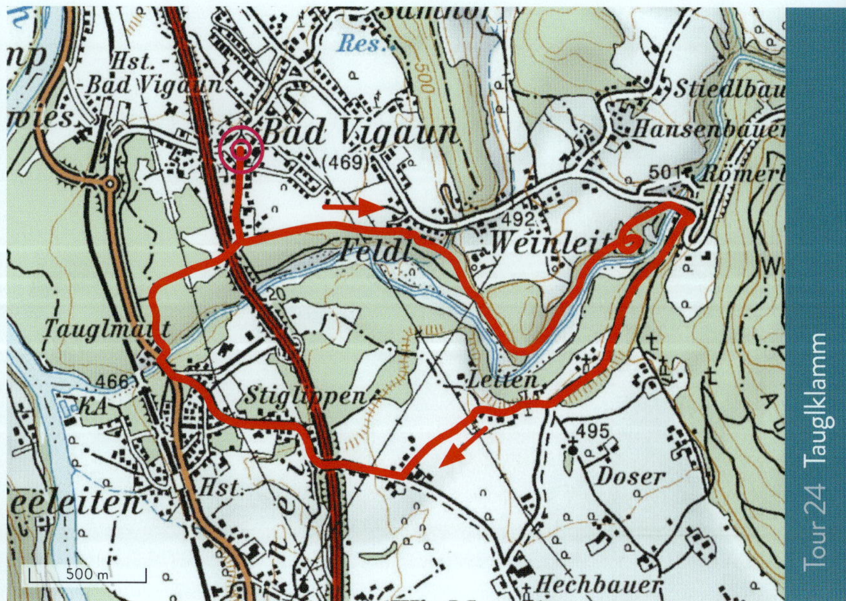

ner 12 Kilometer langen Fließstrecke durchschneidet das Gewässer ganz unterschiedliche Gesteinszonen. Besonders eindrucksvoll bei dieser Wanderung ist der kurze Abschnitt vor dem Wendepunkt bei der Römerbrücke mit den horizontal gelagerten Kalkschichten und der abschließenden 10 Meter hohen Wasserfallstufe.

Interessant ist auch die Dynamik im Wasser: Die rollenden Steine am Grund der Taugl benötigen nur wenige Flusskilometer, bis sie ihre auffallend rundliche Form angenommen haben. In den flachen Bereichen (Tauglgries) bleiben sie zunächst liegen, bis das nächste Hochwasser sie weiter in den Hauptfluss Salzach transportiert.

**Schutzstatus:** Natura-2000-Europaschutzgebiet. Auf ausgewiesenen Flächen Betretungsverbot vom 1. April bis 31. Juli.

**Weitere Touren:** Bad Vigaun – Samhofkapelle – St. Margarethen – Kurzentrum (1,5 Std., T 1). Vogellehrpfad (1 Std., T 1). Schlenken über Rengerberg (Anstieg 2,5 Std., T 2).

## Der Weg

Der Ausgangspunkt dieser abwechslungsreichen Familienwanderung ist der zentrale Parkplatz neben der Kirche in Bad Vigaun. Der kürzeste Weg zum Taugl-Bachbett führt an der Kirche vorbei und folgt dann 500 Meter der Dorfstraße. Vor der Unterfüh-

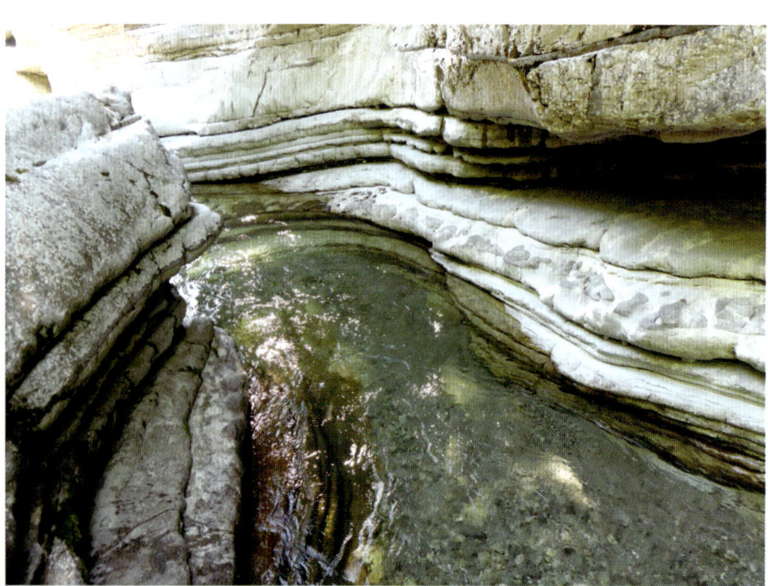

Der letzte Klammabschnitt bevor der Fluss in das weite Tauglgries übergeht.

rung beim Spielplatz beginnt links abzweigend der 2,5 Kilometer lange Themenweg „Lebensader Taugl“. An einem originellen Spielplatz vorbei geht es zu einer Aussichtsplattform, danach verengt sich der Weg. Das Gelände mit den häusergroßen Konglomeratfelsen zwingt zu reizvollen, kleinen Umwegen. Bei der sogenannten Römerbrücke, die aber erst 1631 errichtet wurde, wechselt der Weg an das andere Ufer. Der Blick von der hohen, einbögigen Brücke zeigt die klammartige Verengung, die von einem rauschenden Wasserfall abgeschlossen wird. Besonders wagemutige Kajakfahrer stürzen sich über diese Wasserstufe spektakulär in die Tiefe. Die Route folgt nun der schmalen Straße, die wenig später zu einer weiteren Attraktion führt. An einer gekennzeichneten Stelle beginnt der kurze Zugang zum zauberhaften Felsenbad, das sich an heißen Sommertagen besonders großer Beliebtheit erfreut. Die Route (Weg 6) bleibt noch 500 Meter auf der Gemeindestraße und zweigt bei der nächsten Weggabelung nach rechts in die Kullergasse ab. Nach 300 Metern folgt eine weitere Gabelung. Der Weg 6 bleibt auf der wenig befahrenen Kullergasse, überquert die Autobahn A 10 und trifft bei der Tauglmauth-Brücke auf die Bundesstraße B 159. Direkt nach der Brücke zweigt ein 20-minütiger Verbindungsweg in das Ortszentrum Bad Vigaun nach rechts ab.

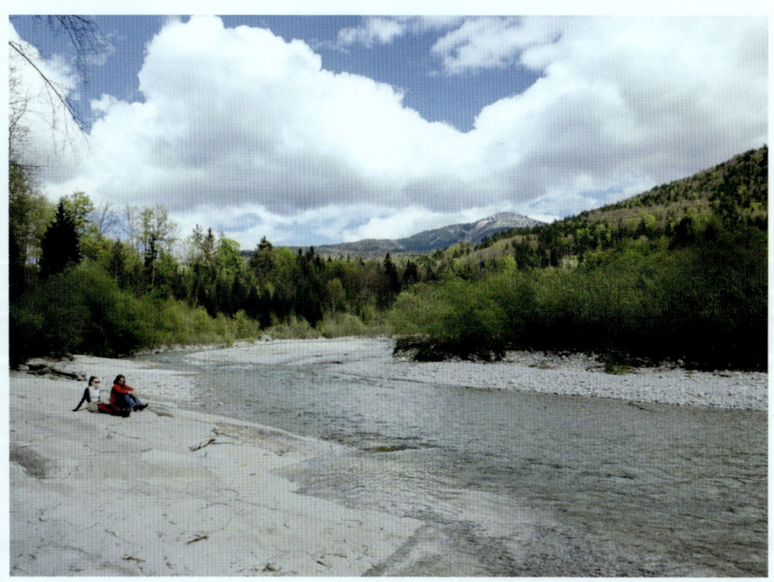

Im Frühjahr, zur Zeit der Schneeschmelze, führt die Taugl deutlich mehr Wasser.

# 25 Schleierfall

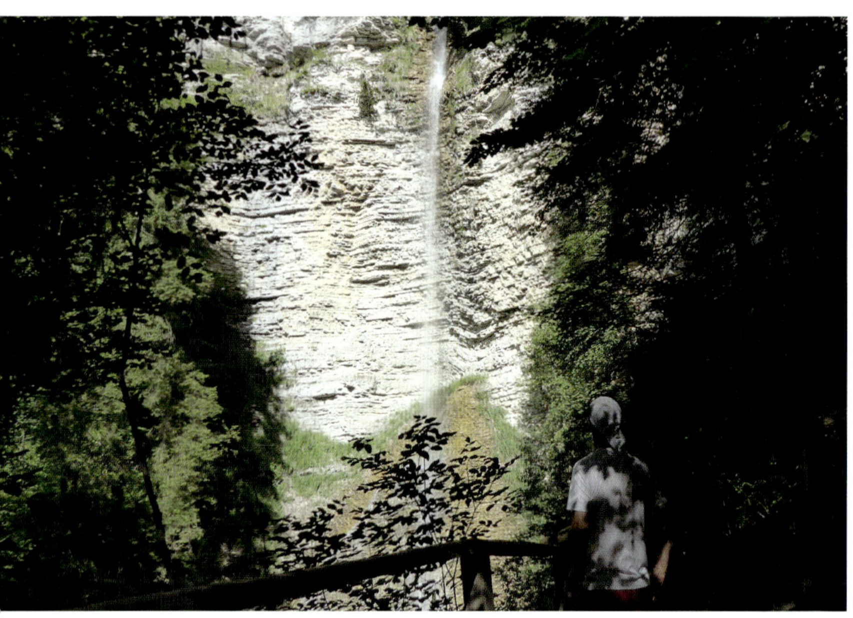

Der schmächtige Schleierfall vor der wild zergliederten Felswand.

**Ein interessanter Fall bei Kuchl, der von seinem wild zerrissenen Hintergrund belebt wird.**

Wegen seiner Mächtigkeit würde der Schleierfall mitten im steilen Hangwald am westlichen Salzachtalrand bei Kuchl noch keine Blicke auf sich ziehen. Da gibt es in der Nähe schon ganz andere Größen, wie etwa den berühmten Gollinger- oder den versteckten Bluntauwasserfall. Die Besonderheit des Schleierfalls liegt einerseits in seiner außergewöhnlichen Streuung, wodurch er ohne Zweifel seinen Namen erhalten hat. Wie ein feiner Schleier schwebt ein Teppich aus unzähligen, feinsten Wassertröpfchen von der oberen Kante rund 35 Meter in die Tiefe. Zwar vermutlich zu wenig, um einen gesundheitsfördernden Effekt auf die Atmungsorgane auszuüben, wie das beim mächtigen Gollinger Wasserfall passiert, dafür tritt andererseits die wild zerrissene Felswand hinter dem feinen Wasservorhang beinahe in den Vordergrund. Wie von Künstlerhand als Kontrast zum fast durchsichtigen Tröpfchenteppich installiert, durchziehen da Hunderte horizontal verlaufende Bruchlinien die abenteuerlich gefaltete Wand. Auf der einen Seite die Leichtigkeit, der durch wechselnde Wind- und Sonnenverhältnisse geprägten Wasserspiele, auf der anderen Seite der nicht weniger filigran wirkende Einblick in die 200 Millionen Jahre alte Erdgeschichte.

**Anfahrt PKW:** A 10, Abfahrt Kuchl. Auf B 159 2 km Richtung Kuchl, dann rechts Richtung „Bahnhof, Weißenbach" durch die Bahnunterführung und über die Salzachbrücke, gleich danach rechts 1 km zur Autobahnüberführung und 0,5 km weiter nach Stockach. Hier auf den einzigen Verkehrsspiegel mit dem Wegschild achten. Bitte um Parkerlaubnis fragen.

**Anfahrt Bus & Bahn:** mit Bus 470 oder Bahn nach Kuchl. Von Bahnhaltestelle Kuchl 40 Min. Gehzeit bis Stockach.

**Länge (kl. Runde/gr. Runde):** 4,5 Kilometer/9,5 Kilometer
**Höhenmeter:** 350/770
**Dauer:** 2 Stunden/3 ¾ Stunden
**Schwierigkeit:** T 2

**Gastronomie:** unterwegs fallweise in den Almen, sonst im Ort Kuchl

**Reizvoll:** keiner der großen, aber einer der ganz interessanten Wasserfälle: ein Fall mit Hintergrund

**Tipp:** im Sommer nach der Wanderung abtauchen im frei zugänglichen Bade-

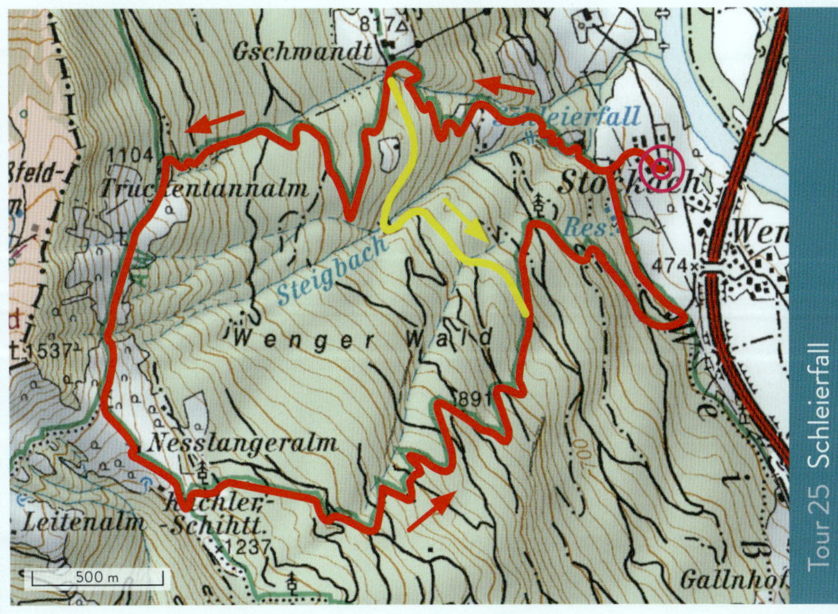

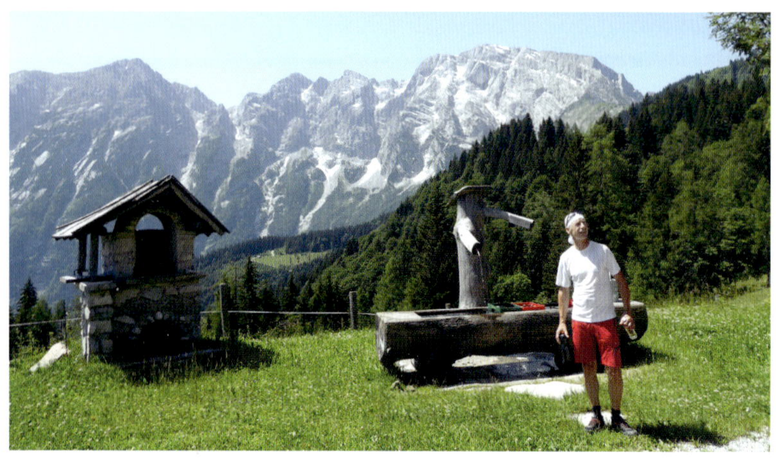

Bei der Nesslangeralm mit Blick auf das Göllmassiv.

bereich Bürgerausee, direkt nach der Salzachbrücke in Kuchl

**Geologie:** spektakuläre geologische Verwerfungen in der Wand beim Schleierfall

**Schutzstatus:** keiner

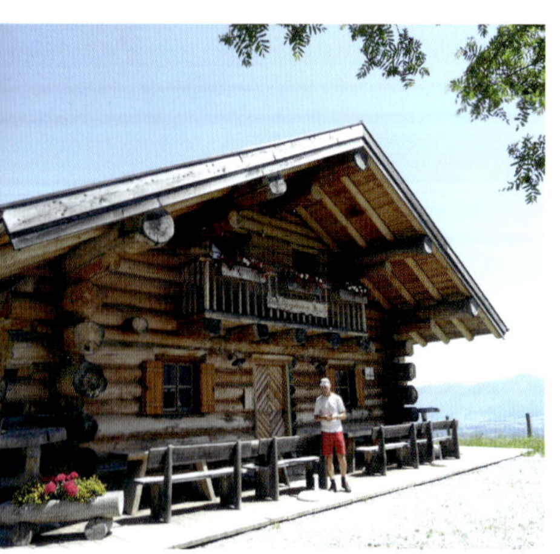

Die Nesslangeralm.

**Weitere Touren:** Stockach – Nesslangeralm (wie beschrieben) – Abstieg Hochschaufler – Gallenhof – Weißenbach – Stockach (ges. 5 ½ Std., T 2). Stockach – Truckenthannalm – Dürrfeichtenalm – Gasteig – Stockach (6 ½ Std., T 2). Ab Bürgerausee – „Kuchler Zeitreisenweg" zum Georgenberg (2 Std., T 1).

## Der Weg

Ausgangspunkt ist die Hofgruppe Stockach im Kuchler Ortsteil Unterweißenbach (bitte um Parkerlaubnis fragen). Bei einem Verkehrsspiegel versteckt sich der Richtung Westen weisende Wegweiser „Schleierfall". Diese Zufahrt endet beim letzten Gebäude, nun beginnt ein schmaler und steiler Wiesen- und Waldsteig. Nach 20 Gehminuten zweigt der kurze Stichweg linker Hand zum Schleierfall ab. Wenig später öffnet sich der Blick auf die rund 40 Meter hohe Felswand, die aus lauter Verwerfungen besteht und über die sich ganz dünn und beinahe lautlos ein Schleier aus Abertausenden Wassertröpfchen ergießt. Wieder zurück auf dem Hauptweg Nr. 4 geht es steil bergwärts weiter zu einer Lichtung, hinter dem Waldstreifen rechts verbirgt sich gut hörbar ein weiterer Wasserfall, zeigen wird er sich aber nicht. Der nun nur mehr mäßig steile Weg 4 führt wieder in den Wald und erreicht bald den Güterweg, der nach rechts zum nahen Hof Gschwandt (810 m) führt. Eine kürzere, insgesamt gut zweistündige Variante könnte bereits hier dem Güterweg nach links retour zum Startpunkt folgen (in der Karte gelb).

### Variante Truckenthann- und Nesslangeralm

Doppelt so lange ist die Runde über die Truckenthann- und Nesslangeralm, die bei der nächsten Gabelung vom Güterweg Gschwandt nach rechts wegführt (Weg 21). Zuerst auf dem Wirtschaftsweg, dann auf einem steilen Waldsteig zur „Truckenthann Alm“ (1104 m, fallweise bewirtschaftet) und nun weniger steil, dafür recht sonnig zur neuen Nesslangeralm (1237 m). Wenn die Almleute nicht zugegen sind, stehen in den Brunnentrögen gekühlte Getränke zur bezahlten Entnahme bereit. Der Abstieg von der aussichtsreich gelegenen Alm folgt der Zufahrt, bis ein abkürzender Steig talwärts abzweigt. Der letzte Teil verläuft wieder auf dem Güterweg Gschwandt, folgt dann aber kurz vor dem Talboden, dem Schild „Schleierfall“ (Weg 4) nach links. An der gefassten Maximilianquelle vorbei endet die Runde nach einer letzten halben Stunde in Stockach.

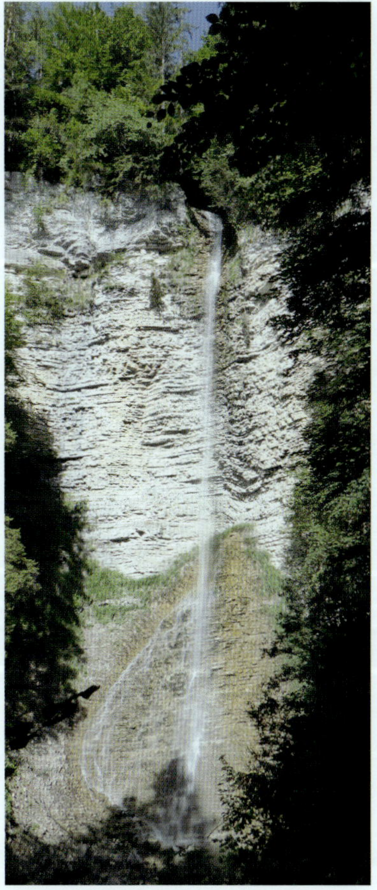

Der rund 40 Meter hohe Schleierfall.

# 26 Kertererbachschlucht

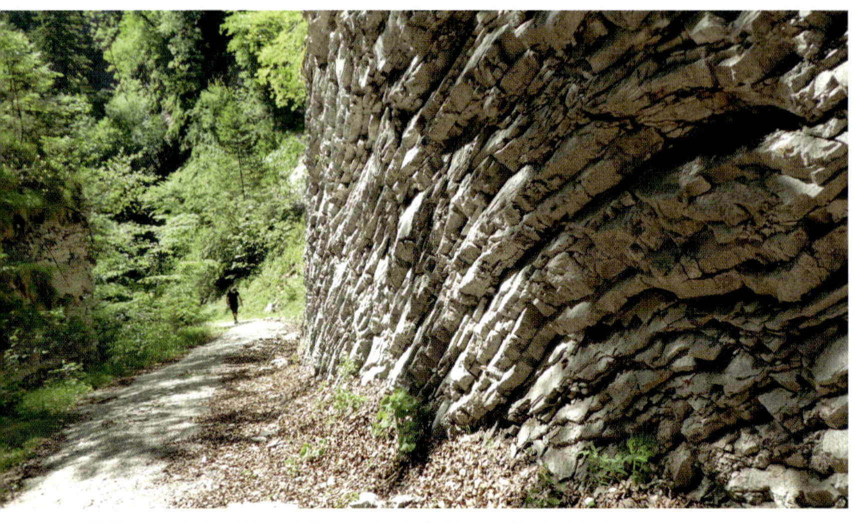

Früher wurde der Gips auf Karren durch die Kertererbachschlucht transportiert.

Auf alten Wegen an den größten Gipslagerstätten Österreichs vorbei hinauf zum Biogasthof Bachrain.

Die Anfahrt zum Beginn der Kertererbachschlucht im Kuchler Ortsteil Strubau führt geradewegs zum Gipswerk Moldan. Der wertvolle Stoff, der hier verarbeitet wird, kommt mittels einer Lastenseilbahn aus den rund drei Kilometer weiter östlich gelegenen Gipslagerstätten. Der kaum bekannte und auch wenig sichtbare Bergbau erschließt das umfangreichste und hochwertigste Gipsvorkommen in Österreich. Bereits seit 1919 sorgt eine Materialseilbahn für den umweltfreundlichen Transport des Gipsgesteins zur Weiterverarbeitung im Werk Strubau. Davor musste das Material mühsam mit Karren durch die Kertererbachschlucht in das Tal verfrachtet werden. Diesem alten Wirtschaftsweg am Kertererbach entlang folgt der Wanderweg hinauf zum Biogasthof Bachrain.

Etwa auf halbem Weg lädt der freundliche Grubachwirt zur Einkehr ein. Das alte Gebäude gegenüber auf der anderen Straßenseite zeigt die Tücken der Gipsregion. Gips enthält viel Wasser und ist sehr weich und biegsam. Was den Stuckateur freut, ist für den Häuslbauer ein Albtraum. Sofern, wie in diesem Fall, das Haus auf einer Gipsader steht, die dann im Laufe der Zeit für schiefe Verhältnisse sorgt. Aber auch die begleitenden Gesteinsschichten des Kertererbachs zeigen sich nicht von der stabilen Sorte. Immer wieder kommt es im steilen Graben zu Vermurungen und Hangrutschungen, die längere Sperren nötig machen. Die massiven Wildbachverbauungen sind ebenfalls ein nicht zu übersehendes Zeichen der Kraft, die im Kertererbach ruht.

**Anfahrt PKW:** A 10, Abfahrt Kuchl. Auf B 159 durch Kuchl, nach 2 km zuerst Richtung St. Koloman nach links und nach 600 m Richtung Voregg-Moosegg nach rechts abzweigen. Rechts am Gipswerk Moldan entlang bis zur ersten scharfen Kurve (Holzlagerplatz). Davor geeigneten Parkplatz suchen.
**Anfahrt Bus & Bahn:** mit Bus 470 bis Haltestelle Kuchl-Bachbauer, dann 20 Min. Fußweg.

**Länge:** 7,3 Kilometer
**Höhenmeter:** 480
**Dauer:** 3 Stunden
**Schwierigkeit:** T 2

**Gastronomie:** Grubachwirt, Biogasthof Bachrain, Berggasthof Hochreithalm

**Reizvoll:** unterwegs am Rande der größte Gipslagerstätten Österreichs

**Tipp:** Besuch der Museen in Golling, www.museumgolling.at, und Kuchl, www.cucullis.at

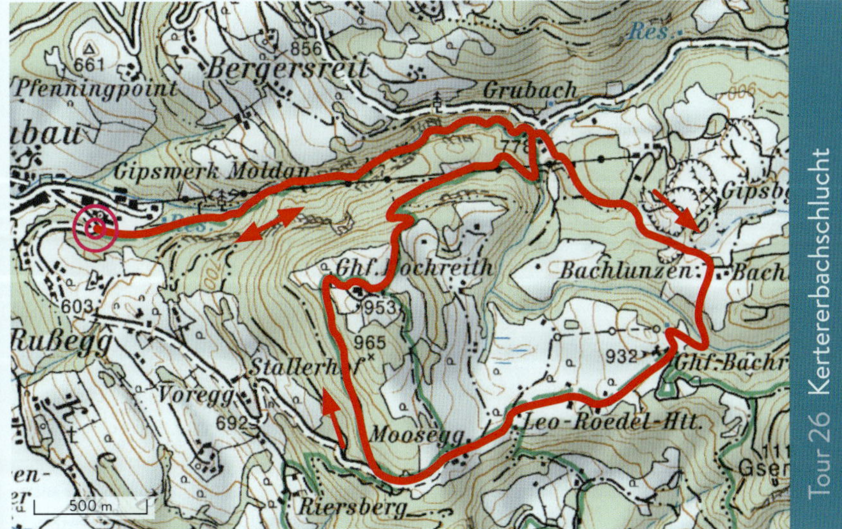

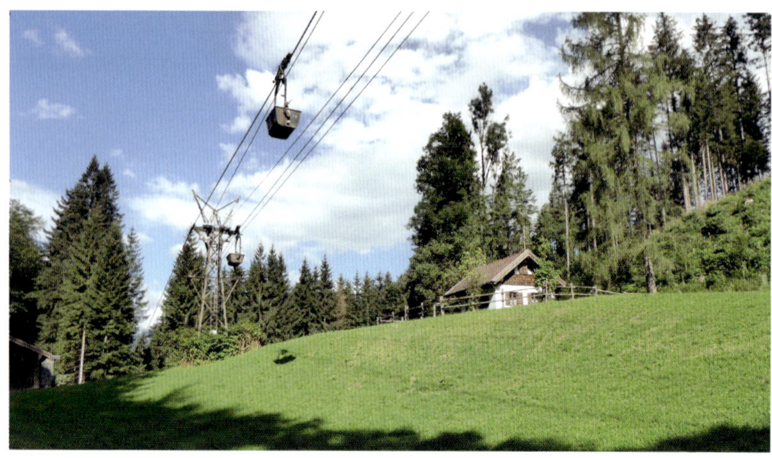

Seit 1919 verläuft der Gipstransport in das Werk Strubau über eine Materialseilbahn.

**Geologie:** Gips hat sich in großen Mengen beim Verdunsten von Wasser in den flachen Meeresbuchten der Tethys gebildet. Die Gipslagerstätte am Fuß des Schwarzer Berges ist zumindest seit 1613 bekannt, aus dieser Zeit stammt die urkundliche Erwähnung von Lieferungen an das Fürsterzbistum. Der Riedl, zu dem der Weg durch die Kertererbachschlucht führt, besteht zum überwiegenden Teil aus Gips und bildet das größte Vorkommen in Österreich. Zudem befinden sich in den Gipsschichten Blöcke von Diabas und Serpentin, außerdem im nördlicheren Kesselbruch ein mächtiger Anhydrit-Gipskörper.

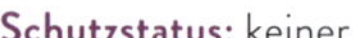

**Schutzstatus:** keiner

**Weitere Touren:** Georgenberg – Kuchl (ges. 2 Std., T 1). Schwarzer Berg (ges. 5 Std., T 3). St. Koloman (ges. 4 Std., T 2).

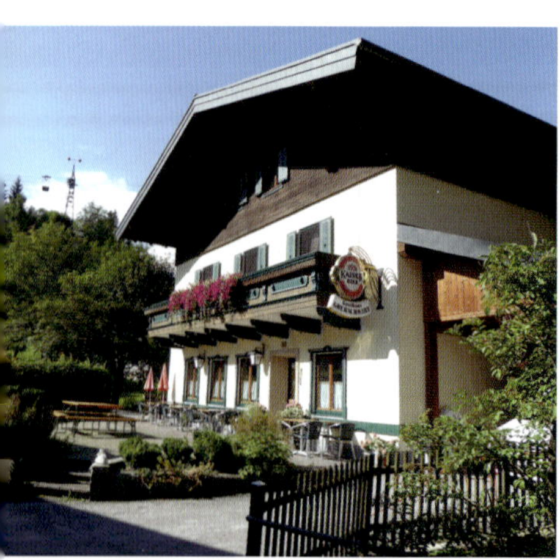

Der Grubachwirt.

## Der Weg

Vor dem Gipswerk Moldan zweigt die Auffahrt „Voregg, Moosegg“ nach rechts ab. Nach 300 Metern entlang des Werksgeländes befindet sich in der ersten scharfen Rechtskurve ein großer Holzlagerplatz. Hier zweigt der Weg in die Kertererbachschlucht nach links ab. Leider fehlt an dieser wichtigen Stelle ein Wegschild, aber gleich tauchen die ersten roten Markierungen auf. Der breite Weg folgt dem Kertererbach, der sich in den unterschiedlich harten Basisgesteinen beachtliche Gumpen geschaffen hat. An kleineren Wasserfällen und einer direkt über dem Bach errichteten Hütte vorbei wird der einladende Grubachwirt nach zwei Kilometern erreicht. Der Weg zum Biogasthof Bachrain nimmt noch eine halbe Stunde in Anspruch und führt in eine immer lichtere Region hinauf. Der Gasthof hat unter Feinschmeckern einen ausgezeichneten Ruf, hier kommen fast ausschließlich selbstproduzierte Produkte auf den Tisch. Der weitere Weg folgt der Zufahrt Richtung Golling, zweigt dann aber nach einem Kilometer nach rechts zum Berggasthof Hochreithalm ab. Der schöne Wald- und Wiesenweg führt auf diesen höchsten (953 m) und aussichtsreichsten Punkt der Runde. Wenige Meter vor der Jausenstation zweigt der Weg 98 zum Gasthaus Grubach nach rechts ab. Der Abschnitt im Buchenwald quert eine stellenweise steilere Flanke, danach folgt die Route einem bequemen Wirtschaftsweg. Der letzte Teil der Wanderung, nach der Einmündung beim Grubachwirt, folgt dem bereits bekannten Weg zurück nach Strubau.

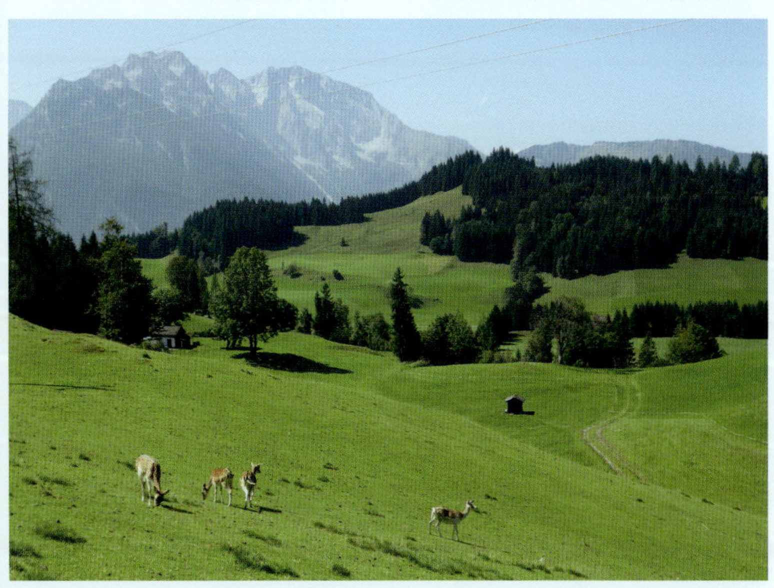

Mit Blick auf den Hohen Göll führt die Runde über den Hochreithberg (Bildmitte) retour.

# 27 Gollinger Wasserfall – Variante Bluntautal

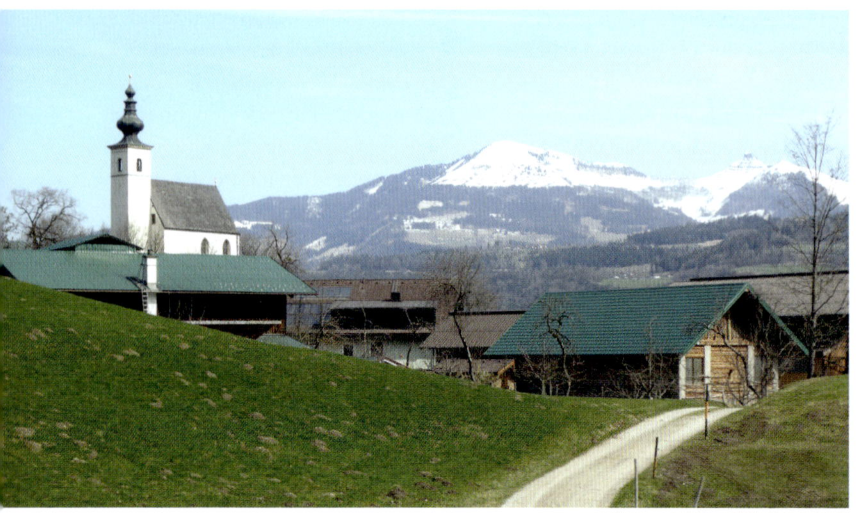

Zum Gollinger Wasserfall mit Rückblick auf die Nikolauskirche und den Schlenken.

Durch eine wildromantische Felssturzlandschaft von der Torrener Ache zum Gollinger Wasserfall.

Mit dem aufkommenden Tourismus in Salzburg am Beginn des 19. Jahrhunderts wurden in der Reiseliteratur zwei Ziele besonders intensiv empfohlen: der Aigner Park und der Gollinger Wasserfall. Bei beiden Attraktionen hatte der seit 1804 im Schloss Aigen residierende Domherr Ernst Fürst zu Schwarzenberg seine Hände im Spiel. Auf seine Initiative hin wurde der Aigner Park großzügig erweitert und der Gollinger Wasserfall der Öffentlichkeit zugänglich gemacht. Im Jahr 1805 konnte die dazu notwendige, aufwändige Treppenkonstruktion zu den beiden Wasserfallstufen erstmals begangen werden. Ein Ehren-Obelisk am Steig zwischen den Fällen erinnert an den Bauherrn.

Der umtriebige Reiseliterat Joseph Kyselak kommentiert den Besuch im Jahr 1829: „Kühle Luft und Staubregen kräuselt dem Bewunderer das Haar, welcher der Nässe nicht achtend, staunend verharrt." Aus heutiger Sicht kommt zum Staunen noch ein gesundheitlicher Aspekt dazu, denn eine aktuelle Studie der Paracelsus Medizinischen Privatuniversität Salzburg bescheinigt den feinsten Tröpfchen eine nachhaltig positive Wirkung gegen Asthma und Allergien.

**Anfahrt PKW:** A 10, Abfahrt Golling. Auf B 159 Richtung Bahnhof, zuvor nach links Richtung Bluntautal abzweigen. Nach der Salzachbrücke nach links 1,5 km zum Parkplatz Bluntautal (gebührenpflichtig), nahe beim Gasthof Göllhof.
**Anfahrt Bus & Bahn:** mit Bahn oder Bus 470 bis Bhf. Golling Abtenau und der Beschilderung „Wasserfall" folgen. Zusätzliche Gehzeit 30 Min.

**Länge:** 7 Kilometer
**Höhenmeter:** 180
**Dauer:** 2 ½ Stunden

**Schwierigkeit:** T 2

**Öffnungszeiten:** Mai–Oktober, 9–19 Uhr, www.golling.info

**Gastronomie:** Gasthof Göllhof, Gasthof Torrener Hof, Gasthof Abfalter

**Reizvoll:** Nicht nur Wandern ist gesund, auch der feine Sprühnebel hat eine gesundheitsfördernde Wirkung bei Atembeschwerden.

**Tipp:** Besuch der gotischen Nikolauskirche, die gegenüber der Abzweigung zum Wasserfall gut sichtbar auf einem Konglomeratfelsen thront; Gehzeit 15 Minuten

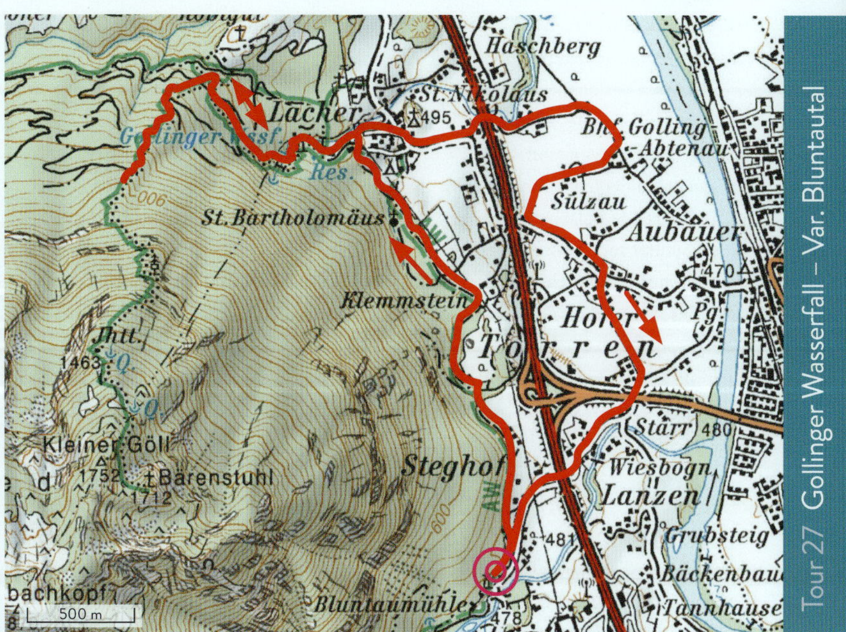

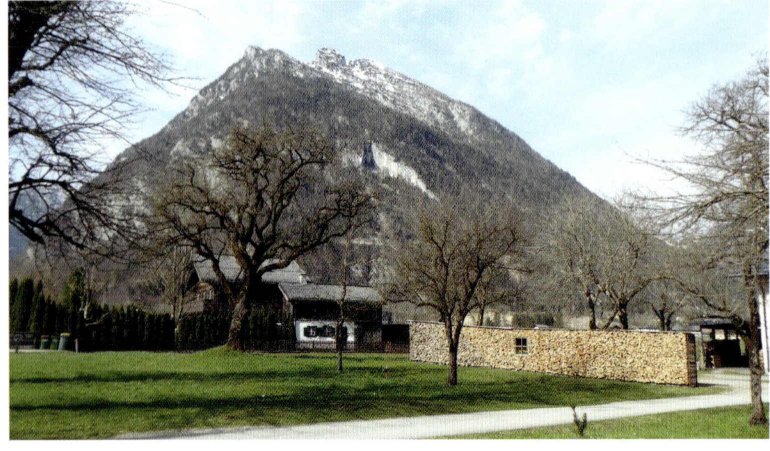

Blick auf das Quellmassiv Hoher Göll mit der deutlich erkennbaren Abbruchkante.

**Geologie:** Der Schwarzbachfall (= Gollinger Wasserfall) entspringt auf der Ostseite des Göllmassivs. Seinen Ursprung nimmt der 76 Meter hohe Wasserfall in der Schwarzbachhöhle, der Mittelwert der Schüttung beträgt 1261 Liter pro Sekunde, maximal sind nach Starkregenereignissen 40.000 Liter pro Sekunde gemessen worden. Die häusergroßen Felsblöcke am Weg vom Bluntautal zum Wasserfall sind das Ergebnis eines Felssturzes nach dem Abschmelzen der stabilisierenden Gletscherzungen. Das niederschmetternde Ergebnis ist in Blickrichtung Hoher Göll vom Tal aus besonders eindrucksvoll zu erkennen.

**Schutzstatus:** seit 1985 Naturdenkmal

**Weitere Touren:** Parkplatz Bluntautal durch das Bluntautal bis Gasthof Bärenhütte (2 Std., T 1). Gasthof Bärenhütte (evtl. Zufahrtszeiten beachten) – Jochalmen (Anstieg 2–3 Std., T 2).

## Der Weg

Ausgangspunkt ist der Parkplatz im Gollinger Ortsteil Torren am Eingang in das Bluntautal. Die Route folgt noch kurz der Straße taleinwärts, zweigt dann nach 300 Metern rechts in den Bachteiweg ab und führt in den Wald. An eindrucksvollen Felsblöcken vorbei, trifft der Weg nach einer halben Stunde auf eine Gabelung. In kurzer Entfernung steht links die dem Hl. Bartholomäus gewidmete Bachteikapelle, rechts unterhalb sprudelt die Bartholoma-Quelle ans Tageslicht. Der Weg führt mit schönem Blick auf die Nikolauskirche aus dem dichten Wald heraus und zweigt vor dem Torrener Hof nach links am Gasthof Abfalter vorbei zum Gollinger Wasserfall ab (Eintrittsgebühr).

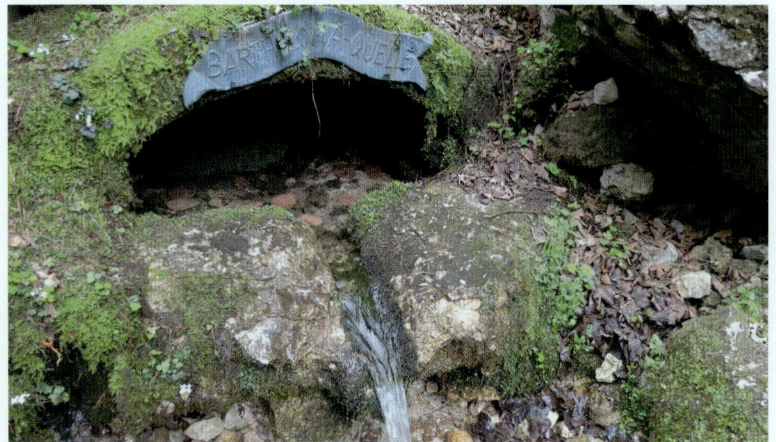


Die zierliche Bartholoma-Heilquelle als Kontrast zum Gollinger Wasserfall.

Die beschilderte und gut gesicherte Runde zu den beiden Wasserfallstufen ist vorgegeben und mit interessanten Info-Tafeln versehen. Nach diesem beeindruckenden Besuch führt die Route wieder auf die Wasserfallstraße zurück und folgt dieser aber nun in Richtung „Golling Bahnhof". Nach 300 Metern verläuft der Schwarzenbachweg nach links durch die Autobahnunterführung und mündet später nach rechts in den Wiesenweg ein. Der kürzeste Weg zum Parkplatz zweigt nach 500 Metern rechts in die Dörflergasse und dann in den Hoferweg ein, zum Bahnhof geht es einfach über den Wiesenweg und die Salzachbrücke weiter.

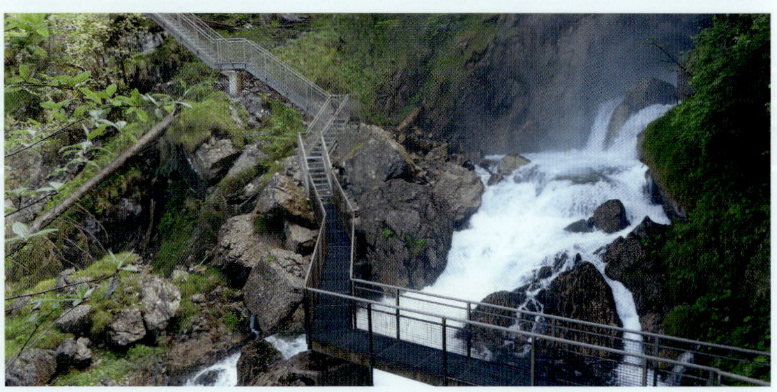

Seit dem Jahr 1805 ist der Gollinger Wasserfall über Stege erschlossen.

# 28 Gollinger Wasserfall – Variante Gasteig

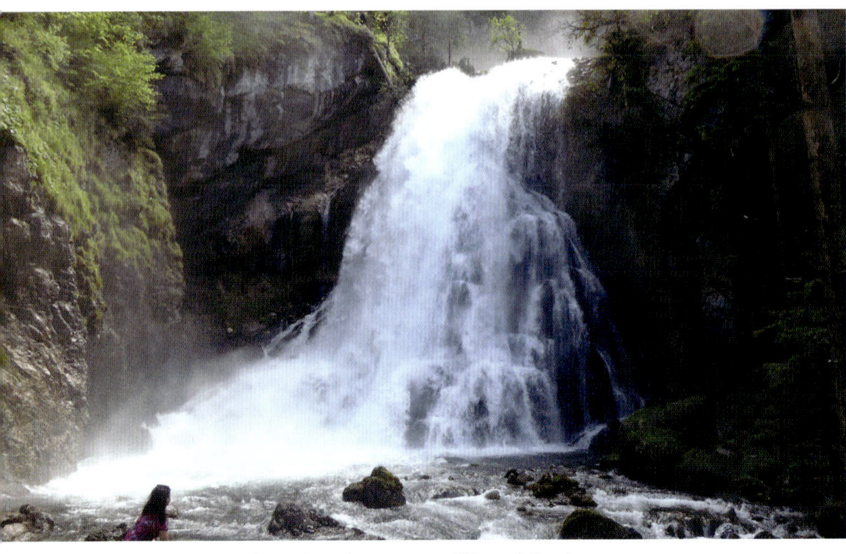

Geballte Kraft beim Tosbecken der untersten Wasserfallstufe.

**Der selten begangene Weg über Kuchl-Gasteig führt zu einem haushohen Felsblock, auf dem unzählige Versteinerungen aus dem tropischen Urmeer Tethys zu sehen sind.**

Die berühmtesten Landschaftsmaler der Romantik fanden mit dem Gollinger Wasserfall ein ideales Motiv, das an Naturdramatik kaum mehr zu überbieten ist. Die Bilder sorgten für einen enormen Werbeeffekt. Die Begeisterung ist angesichts der beiden Wasserfallstufen auch heute noch ungebrochen. Besonders vor dem Tosbecken der unteren Stufe versammeln sich die staunenden Besucher und halten den Moment inmitten des feinen Sprühnebels auf unzähligen Bildern fest, die wie vor 200 Jahren ein enorm wichtiger Werbeträger sind und in alle Welt hinausstrahlen.

Damals waren die Naturforscher der Meinung, dass der mächtige Gollinger Wasserfall von dem auf der Westseite des Göllmassivs gelegenen Königssee gespeist wird. Durch Färbversuche konnte das hartnäckige Gerücht aber bereits im Jahr 1896 widerlegt werden. Vielmehr entwässert ein großer Teil des Göllgebirges über den Gollinger Wasserfall. Im Jahresmittel stürzen pro Sekunde knapp eineinhalb Kubikmeter reinstes Trinkwasser in die Tiefe. Die Quelle kann aber auch ganz trockenfallen. Dann hat die Austrittshöhle eine große Anziehungskraft auf die Höhlenforscher. Allerdings erschwert nach dem Durchstieg der Eingangshalle ein Riesensiphon den weiteren Weg, der selbst für Spezialisten eine große Herausforderung ist.

Am vorgeschlagenen Rückweg von den Wasserfällen über Gasteig taucht auch ein sperriges Hindernis auf, aber der haushohe Felsblock kurz nach der Brücke über den Weißenbach kann leicht umgangen werden. Wer den Weg über den gewaltigen, von unzähligen Muscheln überzogenen Kalkstein wählt, unternimmt einen Ausflug in die Zeit der Trias vor 200 bis 250 Millionen Jahren. Die kurze Exkursion auf den Kletterfelsen ist von der Westseite am einfachsten, erfordert aber Trittsicherheit.

**Anfahrt PKW:** A 10, Abfahrt Golling. Auf B 159 Richtung Bahnhof, zuvor durch die Unterführung nach links Richtung Bluntautal abzweigen. Nach der Salzachbrücke nach rechts 2 km auf der Wasserfallstraße zum gebührenpflichtigen Parkplatz Gollinger Wasserfall, nahe beim Gasthof Torrener Hof. Kürzester Anstieg zum Wasserfall.

**Anfahrt Bus & Bahn:** mit Bahn oder Bus 470 bis Bhf. Golling Abtenau und der Beschilderung „Wasserfall" folgen. Zusätzliche Gehzeit 30 Min.

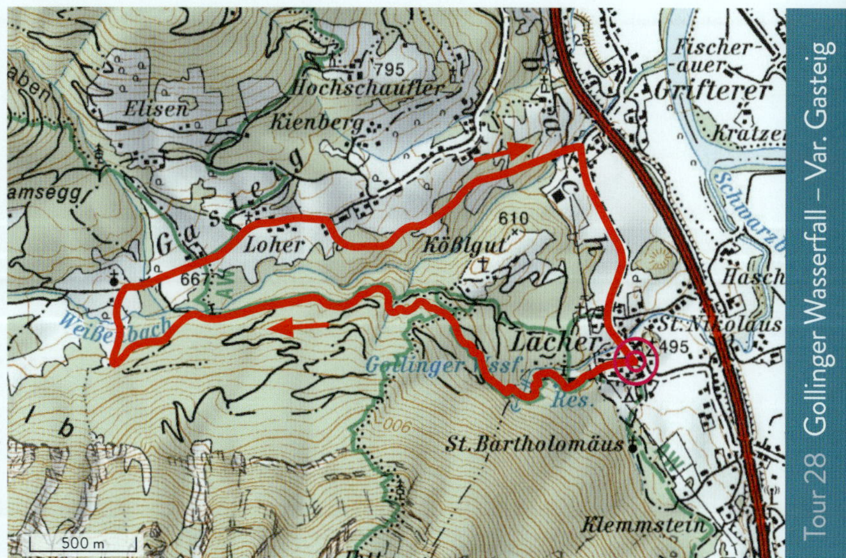

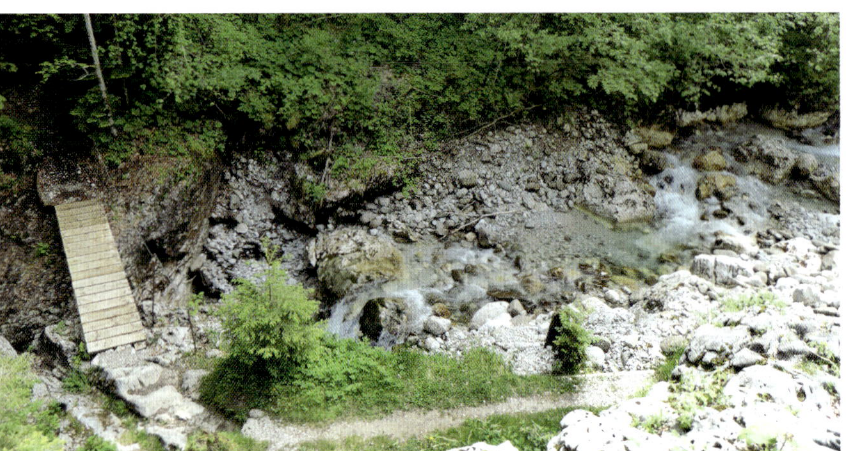

Kurz nach der Weißenbach-Brücke liegt der mit Fossilien übersäte Kletterfelsen.

**Länge:** 6,5 Kilometer
**Höhenmeter:** 200
**Dauer:** 2 ½ Stunden
**Schwierigkeit:** T 2

**Öffnungszeiten:** Mai–Oktober, 9–19 Uhr, www.golling.info

**Gastronomie:** Torrener Hof, Gasthaus Abfalter, Jausenstation Brenner

**Reizvoll:** nach dem Wasserfallabenteuer ein Kurzausflug in das Erdmittelalter zu den Megalodonten (Kuhtrittmuscheln) auf einem Kletterfelsen beim Weißenbach

**Tipp:** „Durstlöscherbar" am Weg nach Gasteig (genügend Kleingeld mitnehmen!)

**Geologie:** Der eher quellarme Göllstock entwässert zum großen Teil über die Riesenkarstquelle auf der Nord-Ost-Seite, aus der sich der Gollinger Wasserfall bildet. Er besteht aus zwei Stufen mit einer Gesamthöhe von 76 m. Die Höhlenschüttung kann auch trockenfallen, dann kommt nur mehr Wasser aus tiefer gelegenen Nebenaustritten.

**Schutzstatus:** Naturdenkmal seit 1985

**Weitere Touren:** Kleiner Göll (1752 m) oder Bärenstuhl (Anstieg 3 Std., steil und nordseitig. T 3. Weg führt bei den Gollinger Wasserfällen vorbei). Purtschellerhaus über Gasteig (Anstieg 2,5 Std., T 2). Dürrfeichtenalm – Nesslangeralm (ges. Runde 4,5 Std., T 2).

## Der Weg

Ausgangspunkt ist der gebührenpflichtige Parkplatz nahe beim Torrener Hof. Der Weg zum Gollinger Wasserfall führt am Torrener Hof und am Gasthof Abfalter vorbei zur Kassastelle. Rechts neben dem zunächst noch flachen Weg taucht bald eine malerische Mühle auf, die letzte noch vorhandene von insgesamt sieben Mühlen, die hier auf der kurzen Fließstrecke des Schwarzbaches für den Eigenbedarf der Bauern errichtet wurden. Wenig später befindet sich links ein Gedenkstein, der an den Mäzen und Stifter der ersten Steganlage, Erzbischof Ernst Fürst Schwarzenberg, erinnert. Dann kommt auch schon das gewaltige Tosbecken, vor dem der nun steil ansteigende Pfad nach links abzweigt. Auf sicheren Treppen und Brücken geht es staunend bis zur letzten Plattform gegenüber der Quellöffnung hinauf. Etwas oberhalb, am höchsten Punkt des Wasserfallweges, zweigt die Route 7 „Kühschwalb, Gasteig" nach links in den Wald ab und quert abwechselnd auf schmalen Pfaden und Forstwegen in 45 Minuten zur Brücke über den Weißenbach. Der Kletterfelsen vis-a-vis ist auf seiner Oberseite mit zahllosen Megalodonten, auch „Kuhtrittmuscheln" genannt, aus der Zeit vor rund 200 Millionen Jahren übersät. Der Weg quert eine Wiese und trifft auf eine Hofzufahrt. Entlang dieser geht es nach rechts, nach einem Kilometer zweigt die Waldvariante „Strubweg" nochmals nach rechts ab. Nach 30 Minuten im Talboden angelangt verläuft der letzte, ein Kilometer lange Abschnitt rechter Hand entlang der Gemeindestraße retour zum Parkplatz.

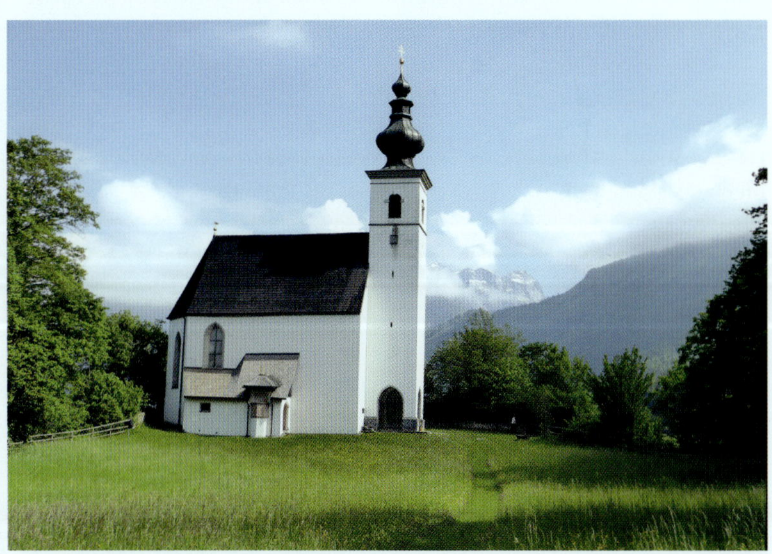

Die Wallfahrtskirche St. Nikolaus liegt nur wenige Minuten abseits des Weges.

# 29 Bluntau Wasserfall

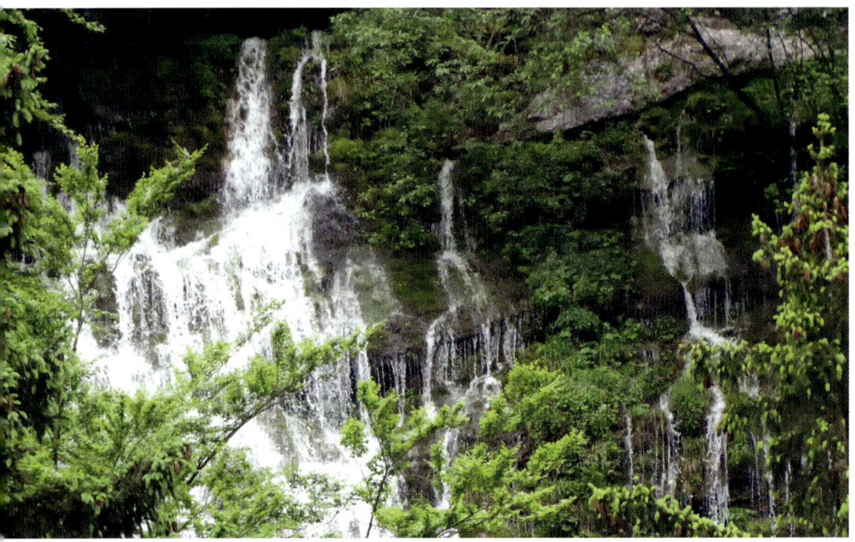

Aus diesen kleinen Schichtquellen bezieht der Bluntau Wasserfall seine Kraft.

Durch das Gollinger Naturparadies an smaragdgrünen Seen vorbei zum Wasserfall am Ende des Tales.

Das romantische Herzstück des Bluntautals sind die glasklaren Seen, deren Entstehungsgeschichte einen ziemlich profanen Grund haben. Die Baggerseen entstanden in den 1970er Jahren mit dem Bau der Tauernautobahn. In den Jahrzehnten danach sind alle Wunden wieder verheilt, ja sogar im Gegenteil, das Bluntautal hat sich zu einem wahren Naturparadies entwickelt und ist auch entsprechend geschützt. Über 50 Biotope wurden erfasst und zahlreiche seltene Schmetterlingsarten finden hier ideale Lebensbedingungen. Genauso wie die Saiblinge und Forellen, die sich wegen der unglaublichen Klarheit des Wassers kaum verstecken können. Ihr Leben endet aber auch zumeist in einer der Haubenküchen. Bluntausaiblinge sind eine überaus gefragte Spezialität, die gerne zu besonderen Anlässen oder sogar bei Staatsbanketten in der Landeshauptstadt aufgetischt werden. Regionale Fische stehen aber natürlich auch auf der Speisekarte der Bluntautal-Wirte. Das Freizeitangebot im Bluntautal ist reichhaltig, ruhesuchende Spaziergänger finden hier ebenso optimale Bedingungen wie experimentierfreudige Kinder. Die Kiesbänke und Wiesen, besonders am Talausgang, bieten viel Platz für alle Interessen. Auch die Mountainbiker genießen gerne ein paar erfrischende Momente am Bach, bevor es wieder weitergeht. Ihr bevorzugtes Ziel sind die Jochalmen, zu denen eine im Auftrag des Thronfolgers Franz-Ferdinand im Jahr 1907 angelegte Bergstraße führt. Die Trennung in eine Wander- und eine Radroute funktioniert im Bluntautal sehr gut, die bevorzugte Gehstrecke folgt der abwechslungsreichen Torrener Ache auf dem so bezeichneten „Waldweg", während die Radler die Zufahrt zum Gasthaus Bärenhütte benützen.

**Anfahrt PKW:** A 10, Abfahrt Golling. Im Ort Richtung Bahnhof, dann durch die neue Unterführung und über die Salzachbrücke zum 2 km entfernten Parkplatz (Gebühr) gegenüber Gastwirtschaft Göllhof.

**Anfahrt Bus & Bahn:** mit Bus oder Bahn nach Bahnhof Golling-Abtenau. Entlang Zufahrt in 30 Min. zum Talanfang Bluntautal.

**Länge:** 8,4 Kilometer
**Höhenmeter:** 60
**Dauer:** 2 ½ Stunden
**Schwierigkeit:** T 2

**Gastronomie:** Göllhof,
www.gasthof-goellhof.at
Bärenwirt (Gasthof Bärenhütte)

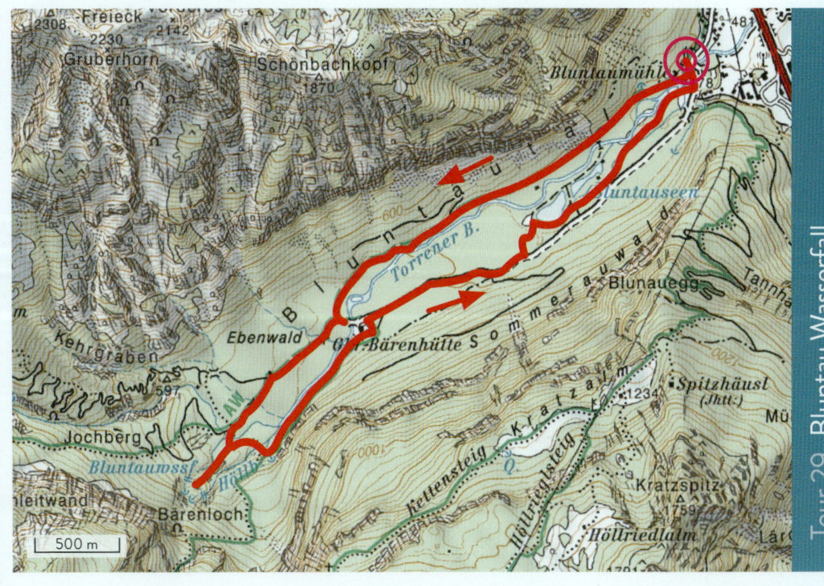


Tour 29 Bluntau Wasserfall

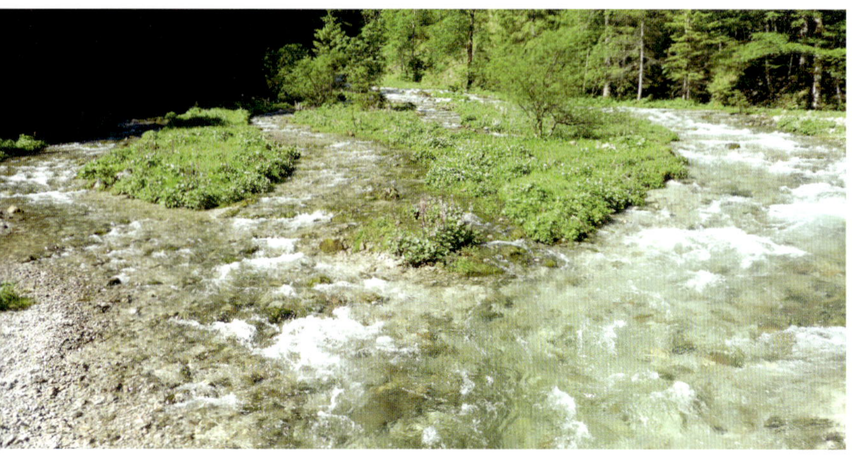

Glasklares, vier Grad kaltes Bluntau-Trinkwasser auf dem Weg in die Salzach.

**Reizvoll:** Aus der einstigen „Autobahnbaustelle" wurde ein hochwertiges Naturschutzgebiet mit erstklassigen Freizeitangeboten.

**Tipp:** ein höchstwahrscheinlich wirklich nur kurzes Fußbad in der eiskalten Torrener Ache

**Geologie:** Der Quellort jenes Gewässers, das dann im Bluntautal als Torrener Ache talauswärts fließt, ist der Göllstock. Entscheidend verstärkt wird die Torrener Ache aber auch durch den Zufluss aus dem Bluntau-Wasserfall, der in diesem Abschnitt auch Weiße Torren heißt und dessen Einzugsgebiet das Hagengebirge ist. Am Talanfang steht seit 2020 eine große Metallplastik von Martin Rehrl, die einen Hirsch darstellt.

**Schutzstatus:** Europaschutzgebiet und Landschaftsschutzgebiet seit 1980

**Weitere Touren:** Rundweg Untere und Obere Jochalm (5–6 Std., T 2). Gollinger Wasserfall und St. Nikolaus über Bachtei (ges. 2 Std., T 2). Bärenhütte – Vorderschlumsee (Anstieg 3 Std., T 4).

## Der Weg

Der kürzeste, halbstündige Weg zum Bluntau-Wasserfall beginnt beim Gasthof Bärenhütte. An den Wochenenden und zu den Feiertagen besteht zwischen 10 Uhr und 17 Uhr ein Fahrverbot.

Bleibt mehr Zeit, dann ist der gebührenpflichtige Parkplatz beim Gasthof Göllhof am Beginn des Bluntautales ein idealer Ausgangspunkt. Hier am Talausgang hat die Torrener Ache reichlich Platz, in Verbindung mit den Wiesen und Schotterbänken gibt es feine, immer sehr gefragte Rastplätze am ruhig dahinfließenden

Gewässer. Vor der Steinbrücke zweigt der verkehrsfreie Waldweg 36 (Bluntauweg) nach rechts ab, 20 Minuten später eröffnet sich die unbedingt empfehlenswerte Möglichkeit zu einem Abstecher zu den romantischen Bluntauseen. Der Waldweg führt weiter taleinwärts und nun muss sich auch die Torrener Ache mit einem engeren Bachbett begnügen. Sie fließt nicht mehr ganz so ruhig, dafür sind die kleinen Kaskaden, Strudeln und umspülten Felsen ein wahrer Schaugenuss und zugleich Lebensraum für viele Bachbewohner. Nach einer Dreiviertelstunde in der Talweitung beim Gasthof Bärenhütte gibt es wieder breite Schotterbänke zum Spielen oder Ausrasten. Nach einer weiteren Viertelstunde zweigt der markierte Weg zum Wasserfall nach links ab und trifft wenig später auf einen schmalen Holzsteg. Ein steiler Pfad führt zu einer kleinen Aussichtskanzel auf dem schmalen Felskamm, dahinter stürzt der mehrstufige Wasserfall in die Tiefe. Gespeist wird er aus einigen Quellöffnungen in der Felswand gegenüber.

Eine sehr interessante Rückwegvariante bietet sich an, indem wir vor dem Holzsteg dem schmalen Pfad nach rechts folgen. Er führt zu einem gewaltigen unterirdischen Quelltopf am Fuß der Felsabbrüche. Hier zweigt der anspruchsvolle Steig zum Schlumsee ab, unsere Route aber bleibt im Talboden und verläuft am rechten Ufer entlang in 20 Minuten zur Bärenhütte. Eine Alternative für die Rückkehr auf den Parkplatz ist der, im Vergleich zum schönen Waldweg, nicht ganz so attraktive Wirtschaftsweg, den auch die vielen Radfahrer benützen.

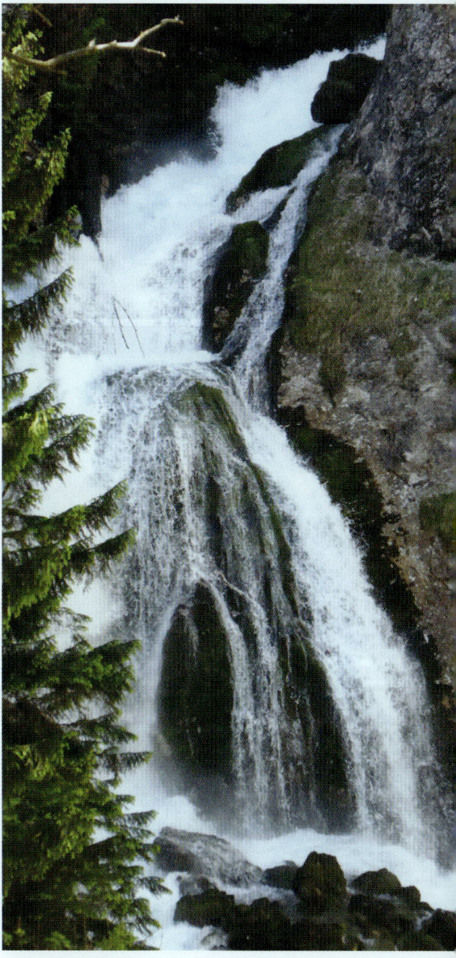

Der Bluntau Wasserfall.

# 30 Kehlbach Wasserfall

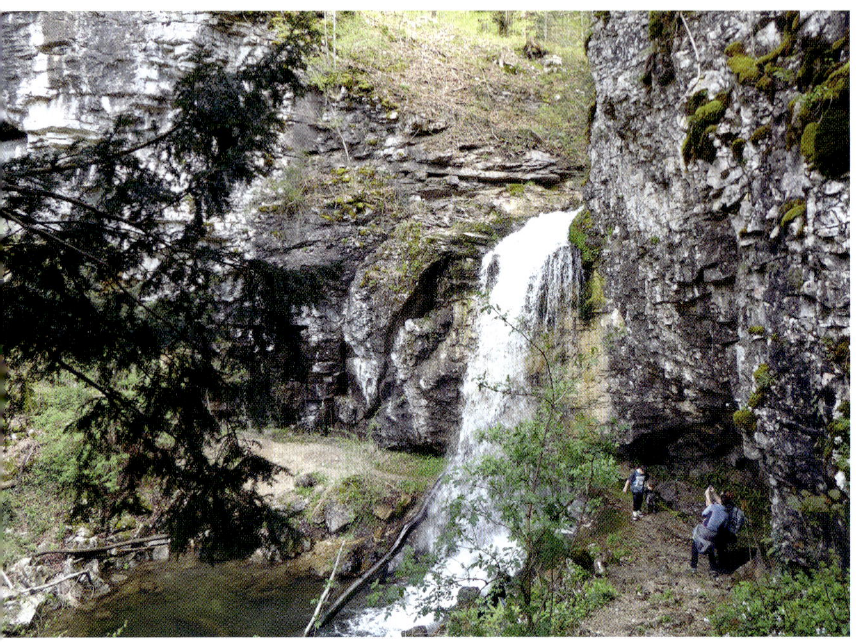

Verstecktes Kleinod Kehlbach Wasserfall.

Eine märchenhafte Tour zu geheimnisvollen Plätzen rund um St. Jakob am Thurn.

Manche Regionen sind viel besuchte Wandergebiete, in denen man jeden Weg zu kennen glaubt. Aber dann öffnen sich doch immer wieder neue Verbindungen, die zu zauberhaften Plätzen führen. Solch ein Weg beginnt in St. Jakob und hat den versteckten Kehlbach-Wasserfall zum Ziel, der sich über einen vielleicht 10 Meter hohen Felsvorsprung in die Tiefe stürzt. Dabei ist eine große wannenartige Auswaschung entstanden und hinter dem Wasservorhang hat sich eine Halbhöhle gebildet, die genug Platz für eine kleinere Gruppe zulässt. Weitere Orte zum Staunen gehen ebenfalls auf den Kehlbachverlauf zurück, der weiter oberhalb eine bizarre Felslandschaft geschaffen hat, die jedes Erlebnisbad in den Schatten stellt. Wie Riesenrutschen wirken die Felsplatten, unterbrochen von Gumpen, über die der Kehlbach da fließt. Aber bitte keine Experimente, manche Naturschönheiten lassen sich einfach am besten und am nachhaltigsten mit den Augen begreifen.

**Anfahrt PKW:** A 10, Abfahrt Puch Ursprung. Auf Landesstraße 2 km Richtung Salzburg, in Haslach rechts 1,5 km nach St. Jakob. Parkplatz gegenüber Feuerwehr.
**Anfahrt Bus & Bahn:** mit Bus 160 bis Haltestelle Elsbethen Haslach. 20 Minuten Anstieg Richtung St. Jakob bis zur Abzweigung Hochgolsweg nach links.

**Länge:** 6 Kilometer
**Höhenmeter:** 290
**Dauer:** 2 ¼ Stunden
**Schwierigkeit:** T 2

**Gastronomie:** Schützenwirt in St. Jakob, www.der-schuetzenwirt.at

**Reizvoll:** eine wasserintensive Wanderung für Individualisten, die sich am besten für heiße Sommertage eignet und die Sinn für Orientierung erfordert

**Tipp:** kleines Handtuch für alle Fälle mitnehmen

**Geologie:** reizvoller Bachverlauf im Plattenkalk mit verschieden großen Kolken, Auswaschungen und Wasserfällen

**Schutzstatus:** sensibler, hoch schützenswerter Naturraum

**Weitere Touren:** St. Jakob – Erentrudis (Anstieg 1 ¾ Std., T 2). St. Jakob – Vollererhof (Runde 2 Std., T 2). St. Jakob – Trockene Klammen – Schwarzenbergalm – Vollererhof (Runde 3 Std., T 2). Puch – St. Jakob über Rosenkranzweg (Anstieg 1 ¼ Std., T 1).

### Der Weg

Vom Parkplatz in St. Jakob am Thurn führt unser Weg zunächst entlang der

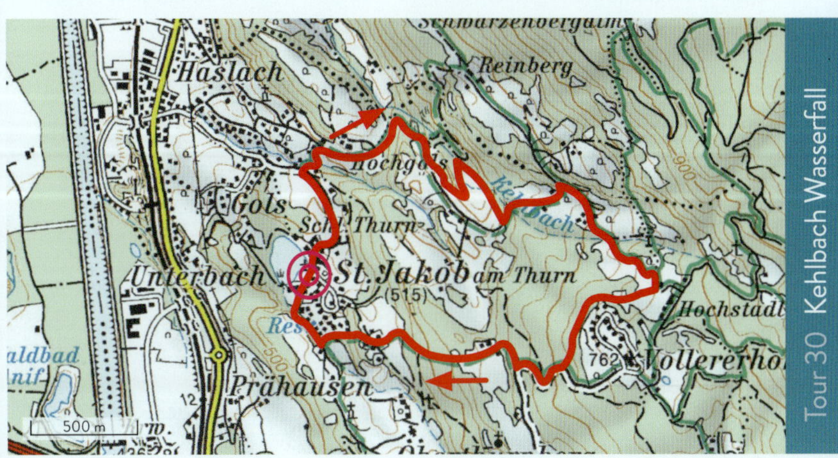

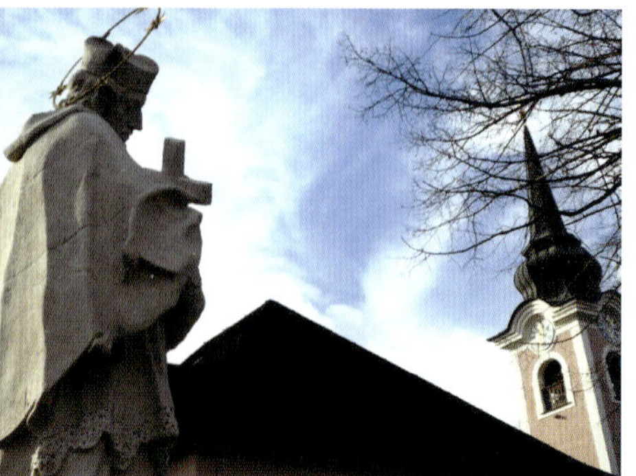

Der Hl. Nepomuk in St. Jakob.

Zufahrt an der Kirche, an der Statue des Hl. Nepomuk und an der Volksschule vorbei einen Kilometer talwärts bis zur Abzweigung nach rechts in den Hochgolsweg. Nach einem weiteren, angenehm ansteigenden Kilometer verweist das Schild „Wasserfall" auf das wenige Minuten links unterhalb versteckt liegende Naturjuwel. Wieder zurück am Hochgolsweg folgen wir diesem 100 Meter bergauf, dann zweigt am Waldrand ein unmarkierter Wirtschaftsweg nach links ab. Der Kehlbach wird überquert und der Weg folgt etwas oberhalb dem Bachverlauf. Beeindruckende Auswaschungen werden sichtbar, nach einer kurzen Steilstufe wechselt der Steig vor einem Verbotsschild wieder auf das westseitige Ufer und nun eröffnen sich auch einige Einstiegsmöglichkeiten. Der Märchenpfad mündet wieder in den Hochgolsweg ein und folgt diesem bergauf, einmal rechts abzweigend, Richtung Vollererhof. Kurz vor einem leer- und alleinstehenden Bauernhof verläuft ein Verbindungsweg nach rechts über die Wiese und führt unterhalb an den Zäunen der Vollererhof-Siedlung entlang. Eine gute Orientierungshilfe ist die begleitende Leitung, die zu einer Hauszufahrt führt. Hier zweigt die Route nach St. Jakob nach rechts ab und verläuft an schönen Höfen vorbei durch Wälder und über Wiesen retour in den Wallfahrtsort St. Jakob.

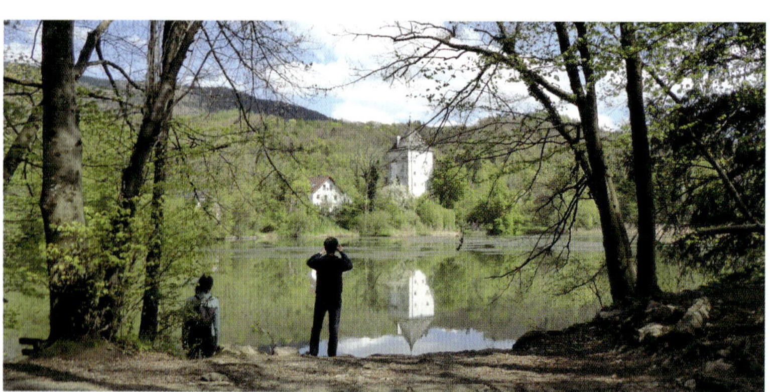

Der Blick über den Weiher zum namensgebenden Turm von St. Jakob am Thurn.

# 31 Strubklamm im Tauglboden

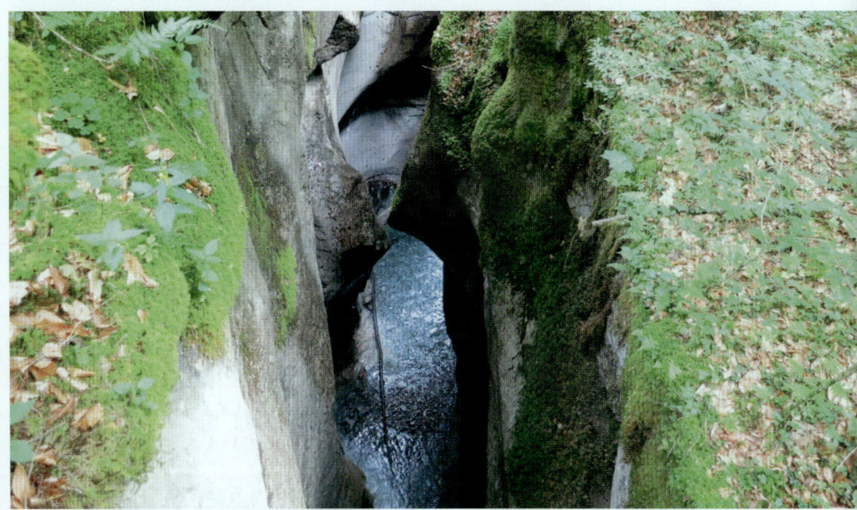

Beinahe zum Übersehen: der tief eingeschnittene Verlauf der Strubklamm.

Ein smaragdgrünes Band leuchtet zehn Meter tief unter dem Tauglboden.

Fällt der Name Strubklamm, denken die meisten „Schluchtler“ wohl an jenen spektakulär tief eingeschnittenen Klammverlauf, der das Wiestal mit dem Faistenauer Becken verbindet. Aber es gibt in Salzburg auch noch weitere Strubklammen, wenn auch nicht in dieser Größenordnung. Der Hinweis „Strub“ deutet ja immer auf verwirbeltes, „verstrubtes“ Wasser hin. Das trifft auf jeden Fall auch auf die rund 200 Meter lange Strubklamm im hinteren Tauglboden zu, die sich durch die Kraft des Tauglbaches bis zu 10 Meter tief in das Dolomitgestein eingeschnitten hat. Besonders reizvoll an diesem versteckten Naturdenkmal ist aber weniger die Tiefe als vielmehr die geringe Breite, die an der engsten Stelle nur zwei Meter misst. Erst zum Schluss nimmt man den Einschnitt wahr, der sich da so unerwartet, beinahe lautlos öffnet. An einer besonders schmalen Stelle ließe sich die Klamm fast auf dem Baumstamm überschreiten, der sich nach einem Sturmereignis quer über den Einschnitt gelegt hat. Natürlich ist das Begehen lebensgefährlich, aber es gibt ja flussaufwärts auch noch einen schmalen Steg. Nicht weniger eindrucksvoll ist der leuchtend helle

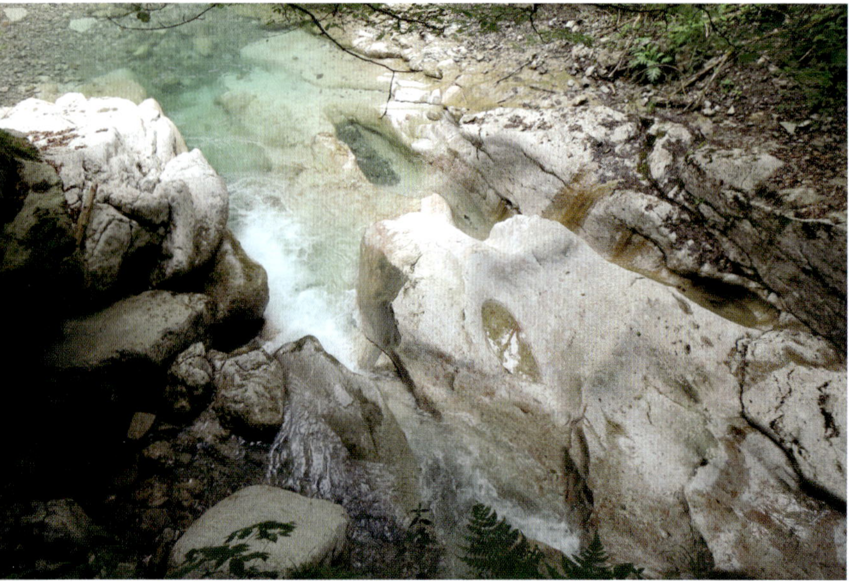

Am Ende der Strubklamm hat die Taugl vorübergehend wieder mehr Platz.

Boden der Klamm, über die das glasklare Tauglwasser fließt. Beinahe hat es den Eindruck, als ob die Klamm von unten angestrahlt wird. Aber auch dieser verborgene Fluss spielte bei der Holzbringung, vor allem für den enormen Brennholzbedarf der Saline in Hallein, eine Rolle. Bei einem Nebenarm sind noch Reste eines ehemaligen Triftsteiges zu erkennen. Auch die Geologen werden in der Strubklamm fündig: Im grauen und rötlichen Gestein sind Fossilien von Tintenfischen erhalten, die aus dem Urmeer Tethys vor 180 Jahrmillionen Jahren stammen.

**Anfahrt PKW:** A10, Abfahrt Hallein. Weiter auf der B 159 nach Bad Vigaun, dann 4 km Richtung St. Koloman bis zur Abzweigung „Sommerau, Grundbichl“ links. Nach 5 km in Sommerau links und weiter 4 km in den Tauglboden bis zum großen Parkplatz vor der Brücke.
**Anfahrt Bus & Bahn:** keine sinnvolle Verbindung möglich

**Länge:** 2 Kilometer
**Höhenmeter:** 80
**Dauer:** 45 Minuten
**Schwierigkeit:** T 2

**Gastronomie:** Grundbichlalm Tauglboden (im Talschluss), Tel. +43 (0) 664 / 541 52 67
Bio-Vital-Hotel Sommerau, www.biohotel-sommerau.at

**Reizvoll:** verstecktes Naturjuwel mit bedeutenden Fossilienfunden aus dem Urmeer Tethys

**Tipp:** regionale Fossilienfunde aus der berühmten Sammlung Gerhard Wolf im Burgmuseum Golling, www.museumgolling.at

**Geologie:** Der 12 km lange Verlauf der Taugl vom Quellhorizont auf der Westseite des Gruberhorns bis zur Einmündung in die Salzach bei Bad Vigaun ist von Begradigungen und anderen Verbauten weitgehend verschont geblieben. Einer der letzten komplett unverbauten Wildflüsse im Salzburger Land erlaubt einen ausgezeichneten Einblick in das vielfältige geologische Umfeld. Die sehr unterschiedlichen Gesteinszonen während der Fließstrecke umfassen unter anderem fossilienreiche Riffkalke, rötliche Adneter Schichten oder auch dünnschichtigen Mergelschiefer.

**Schutzstatus:** Naturdenkmal seit 1987

**Weitere Touren:** Christlalm – Trattberg (Anstieg 2,5 Std., T 2). Tuschenriedel – Hoher First – Gruberhorn – Regenspitz – Grundbichlalm – Tauglboden (7 Std., T 3). Gugelanalm – Urbanalm (5 Std., T 3).

## Der Weg

Vom Bundesforsteparkplatz kurz vor der Tauglbrücke geht es wieder einen Kilometer talauswärts bis zur angezeigten Abzweigung „Strubklamm“. Vorsicht, der kurze Abstieg zur Taugl ist zumeist feucht-rutschig. Der Weg zur Klamm führt durch einen Schluchtwald mit einer artenreichen Krautschicht. Weniger lichtabhängiger Bodenbewuchs wie Moose, Farne, Eisenhut, aber auch Salbei und Weißwurz sind vertreten. Der Wald besteht hauptsächlich aus hochwachsenden Rotbuchen, Eschen, Ahorn und anderen. Über den schmalen Tauglsteg wird die Klamm gequert, der Rückweg verläuft wenige Höhenmeter bergauf zu den Häusern und dann taleinwärts entlang der Zufahrt zur Tauglbrücke. Nun rechts abzweigend retour zum Parkplatz.

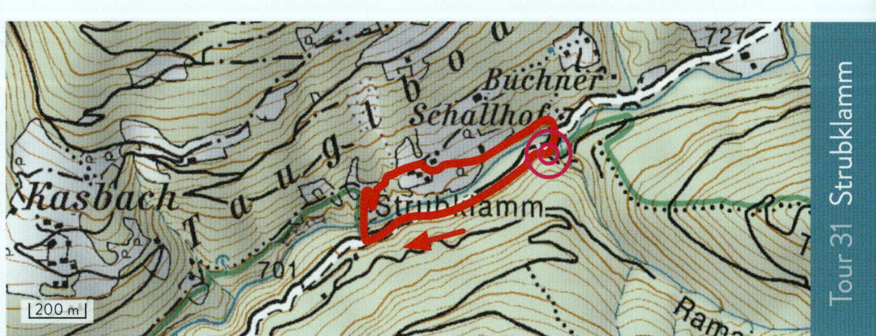

# 32 Salzachklamm (Salzachöfen)

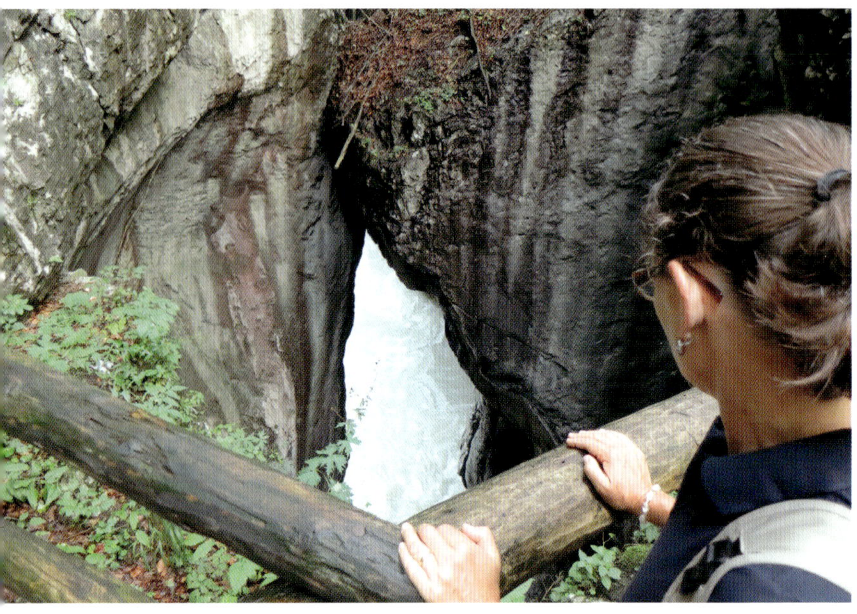

Das Hagen- und das Tennengebirge (rechts) berühren sich über der Klamm.

Ein Kraftplatz über der Salzach zwischen Hagen- und Tennengebirge.

Beeindruckend tief hat sich die Salzach am Pass Lueg zwischen den beiden Gebirgsstöcken Hagen- und Tennengebirge durch die Felsmassen gearbeitet, allein der nicht einsehbare Teil unter der Wasseroberfläche beträgt 60 Meter! Noch interessanter ist natürlich der sichtbare Abschnitt mit den faszinierenden Auswaschungen, deren größte den bezeichnenden Namen „Dom" trägt. Infotafeln entlang der Strecke bieten ergänzende Erklärungen. Für abenteuerlustige Überflieger gibt es nach vorheriger Anmeldung noch ein besonderes Zuckerl: Auf dem letzten, 700 Meter langen Abschnitt geht es hoch über der Salzach über eine sichere Seilrutsche an den Ausgang bei der Leubebrücke. Der Pass Lueg bietet aber nicht nur einzigartige Naturschauspiele, hier an diesem magischen Ort konzentrieren sich auch andere Kräfte: die Wallfahrtskirche Maria Brunneck mit der Heilquelle gegen Augenleiden, dann die Befestigungen, die schon im 12. Jahrhundert erwähnt wurden, vor allem aber durch den Stegenwaldwirt und Freiheitskämpfer Joseph Struber Bekanntheit erlangten, weiters die Fundstelle des berühmten, im Keltenmuseum in Hallein ausgestellten bronzezeitlichen Flügelhelms, der Gauloises als Vorlage für sein nicht weniger berühmtes Logo auf den blauen Zigarettenpackungen diente, nicht zu vergessen die geheimnisvollen Felsritzungen und vieles mehr. Also genug Gründe für einen Stopp am Pass Lueg.

**Anfahrt PKW:** A 10, Abfahrt Golling, dann auf der B 159 bis zur Abzweigung Salzachklamm am Pass Lueg
**Anfahrt Bus & Bahn:** ab Golling-Abtenau Bhf. (Vorplatz) mit Bus 470 bis Golling Brunnerwirt. Entlang B 159 und Fußweg von der Nordseite in die Klamm.

**Länge:** 1,6 Kilometer
**Höhenmeter:** 70
**Dauer:** 1 Stunde

**Schwierigkeit:** T 2
**Öffnungszeiten:** Mai–Oktober, 7.30–20.00 Uhr, www.salzachklamm.at

**Gastronomie:** Hotel Pass Lueg, www.passlueg.at

**Reizvoll:** vorbei an bedeutenden archäologischen Fundstellen (Flügelhelm, Kupferbarren ...) aus der Bronzezeit (2200–800 v. Chr.)

**Tipp:** mit dem Flying Fox im Flug über die Salzach. Nur mit vorangegangener Anmeldung Tel. +43 (0) 680 / 326 67 67, www.salzburgadventures.com

**Geologie:** Seit dem Ende der letzten Eiszeit vor rund 12.000 Jahren hat die Salzach an der Nahtstelle zwischen Hagen- und Tennengebirge einen bis zu 80 Meter tiefen, an den engsten Stellen nur wenige Meter breiten und zwei Kilometer langen Kanal durch den Dachsteinkalk geschaffen. Am Pass (553 m) selbst wurde von der Steinzeit bis in die Neuzeit kontrolliert, überwacht und auch gekämpft.

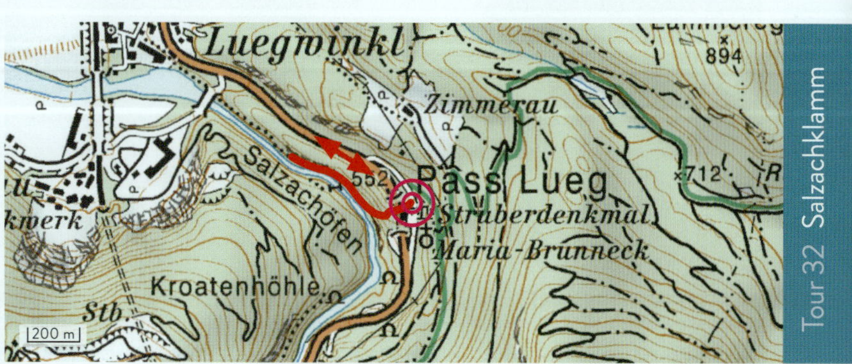

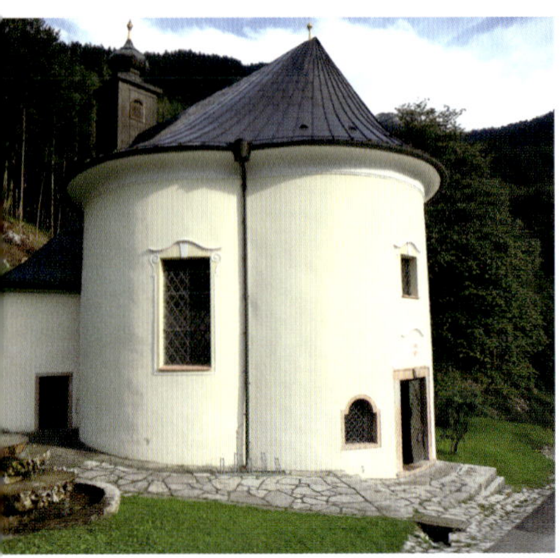

Die Wallfahrtskirche Maria Brunneck.

**Schutzstatus:** seit 1982 Naturdenkmal

**Weitere Touren:** Pass Lueg – entlang Salzach und Lammer nach Golling (1,5 Std., T 1). Pass Lueg – Schildkar Hütte (1048 m) – Niedertörl (1812 m), Anstieg (3,5 Std., T 3). Pass Lueg – Scheffau – Golling (4 Std., T 2).

## Der Weg

Ausgangspunkt der Klammwanderung ist das Kassagebäude nahe der Gastwirtschaft. Der Steig führt teils über Stufen abwärts zu einem prähistorischen Jagddepot, zu einem Aussichtsbalkon, einem Gletschertopf, zu einer Salzach-Dom genannten massiven Felsausschürfung und schließlich am linken Salzachufer zum Endpunkt mit Blick auf den Klammverlauf.
Wer einen Flug gebucht hat, segelt mit dem Flying Fox noch 700 Meter weiter Richtung Golling, sonst geht es auf dem gleichen Weg retour.

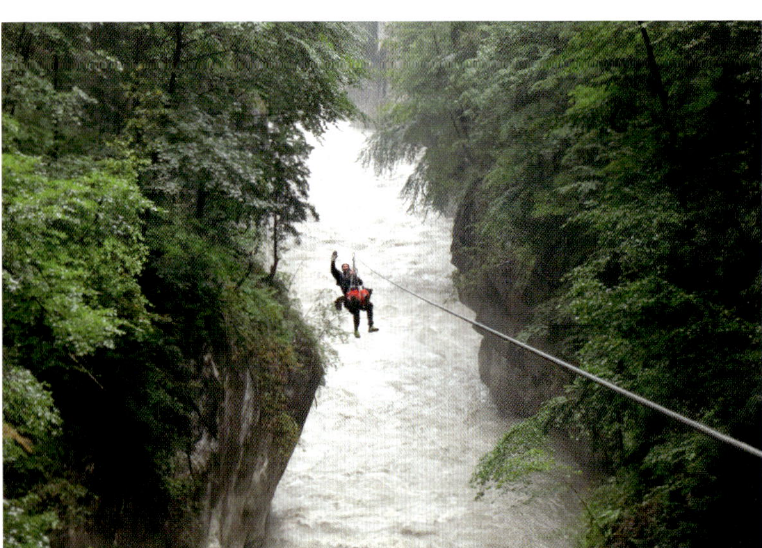

Mit dem Flying-Fox durch die Salzachklamm.

# 33 Aubachfall

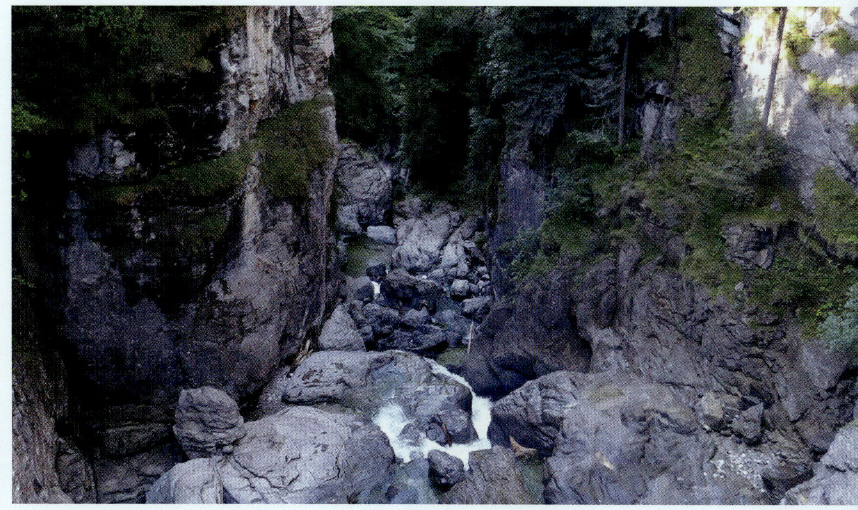

Der Aubachfall vor dem Übergang in die Lammer.

Vor der Einmündung in die Lammer hat der Aubach in Voglau noch seinen letzten großen Auftritt.

Der Aubachfall im Lammertal bei Voglau fristet ein einsames Dasein. Wahrscheinlich liegt das fehlende Interesse an der versteckten Lage. Vom Lammertal aus ist der tiefe Einschnitt in das harte Dolomitgestein, durch den sich der Aubach über drei Wasserfallstufen seinen Weg in die Lammer bahnt, kaum wahrnehmbar. Wer sich flussaufwärts von der anderen Seite annähert, wird hingegen von einem breiten Kiesbett empfangen, durch das ganz ruhig und leise der hier beinahe badetaugliche Aubach fließt. Schwimmen im Aubach ist an diesen Stellen aber nicht ratsam, denn wenig später stürzen die Wassermassen durch die klammartige Verengung in die Tiefe. Eine faszinierend kontrastreiche Landschaft: Der Aubach kommt aus der sanften, von Kreidegestein geprägten Weitenauer Ebene und trifft vor der Einmündung in die Lammer auf eine Stufe aus hartem Gutensteiner Dolomit. Das Ergebnis ist nicht nur für die Geologen überaus beeindruckend.

**Anfahrt PKW:** A 10, Abfahrt Golling. Auf B 162 Richtung Abtenau durch das Lammertal nach Voglau. Gleich nach der Brücke über die Lammer nach links und

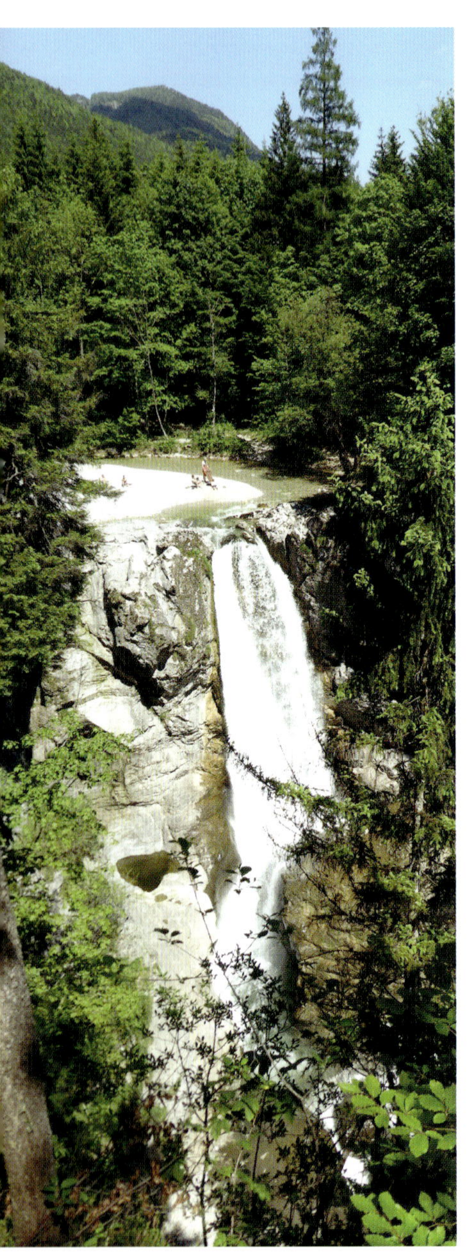

Der Obere Aubachfall.

dem Wegschild „160“ (Aubach) 1 km auf den Parkplatz Pichl (gegenüber Blockhaus) folgen.
**Anfahrt Bus & Bahn:** ab Bhf. Golling-Abtenau mit Bus 470, 471 bis Voglau-Lammerbrücke. Zusätzliche Gehzeit 30 Min.

**Länge (über Mosau):** 7 Kilometer
**Höhenmeter:** 210
**Dauer:** 2 ½ Stunden
**Schwierigkeit:** T 2

**Gastronomie:** Voglauerhof an der Abzweigung Lammerbrücke, www.voglauerhof.at

**Reizvoll:** kontrastreiches Gelände mit großzügigen Kiesbänken auf der einen und dem dreistufigen Wasserfall auf der anderen Seite

**Tipp:** Picknicken auf den Schotterbänken am Oberlauf der Aubachfälle

**Geologie:** Nach der Weitenauer Mulde versperrt auf den letzten Metern ein harter Riegel aus Triasgestein den Weg in den Hauptfluss Lammer. Die entstandene Erosionskerbe ermöglicht den Geologen den genauen Einblick in den Aufbau dieses Gesteins. Drei Wasserfallstufen haben sich gebildet: eine 15 Meter hohe Steilstufe im Gutensteiner Dolomit, dann folgen eine 10 Meter und eine 15 bis 20 Meter hohe Stufe. Zwischen vier und bis zu 190 $m^3$ Wasser pro Sekunde (Hochwasser 2002) stürzen in die Tiefe.

**Schutzstatus:** Naturdenkmal seit 1977

**Weitere Touren:** Seewaldseerunde (3 ½ Std., T 2). Alppichl (3 Std., T 2). Einberg (5 Std., T 2).

## Der Weg

Ausgangspunkt sowohl für die kurze Visite beim Aubachfall, als auch für die längere Rundwanderung ist der große Bundesforste-Parkplatz im Ortsteil Pichl. Der Weg zur Aussichtskanzel, von der aus der Aubachfall am besten zu bewundern ist, folgt der Gemeindestraße noch 300 Meter bis über die Brücke, zweigt dann nach links auf die Zufahrt und wenig später nochmals links in den Wald zur Kanzel ab.

Eine mit zweieinhalb Stunden wesentlich längere Runde folgt vom Parkplatz in Pichl dem angeschriebenen Weg 160 (Mosau) entlang der Hofzufahrt in die Höhe. Aussichtsreich und sonnig geht es an den schönen Anwesen Unter- und Oberlienbach vorbei sanft ansteigend in den Wald. Am Ende des Waldabschnittes zweigt ein Wanderweg über den Windhof auf den Einberg nach links ab, unsere Route aber führt schon wieder der schmalen, steilen Zufahrtsstraße folgend Richtung „Voglau“ (160) in das Tal zurück. Am Gelände der Voglauer Möbelfabrik entlang geht es rechts abzweigend zur Lammerbrücke und nun wieder 70 Höhenmeter ansteigend 1,6 Kilometer auf den Parkplatz Pichl retour. Alternativ kann diese Variante natürlich auch am Parkplatz Lammerbrücke (Busstation) starten und enden.

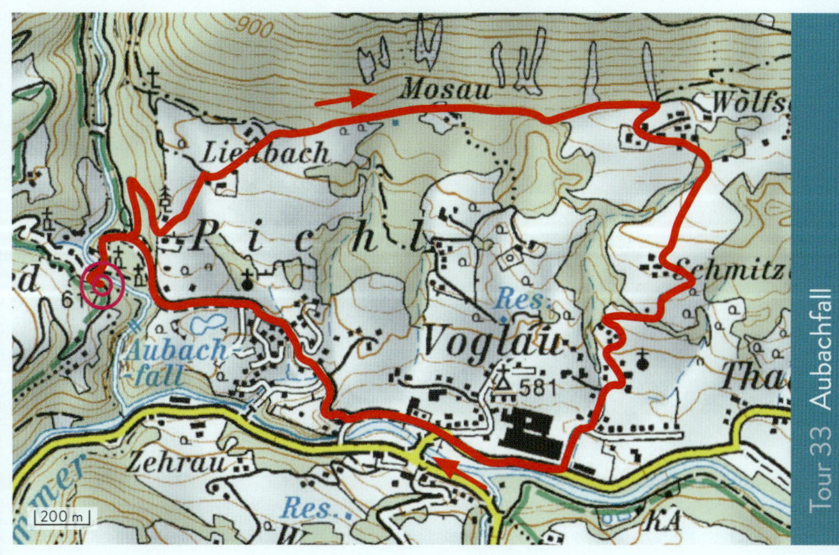

# 34 Lammerklamm (Lammeröfen)

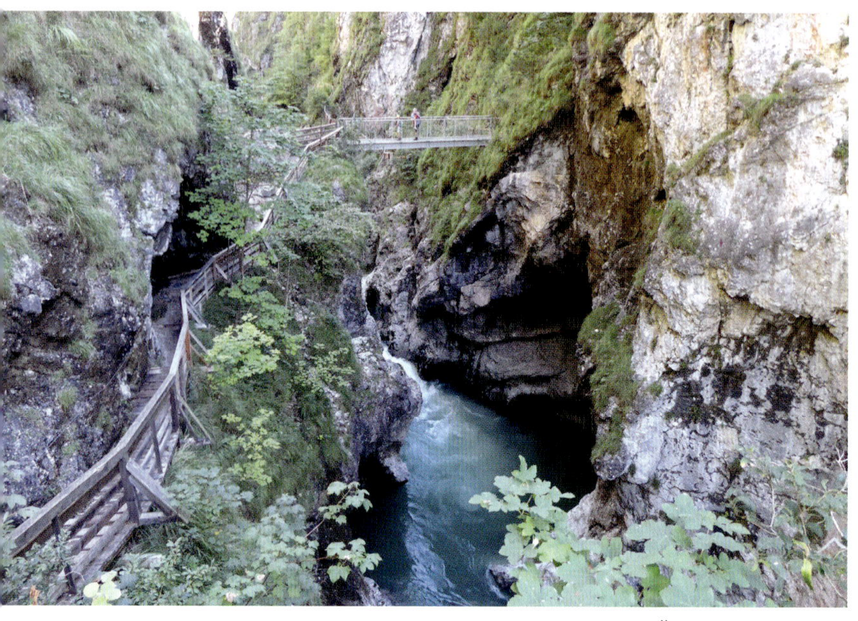

Der Steg am Ende der Klamm eröffnet noch einmal einen imposanten Überblick.

## Auf sicheren Stegen auf Tuchfühlung mit der Kraft der Lammer.

Die ältere Bezeichnung Lammeröfen dürfte aus dem keltischen Sprachgebrauch stammen. Das für unsere Ohren eigentümlich klingende „ofen" weist auf eine Engstelle und auf zerklüftete Felsen, also auf eine Klamm, hin. Egal ob Klamm oder Ofen, absolut sehenswert ist der bis zu 20 Meter tiefe, 1000 Meter lange und abschnittsweise nur wenige Meter breite Einschnitt so oder so. Im Jahr 1884 begann die touristische Nutzung, aber schon lange davor wurde durch die enge Klamm wertvolles Brennholz für die Saline in Hallein getriftet. Aus dieser Zeit stammen auch die ersten Triftsteige, aus denen sich die heutige Weganlage entwickelte.

Die Lammerklamm markiert die engste Stelle der 42 Kilometer langen Lammer, die in einem weiten Bogen das Tennengebirge umfließt. Die Klamm erstreckt sich in Nord-Süd-Richtung, die Länge beträgt einen Kilometer und der Höhenunterschied beachtliche 43 Meter. An manchen Stellen führt der Weg so tief in den

Fels, dass kaum mehr Tageslicht eintritt. Dieser besonders eindrucksvolle Abschnitt ist im oberen Teil die sogenannte „Dunkle Klamm“. Das spektakulärste Bauwerk im unteren Teil ist eine schmale Brücke in 30 Metern Höhe, bevor der Weg dann in das breite Talbecken bei Oberscheffau hinausführt.

**Anfahrt PKW:** A 10, Abfahrt Golling, 9 km auf B 162 bis Oberscheffau. Entweder als Gast bei der Lammerklause parken, oder direkt nach der Lammerbrücke auf den Parkplatz rechts. Oder auf B 162 ein km weiter bis zum Besucherparkplatz Lammeröfen, links.
**Anfahrt Bus & Bahn:** ab Bhf. Golling-Abtenau mit Bus 470 oder 471 bis Oberscheffau Ortsmitte oder Oberscheffau Lammeröfen.

**Länge (Runde):** 3,2 Kilometer
**Höhenmeter:** 70
**Dauer:** 1 Stunde

**Schwierigkeit:** T 2

**Öffnungszeiten:** Mai und Oktober 9–17 Uhr, Juni und September 9–18 Uhr, Juli und August 9–19 Uhr www.tennengau.com/info/lammerklamm-scheffau

**Gastronomie:** Landgasthof Lammerklause, www.lammerklause.at

**Reizvoll:** sehr gut erschlossene Klamm mit speziellen Angeboten für die Besucher

**Tipp:** nette Bade- oder Rastplätze mit schönen Kiesbänken am Unterlauf der Lammer

**Geologie:** beeindruckende Kolke, Auswaschungen und Strudellöcher im harten Hallstätter Kalkgestein, hervorgerufen durch die Erosionskraft der Lammer. An manchen Stellen im Klamminneren sind domartige Ausweitungen entstanden,

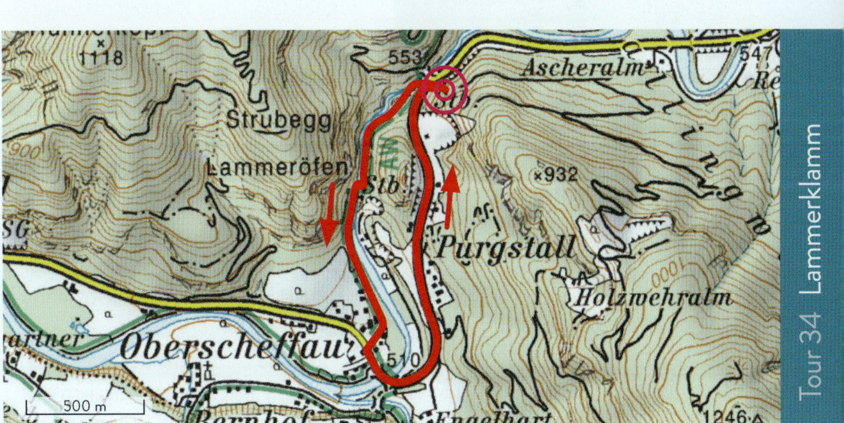

die sich nach oben hin bis auf eine Armlänge verengen.

**Schutzstatus:** seit 1978 Naturdenkmal

**Weitere Touren:** Parkplatz Lammerklamm – Wallingalm – Walling (3 Std., T 2). Parkplatz Oberscheffau – Winnerfall – Strubsattel – Abtenau, retour mit Bus (2,5 Std., T 2).

### Der Weg

Die kürzeste Variante führt vom Besucherparkplatz entlang der Lammertalstraße (B 162) in wenigen Minuten zum Kassahäuschen am Eingang zur Klamm. Gleich zu Beginn zweigt ein spektakulärer Abstecher in die „Dunkle Klamm" nach rechts ab. Der raffiniert angelegte Schluchtensteig bleibt auf der linken Klammseite, erst zum Ende hin führt eine luftige Stahlbrücke auf das andere Ufer. Im letzten Teil ermöglichen sogar einige flache Einstiegsstellen den direkten Kontakt mit der nun ganz ruhig dahinfließenden Lammer. Wer möchte, kann sich zwischendurch mit einer begleitenden Liebesgeschichte vertraut machen, die aber leider traurig endet. Um wieder zum Parkplatz zu gelangen, sind An- und Abstieg identisch.

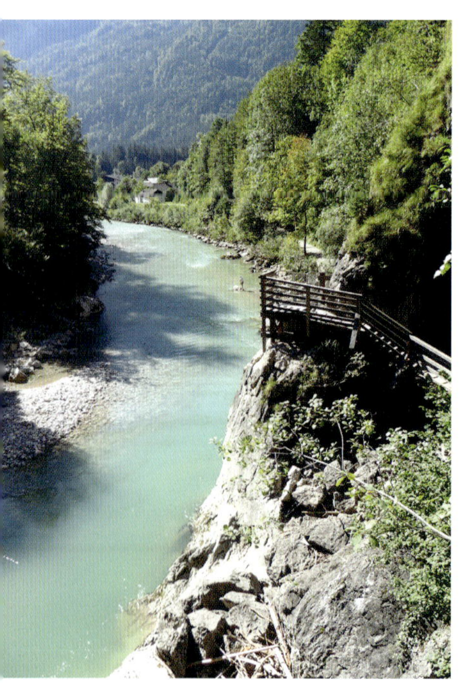

Weg Richtung Oberscheffau.

### Variante Rundwanderung

Die Möglichkeit zu einer Rundwanderung ergibt sich, indem der Weg durch die Klamm bis zum Gasthaus Lammerklause im Ort Oberscheffau weitergeführt wird. Nun entweder zu Fuß auf einem abgetrennten, 25-minütigen Geh- und Radweg entlang der Bundesstraße wieder hinauf zum Parkplatz, oder mit dem häufig verkehrenden Postbus 470 und 471 von der Haltestelle Oberscheffau Ortsmitte eine Station bis zur Station Lammeröfen fahren. Noch besser und nervensparender organisieren lässt sich das Unternehmen, wenn das Auto gleich in Oberscheffau abgestellt wird und die Auffahrt punktgenau eine Station mit dem Bus erfolgt. Oder, natürlich am besten, gleich direkt mit dem Bus ab Bahnhof Abtenau-Golling anreisen.

# 35 Winnerfall

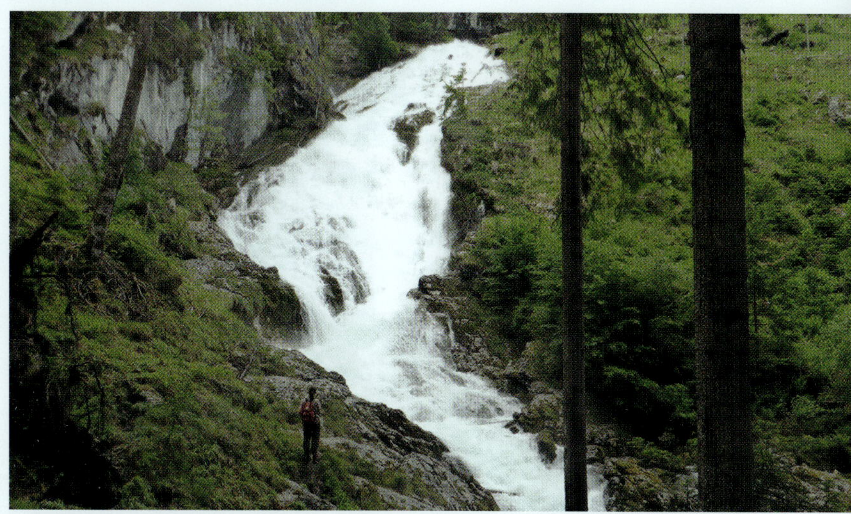

Der periodisch auftretende Winnerfall präsentiert sich nicht immer so gewaltig.

Wenn der Druck zu groß wird, zeigt sich der Winnerfall von seiner überschäumenden Seite.

Der Winnerfall ist ein launischer Typ, denn er zeigt sich höchst sporadisch. Die besten Chancen, dass man die Wassermassen in atemberaubender Größe zu sehen und als feinen Sprühnebel auch zu spüren bekommt, ist die Zeit der Schneeschmelze. Vielleicht auch noch verbunden mit einem frühsommerlichen Gewitter, dann ist man beinahe sprachlos, weil es so laut ist. Auf jeden Fall ist dieser spezielle Fall immer für Überraschungen gut und eignet sich mit seinem „Begleitprogramm", wie der „Alten Mühle" oder den besonderen Herzerl-Uferplätzen, bestens für einen erfolgreichen Familienausflug. Selbst wenn sich gar nichts zeigt, ist die moosbewachsene Felswand, über die sich im Extremfall ein 40 Meter breiter und 60 Meter hoher Wasserschwall ergießt, beeindruckend. Für die Höhlenforscher sind die wasserfreien Tage dann ein günstiger Zeitpunkt für Exkursionen in das Berginnere, denn die Quellöffnung ist zugleich der Höhleneingang.

Für die Besucher in der Außenwelt gibt es aber auch genug zu sehen und zu erforschen. Der Schwarzenbach hat nämlich auch etliche Mühlen betrieben. Ein alter Mühlstein ist bald sichtbar, dann taucht auch schon die Alte Mühle auf. Sie wurde im 17. Jahrhundert gebaut, war bis 1958 in Betrieb und schaut auch jetzt noch eindrucksvoll aus. Sogar das große oberschlächtige Mühlrad dreht sich noch. In der Umgebung wurden nette Rastplätze errichtet, bevor es zum Höhepunkt entlang der klammartigen Vertiefung weitergeht. Auch abseits der überschäumenden Wassermassen, am Unterlauf des wandlungsfähigen Schwarzenbachs, finden sich nette Uferplätze, die sogar zu einem erfrischenden Fußbad einladen.

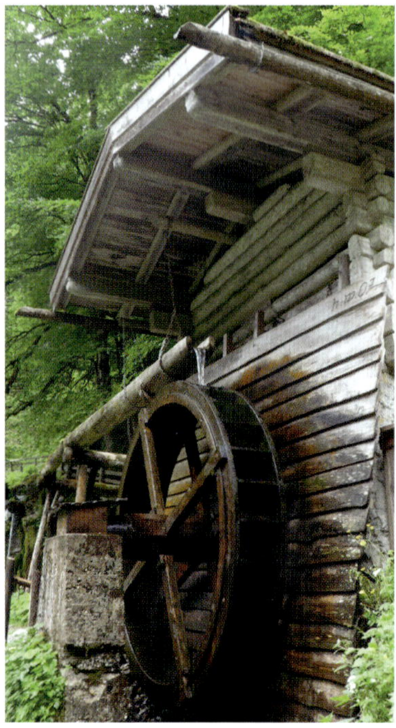

Alte Mühle am Schwarzenbach.

**Anfahrt PKW:** A 10, Abfahrt Golling, 9 km auf B 162 bis Oberscheffau. Direkt nach der Lammerbrücke nach rechts zum Parkplatz.
**Anfahrt Bus & Bahn:** ab Bhf. Golling Abtenau mit Bus 470 oder 471 bis Oberscheffau Ortsmitte.

**Länge:** 4,8 Kilometer
**Höhenmeter:** 140
**Dauer:** 1 ¾ Stunden
**Schwierigkeit:** T 2

**Gastronomie:** Gasthof Lammerklause, Tel. +43 (0) 62 44 / 84 24, www.lammerklause.at

**Reizvoll:** Die Intensität des Winnerfalls steht nicht von vornherein fest, ein gewisser Überraschungseffekt ist also bei der Wanderung immer mit dabei.

**Tipp:** „Herzklinik" für besonders herzige Mitbringsel am Beginn des Mühlenweges, www.herzart.at

**Geologie:** Das Tennengebirge entwässert durch eine Richtung Norden verlaufende, wasserundurchlässige Schrägschicht auf die Lammertalseite. Daher befinden sich auf dieser Seite einige Riesenquellen, die auch als Reserven für die Trinkwasserversorgung in Salzburg von großer Bedeutung sind. Eigentlich ist der Winnerfall ja nur das Auslassventil des unterhalb gelegenen Schwarzenbachs. Wenn dieser die Wassermassen nicht mehr bewältigen kann, steigt die gewaltige Wassersäule im Berginneren zur Öffnung des Winnerfalls und ergießt sich dort über die Felswand. Andererseits, wenn der Druck nachlässt, trocknet der Winnerfall komplett aus. Dann machen sich die Höhlenforscher auf den Weg, Alexander von Mörk war im Jahr 1911 der erste von ihnen. Der Winnerfall ist also periodisch schwankend bis trockenfallend.

**Schutzstatus:** „Besonders geschützte Höhle" (Winnerfall und Winnerfallhöhle)

**Weitere Touren:** von Oberscheffau über den Strubsattel nach Abtenau (2 ½ Std., T 2), retour mit Bus 470 oder 471. Rund um den Sattelberg über Schönalm (2 ½ Std., T 2). Entlang der Lammer nach Unterscheffau, retour mit Bus -470 oder 471 (1 Std., T 1).

## Der Weg

Ausgangspunkt ist der Wanderparkplatz kurz nach der Lammerbrücke (rechts) in Oberscheffau. Der „Mühlenweg" zum Winnerfall führt an einer privaten Kugelmühle vorbei und folgt dann dem Schwarzenbach linker Hand flussaufwärts. Zuerst noch auf einem breiten Uferweg, dann rechts abzweigend auf einem schmalen Pfad zur Alten Mühle. Nun gewinnt der Steig rasch an Höhe, führt weiter oben über einen verwegenen Holzsteg und gibt dann zum Auftakt den Blick auf den imposanten Schwarzenbachfall frei. Zehn Minuten später kommt als Höhepunkt der kolossale Winnerfall. Der Rückweg führt noch einige Minuten bergauf und zweigt dann bei der nächsten Gabelung in die Forstweg-Route 97 (Oberscheffau) nach links ab.

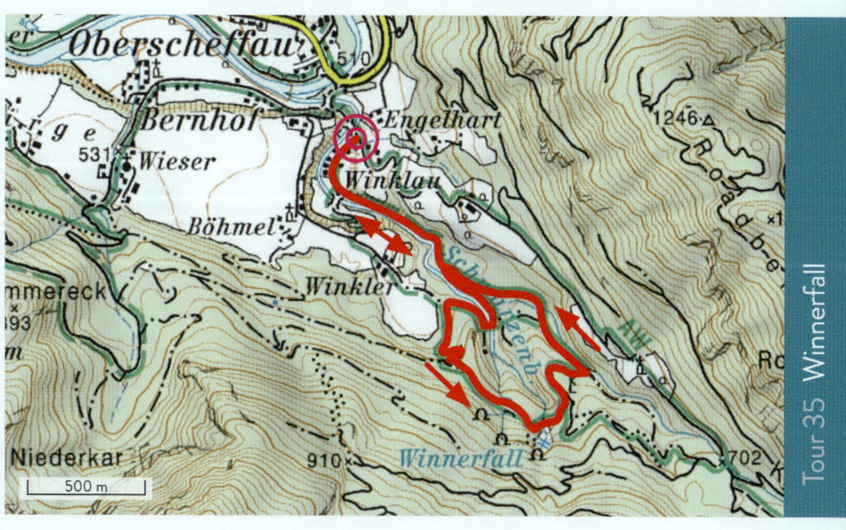

# 36 Trickl- und Dachserfall

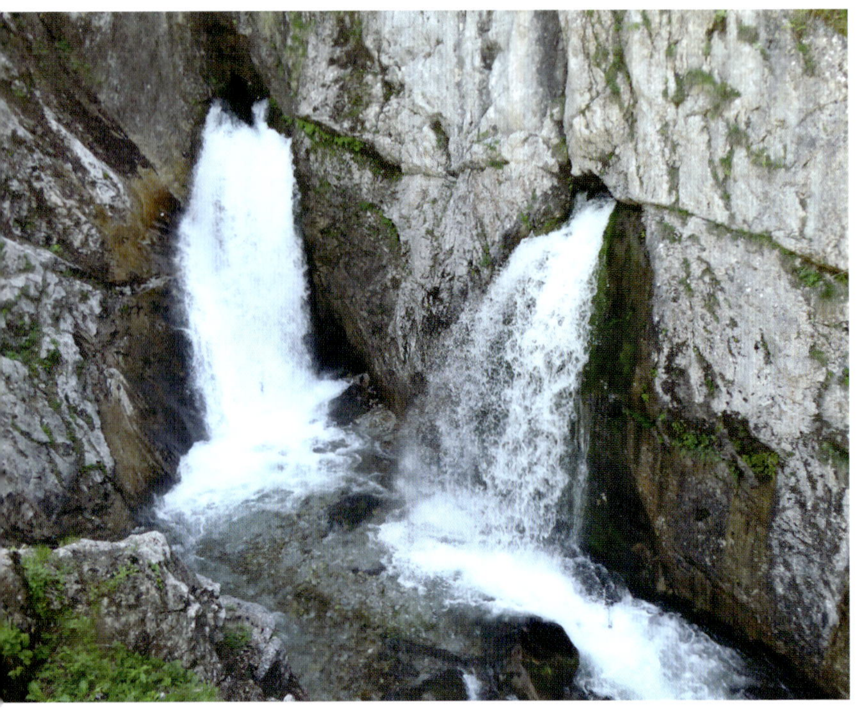

Der Dachserfall steht unter Druck.

Ein Rundweg zu zwei Riesenquellen auf der Nordseite des Tennengebirges in Abtenau.

Wanderungen über das beinahe quellfreie Tennengebirgsplateau erfordern eine gute Einteilung der mitgeführten Trinkwasservorräte. Auf der Nordseite, am Fuß des Tennengebirges, stellt sich die Lage anders dar. Die Wanderer stolpern förmlich über Riesenquellen, die da ans Tageslicht treten. Besonders eindrucksvoll sind die Wasserspiele während der Schneeschmelze im Frühjahr zu beobachten. Da wird der Druck so groß, dass sich die Wassermassen einen zusätzlichen Ausweg suchen. Beim Dachserfall im Abtenauer Ortsteil Auwinkl schießt das Quellwasser aus den Öffnungen in der Felswand, die sich oberhalb des Quelltopfs befinden. Ein wirklich sehenswertes Spektakel, das sich von der eigens errichteten Aussichtskanzel noch besser beobachten lässt.

Der benachbarte Tricklfall ist nicht ganz so spektakulär, zumindest nicht von außen betrachtet. Dafür sind seine inneren Werte von großem Reiz, denn hier befindet sich der Einstieg für ausgebildete und zum Betreten der Höhle berechtigte Forscher. Der Aufstieg zum Tricklfall und dann der Verbindungssteig zum Dachserfall verlangen aber auch von den Wanderern Achtsamkeit. Für Familien mit Kleinkindern ist der kinderwagentaugliche Weg zum Dachserfall besser geeignet. Je nach Wasserintensität gibt es hier auch mehr Spielraum für klettererprobte Kinder. Eine trockene Zusatzgarnitur ist wahrscheinlich kein Nachteil.

**Anfahrt PKW:** A 10, Abfahrt Golling. Auf B 162 durch das Lammertal in das Zentrum von Abtenau. Vor der örtlichen Sparkasse nach rechts dem Schild Heimatmuseum Arlerhof 2 km bis zum Parkplatz folgen.
**Anfahrt Bus & Bahn:** ab Bhf. Golling Abtenau mit Bus 470 oder 471 bis Abtenau Ortsmitte. 30 Min. Gehzeit bis zum Parkplatz Arlerhof.

**Länge:** 4,3 Kilometer
**Höhenmeter:** 160
**Dauer:** 1 ½ Stunden
**Schwierigkeit:** T 2

**Gastronomie:** einige Gehminuten abseits Jausenstation Wandalm, Tel. +43 (0) 62 43 / 30 59, und Gastronomie im Ort Abtenau

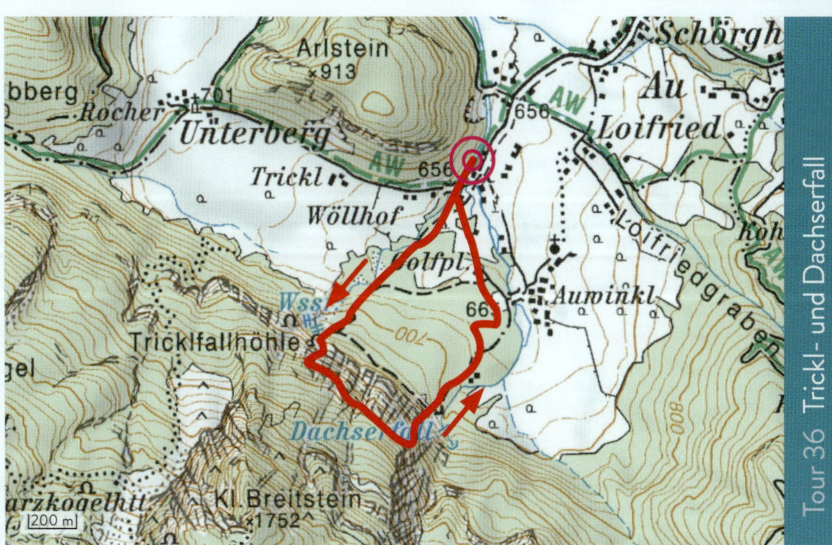

**Reizvoll:** Wanderung zu einer der ergiebigsten Trinkwasserreserven im Bundesland Salzburg; besonders eindrucksvolle Quellschüttung im Frühling während der Schneeschmelze

**Tipp:** Besuch im Heimatmuseum Arlerhof, www.museum-abtenau.at

**Geologie:** Durch Triftversuche mit natürlichen Farbstoffen konnte das Gebiet rund um die Tennalm als Einzugsregion der Riesenquellen eruiert werden. Die geologischen und hydrologischen Fakten belegen, dass das Tennengebirge als zusammenhängender Karstwasserkörper mit seinen Hauptquellaustritten auf der Nordseite, zu denen die Trickl- und die Dachserquelle zählen, eine enorme strategische Bedeutung als Trinkwasserreserve für das Land Salzburg hat. Das gesamte Zentralplateau des Tennengebirges ist als Quelleinzugsgebiet anzusehen, das bis zu den wasserstauenden Werfener Schichten reicht. Sie bilden an der Südflanke des Gebirges auf 1000 bis 1300 Metern Seehöhe die Basis der kalkalpinen Schichtfolge.

**Schutzstatus:** Naturdenkmal

**Weitere Touren:** ab Parkplatz Arlerhof rund um den Arlstein (1,5 Std., T 1). Parkplatz Arlerhof – Seitenalm – Rocheralm (gesamt 3 Std., T 2). Für Busbenützer – Abtenau – Arlerhof – Strubberg – Winnerfall – Oberscheffau (4 Std., T 2).

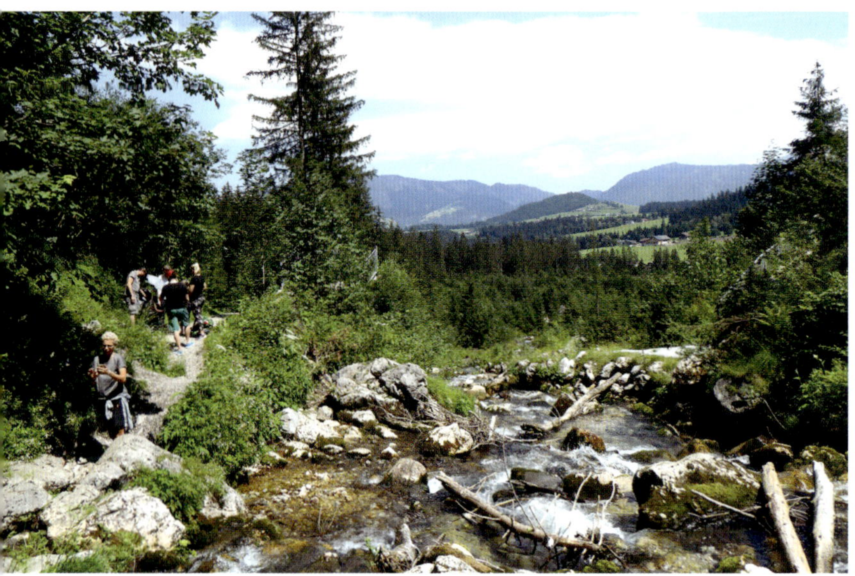

Blick in das Abtenauer Becken vom Ausgang Dachserfall.

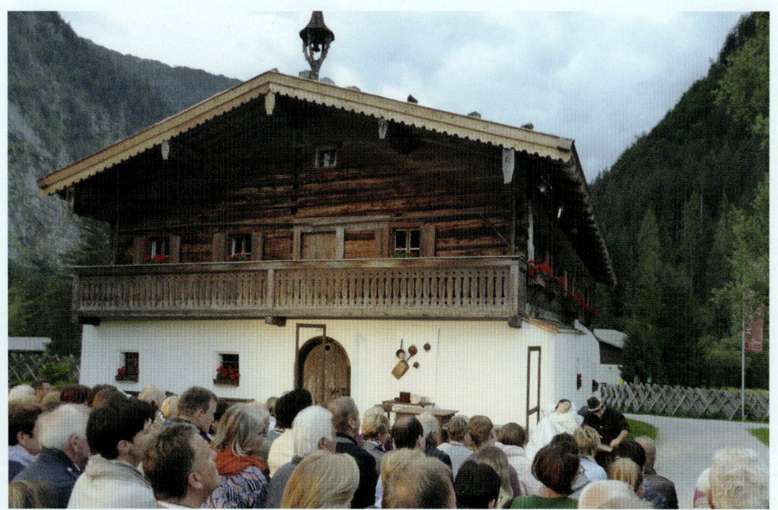

Das Heimatmuseum Arlerhof ist auch für Theateraufführungen der perfekte Rahmen.

### Der Weg

Startpunkt ist der Parkplatz des Heimatmuseums Arlerhof. Ein Besuch dieses einzigartigen, im Jahr 1325 erstmals erwähnten Denkmalhofes ist äußerst empfehlenswert. Mit wenigen Schritten ist die ehemalige Gastwirtschaft Aumühle erreicht, dort trennen sich die Wege. Der einfache Weg zum Dachserfall zweigt nach links ab, der Anstieg zum Tricklfall nach rechts. Dieser breite Weg geht bald in einen schmalen Steig über, zwei kurze Stichwege für eine bessere Ansicht auf den Tricklfall führen rechter Hand in das Gelände. Die Öffnung bleibt trotzdem hinter Gebüsch und Felsen verborgen. Beim Dachserfall ist das anders, nach der halbstündigen, an einigen Stellen recht abschüssigen Querung stehen wir vor dem kleinen Felscanyon, aus dem sich der Bach seinen Weg sucht. Geschickte Blockakrobaten dringen bei geringer Wasserführung bis zum Quelltopf vor, aber auch der Auslauf bietet viele Klettervarianten für die kleinen Wasserflöhe. Noch einfacher (und gefahrloser) ist dann die reizvolle Kneippanlage 15 Gehminuten weiter talauswärts. Kurz davor zweigt der Verbindungsweg zur Aussichtsplattform nach rechts ab. Bei entsprechender Wasserlage zahlt sich der insgesamt halbstündige Abstecher bestimmt aus. Aus kulinarischer Sicht ebenso lohnend ist der viertelstündige Umweg zur Jausenstation Wandalm. Die Runde schließt sich aber geradeaus führend an einer Mühle vorbei beim ehemaligen Gasthof Aumühle.

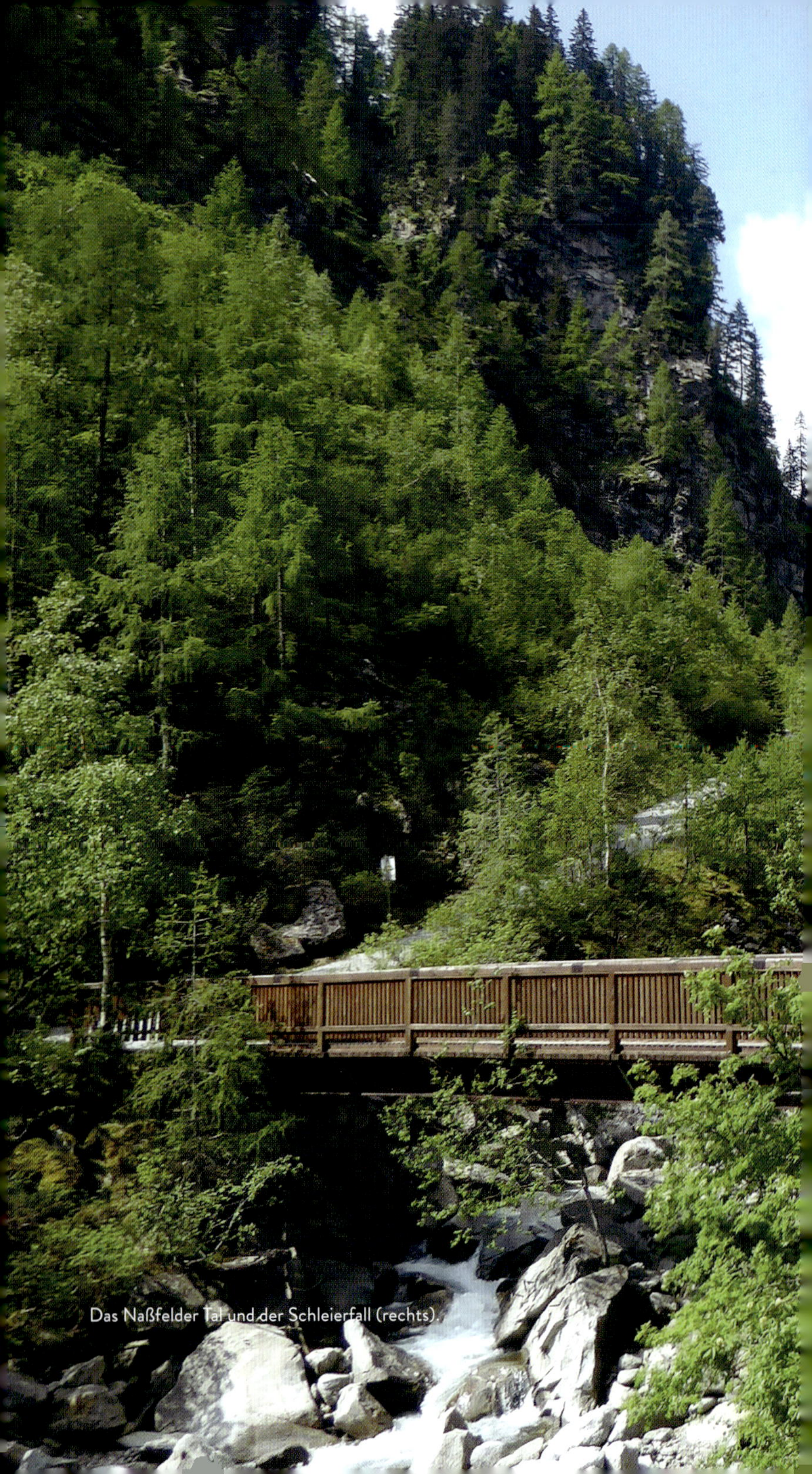

Das Naßfelder Tal und der Schleierfall (rechts).

# Pongau

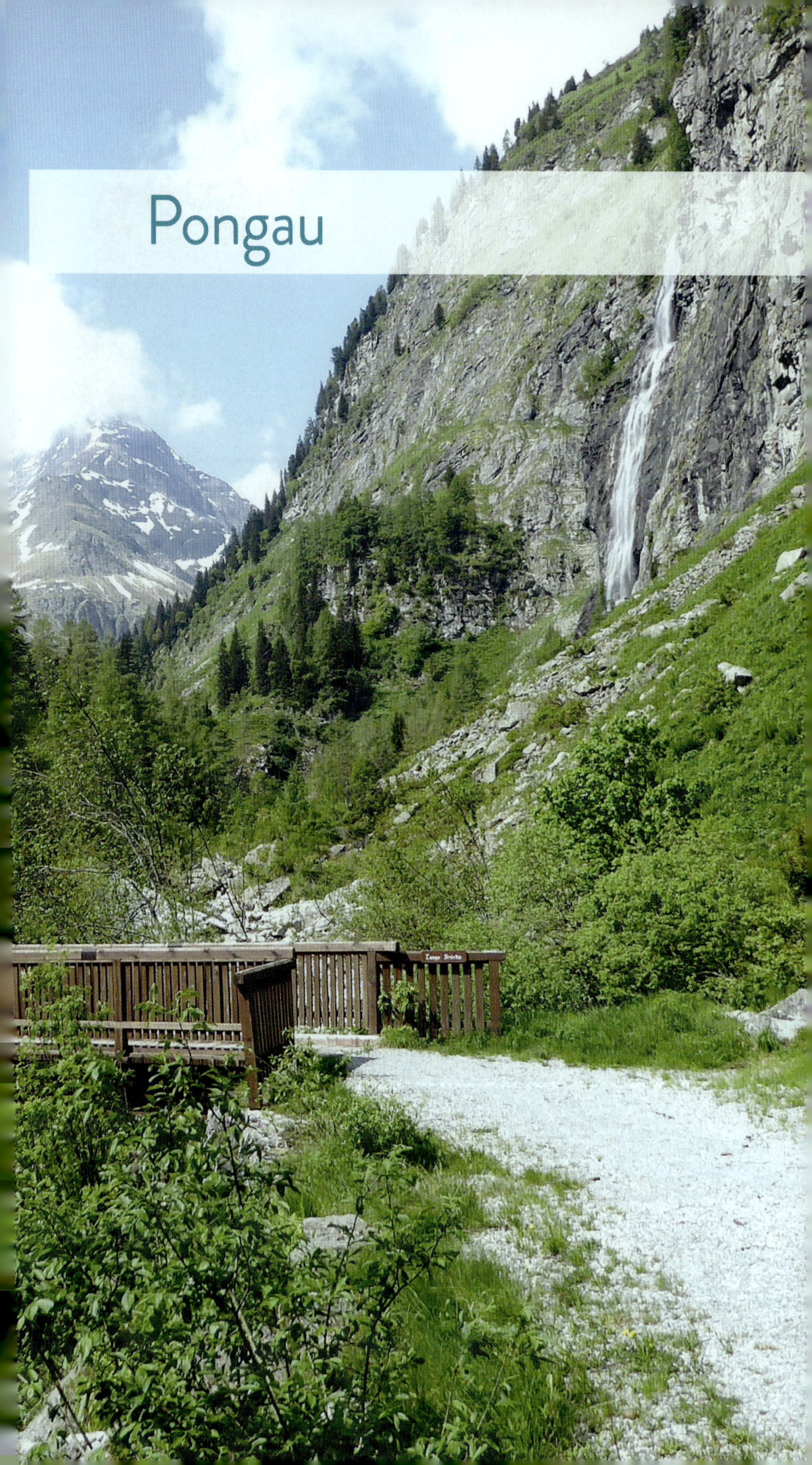

# 37 Blühnbachtal

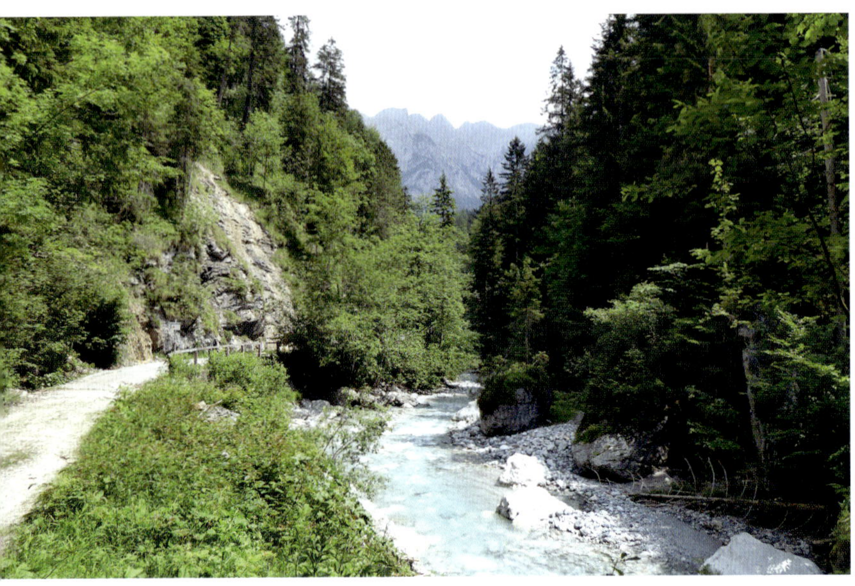

Die alte Verbindungsstraße führt immer am Blühnbach entlang.

## Unterwegs im Hagengebirge, im Tal der Erzbischöfe, der Habsburger und der Stahlbarone.

Der Name Blühnbachtal geht der Legende nach auf die hier im kältesten Wintermonat des Jahres 990 abgebrochenen Äste zurück, die viele Tage später in der warmen Stube zu blühen begannen. Die Geschichte des Blühnbachtales ist weniger blumig, sie hängt eng mit dem gleichnamigen Schloss im Talschluss zusammen. Der Salzburger Erzbischof Wolf Dietrich ließ das ursprünglich hölzerne Jagdgebäude in den Jahren zwischen 1603 und 1612 in ein großzügiges Jagdschloss umbauen. Der enorm reiche Wildbestand lockte zahlreiche Jagdgesellschaften in das abgeschiedene Tal, Almwirtschaften waren hingegen die Ausnahme und auch nicht unbedingt erwünscht. Die Abgeschiedenheit und der Wildreichtum gaben dann auch den Ausschlag, dass der Thronfolger Franz Ferdinand (1863–1914) das Jagdschloss 1908 erwarb, mit großem Aufwand erneuern ließ und den ohnehin nur noch geringen privaten Personenverkehr völlig unterband. Der leidenschaftliche, geradezu manische Jäger

Franz Ferdinand, der im Laufe seines Lebens genau dokumentierte 274.889 Tiere zur Strecke brachte, wurde 1914 in Sarajevo ermordet. Dieses Attentat, das in weiterer Folge den Ersten Weltkrieg auslöste, sehen auch heute noch viele Beobachter in Zusammenhang mit dem Abschuss einer weißen Gams durch den Thronfolger kurz zuvor im benachbarten Bluntautal. Das Schloss Blühnbach wurde 1916 an den Industriellen Gustav Krupp von Bohlen und Halbach verkauft und ging nach dem Tod des letzten Krupp Arndt von Bohlen und Halbach im Jahr 1986 in amerikanischen Besitz über. Das Schloss ist nicht zu besichtigen, aber auch der Blick aus weiter Ferne auf die Anlage vor den imposanten Teufelshörnern ist beeindruckend.

Das nicht zuletzt durch die geschichtliche Entwicklung von Besiedelung weitgehend frei gehaltene, 10 Kilometer lange Tal verläuft in Ost-West-Richtung zwischen den beiden Kalkstöcken Hagengebirge im Norden und dem gegenüberliegenden Hochkönig. Die komplizierten, ständig wechselnden geologischen Verhältnisse verursachen besonders im klammartigen Anfangsteil erhöhte Steinschlaggefahr. Die „Untere Straße" in das Blühnbachtal wurde nach vorangegangenen Steinschlagereignissen zwar saniert und 2016 wieder für die Öffentlichkeit frei gegeben, aber das Verhalten des instabilen Gesteins lässt sich natürlich nicht mit 100-prozentiger Sicherheit voraussagen. Bei Starkregen, Gewitter und ähnlichen Wetterentwicklungen sollte die Begehung der Unteren Straße jedenfalls unterbleiben.

**Anfahrt PKW:** A 10, Abfahrt Werfen. Auf B 159 an der Burg Werfen vorbei, nach 4 km in Tenneck nach links. Parkplatz gegenüber Eisenwerk Sulzau Werfen (ESW) und Gasthaus Eisenwerk.
**Anfahrt Bus & Bahn:** mit Bahn S 3 bis Haltestelle Tenneck.

**Länge (kleine Runde/große Runde):** 7 Kilometer/14,5 Kilometer
**Höhenmeter:** 200/300
**Dauer:** 2 ½ Stunden/5 Stunden
**Schwierigkeit:** T 1

**Gastronomie:** Gasthaus zum Eisenwerk, www.gasthaus-eisenwerk.at

**Reizvoll:** Nach dem von Felsstürzen geprägten Anfangsteil öffnet sich nach der langen Durststrecke am Talende doch noch eine Märchenwiese mit dem dazugehörenden Schloss Blühnbach.

**Tipp:** Besuch der Burg Hohenwerfen, www.salzburg-burgen.at

**Geologie:** Das Blühnbachtal durchläuft in Ost-West-Richtung eine geologische Störungszone zwischen dem Hochkönigmassiv, dem Hagengebirge und dem Steinernen Meer. Geologisch am interessantesten ist der instabile Anfangsteil.

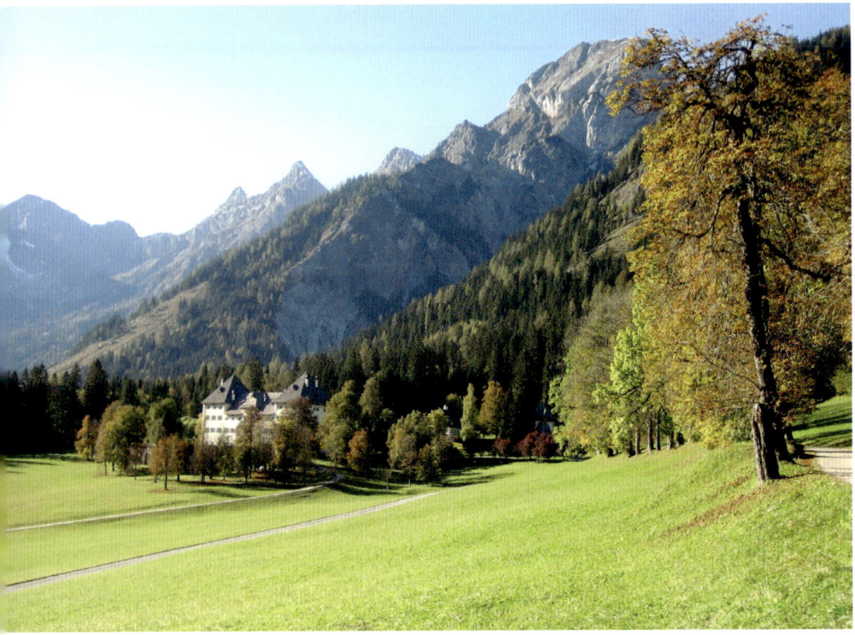

Schloss Blühnbach. Unnahbar, wie auch die Teufelshörner am Horizont.

Es wechseln sich Werfener Schiefer und Gips, mit Gutensteiner Kalk und Gutensteiner Dolomit ab. Besonders spektakulär sind die aus dem Bachbett senkrecht aufragenden Schichten aus Gutensteiner Kalk kurz nach den beiden Tunnels. Daran anschließend folgen rötlich und bläulich geschichtete Kalkbänder, dann wieder pechschwarzer Schiefer.

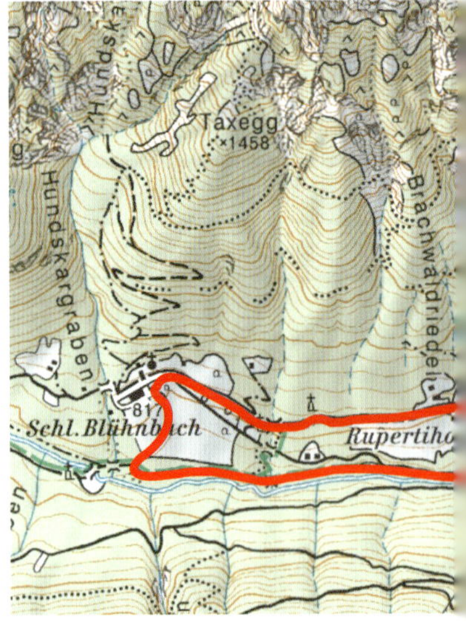


**Schutzstatus:** Naturschutzgebiet

**Weitere Touren:** Tenneck – Blühnbachtal – Eckberthütte (12 km, unbewirtschaftet, T 1). Evtl. weiter – Bohlensteig (T 4) – Marterlkopf (2444 m, Anstieg ges. 7 Std.). Tenneck – Feuersengköpfl – Werfen, Rundwanderung (3,5 Std., T 2).

## Der Weg

Vom Parkplatz an der B 159 gegenüber dem Eisenwerk folgt die vorerst noch unmarkierte Route der nach links abzweigenden Kohlplatzstraße. Am Gasthaus zum Eisenwerk vorbei führt die Straße durch die Wohnsiedlung zu einem Torbogen und weiter zur idyllischen Barbarakirche. Die Route quert die dahinterliegende Wiese und mündet in den geschotterten Weg ein, der zum Kraftwerksgelände führt. Interessant ist das Pelton-Laufrad aus dem Jahr 1918, das erst im Jahr 2000 ausgetauscht werden musste. Der Weg quert den Blühnbach und folgt dann der Zufahrt 500 Meter aufwärts bis zu einer Kehre. Dort zweigt die Untere Straße nach links ab und führt bald in den klammartigen, besonders eindrucksvollen Anfangsteil. Durch zwei 20 und 70 Meter lange Tunnels geht es zuerst durch den Berg und dann an der Felswand entlang weiter. Der überhängende Fels ist an manchen Stellen so ausreichend stabil, dass er, versehen mit Bohrhacken und Karabinern, als Kletterwand zur Verfügung steht. Nach insgesamt drei Kilometern zweigt eine erste Rückkehrmöglichkeit über die Obere Straße nach rechts ab. Das Schloss taucht nach weiteren 2,5 Kilometer in weiter Entfernung auf. Eine Besichtigung ist nicht möglich, aber auch hier gibt es eine Abzweigemöglichkeit auf die Obere Straße. Sonst retour wie Anstieg.

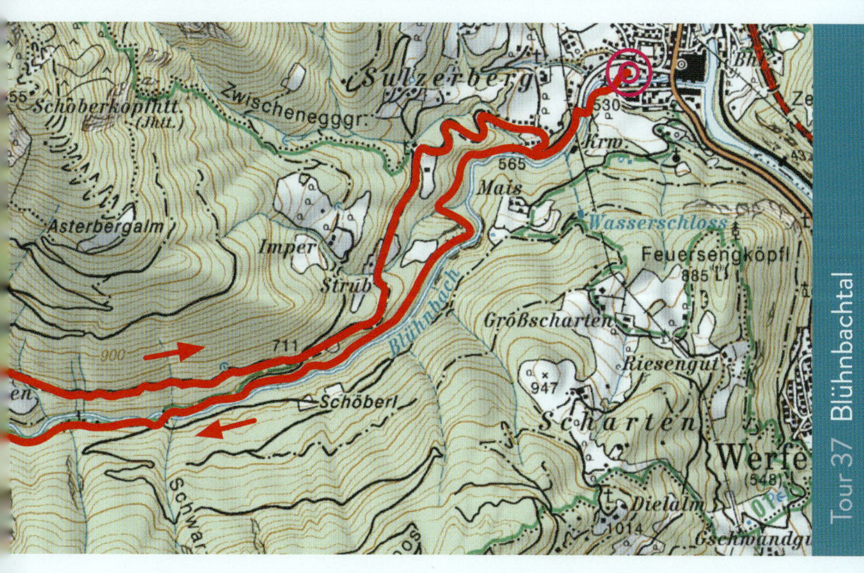

# 38 Gainfeldbach-Wasserfall

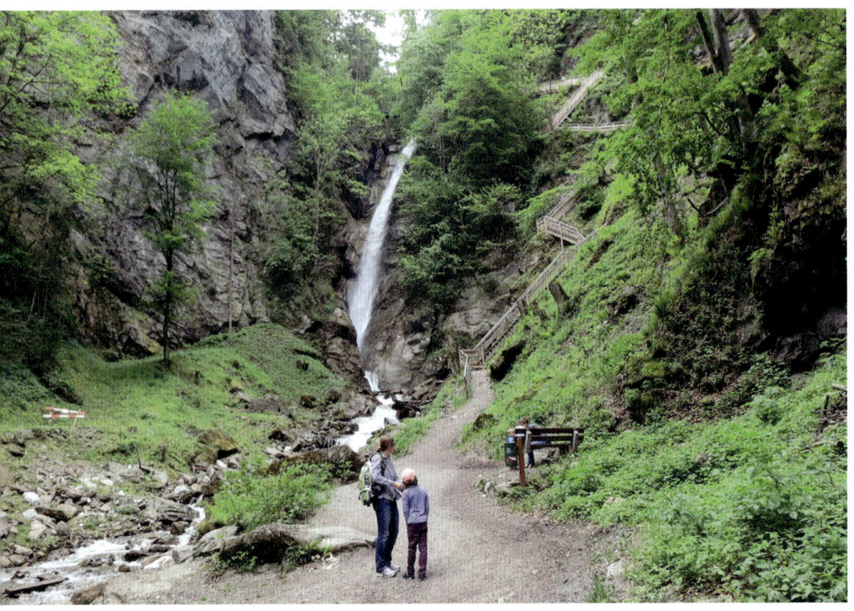

Der Gainfeldbach-Wasserfall wird von einer imposanten Treppenkonstruktion begleitet.

Von der Sprungschanze in Bischofshofen zum Wasserfall und weiter zum Pestfriedhof.

Das berühmte Sprungschanzengelände als Ausgangspunkt der interessanten Kultur- und Naturwanderung in Bischofshofen ist nicht zu übersehen. Dort ist mit dem Österreich-Haus ein sehenswertes Besucherzentrum entstanden, das sich auch mit der bedeutenden Kupfergewinnung am Mitterberg beschäftigt. Der nahe Gainfeldbach-Wasserfall gibt sich vorerst noch bedeckt, erst aus kurzer Entfernung ist er zunächst hör- und dann sichtbar. Nun ist das Staunen aber groß, denn selten lässt sich ein derart spektakuläres Wasserereignis so hautnah miterleben wie von der tollkühnen Treppenkonstruktion aus. Wer unter Atemwegserkrankungen leidet, könnte hier sogar einen kurzen Zwischenstopp einlegen, tief durchatmen und dann auf die heilende Wirkung hoffen, die dem feinen Wasserfallnebel nachgesagt wird.

Der Gainfeldbach entspringt am Mitterberg am Fuß des Hochkönigmassivs und ist bis zu seiner Einmündung in die Salzach rund 7,3 Kilometer lang. Nach starken Regenereignissen und zur Zeit der Schneeschmelze können bis zu 2500 Liter pro Sekunde talwärts fließen. Eine besonders schlimme und gut dokumentierte Naturkatastrophe ereignete sich im August 1775. Damals wälzte sich eine durch den Gainfeldbach ausgelöste Schlammlawine durch Bischofshofen und riss 15 Menschen mit. Heute ist der Bach weitgehend „gezähmt".

Das Einzugsgebiet zwischen Bischofshofen und Mühlbach am Hochkönig ist aber auch aus archäologischer Sicht interessant. Am Mitterberg befanden sich in der Bronzezeit die bedeutendsten Kupferreviere in den Ostalpen. Kein Wunder also, dass noch zahlreiche Zeugen aus der Zeit des Bergbaus erhalten sind. So auch beim Gainfeldbach Wasserfall, wo ein alter Stollen an diese Phase erinnert.

**Anfahrt PKW:** A 10, Abfahrt Knoten Pongau. Durch das Zentrum und dem Parkleitsystem folgend zum „Parkplatz Sprungschanze".
**Anfahrt Bus & Bahn:** sehr gute und häufige Bahnverbindungen. Gehzeit vom Bahnhof zur Sprungschanze 10 Min.

**Länge:** 3,5 Kilometer
**Höhenmeter:** 160
**Dauer:** 1 ½ Stunden
**Schwierigkeit:** T 2

**Gastronomie:** unterwegs keine, zahlreich im Ort Bischofshofen

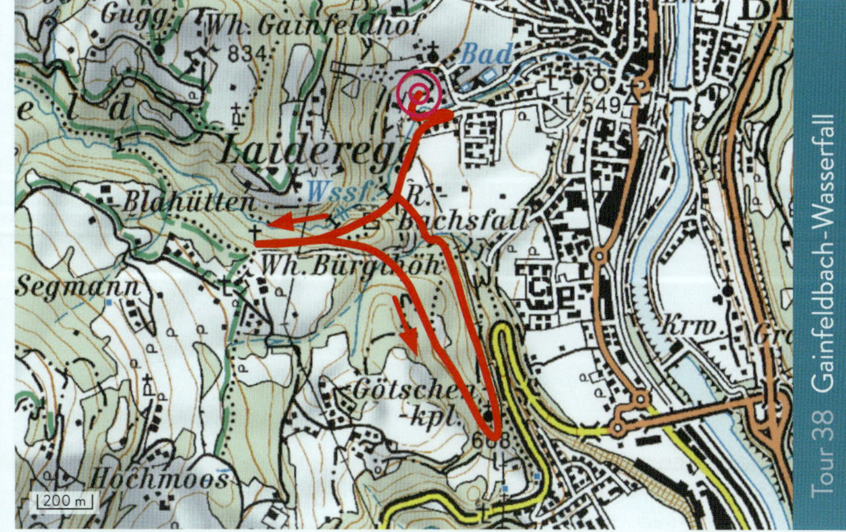

**Reizvoll:** hautnahe und sehr schräge Kontaktaufnahme mit dem Wasserfallverlauf dank einer atemberaubenden Treppenkonstruktion

**Tipp:** Flanieren durch das historische Zentrum in Bischofshofen

**Geologie:** Das leicht erodierbare, brüchige Schiefergestein wird an dieser Stelle von einem Härtlingsrücken durchzogen. Dadurch konnte sich der Gainfeldbach nicht weiter in den Untergrund einschneiden und es kam zur Ausformung der 50 Meter hohen Wasserfallstufe. Zusätzlich wird das Gestein in Ost-West-Richtung von einem Erzgang durchzogen. Am Fuß des Wasserfalls befindet sich ein auch heute noch erkennbarer, alter Stolleneingang, über den der Abbau vorangetrieben wurde.

**Schutzstatus:** seit 1941 Naturdenkmal

**Weitere Touren:** Haidberg Rundweg (3 Std., 440 hm, 8 km, T 2): Bürglhöh – Knappensteig – Mosottalm (1140 m) – Hochmoos – Bürglhöh.
Arthurhaus (3 Std., 950 hm, 10 km, T 1): PP Sprungschanze – Bürglhöh – Knappensteig – Arthurhaus (1502 m). Retour mit Postbus.
Wetterkreuz (3 Std., 600 hm, 7 km, T 2): PP Sprungschanze – Laidereggkapelle – Hubertuskapelle – Wetterkreuz (1182 m) – Eggbauer – PP Sprungschanze.

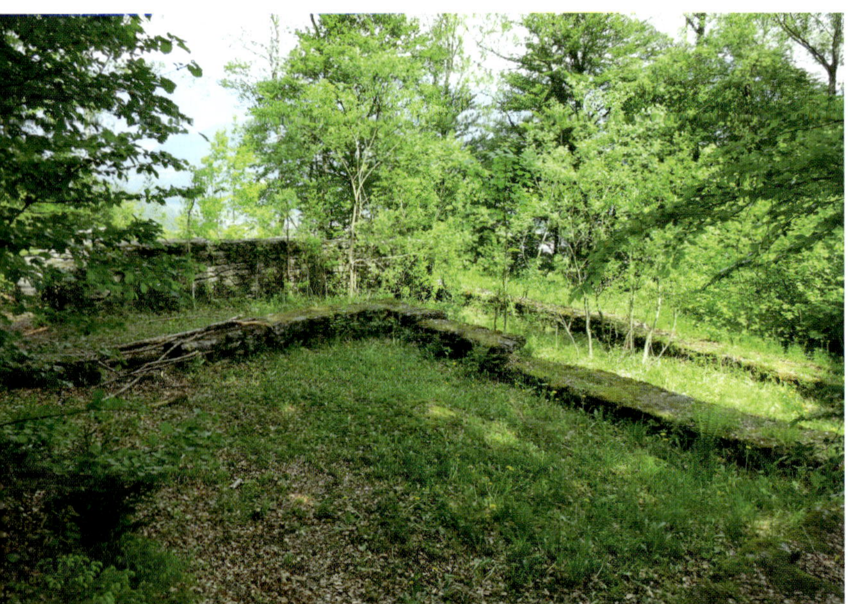

Letzte Reste der einst mächtigen Burg Pongowe.

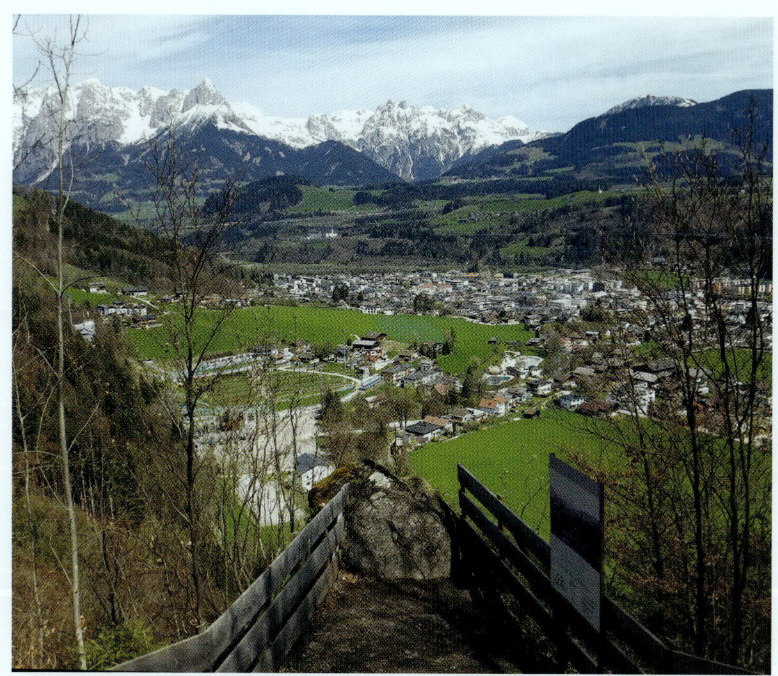

Ausblick von der einstigen Burg auf Bischofshofen und das südliche Tennengebirge.

### Der Weg

Der Weg 4 Richtung Wasserfall führt vom Sprungschanzen-Parkplatz zunächst noch durch Siedlungsgebiet zu den Fitness-Stationen. Ein Kneippbecken und ein raffiniertes Kunstwerk, das mit seinen wellenartigen Spiegelungen fasziniert, sind eine perfekte Überleitung zum nahen Naturschauspiel Gainfeldbach-Wasserfall. Exakt 401 Stufen müssen bewältigt werden, dann ist der Wasserfall durch-, über- und unterschritten. Mit der Burgruine Pongowe folgt der nächste, angesichts der phänomenalen Aussicht ebenso atemberaubende Höhepunkt. Der Weg folgt ganz kurz der Richtung „Bürglhöh" zweigt dann aber nach links talwärts ab und folgt wenig später dem beschilderten Kulturweg nach rechts. Durch einen Graben geht es wieder einige Meter aufwärts und dann einem Forstweg folgend zur Götschenkapelle. Der Rückweg (Kulturweg 3) verläuft im scharfen Winkel nach links (N) und erreicht nach einer halben Stunde ein idyllisches Wiesengelände, das einst als Pestfriedhof diente. Wenig später schließt sich die Runde am Fuß des Gainfeldbach-Wasserfalls, der letzte Abschnitt folgt der bereits bekannten Route.

# 39 Liechtensteinklamm

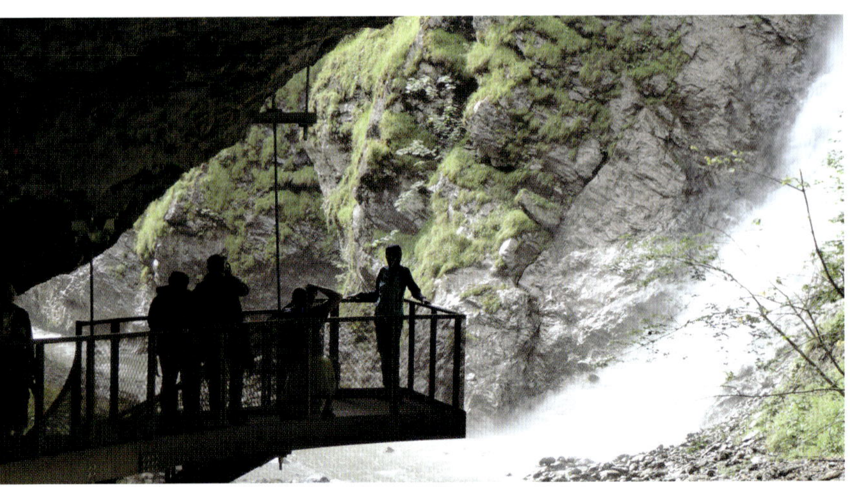

Ein spektakulärer Aussichtsplatz am Ende der Liechtensteinklamm.

Ein einzigartiges Kunstwerk aus Fels und Stahl, aus Licht und Schatten nahe der Stadt St. Johann.

Als im Jahr 2017 ein massiver Felssturz die Schließung der Klamm erforderte, machte sich große Betroffenheit breit. Mit über 200.000 Gästen im Jahr war die Liechtensteinklamm schließlich bis zu diesem Zeitpunkt eine der besucherintensivsten Touristenattraktionen im Pongau. Aus der Not heraus wurde eine verwegene Idee geboren und nach langen Planungen in die Tat umgesetzt. Im Jahr 2020 konnte die Klamm wieder eröffnet werden und die Besucher kommen seither aus dem Staunen nicht mehr heraus: Die „Helix“ genannte, 30 Meter in die Tiefe der Klamm führende Wendeltreppe ist das neue Herzstück und das wahrscheinlich am meisten fotografierte Detail des eineinhalb Kilometer langen Weges.

Vor gut 150 Jahren war die Begehung noch nicht so sicher und einfach. Damals, im Jahr 1875, wurde der Beschluss gefasst, die Klamm zugänglich zu machen. Wie bei sehr vielen der Klammen in Salzburg hatten zuvor schon die Holztrifter den Klammboden erforscht, um die Verklausungen der Baumstämme zu lösen. Speziell in der bis zu 300 Meter tiefen Klamm am Ausgang des Großarltales eine unerhört gefährliche und anspruchsvolle Arbeit. Auf jeden Fall konnten die mit der Errichtung der Stege befassten Alpenvereinsmitglieder auf dieses Wissen zurückgreifen, was aber fehlte, waren die finanziellen Mittel. Hilfe kam von Fürst Johann II. von Liechtenstein, der im Großarltal über Gründe und Jagden verfügte. Die Spende von 600 Gulden ermöglichte den Ausbau und führte zur neuen Bezeichnung: Seither trägt die Liechtensteinklamm den werbewirksamen Namen ihres Gönners.

**Anfahrt PKW:** A 10, Abfahrt Knoten Pongau. Auf B 311 nach St. Johann und weiter Richtung Großarl. Nach der Salzachbrücke nach rechts auf die Lichtensteinklammstraße abzweigen, Parkplatz nach 3 km.
**Anfahrt Bus & Bahn:** mit City-Bus 52 ab St. Johann Postamt bis Haltestelle St. Johann – Glück auf.

**Länge:** 2,5 Kilometer
**Höhenmeter:** 80
**Dauer:** 1 ¼ Stunden
**Schwierigkeit:** T 2

**Gastronomie:**
Gasthaus Liechtensteinklamm,
www.liechtensteinklamm-gasthaus.at
Gasthaus Klammwirtin,
www.klammwirtin.eu

**Reizvoll:** Staunen über den tiefen und an der engsten Stelle nur 2 Meter schmalen Klammeinschnitt, in den eine „Helix" genannte Wendeltreppe führt

**Tipp:** eher die ruhigeren Randzeiten (vor 10 Uhr, nach 12 Uhr) für den Besuch einplanen

**Geologie:** Die Liechtensteinklamm befindet sich in einer sogenannten Klammkalkzone, die von der Schieferhülle der Hohen Tauern im Süden und von der

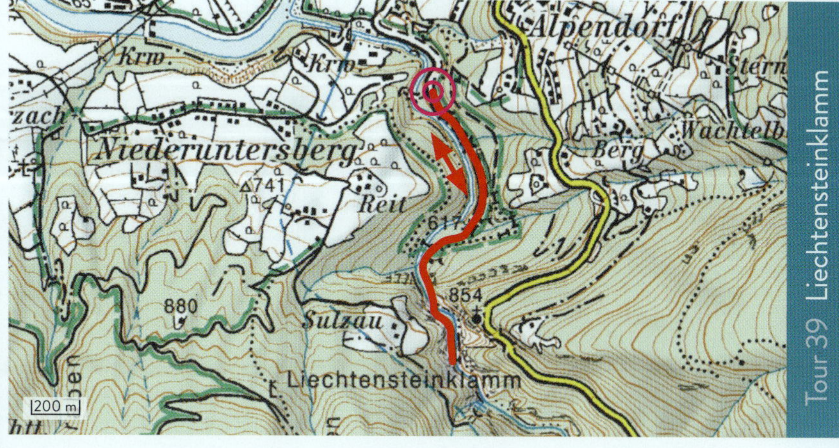

Grauwackenzone im Norden begrenzt wird. Das Hauptgestein der Klammserie ist der Klammkalk, ein dunkelgraues, meist feinkörniges Material, das je nach Druck- und Bewegungsverhältnissen, massig, geschiefert oder geschichtet auftritt. Entstanden ist die Steilstufe nach dem Ausfließen des Gletschersees, der sich im Salzachtal im Gebiet von St. Johann ausgebreitet hatte. Fortan musste sich die Großarler Ache einen neuen Weg durch das Gestein bahnen.

**Schutzstatus:** Naturdenkmal seit 1942

**Weitere Touren:** Liechtensteinklamm – St. Johann (Weg 20, retour entlang Salzach, 2 Std., T 1). Liechtensteinklamm – Schwarzach (Wege 41 und 43, retour entlang Salzach, 2 Std., T 1). Liechtensteinklamm – Heukareck (ges. 5 ½ Std., T 3).

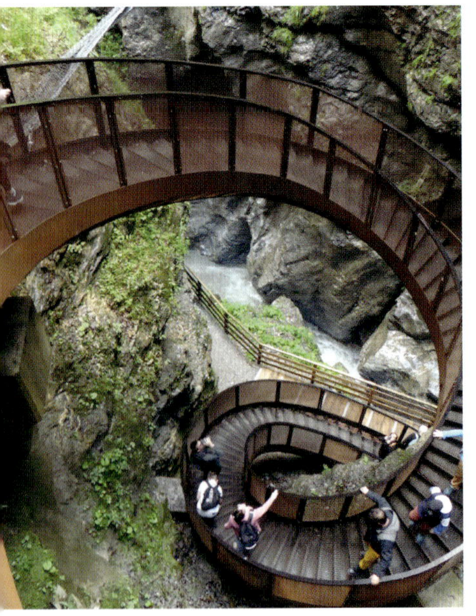

Die spektakuläre Helix-Spirale.

**Der Weg**

Die Beliebtheit der Klamm ist ungebrochen, ja nach der Wiedereröffnung im Jahr 2020 sogar enorm gestiegen. Daher kann es sein, dass der Weg zum Klammeingang bereits 700 Meter zuvor beim weitest entfernten Parkplatz 1 beginnt. Bei einem derart starken Besucheraufkommen ist dann leider auch mit Wartezeiten bei der Ticketausgabe zu rechnen. Am Vormittag zwischen 10 Uhr und 12 Uhr kommen die meisten Besucher, ruhiger gestaltet sich der Nachmittag. Die Klamm selbst ist vier Kilometer lang, davon sind 1,2 Kilometer für die Besucher zugänglich. Der erste Höhepunkt (und zugleich der höchste Punkt) der Klammwanderung ist der Abstieg in die schwindelerregende „Helix“, die sich über 30 Meter in die Tiefe der Klamm schlängelt. Über atemberaubende Stege, Brücken und Tunnels führt der Steig zum zweiten Höhepunkt, dem Wasserfall am südlichen Klammende. Nach den oft stockdunklen Passagen kommt hier wieder die Sonne zum Vorschein und es steht auch mehr Platz zur Verfügung. Der Rückweg, sinnvollerweise wie im Straßenverkehr rechtshaltend, führt auf der bereits bekannten Route retour.

# 40 Rupert-Weissacher-Kamin im Birgkar

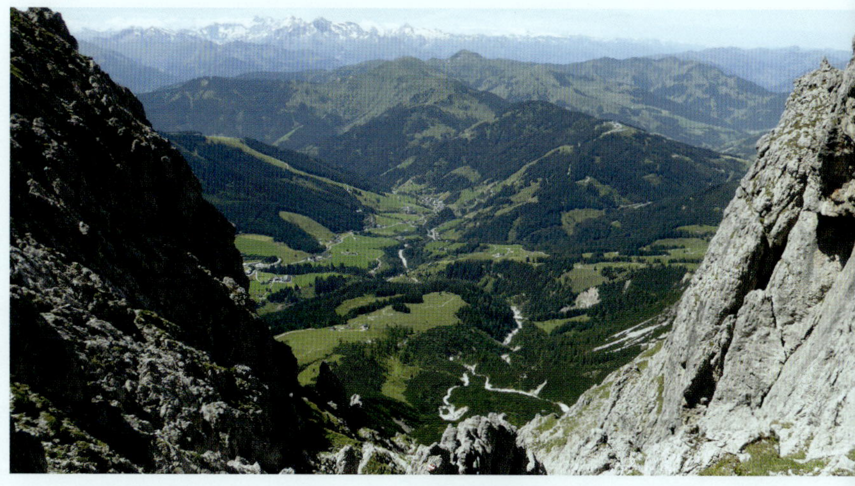

Der weite Blick über die Dientner Grasberge Richtung Glocknergruppe.

Unterwegs auf der wohl schwierigsten Verbindung zwischen Stegmoosalm und Erichhütte.

Die Rundwanderung besteht aus zwei völlig konträren Abschnitten. Der Anfangs- und der Schlussteil sind wahre Genussregionen mit einem hohen Almwiesenanteil, dazwischen aber breitet sich ein überaus schwieriger Felsabschnitt aus (T 4), der unbedingt nur von absolut bergerfahrenen Alpinisten begangen werden sollte. Meist liegt im bis zu 40 Grad steilen Birgkar bis in den Hochsommer hinein Schnee. Ein Umstand, der sich je nach Festigkeit der Firnflanken erschwerend auswirkt und unter (eisigen) Umständen die Mitnahme von leichten Steigeisen und einem Handpickel erfordert. Einige Abschnitte sind so nordseitig klammartig ausgerichtet, dass auch bei Sonnenhöchststand kein Strahl zum Steig vordringt. Also alles in allem eine psychische und physische Herausforderung und die mit Abstand schwierigste Tour in diesem Buch.

**Anfahrt PKW:** A 10, Abfahrt Knoten Pongau, über Bischofshofen auf B 164 nach Mühlbach und weiter Richtung Dienten. 1,5 km vor dem Dientner Sattel rechts auf den Parkplatz Stegmoosalm (1323 m) abzweigen.

**Anfahrt Bus & Bahn:** ab Bhf. Bischofshofen (Vorplatz) mit Bus 590 bis Mühlbach Gemeindeamt, mit Bus 593 bis Mühl-

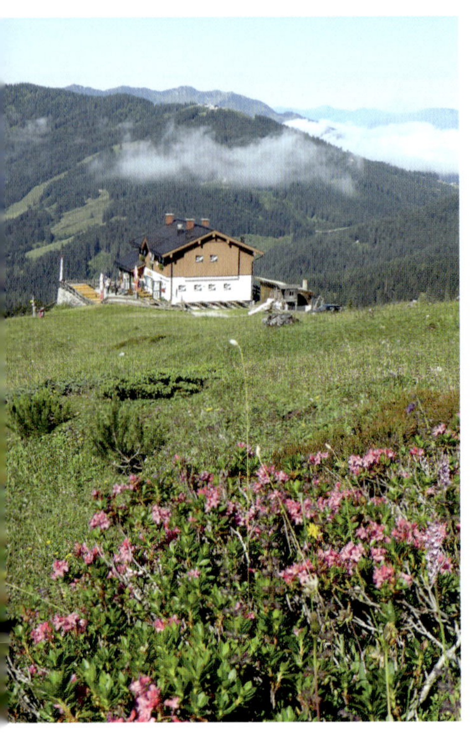

Die aufblühende Erichhütte.

bach – Parkplatz Stegmoosalm (Sommerfahrplan beachten). Retour ab Haltestellen Dientner Sattel – Birgkarhaus oder Dienten – Erichhütte.

**Länge:** 10,5 Kilometer
**Höhenmeter:** 1030
**Dauer:** 6 Stunden
**Schwierigkeit:** T 4

**Gastronomie:** Stegmoosalm, Anfang Juni bis Anfang Okt., Tel. +43 (0) 664 / 510 85 46. Erichhütte, Ende Mai bis Mitte Okt., Tel. +43 (0) 664 / 264 35 53.

**Reizvoll:** bei passenden Bedingungen ein atemberaubendes Wechselspiel im Grenzbereich

**Tipp:** Nachmittags- oder Abendsonne im Liegestuhl auf der Erichhütte genießen

**Geologie:** Der Gebirgssockel besteht aus brüchigem Ramsaudolomit, der weiter oben in den festeren Dachsteinkalk übergeht. Wegen der Brüchigkeit ist die Steinschlaggefahr, besonders im klammartig verengten Schlussteil, nicht zu unterschätzen. Die Mitnahme eines Helms ist im Birgkar empfehlenswert.

**Schutzstatus:** Landschaftsschutzgebiet

**Weitere Touren:** Rundwanderung PP Erichhütte – Stegmoosalm – Dientner Sattel (2 ½ Std., T 2). Rundwanderung Dientner Sattel – Schneeberg (1 Std., T 2). Rundwanderung Dientner Sattel – Zapferlalm (2 Std., T 2).

## Der Weg

Startpunkt ist der Parkplatz (Bushaltestelle) Stegmoosalm an der B 164 (Hochkönigstraße), eineinhalb Kilometer ostwärts vor dem Dientner Sattel. Ein bequemer Wirtschaftsweg führt Richtung Stegmoosalm (1441 m), von dem die weitere Route 433 zum Matrashaus abzweigt. Anfangs noch über Grasmatten und durch Latschengassen, geht der Steig nach insgesamt eineinhalb Stunden allmählich in die immer steiler zulaufende Schotter- und Felszone über. Der leider nicht übertrieben auffällig markierte Steig zieht zum linken Karrand hinüber und erreicht in knapp 2000 Metern Höhe eine Weggabelung. Die Route zum Matrashaus verläuft nach rechts, während der Steig durch den Weissacher-Kamin linker Hand zunächst entlang der Schotterrinnen, dann über Felsbänder zur Schlüsselstelle führt. Teils mit Drahtseilen und Leitern unterstützt, geht es durch den spektakulären Kamin weiter zum höchsten Punkt der Runde, der Hochscharte auf 2283 Metern Seehöhe. Nach dem kühlen nordseitigen Anstieg ist beim nun folgenden Abstieg die Westsonne der ständige Begleiter. Der Weg ist während der ersten halben Stunde noch steil und erfordert konzentriertes Gehen, dann kommt aber bald die erlösende Erichhütte (1546 m) in Sicht. Die gut einstündige Querung zur Stegmoosalm (Weg 436) ist in Relation zur vorangegangenen Route kinderleicht und führt noch an einigen Naturjuwelen, wie etwa einem kleinen Biotop, vorbei. Der letzte Abschnitt von der Stegmoosalm folgt der bereits bekannten Route zum Parkplatz retour. Die Busbenützer müssen zuvor schon zu den Haltestellen Dientner Sattel oder Erichhütte absteigen, denn die Linie 593 nach Mühlbach bleibt talwärts nicht beim Parkplatz Stegmoosalm stehen!

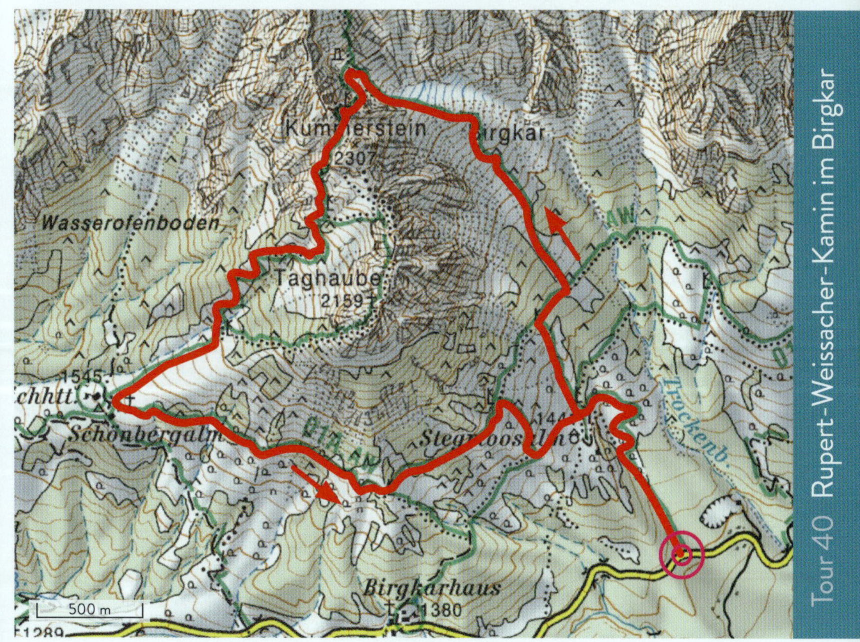

# 41 Wasserfallweg in Bad Hofgastein

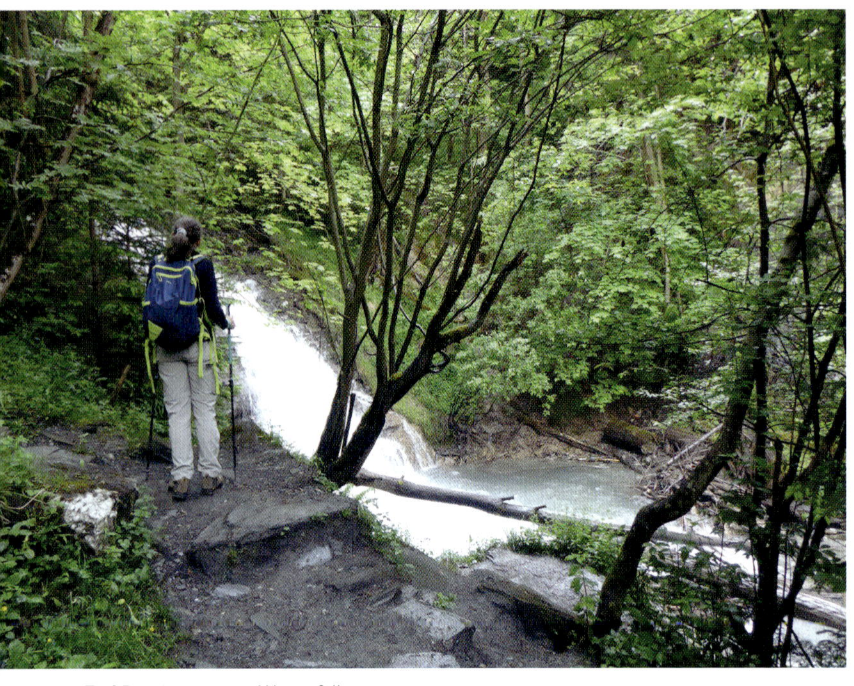

Tief Durchatmen am Wasserfallweg.

Wasser überall, von oben und von unten: als Thermalwasser aus der Tiefe oder als Wasserfall aus der Höhe.

An Wasserfallwegen herrscht im Gasteiner Tal kein Mangel. Der bekannteste ist jener in Bad Gastein, aber auch der Weg in Bad Hofgastein kann sich sehen lassen. Oder eigentlich auch nicht, denn nichts weist im Ort auf diese versteckte Naturschönheit an einem der Anstiege zur Annenkapelle hin. Nur der grüne Graben ist ein dezenter Hinweis, dass sich hinter den Bäumen vielleicht ein paar Wasserfallstufen verbergen könnten, denn von irgendwoher muss der Bach ja kommen, der durch den Ort in die Gasteiner Ache fließt. Dann an Ort und Stelle die große Überraschung, der Kirchbach mit seinen vielen kleinen bis mittelgroßen Wasserfällen ist ein ausgesprochen nahbares Gewässer. An einigen ausgesuchten Uferstellen ist sogar der direkte Kontakt möglich. Ganz anders wie in Bad Gastein, wo die Kräfte der Wassermassen beinahe umwerfend sind. Diese hier sind dezent, fast zurückhaltend. Ein Bild, dass eigentlich auch die Zubringerbäche bestätigen, allen voran der Rastötzenbach oder das Rinnsal, das in den Südwestflanken des Geißkarkopfs entspringt. Sie sind keine tosenden Riesenfälle, eher schon feine Silberbänder in der Landschaft.

Die vorgeschlagene, insgesamt dreistündige Wanderung führt am beliebten Annencafe vorbei zum exzellenten Aussichtspunkt „Gräfinsitz“ (1560 m). Aber natürlich kann die Tour noch viel weiter hinaufführen. Etwa bis zum Endpunkt Gamskarkogel (2467 m), der als der höchste Grasberg Europas bezeichnet wird und auf dem die geschichtsträchtige, auf Initiative Erzherzog Johanns errichtete Bad Gasteiner Hütte steht.

**Anfahrt PKW:** A 10, Abfahrt Knoten Pongau. Auf B 311 und B 167 in das Gasteiner Tal bis Parkplatz Bad Hofgastein, nahe Schlossalmbahn.
**Anfahrt Bus & Bahn:** ab Bhf. Schwarzach (Vorplatz) mit Bus 550 bis Busterminal Bad Hofgastein.

**Länge (kurze Runde/Variante Gräfinsitz):** 4 Kilometer/8,5 Kilometer
**Höhenmeter:** 230/730
**Dauer:** 1 ½ Stunden/3 ½ Stunden
**Schwierigkeit:** T 2

**Gastronomie:** im Ort, sowie Annencafe, www.annencafe.at

**Reizvoll:** eine versteckte Wasserfallschönheit, mit einem Begleitweg, der sich bestens zum sommerlichen „Waldbaden“ eignet

**Tipp:** acht öffentlich zugängliche Thermalwasser-Trinkbrunnen in Bad Hof-

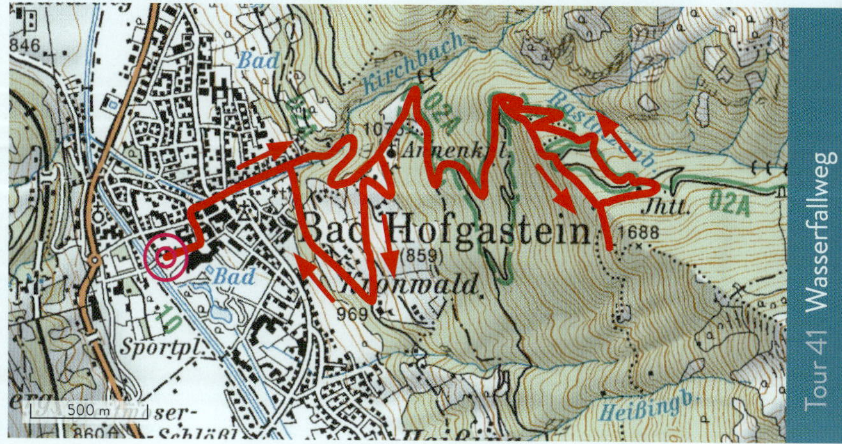

gastein; zahlreiche Gedenkorte, die an den Heilbad-Begründer Ladislaus Pyrker (1772–1847) erinnern.

**Geologie:** Das dominierende Gestein im Rastötzengraben ist Grünschiefer. Bereits am Anfang des Wasserfallweges, gleich nach dem letzten Haus, das beinahe am Fels klebt, zeigt sich der Grünschiefer in theatralisch beeindruckender Form. Noch spektakulärer ist dann weiter oben der Blick vom Forstweg auf die andere Grabenseite zur grün schimmernden Felswand unter dem Geißkarkopf (2384 m). Diese auffallende Gesteinsformation zieht sich bis zur Engstelle beim Bahnhof Bad Hofgastein hindurch. Auch der südlich gegenüber vom Rastötzengraben herabziehende Rauchkogelkamm wird von Grünschiefer dominiert.

**Schutzstatus:** Wasserschutzgebiet

**Weitere Touren:** Gadauner Schlucht über Gasteiner Höhenweg (ges. 4,5 Std., T 2), Erzherzog Johann Promenade – Rundweg (4 Std., T 1), Vogellehrpfad – Weitmoser Schlössl (2 Std., T 1), Gamskarkogel (ges. 7 Std., T 3).

## Der Weg

Vom großen Parkplatz nahe beim Busterminal führt der Weg über die

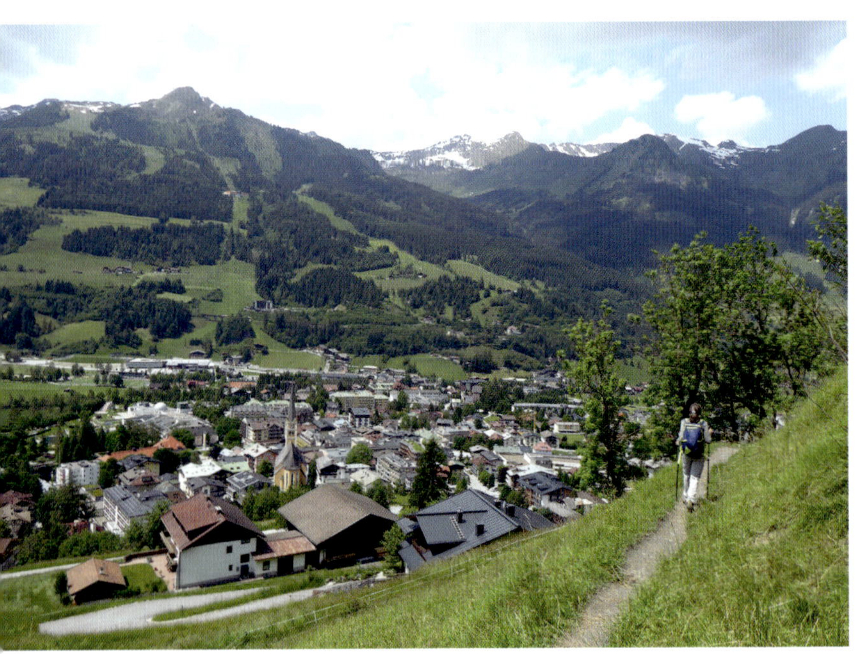

Auf dem Rückweg hoch über Bad Hofgastein.

Kurgartenstraße zur weithin sichtbaren Pfarrkirche im Ortszentrum. Von der Rückseite der Kirche links zur Wasserfallgasse queren und entlang dieser der Beschilderung „Gamskarkogel Trail", bzw. dem Weg 513 zum Annencafe folgend an den Siedlungsrand zum Beginn des Wasserfallweges. Über einige Treppen und über eine Brücke führt der steile, gut gesicherte Pfad an den reizenden Wasserfallstufen vorbei und quert zu einer Weggabelung. Eine kurze, insgesamt eineinhalbstündige Runde zweigt nach rechts talwärts ab und verläuft zuerst über die Wiese, dann entlang der Zufahrt retour in den Ort.

### Variante Gräfinsitz

Eine andere, dreieinhalbstündige Variante mündet in Höhe Annencafe auf den Güterweg zur Rastötzenalm (Weg 513), folgt diesem kurz und orientiert sich dann wieder durchgehend am Schild Gamskarkogel-Trail. Wer möchte, kann natürlich auch auf dem gemütlichen, aber längeren Güterweg bleiben. Eine außergewöhnlich gestaltete „Wegkapelle" lädt zum Ausruhen ein, bevor wenig später bei einer Weggabelung die Variante „Gräfinsitz" nach rechts abzweigt. Von der Aussichtskanzel öffnet sich ein weiter Blick auf das Gasteiner Tal. Wieder retour bei der Abzweigung geht es auf dem Güterweg kurz bergauf, dann orientiert sich der Abstieg am Schild „Bad Hofgastein" (Weg 513). Am quellfrischen „Baschtei Bründl" vorbei, verläuft der Rückweg zum Teil auf bereits bekannten Abschnitten zur Annenkapelle und zum benachbarten Annencafe. Entweder gemütlich entlang der Zufahrt oder steiler auf dem bekannten Steig führt die Route in das Ortszentrum retour.

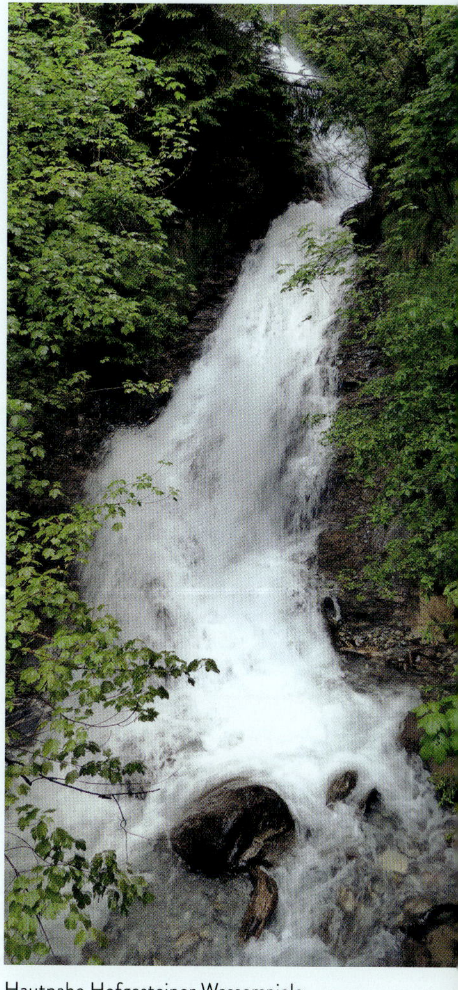

Hautnahe Hofgasteiner Wasserspiele.

# 42 Gadaunerer Schlucht (Gasteiner Höhenweg)

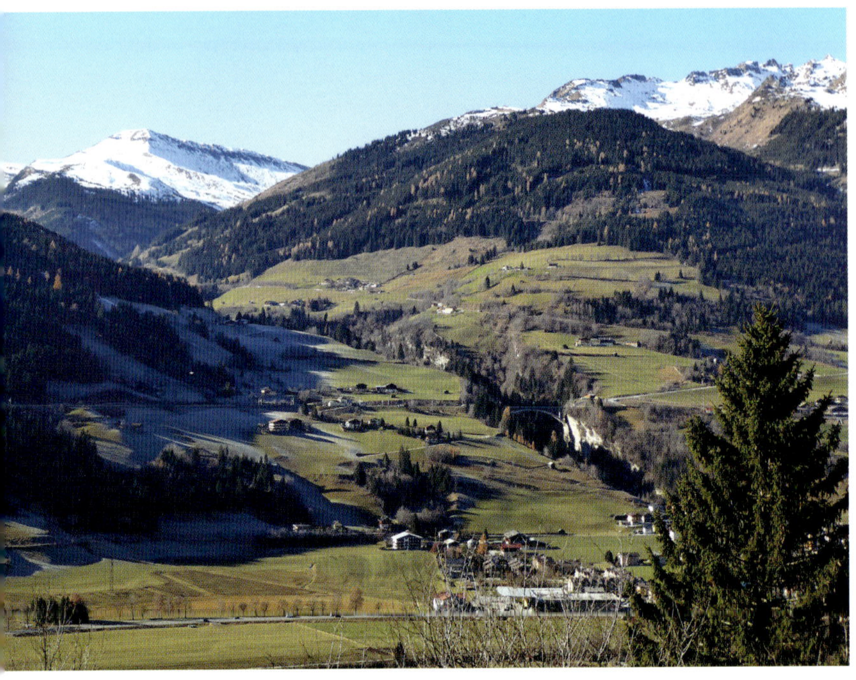

Blick von der Gadaunerer-Schlucht Richtung Angertal und Silberpfennig (links).

**Die Gadaunerer Schlucht ist das spektakuläre Herzstück am sonnigen Gasteiner Höhenweg.**

Im Jahr 1934 wurde der Gasteiner Höhenweg angelegt, der zentrale Abschnitt, die Gadaunerer Schlucht, wurde durch eine Brücke verbunden. Am 29. Juni 1958 wurde das Tal von einem verheerenden Unwetter heimgesucht, dem auch die spektakuläre Brücke zum Opfer fiel. Um den beliebten Weg in Zukunft vor derartigen Ereignissen besser schützen zu können, entschieden sich die Planer für einen 47 m langen Stollen, der im Mai 1959 eröffnet wurde. Der Weg durch die gefährliche Schlucht musste allerdings in der Folge noch besser geschützt werden, der 35 m lange Marienstollen wurde im Mai 1997 eingeweiht. Elf Jahre später kam es wieder zu massiven Felsstürzen, diesmal im südlichen Bereich. Ein zusätzlicher 26 m langer Stollen sollte Abhilfe schaffen und wurde von der mittlerweile darauf spezialisierten Firma in die Praxis umgesetzt. Um ganz sicherzugehen, errichtete die Firma auch noch einen allerletzten Sicherheitsstollen in Form einer 14 m langen Metallröhre, an den sich auch noch eine 5 m lange Holzüberdachung anschließt. Es ist nicht auszuschließen, dass wieder etwas passiert, aber den Sicherheitsbeauftragten sollte man keinen Vorwurf mehr machen dürfen.

Der Gasteiner Höhenweg verläuft auf der Ostseite des Tales, er hat also seine beste Zeit im Spätsommer, oder im Herbst. Oder eben immer dann, wenn das Bedürfnis nach wärmenden Sonnenstrahlen besonders groß ist. Der Verlauf quer über die steilen Osthänge hat aber auch den Nachteil, dass hier häufig kleinflächige Muren und Hangrutsche abgehen, die zur zeitweisen Sperre des Weges führen können. Davon betroffen ist

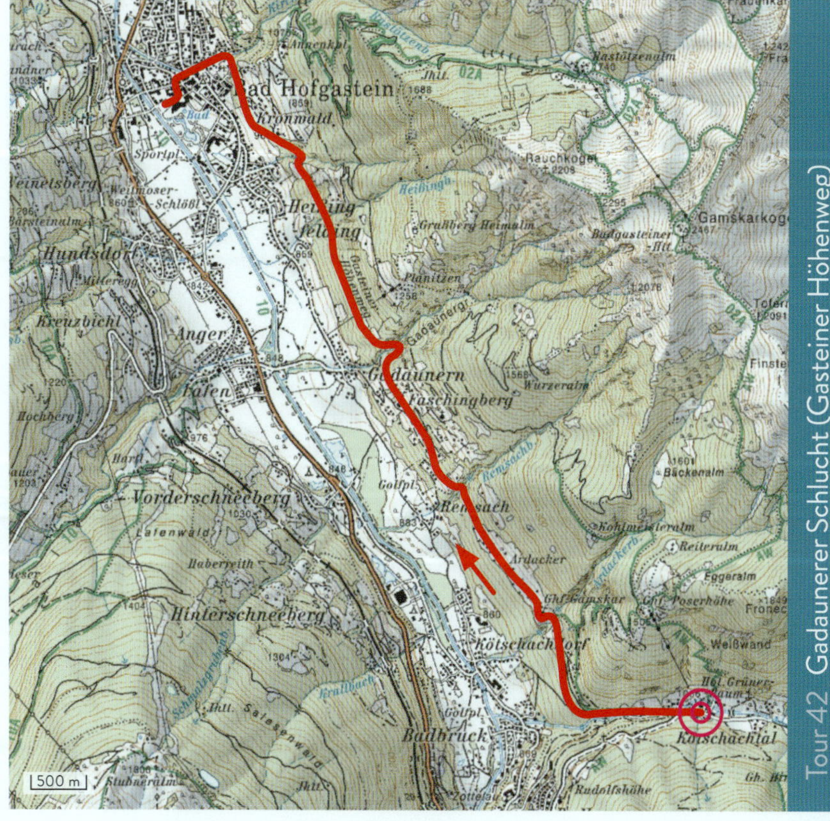

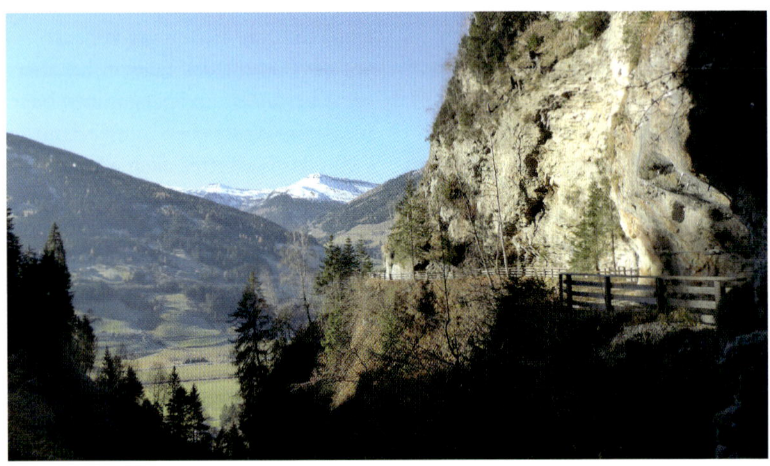

Der Weg durch die Gadaunerer Schlucht.

dann natürlich auch die Gadaunerer Schlucht.

**Anfahrt PKW:** A 10, Abfahrt Knoten Pongau. Auf B 311 Richtung Zell am See und B 167 nach Bad Hofgastein, Parkplatz Schlossalmbahn. Weiter mit Bus 555 bis Haltestelle Bad Gastein Grüner Baum (siehe Anfahrt Bus & Bahn).
**Anfahrt Bus & Bahn:** ab Bad Hofgastein Busterminal-Schlossalmbahn mit Bus 555 bis Bad Gastein Grüner Baum

**Länge:** 8,5 Kilometer
**Höhenmeter:** 145 (ab Bad Gastein, Grüner Baum) oder 370 (ab Bad Hofgastein)
**Dauer:** 2 ¾ Stunden
**Schwierigkeit:** T 2

**Gastronomie:** Cafe Sonnberg in Bad Hofgastein, sowie Cafe Gamskar am Anfang und am Ende des Höhenweges. Große Auswahl ebenso in den Ortschaften Hofgastein und Bad Gastein.

**Reizvoll:** auf dem Höhenweg Westsonne tanken, auch dann, wenn das Tal schon im Schatten liegt

**Tipp:** Sowohl am Anfang als auch am Ende des 10 km langen Höhenweges lädt ein Cafe Gamskar zum Besuch ein.

**Geologie:** An den Felswänden der Gadaunerer Schlucht sind schwefelgelbe und weiße Ausblühungen zu sehen, die durch die Verwitterung von Pyrit entstanden sind. Dabei wird Schwefelsäure freigesetzt, welches andere Gesteine zersetzt und zur Bildung von neuen, wasserhaltigen Sulfatmineralen führt. Die Folge sind Gips, Bittersalz und Eisenvitriol, die in diesem Abschnitt des Gasteiner Höhenweges gut zu erkennen sind.

**Schutzstatus:** Naturdenkmal

**Weitere Touren:** Bad Hofgastein – Gamskarkogel (Runde ges. 8 Std., T 2). Bad Gastein Grüner Baum – Poserhöhe – Gamskarkogel (Anstieg 6 Std., T 3). Bad Gastein Grüner Baum – Kötschachtal – Talschluss Prossau (Anstieg 1,5 Std., T 1). Bad Gastein Grüner Baum – Kötschachtal – Redsee – Palfnerscharte – Graukogelbahn (7 Std., T 2).

### Der Weg

Ausgangspunkte können sowohl Bad Gastein als auch Bad Hofgastein sein, je nachdem ob leichtes Bergauf- oder Bergabgehen bevorzugt wird. Wer lieber bergab geht, sollte aber trotzdem in Bad Hofgastein starten und vom Busbahnhof (Parkplatz Schlossalmbahn) mit dem mehrmals täglich verkehrenden Bus 555 direkt zur Endstation Bad Gastein Grüner Baum fahren. Hier am Beginn des Kötschachtales quert der „Martin Lodinger Höhenweg" nach rechts auf die gegenüberliegende Talseite. Bis zum einladend gelegenen Gasthof Gamskar verläuft die Route kurz entlang der Zufahrt, dann geht es mit herrlichem Talblick auf dem Fußweg weiter. Ein Höhepunkt am Streckenverlauf ist nach rund eineinhalb Stunden Gehzeit die Querung der spektakulären Gadaunerer Schlucht. Ursprünglich mit einer Seilbrücke verbunden, sorgen nun mehrere Stollen für mehr Sicherheit. Vorbei an der historischen Rauchberg Gmachmühle und lohnenden Rastplätzen gelangt man zum Café Sonnberg und zum Cafe Gamskar. Das Ortszentrum liegt nur noch einen Kilometer entfernt leicht unterhalb, der schlanke gotische Kirchturm ist dabei ein guter Wegweiser. Rechts an der Alpentherme vorbei endet die Route beim Busbahnhof Schlossalmbahn.

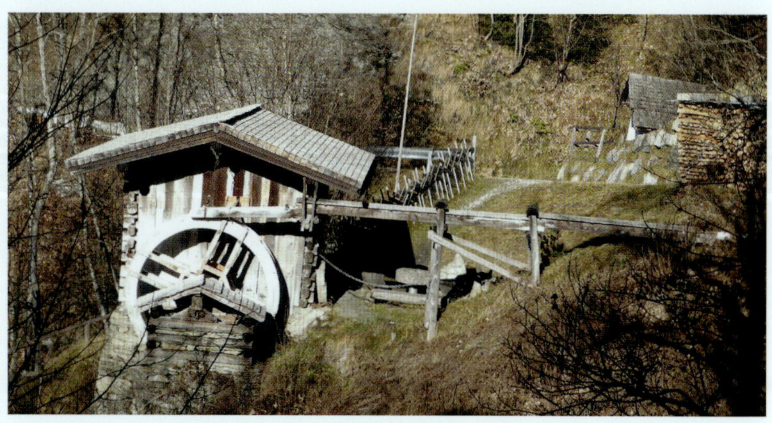

Die restaurierte Rauchberg Gmachmühle am Gasteiner Höhenweg.

# 43 Wasserfallweg in Bad Gastein

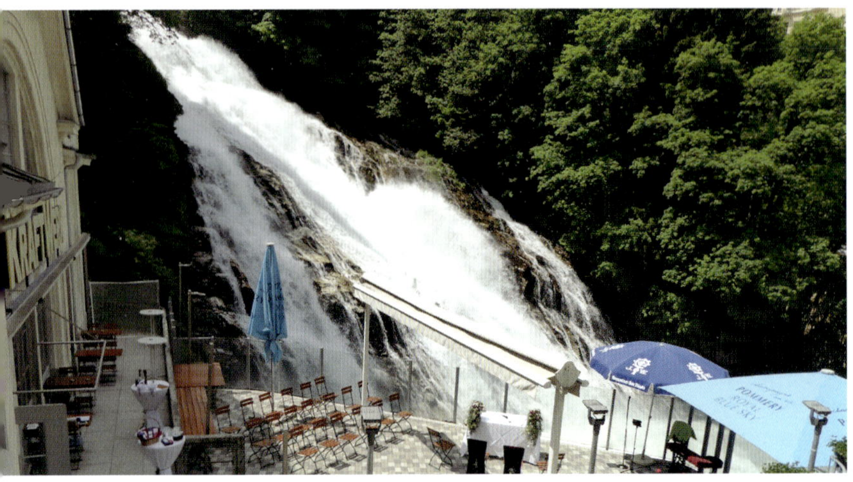


Eiskalt serviert: Der Drink auf der Kraftwerk-Terrasse am unteren Wasserfall.

Eine erfrischende Schnupperkur entlang der Gasteiner Ache nach Badbruck.

Rund um das Wildbad Gastein ranken sich viele Mythen. Eine der schönsten ist jene Ursprungslegende vom weidwunden Hirsch, der durch die heilende Wirkung der Gasteiner Thermalquelle wieder zu Kräften kam. Diese Beobachtung löste mehr oder weniger den Kur- und Wellnessboom aus, der bis auf den heutigen Tag anhält. Einfach sagenhaft, eine bessere Geschichte hätten sich auch die modernen Werbestrategen nicht ausdenken können. Wie der kranke Hirsch fanden im Laufe der Jahrhunderte gekrönte Häupter, Adelige oder einfache Bürger den Weg in das Gasteiner Tal, um hier wieder zu Kräften und vielleicht auch zu neuen Kontakten zu kommen. Wichtig für den gehobenen Kurtourismus war das Gesehenwerden und zu diesem Zwecke mussten Promenaden angelegt werden. In einem Ort, der von Beginn an mit Platzproblemen zu kämpfen hatte, kein leichtes Unterfangen. Aber die Gasteiner sind im Umgang mit der Maximierung der Raumangebote geübt, nicht umsonst wird Bad Gastein ja auch als das Monte Carlo der Alpen bezeichnet. So entstanden Promenaden mit atemberaubenden Aussichten, wie etwa die Kaiser-Wilhelm-Promenade, die auch gleich an einen der prominentesten Kurgäste erinnert. Nicht weniger wichtig für Bad Gastein ist der einzigartige Wasserfall, der dann gleich mit einem eigenen Wasserfallweg entsprechend gewürdigt wurde.

Das Herzstück des Weges ist der berühmte Wasserfall im Ortszentrum, der seit 1840 von einer steinernen Brücke überspannt wird. Hier befindet sich der bevorzugte Fotostandort, aber auch zum Abspeichern der negativ ionisierten Luft eignet sich der Platz über dem Wasserfall ganz ausgezeichnet. Das Thermalwasser für die Kuranwendungen stammt aus den Tiefen des Graukogels, an dessen Nordfuß sich der Ort befindet. Bis jetzt sind 18 bis zu 47 Grad heiße Quellen bekannt, fünf Millionen Liter Thermalwasser stehen daraus den Heilthermen und ihren Gästen zur Verfügung. Die ergiebigste der Quellen ist die Elisabethquelle, benannt nach der Kaiserin, die zwischen 1885 und 1893 sechsmal zur Kur in Gastein weilte. Der mit einem Gitter verschlossene Stollen, über dem das Dunstbad errichtet wurde, liegt am Wasserfallweg. Einen Stock und etliche Treppen tiefer befindet sich das 1914 errichtete und im Jahr 1996 geschlossene Kraftwerk. Seit 2016 entsteht im denkmalgeschützten Gebäude direkt am Strom wieder Energie mit extravaganten Angeboten, die von Musik über Literatur bis zur Gastronomie reichen. Über all dem schwebt dann noch der Flying Fox auf die andere Talseite! Das Wildbad hat sich neu erfunden.

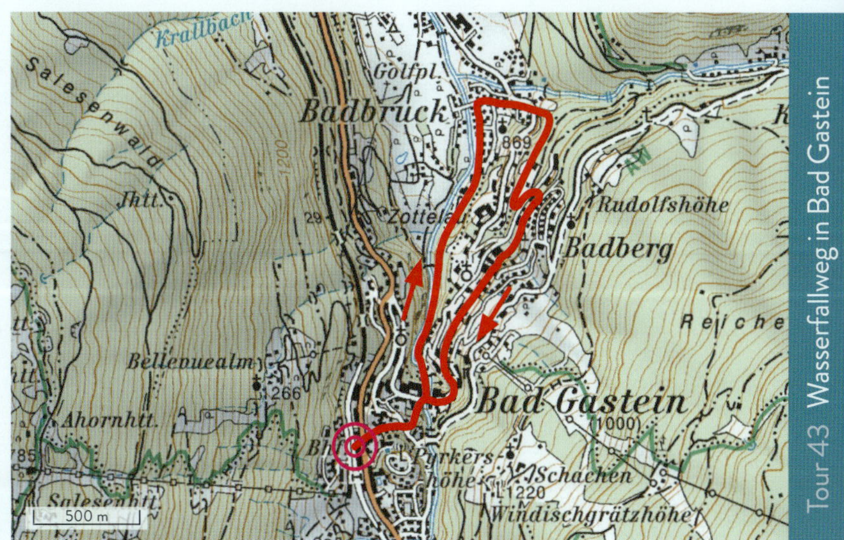

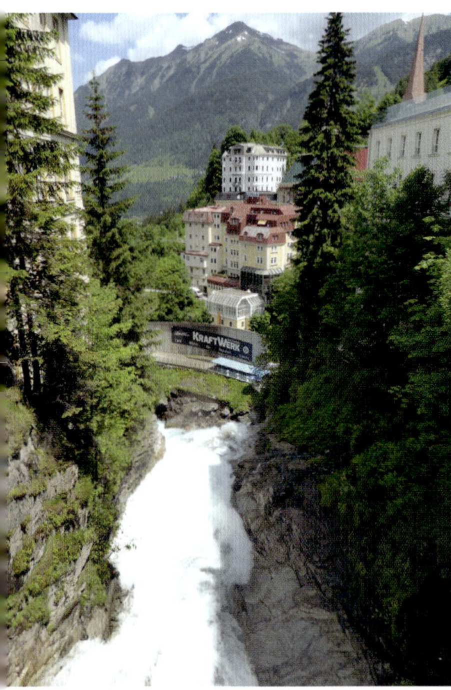


Der Gasteiner Wasserfall.

**Anfahrt PKW:** A 10, Abfahrt Knoten Pongau. Auf B 311 nach Lend und auf B 367 durch das Gasteiner Tal nach Bad Gastein Bahnhof. Gebührenfreie und gebührenpflichtige Parkplätze.
**Anfahrt Bus & Bahn:** mit Bus oder Bahn bis Bahnhof Bad Gastein.

**Länge (retour über Wiesenweg):**
4,4 Kilometer
**Höhenmeter:** 220
**Dauer:** 1 ¾ Stunden
**Schwierigkeit:** T 2

**Gastronomie:** zahlreich im Ort Badgastein und Badbruck

**Reizvoll:** Radon liegt in der Luft

**Tipp:** Einkehren im historischen „Kraftwerk" an der unteren Fallstufe der Gasteiner Ache,
www.kraftwerk-badgastein.com,
Tel. +43 (0) 664 / 19 70 200

**Geologie:** Der Wasserfall besteht aus Stufen mit einer Fallhöhe von insgesamt 341 Metern. Der mittlere Wasserfall ist von der Steinbrücke aus am besten zu betrachten, der untere Wasserfall zeigt sich am eindrucksvollsten vom historischen Kraftwerk aus.

Auch unter der Erde tut sich viel. Das Niederschlagswasser am Graukogel sinkt 2000 Meter tief ab, erwärmt sich dort und steigt wieder bis zum Quellaustritt in zirka 1000 Metern Seehöhe an. Einer der ergiebigsten Austritte ist die Elisabethquelle am Abgang zum Wasserfall. Darüber befindet sich auch heute noch das Radon-Thermaldunstbad.

**Schutzstatus:** Weltkurort Bad Gastein

**Weitere Touren:** Bad Gastein Bahnhof – auf Kaiserin Elisabeth-Promenade nach Böckstein, retour mit dem Bus (1 Std., T 1). Bad Gastein Zentrum – auf Kaiser-Wilhelm-Promenade in das Kötschachtal, Rückfahrmöglichkeit mit Bus 555 (1 Std., T 1). Gasteiner Höhenweg oder Gasteiner Achenweg nach Bad Hofgastein, retour auf dem alternativen Weg oder mit dem Bus (je Weg 2 Std., T 1).

## Der Weg

Ein idealer Ausgangspunkt zum Kennenlernen und Eintauchen ist der höchste Punkt beim Bahnhof Bad Gastein. Von dort führt schräg links vis-a-vis der angeschriebene Weg in das „Zentrum" am Hotel Salzburger Hof vorbei über viele steile Serpentinen und Stufen zu dem, im Jahr 1974 im Stil des Brutalismus errichteten Kongreßzentrum, das seit der Schließung 2007 auf eine neue Bestimmung wartet. Nur wenige Schritte und dann aber viele Foto-Klicks weiter sind es bis zur atemberaubenden Wasserfallbrücke. Wieder einige Meter weiter öffnet sich der Straubingerplatz und hier zeigt sich Gastein von seiner innovativen Seite. Am renovierten Grand Hotel Straubinger und am Badeschloss vorbei verläuft der Weg zum Thermalquellpark und dann steil abwärts zum „Kraftwerk" mit seiner faszinierenden Außenterrasse direkt über dem Wasserfall. Orientierungsmäßig einfach führt der Weg an der Ache entlang zur nächsten Brücke und lässt die letzten Häuser hinter sich. Die Konzentration gilt dem Weg und den Wasserfallstufen, nach insgesamt einer Dreiviertelstunde reiner Gehzeit ist der Ortsteil Badbruck erreicht. Eine Möglichkeit für die Rückkehr ist der nach rechts abzweigende „Wiesenweg", eine andere ab der Haltestelle Bad Gastein – Badbruck (gegenüber Bäckerwirtsgut) mit dem Bus 555. Oder gar den famosen Wasserfallweg noch einmal genießen.

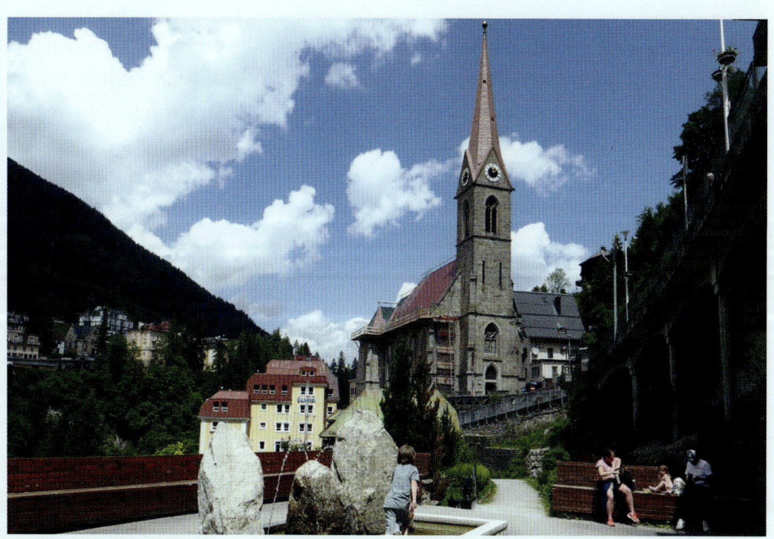

Der Thermalquellpark mit der Preimskirche im Hintergrund.

# 44 Kessel-, Schleier- und Bärenfall

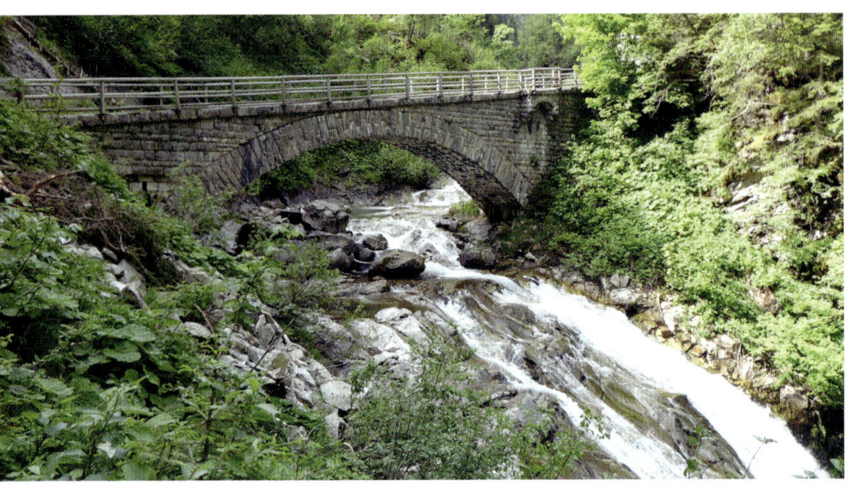

Die Brücke über den Kesselfall wurde im ersten Weltkrieg erbaut.

Auf der alten Nassfelderstraße von Böckstein nach Sportgastein zum Eingangstor in den Nationalpark Hohe Tauern.

Der Weg zurück in das Nassfeld beginnt in der ehemaligen Montansiedlung Böckstein am Ende des Gasteiner Tales. Fast alle Gebäude und Einrichtungen in Böckstein haben in irgendeiner Form mit dem Bergbau zu tun. Ein kurzer Rundgang, der aber auch mit einem sehr empfehlenswerten Museumsbesuch verlängert werden kann, ist der ideale Einstieg in die spannende Geschichte der Goldgewinnung. Im 15. Jahrhundert galt das Fürsterzbistum Salzburg ja als das goldreichste Land in Europa, der Löwenanteil des Edelmetalls wurde aus den Bergen des Gasteiner Tales gewonnen. Zur Blütezeit des Goldbergbaus waren das rund 1000 Kilo jährlich. An diese goldene Phase wollten die Bergwerksingeneure im Jahr 1940 anknüpfen und trieben Stollen in den nördlichen Radhausberg, in jene Erhebung also, in der lange zuvor erfolgreich Bergbau betrieben wurde. Es wurden zwar keine Erzgänge gefunden, aber die Bergknappen entdeckten trotz harter Arbeit, dass sich rheumatische Beschwerden oder auch Entzündungen auffallend verbesserten. Nun begannen die Mediziner zu forschen und fanden die positiv stimulierende Wirkung des Radons heraus. Die Heilstollentherapie wurde im Laufe der Zeit verfeinert, modernisiert und erfreut sich heute großer Beliebtheit. Eine kurze, halbstündige Wanderung führt vom Nassfelder Wanderweg hinauf zum Heilstollen, von dort aus könnte es mit dem in der Sommersaison halbstündlich verkehrenden Bus wieder retour nach Böckstein oder Bad Gastein gehen.

Die lange Route nach Sportgastein führt hingegen noch an drei recht unterschiedlichen Wasserfällen und an zwei sehr familienfreundlichen Almen (Obere und Untere Astenalm) vorbei. Der gut ausgebaute Weg stellt keine alpinen Anforderungen, er ist sogar mit einem bergtauglichen Buggy oder dem Mountainbike zu bewältigen. Retour auch bei dieser Wanderung mit dem Bus 550.

**Anfahrt PKW:** A 10, Abfahrt Knoten Pongau. Auf B 311 nach Lend und auf B 167 durch das Gasteiner Tal nach Böckstein. Weiter Richtung Sportgastein, nach 500 m aber rechts Abzweigung Evian-Quelle. Parkplatz nach 500 m.
**Anfahrt Bus & Bahn:** ab Bhf. Schwarzach (Vorplatz) oder Bhf. Bad Gastein

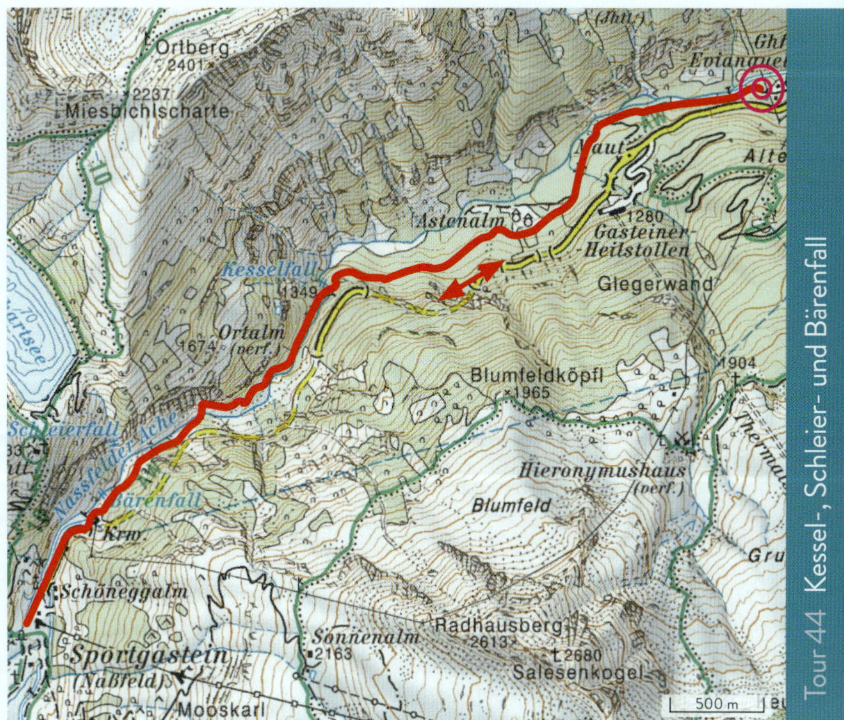

(Vorplatz) mit Bus 550 bis Böckstein Ortsmitte. Rückfahrt von Sportgastein – Goldbergbahn mit Bus 550 bis Böckstein Ortsmitte.

**Länge (Böckstein – Sportgastein):** 6 Kilometer
**Höhenmeter:** 470
**Dauer:** 2 ¼ Stunden
**Schwierigkeit:** T 1

**Gastronomie:** Valeriehaus Sportgastein, Tel. +43 (0) 660 / 289 24 00
Gasthaus Radhausberg in Böckstein, Tel. +43 (0) 650 / 830 29 40

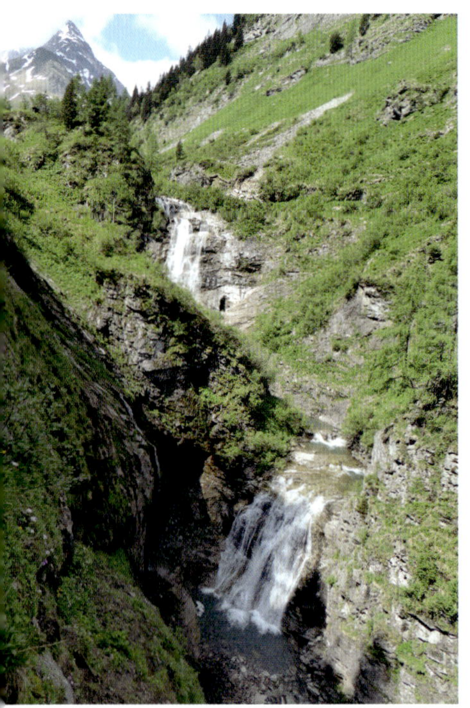

Der Bärenfall.

**Reizvoll:** Eine alte Straße im Talboden eröffnet neue Ansichten. Unkomplizierte Rückfahrt mit dem Bus 550.

**Tipp:** Montanmuseum Böckstein, www.montanmuseum-boeckstein.at Goldwaschen in Böckstein.

**Geologie:** Das Nassfelder Achental bildet zwischen Kesselfall und Bärenfall eine beeindruckende Schlucht, die dann auf knapp 1600 m Seehöhe in das breite, von Gletschern geformte Nassfeld einmündet. Hier dominieren die Zentralgneise, im Gegensatz zu Schieferformationen beim Aufstieg.

**Schutzstatus:** Außenzone Nationalpark Hohe Tauern

**Weitere Touren:** Themenweg Nassfeld, große (2,5 Std., T 1) und kleine Runde (1,5 Std., T 1). Sportgastein – Bockhartseehütte (Anstieg 1 Std., T 3). Sportgastein – Bockhartscharte (Anstieg 2,5 Std., T 3).

## Der Weg

Ausgangspunkt ist der Parkplatz in Böckstein nahe der Evianquelle. Nach 20 Minuten verläuft eine Verbindung zum Heilstollen nach links aufwärts, der Hauptweg im Talboden aber erreicht nach weiteren 15 Minuten die Abzweigung zur Oberen und Unteren Astenalm (1207 m). Sie liegen auf einer sonnigen Ebene etwas unterhalb. Beim bald folgenden Kesselfall wird die Ache über die soge-

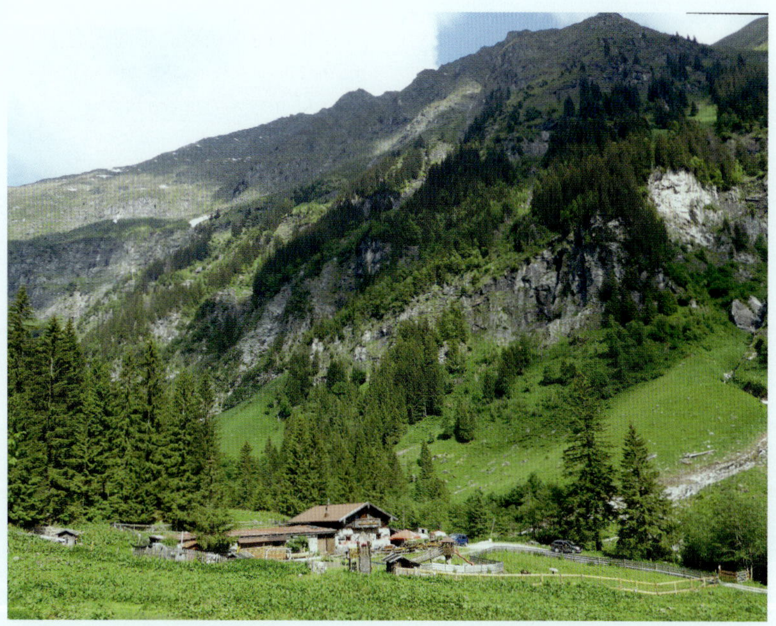

Die Untere und die Obere Astenalm (im Bild) sind lohnende Einkehrstationen.

nannte „Russenbrücke“ gequert, die im Kriegsjahr 1915 von russischen Kriegsgefangenen errichtet wurde. Auch der kurze Tunnel stammt aus dieser Zeit. Besonders schön sind in diesem Abschnitt die metertiefen Strudeltöpfe zu sehen.

Vor dem nicht weniger beeindruckenden, aber vom Charakter her gänzlich unterschiedlichen Schleierfall führt die alte Nassfelderstraße über die „Lange Brücke“ wieder auf die gegenüberliegende Uferseite. Nun ist auch schon der Bärenfall und ebenso die Staumauer des Wasserkraftwerkes erkennbar, das in den Jahren 1978 bis 1982 gemeinsam mit dem Kraftwerk Böckstein erbaut wurde. Kurz nach der Kraftwerksanlage erreicht der Wanderweg die Autostraße und folgt dieser die letzten paar Minuten auf die Hochebene des Nassfeldes. Begrüßt werden die Ankommenden von einem großen Parkplatz und der riesigen Garstenauer-Aluminiumkugel, die der bekannte Salzburger Architekt speziell für Sportgastein entworfen hat und die im Jahr 1972 aufgestellt wurden. Zahlreiche weitere Wandermöglichkeiten und gastronomische Einrichtungen stehen nun zur Verfügung. Für die Rückfahrt nach Böckstein empfiehlt sich der in der Hauptsaison halbstündlich verkehrende Bus.

# 45 Johanneswasserfall

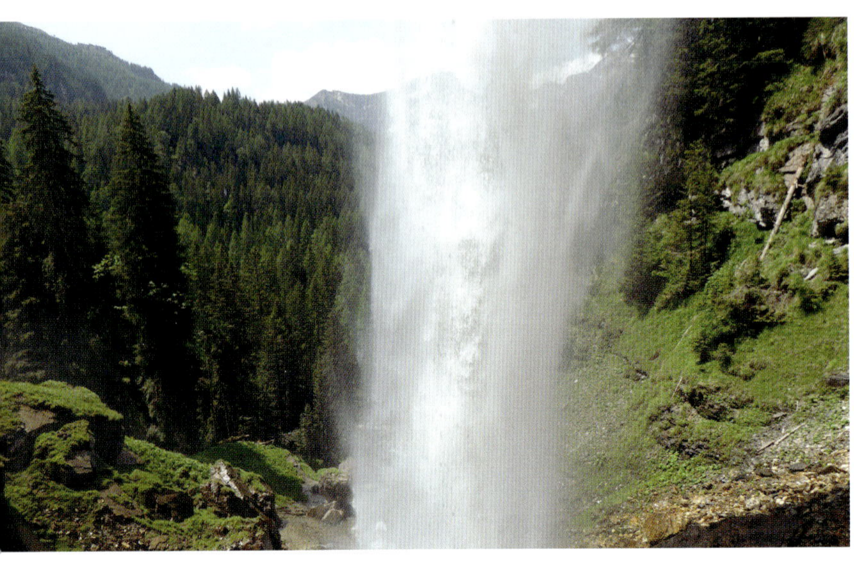

Der hinter dem Johannesfall verlaufende Weg eröffnet ungewohnte Perspektiven.

Wasservorhang auf für den tollkühnen Felssteig, der hinter dem Johannesfall in Obertauern verläuft.

Auch wer auf der Fahrt über den Radstädter Tauern keinen langen Stopp einlegen möchte, sollte sich etwas Zeit für einen lohnenden Abstecher zu einer Wasserattraktion nehmen. Nach dem kurzen, angeschriebenen Weg vom Parkplatz zur Aussichtsplattform öffnet sich der Blick auf einen Wasserfall, der garantiert nachhaltig in Erinnerung bleibt. Die Taurach stürzt über eine knapp 70 Meter hohe Felsstufe in die Tiefe, was für sich schon ein überschäumendes Spektakel ist. Richtig spektakulär aber ist die Wegführung des Wandersteigs, der sich an der Felswand entlang hinter dem Wasservorhang in die Höhe zieht. Wer mehr Zeit mitbringt, lässt das Fahrzeug am besten drei Kilometer weiter nordwärts auf dem Parkplatz vor der Gnadenbrücke (Bushaltestelle) stehen und folgt dem famosen Themenweg „Alles Alm“ bis zur Abzweigung „Johanneswasserfall“. Dieser ausgesprochen familien- und kinderwagentaugliche Rundweg macht in unterhaltsamer Art mit allen Aspekten rund um das große Thema Almwirtschaft vertraut und führt natürlich auch genau dorthin: von der Vordergnadenalm zu den einladenden Hütten der Hintergnadenalm. Der weitere Weg zum Johanneswasserfall ist dann allerdings nur mehr ein Fall für trittsichere Kinder und Erwachsene.

**Anfahrt PKW:** A 10, Abfahrt Ennstal, B 320 bis Radstadt, B 99 Richtung Villach bis Gnadenbrücke (Bushaltestelle). Abzweigung rechts Gnadenstraße, 300 m bis Vordere Gnadenalm. Parkplatz. Oder auf B 99 drei Kilometer weiter bis Parkplatz Johanneswasserfall bei der Abzweigung zur Felseralm.

**Anfahrt Bus & Bahn:** ab Radstadt Bhf. (Vorplatz) mit Bus 280 bis Haltestelle Untertauern Gnadenalm oder Haltestelle Untertauern Abz. Felseralm.
**Länge (Rundwegvariante über Gnadenalm):** 6,8 Kilometer
**Höhenmeter:** 140
**Dauer:** 2 ¼ Stunden
**Schwierigkeit:** T 2

**Gastronomie:** Hütten der Vorder- und Hintergnadenalm. Unterschiedliche Öffnungszeiten.

**Reizvoll:** durch einen Wasserfall wandern, ohne nass zu werden

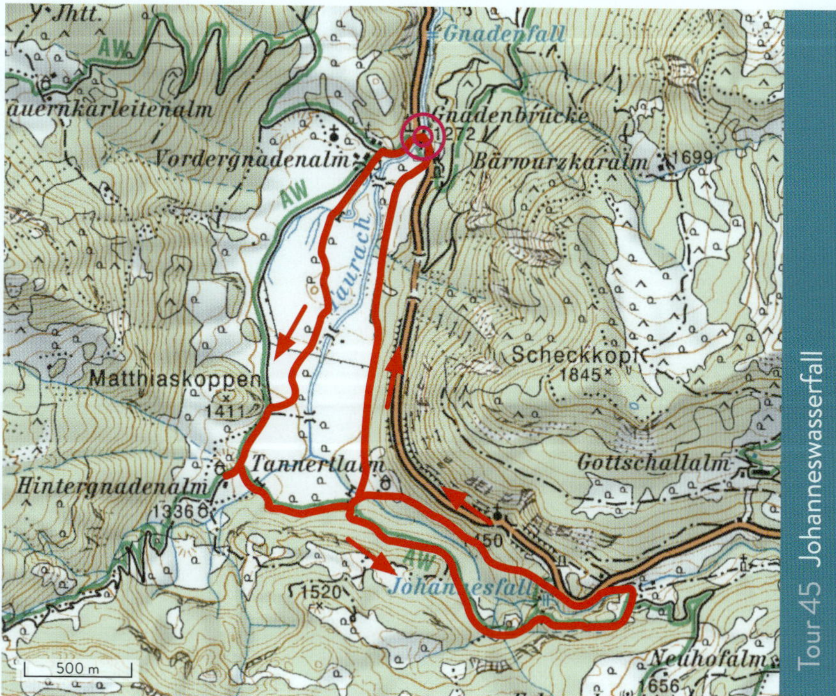

**Tipp:** Der Themenweg „Alles Alm“, beginnt bei der Vorderen Gnadenalm.

**Geologie:** Die Taurach fräst sich durch das Urgestein einen Weg über eine 70 m hohe Steilstufe.

**Schutzstatus:** Naturdenkmal seit 1931

**Weitere Touren:** Parkplatz Gnadenalm – Südwiener Hütte (2,5 Std., T 2). Parkplatz Felseralm – Felseralm – Wildsee – Wiesenegg – Parkplatz (5 Std., T 2).

### Der Weg

Die kürzeste, wenige Minuten dauernde Strecke zur Johannesfall-Aussichtsplattform startet am großen Parkplatz an der B 99, etwa drei Kilometer vor der Passhöhe und 400 Meter vor der Abzweigung Richtung Felseralm (Bushaltestelle Abz. Felseralm). Der 20-minütige Abstieg über die steile Treppenkonstruktion ist auch möglich, erfordert aber rutschfestes Schuhwerk, Trittsicherheit und keine Angst vor sprühregenähnlichen Zuständen.

Interessanter ist die lange Variante, die bei der Abzweigung Gnadenalm, kurz vor der Gnadenbrücke beginnt. Der große Spielplatz wird die Kinder begeistern, entlang des dort abzweigenden Themenweges „Alles Alm“ finden sich noch viele weitere Mög-

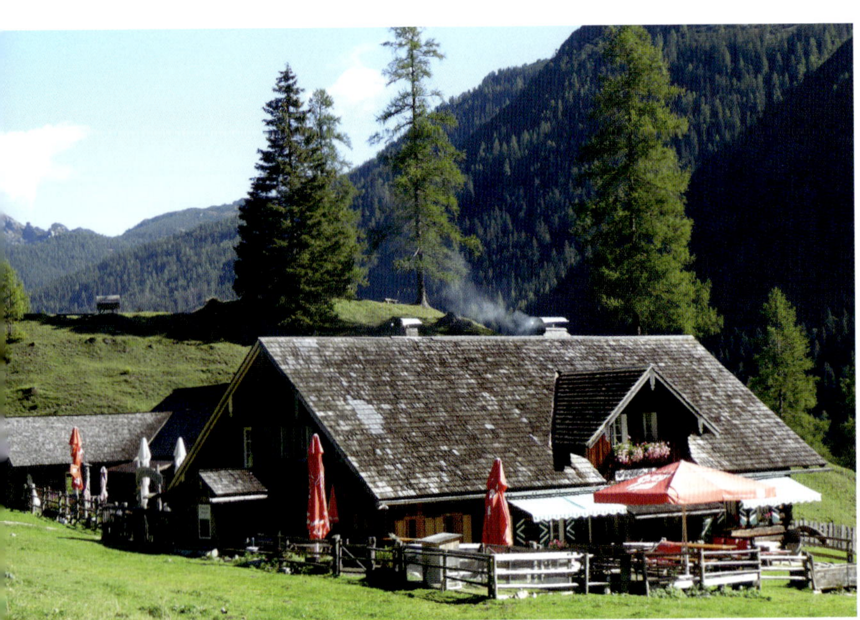

Die Gschwendthof-Hütte liegt am Themenweg „Alles Alm“.

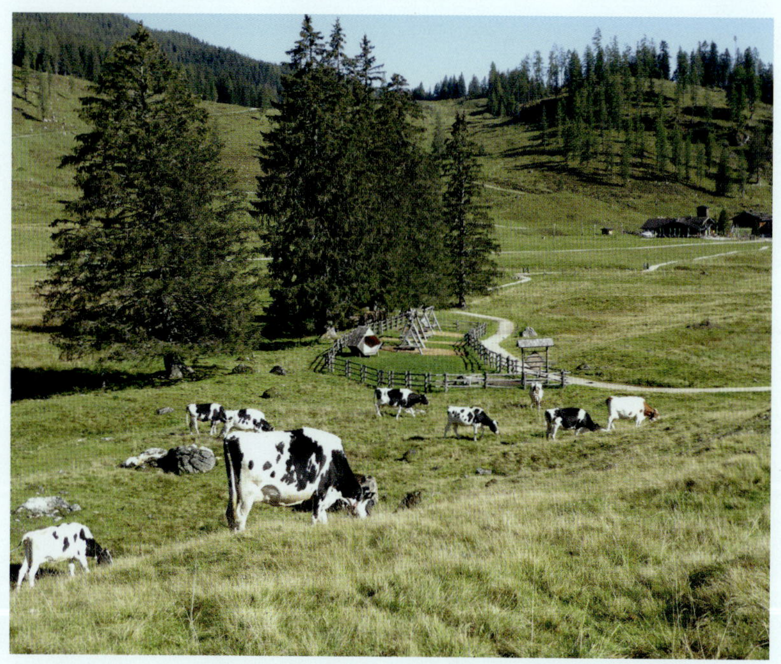

Eine Variante, die zum Johannesfall führt, beginnt mit dem Themenweg „Alles Alm“.

lichkeiten zum spielerischen Eintauchen. Zum Beispiel in einen überdimensionalen „Mankei“-(Murmeltier)-Bau. Oder in einen Geschicklichkeitsparcours mit almthematischer Ausrichtung. Am Wendepunkt des sechs Kilometer langen Themenweges befinden sich jausen-strategisch günstig die Huberhütte, die Palfenhütte und die Gschwendthofhütte, aber auch die Abzweigung zum „Johanneswasserfall“. Die noch nicht trittsicheren Kleinkinder können sich am Rückweg auf weitere tolle Spielestationen freuen, die erfahrenen Wasserfallwanderer folgen der vorerst breiten, dann pfadförmig verlaufenden, knapp einstündigen Route zum Johanneswasserfall. Höhepunkt, auch aus fotografischer Sicht, ist natürlich die halbwegs trockene Querung hinter dem Tröpfchenvorhang. Eine steile Treppenkonstruktion führt über die Felsflanke zur Aussichtsplattform. Von dort öffnet sich noch ein imposanter Einblick, bevor der neu angelegte Steig wieder talwärts nach links abzweigt und an märchenhaften Plätzen vorbei zum Taurachufer zurückführt. Über einen Holzsteg wird der Bach gequert, danach geht es rechts abzweigend bis zur Einmündung in den Almen-Themenweg auf der bekannten Strecke weiter.

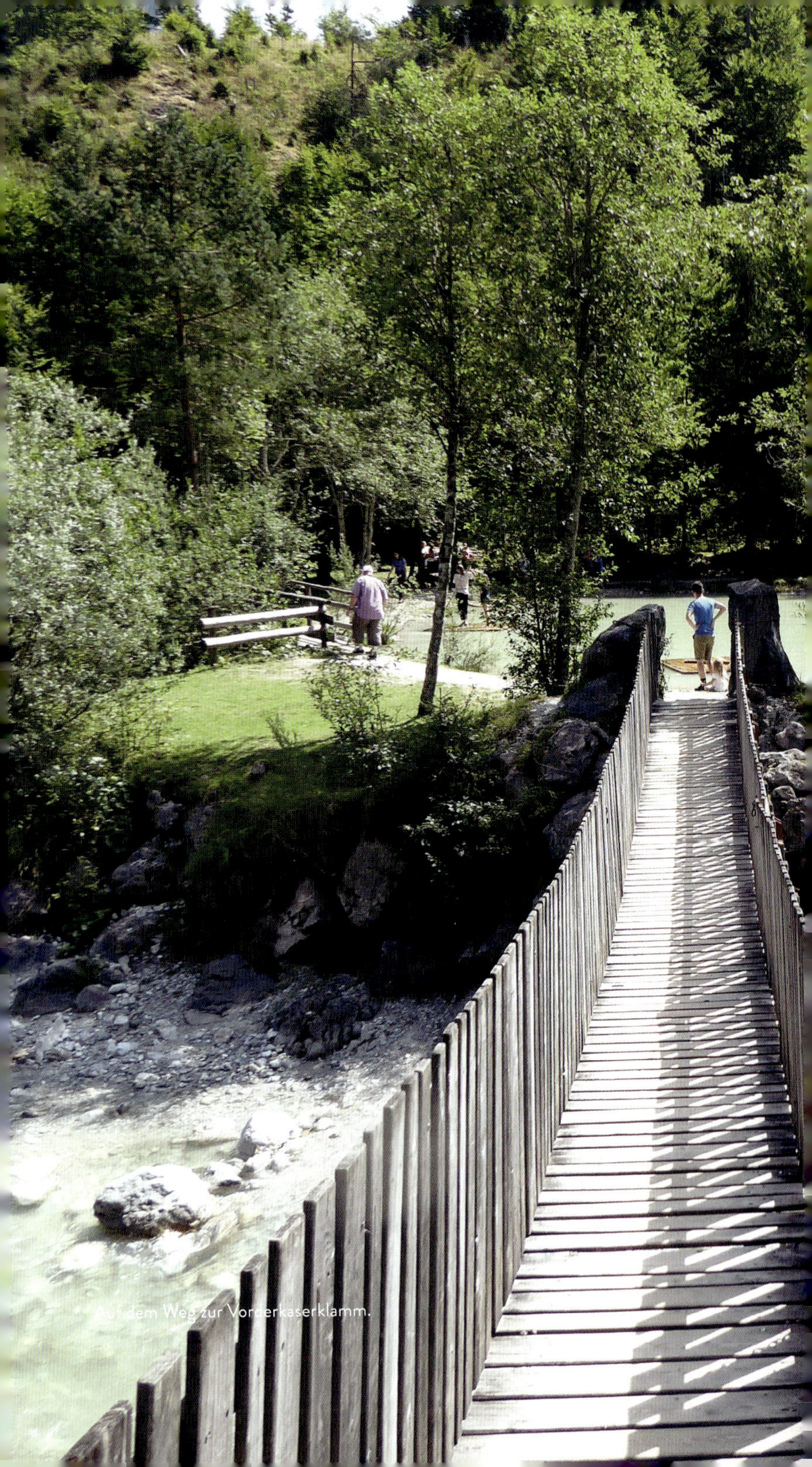
Auf dem Weg zur Vorderkaserklamm.

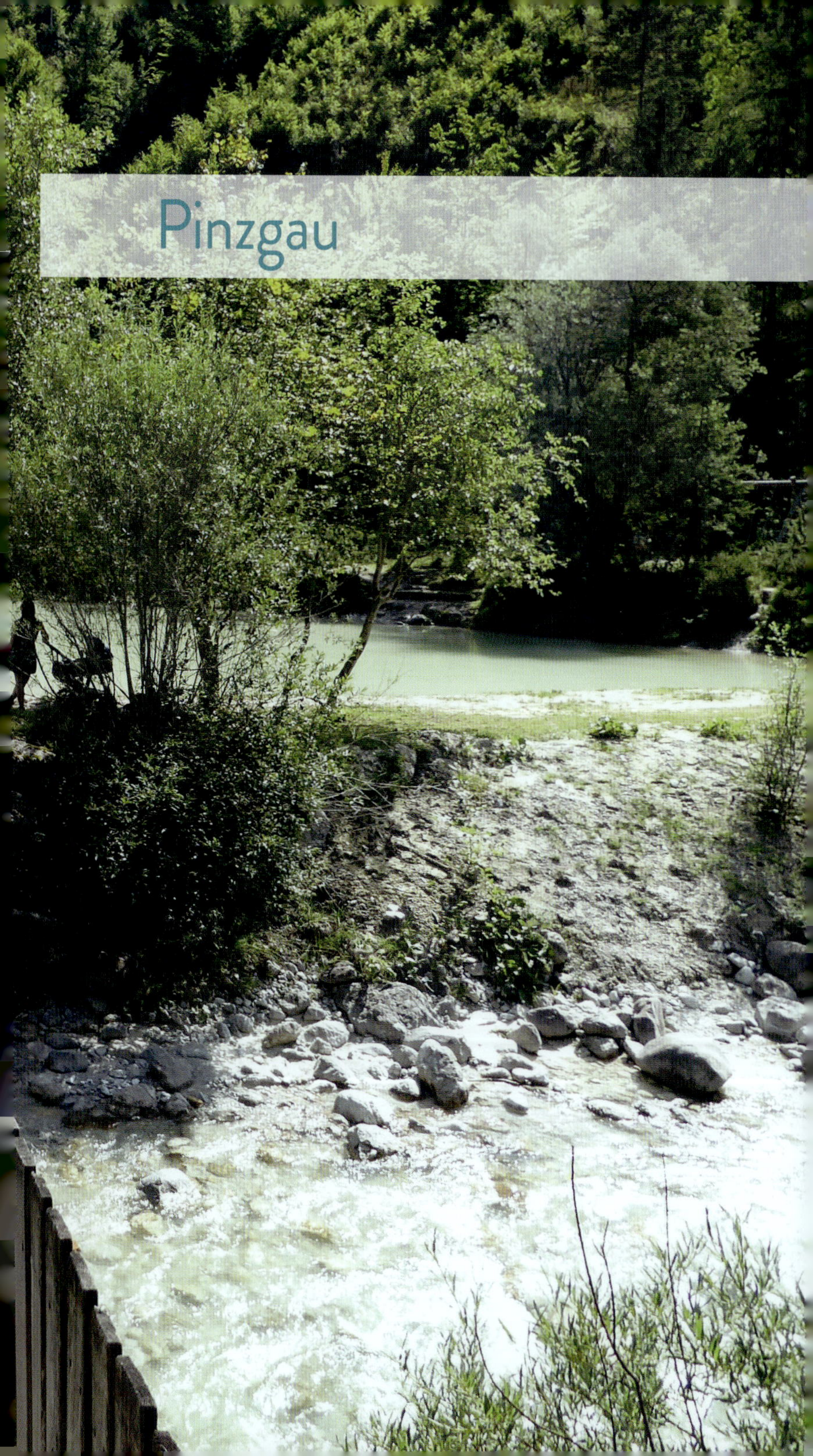

# Pinzgau

# 46 Innersbachklamm

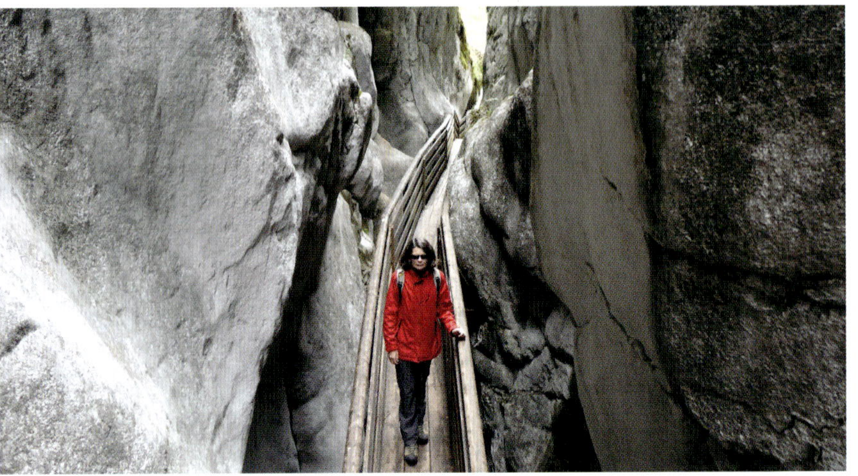

Begegnung in der Innersbachklamm.

## Eine verborgene Schönheit im Saalachtal.

Zwischen Steinpass, Unken und Lofer im Grenzbereich zwischen Bayern und Salzburg, gibt es einige versteckte Orte, die der Durchreisende im ersten Moment nicht wahrnimmt. Was die militärischen Anlagen betrifft, war das zu einem gewissen Teil so erwünscht. Vom Überraschungseffekt erhofften sich die Strategen eine ebenso treffsichere Wirkung, wie im Sinne der Abschreckung, durch die sofort wahrnehmbaren Bollwerke entlang der Routen. Am Steinpass in Unken gab es solch ein imposantes Festungstor, das unter der Leitung von Dombaumeister Santino Solari 1646 errichtet und 1929 wieder abgetragen wurde. Ebenfalls von Solari geplant, aber vom Tal aus kaum sichtbar, ist die Festung am Kniepass, vier Kilometer weiter flussaufwärts. Sehr hilfreich für das bessere Erkennen der wehrhaften Anlage ist jener Wanderweg entlang der Saalach, der zu einem weiteren, völlig uneinsehbaren steinernen Juwel führt. Bei der großartigen Innersbachklamm war aber die Natur selbst der Stararchitekt, obwohl der Weg durch die Schlucht beinahe an einen Wehrgang, umgeben von überdimensionalen Burgmauern, erinnert. Die Durchquerung der unsichtbaren Klamm dauert keine 20 Minuten, aber in dieser kurzen Zeit öffnet sich eine Wunderwelt aus Fels und tosendem Wasser, die ihresgleichen sucht. Für viele Raftingtouren ist zumindest der unterste Gumpen ein bekannter Fixpunkt, in den die mutigsten Teilnehmer für ein Erinnerungsfoto springen.

**Anfahrt PKW:** über das kleine Deutsche Eck oder über Lofer auf B 178 zur Abzweigung Reith, 4 km südlich von Unken. Gleich nach der Brücke über die Saalach befindet sich rechts ein Parkplatz.
**Anfahrt Bus & Bahn:** mit Bus 260 bis Haltestelle Lofer-Reith.

**Länge:** 3 Kilometer
**Höhenmeter:** 70
**Dauer:** 1 ¼ Stunden
**Schwierigkeit:** T 2

**Gastronomie:** Hotel Schütterbad, www.schuetterbad.at

**Reizvoll:** extrem schmaler, bloß 100 Meter langer Felseinschnitt, durch den sich der Innersbach in Richtung Saalach zwängt

**Tipp:** Rafting auf der Saalach; verschiedene Anbieter in Lofer, www.base-camp.at

**Geologie:** Das umgebende Gestein ist ein Dachsteinkalk aus der oberen Trias-Zeit und ca. 200 Millionen Jahre alt. Große Strudellöcher haben sich vor allem am unteren Ausgang der Klamm, vor der Einmündung in die Saalach, gebildet. Der Fluss ist in diesem Abschnitt relativ breit und kann hier Flachwasserzonen und Schotterbänke ausbilden.

Beim nahen Hotel Schütterbad tritt die sogenannte Löwenquelle zutage, der eine heilende Wirkung nachgesagt wird. Die gefasste Quelle besitzt jedenfalls hervorragende Trinkwasserwerte und wird von einem kunstvoll gefertigten Löwen aus Marmor bewacht. Sie trägt die Jahreszahl 1842 und die Initialen

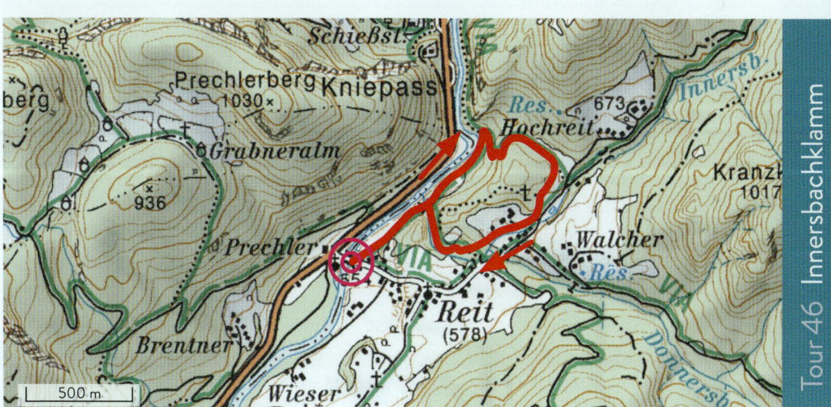

N. E. R., die für Nikolaus und Emmerenz Rainer, die Besitzer von Schloss Oberrain, stehen. Ein weiterer Löwenkopf soll in den dortigen Schlossmauern eingemauert worden sein.

**Schutzstatus:** keiner

**Weitere Touren:** Achhornrunde (4 Std., T 3). Mayrbergrunde (3 Std., T 2). Rundwanderung über Au (3 Std., T 1). Schütterbad oder Unken und retour (1 ½ bis 2 ½ Std., T 1).

## Der Weg

Der Ausgangspunkt für die kurze und einfache Klammwanderung befindet sich vier Kilometer südlich von Unken gleich nach der Abzweigung Richtung Reith. Vom Parkplatz nach der Brücke geht es mit der Beschilderung „Innersbachklamm. Schütterbad“ einen Kilometer dem Uferweg folgend saalachabwärts. Die erste Abzweigung Innersbachklamm bleibt vorerst noch unberücksichtigt, erst bei der nächsten Gabelung, kurz vor dem malerischen Saalachknie, verläuft unser Weg „Klebertal-Reith“ nach rechts aufwärts. Auf der anderen Seite des Sattels trifft der Steig auf eine Zufahrt und folgt dieser 500 Meter nach rechts bis zur Abzweigung „Innersbachklamm“. Eine schwindelerregende Treppenkonstruktion windet sich sehr bald durch die an manchen Stellen kaum einen Meter breite Klamm und endet beim letzten Gumpen. Entlang der Saalach geht es linker Hand an den Startpunkt retour.

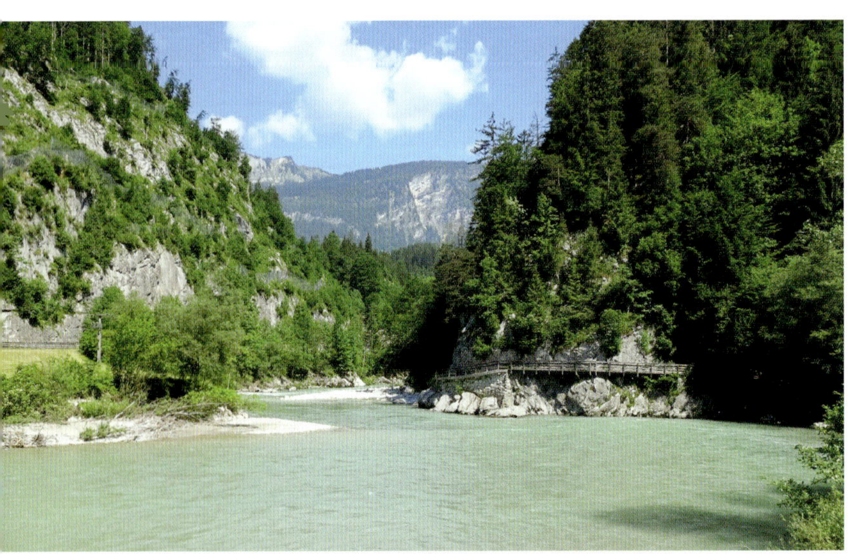

Das Saalachknie von der Einmündung der Innersbachklamm aus gesehen.

# 47 Staubfall in Unken

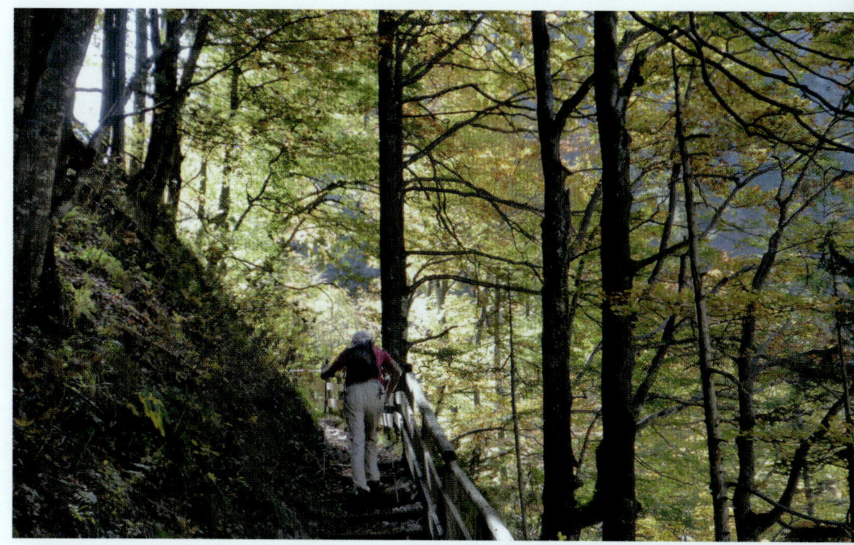

Herbststimmung am Weg zum Staubfall.

Ein erfrischender Grenzfall im Heutal auf dem Weg Richtung Bayern.

Nach der Durchquerung des unerwartet großflächigen, sonnenverwöhnten Heutales kommt mit der Abzweigung Richtung Staubfall das genaue landschaftliche Gegenteil auf den Wanderer zu. Auf schmalen Pfaden geht es immer tiefer in den geradezu mystischen Graben, dessen Höhe- und Grenzpunkt der einzigartige Staubfall darstellt.

Wer sich über den spektakulären Staubfall schon vorab informieren will, könnte vor der Auffahrt in das Heutal im Ortszentrum von Unken Halt machen. Da gibt es das „Modell" des Wasserfalles zu sehen, dessen augenscheinlichstes Merkmal die deutsch-österreichische Grenzstation direkt unter dem Wasserfall ist. Ein begabter Künstler hat die Szenerie liebevoll dargestellt. Knapp 500 Höhenmeter weiter oberhalb stellt sich die Wirklichkeit noch dramatischer dar, denn da stürzt der 200 Meter hohe, mehrstufige Wasserfall in geballter Kraft über die Besucher hinweg, die unter überhängenden Felsen und durch eine hölzerne Abdeckung ihren sicheren Weg finden. In ver-

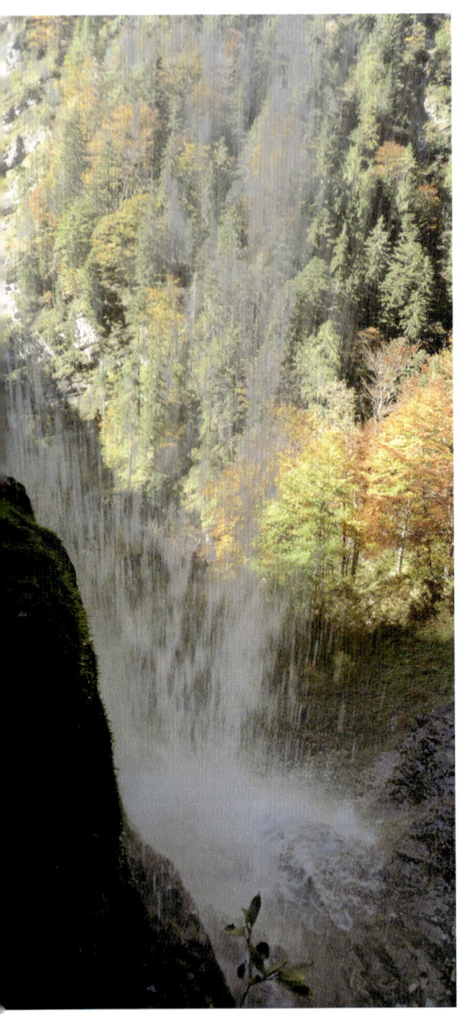

Der Staubfall von innen betrachtet.

gangenen Zeiten, in denen noch nicht so viel für die Wegesicherheit getan wurde, war die Begehung dieser Grenzroute, speziell für ängstliche Menschen, bestimmt eine Mutprobe. Der Salzburger Schulpädagoge und Schriftsteller Franz Michael Vierthaler (1758–1827) beschreibt in „Meine Wanderungen durch Salzburg, Berchtesgaden und Österreich" die Erlebnisse beim Staubfall: „Gerade hinter dem Falle ist eine hölzerne Treppe angebracht, welche Felsen mit Felsen verbindet. Sie hänget beinahe senkrecht über eine Kluft herab und ist mit vier Klammern befestigt. Tausende von Städtern würden hier um keinen Preis vermocht werden können, über diese Brücke zu schreiten." Dafür war der Weg vom Heutal nach Ruhpolding aber bis in das 20. Jahrhundert herauf eine beliebte Schmugglerroute.

**Anfahrt PKW:** über das Kleine Deutsche Eck oder über Lofer auf B 178 nach Unken. Im Zentrum Richtung Heutal abzweigen und auf dieser teils steilen Bergstraße bis zum letzten Parkplatz (gebührenpflichtig) im Talschluss weiterfahren.
**Anfahrt Bus & Bahn:** mit Bus 260 bis Unken Ortsmitte, weiter mit Wanderbus (Sommerfahrplan!) bis Unken Heutal.

**Länge (hin und retour):** 3 Kilometer
**Höhenmeter:** 150
**Dauer:** 1 ½ Stunden
**Schwierigkeit:** T 2

**Gastronomie:** Heutalerhof, www.heutal.at, Alpengasthof Heutal, www.hotel-heutal.com

**Reizvoll:** der wahrscheinlich außergewöhnlichste Grenzübergang zwischen

Bayern und Salzburg, der hinter dem eindrucksvollen Staubfall verläuft

**Tipp:** Stopp im Zentrum von Unken bei der „Staubfall-Miniatur“

**Geologie:** auffallend gesunder, intakter Mischwald aus Fichten, Tannen und Buchen rund um den Staubfall

**Schutzstatus:** Naturdenkmal seit 1978

**Weitere Touren:** Heutal – Staubfall – Holzknechtmuseum Ruhpolding – Heutal (6 Std., 14 km, 300 hm, T 2). Heutal (Abzw. gegenüber Alpengasthof Heutal) – Dickkopf 1204 m – Heutal (2 Std., 5,5 km, 230 hm, T 1). Heutal (Wanderparkplatz Sonntaghorn) – Hochalm –Sonntaghorn 1961 m – Heutal (5,5 Std., 11 km, 1000 hm, T 2).

## Der Weg

Ausgangspunkt ist der gebührenpflichtige Parkplatz am Ende des Heutales. Kurz vor der Parkfläche befindet sich auf der rechten Seite der Heutaler Hof und genau hier zweigt der Weg zum Staubfall Richtung Norden nach Ruhpolding ab. Nach der ruhigen, besinnlichen Anfangsphase am munter murmelnden Wiesenbach entlang folgt zur Einstimmung erst einmal der grandiose Fischbachfall. Der Geräuschteppich ändert sich nun genauso wie der Wegcharakter. Der Fischbachgraben schneidet sich immer tiefer in das Gelände ein, jetzt heißt es gut auf den schmalen, abwärts führenden Steig zu achten. Der Höhepunkt der tollkühnen Weganlage ist nach 40 Minuten der überdachte Staubfall, hinter dem sich der Pfad, dicht an den Felsen gedrängt, vorbeischwindelt. Wenige Meter nach den eindrucksvollen Wasserspielen, die zugleich die Staatsgrenze sind, gibt es eine nette Sitzgelegenheit und den passenden Moment zum Umkehren.

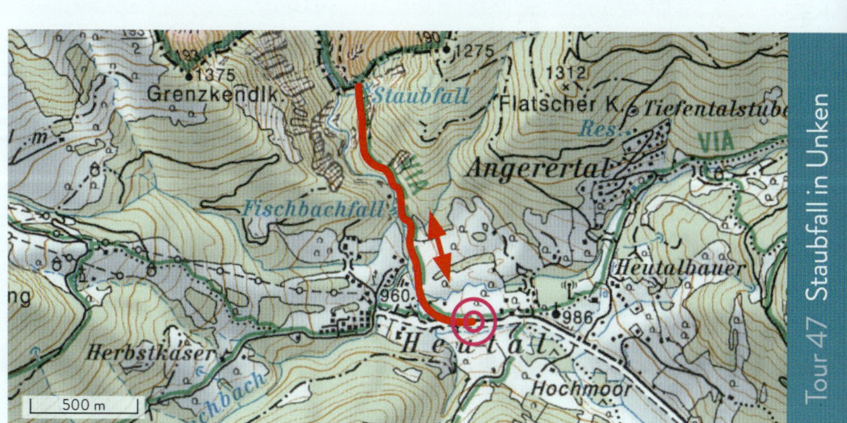

# 48 Mayrbergklamm

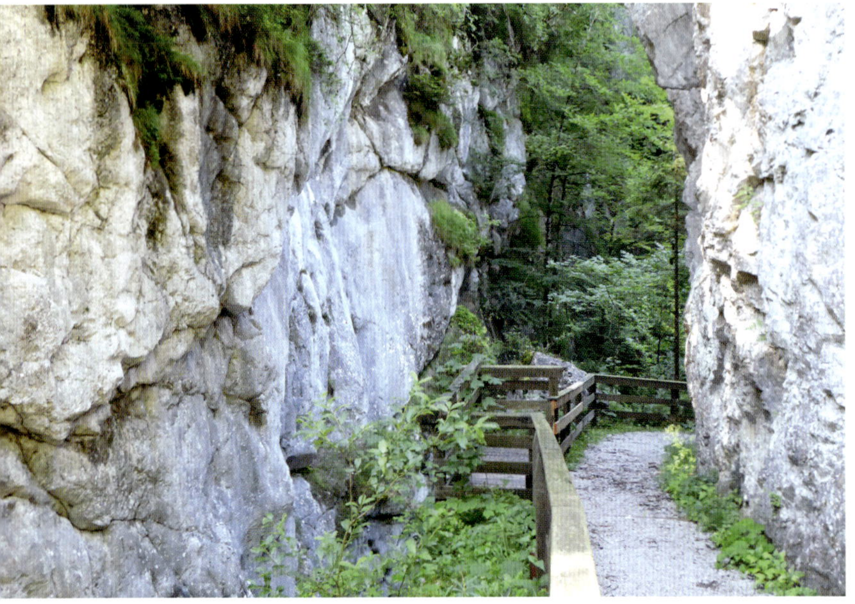

Auf sicheren Wegen durch die Mayrbergklamm.

Ein mystischer Ruhepol nahe Lofer zwischen Jakobsweg und Saalach.

Zwischen Saalfelden und Bad Reichenhall sucht sich die Saalach an den wichtigsten Kalkgebirgen des Landes vorbei ihren Weg. Loferer- und Leoganger Steinberge auf der Westseite, die Gebirge der Berchtesgadener Alpen östlich und südöstlich davon. Kein Wunder, dass es in diesem engen Abschnitt mit den vielen Zuflüssen zu einer besonders hohen Klammen- und Schluchtendichte kommt. Die Palette reicht von Besuchermagneten wie der Vorderkaser- oder der Seisenbergklamm bis zu kaum bekannten, stillen Schönheiten. Dazu zählt unbedingt die Mayrbergklamm im Gemeindegebiet von Lofer. Sie ist vom Ortsteil Maurach aus leicht erreichbar, sie kann aber auch Teil von ausgedehnten Wanderrunden sein. Sehr empfehlenswert und eine nette Ergänzung ist der kurze Abstecher zum nahen Auer Kirchlein, einem der beliebtesten Fotopunkte in Lofer, an dem auch der Jakobsweg vorbeiführt.

**Anfahrt PKW:** A 8, Abfahrt Bad Reichenhall. Auf B 20 und B 21 über das Kleine Deutsche Eck Richtung Lofer. 6 km nach Unken in Maurach von B 178 rechts abzweigen. Parken.
**Anfahrt Bus & Bahn:** mit Bus 260 bis Haltestelle Lofer Antonikapelle.

**Länge (kl. Runde/gr. Runde):** 3,5 Kilometer/12 Kilometer
**Höhenmeter:** 80/400
**Dauer:** 1 ¼ Stunden/4 Stunden
**Schwierigkeit:** T 2

**Gastronomie:** Gasthof Drei Brüder in Reith, www.dreibrueder.at

**Reizvoll:** Die Klamm ist für sich alleine schon ein sehenswertes Ziel, aber besonders lohnend in Verbindung mit einer Rundwanderung.

**Tipp:** Abstecher zum Kirchlein in Au

**Geologie:** Der untere Eingang in die Klamm führt an einem gewaltigen Konglomeratfelsen vorbei, der aus der Zwischeneiszeit stammt. Ursprünglich muss der Boden des Saalachtales um 100 m höher angenommen werden. Er war von einer mächtigen Schotterbank bedeckt, die Gesteinsmassen wurden von den Gletschern aus den Tauern hierher ver-

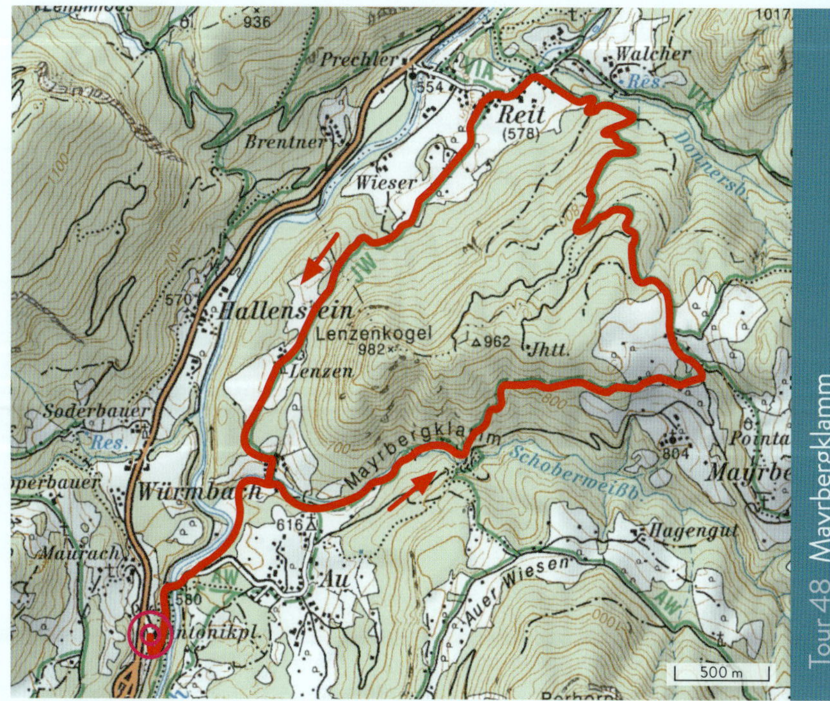

frachtet. Der Eisstrom erreichte eine maximale Höhe von 1700 Metern.

**Schutzstatus:** keiner

**Weitere Touren:** Maurach – Dietrichshorn (schwieriger Gipfelsteig kann umgangen werden) – Astenalm – Bimalm – Vockenalm – Maurach (3 Std., T 2 bis T 3).
Lofer Parkplatz Tourismusbüro (gegenüber Kirche) – Teufelssteg – Bairau – Au – Mayrbergklamm – entlang Saalach (Triftsteig) retour – Lofer (2,5 Std., T 2).

## Der Weg

### Kurze Rundwegvariante über Au

Eine kurze Variante beginnt im Loferer Ortsteil Maurach und folgt der Route 53 Richtung Au durch die Straßenunterführung zur reizvollen Antoniuskapelle aus dem Jahr 1755. Die ursprünglich hier vorbeiführende Straße nach Au und Mayrberg wurde verlegt, auch die alte, hochwassergefährdete Holzbrücke wurde ersetzt. Ein schöner Wanderweg (Weg 64) zur neuen Auerbrücke wurde angelegt, dem wir links abzweigend folgen. Nach der Überquerung der Brücke wieder links, zuerst noch entlang der Saalach, dann am Schoberweißbach entlang und wenig später mitten hinein in die Schlucht. Am oberen Ende nach rechts zum Foto-Pflichtstopp Auer Kircherl und entlang der Zufahrt wieder zur Auer Brücke.

### Lange Rundwegvariante über Reit

Bis Ende Mayrbergklamm wie oben, dann nicht nach Au, sondern auf Weg 64 oberhalb am Graben entlang in einer Stunde Richtung Obermayrberg (Weg 64). Am höchsten Punkt beim Moarhof (889 m) öffnet sich eine traumhafte Aussicht auf Reiteralpe, Loferer Steinberge und Chiemgauer Alpen. Auf einem Forstweg (Weg 4) talwärts zweieinhalb Kilometer nach Reith. Entweder gleich nach links am Kirchlein von Reith vorbei in einer weiteren Stunde zurück Richtung „Au, Lofer“ oder zuvor noch rechts abzweigend den lohnenden, halbstündigen Umweg über die faszinierend schmale Innersbachklamm.

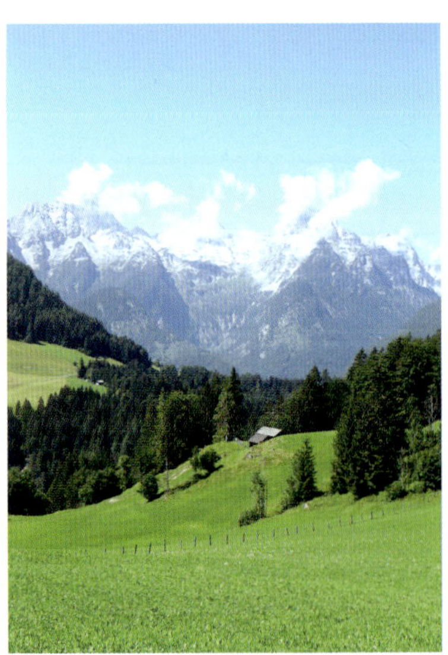

Blick von Mayrberg zu den Loferer Steinbergen.

# 49 Wasserfallweg Lofer (Oberer Würmbach)

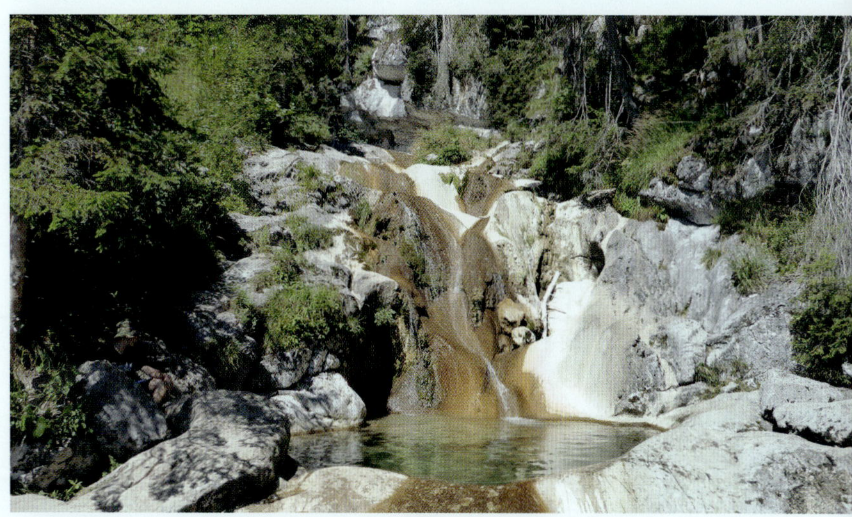

Wasserbecken in allen Größen am Weg zur Loferer Alm.

Von Wasserfall zu Wasserfall hinauf in das Wanderparadies auf der Loferer Alm.

Ganz einsam geht es auf der beliebten Loferer Almenwelt selten zu, aber die Ströme werden gut gelenkt. Ein Highlight ist neben dem wunderbaren Almenweg, der quer über das Hochplateau führt, der erfrischende Wasserfallweg an den sich der Almenschwerpunkt leicht anschließen kann. Zum Glück bietet sich für die Rückfahrt ja die bequeme Gondelbahn an, also bleibt genug Zeit für ausgiebige Streifzüge auf der sonnigen Loferer Alm. Zunächst gilt die ganze Aufmerksamkeit aber dem familienfreundlich angelegten Wasserfallweg, der von der Bergstation der Almbahn I durch dichten Wald, vorbei an Almen und rauschenden Wasserfällen, bis hinauf zur Bergstation der Almbahn II führt. So wie bei der ersten Ausstiegsstelle wartet auch hier wieder ein großer Erlebnisspielplatz auf die Kinder. Die Hauptattraktion ist aber natürlich der Wasserfallweg, an dem sich dauernd neue Perspektiven und Plätze auftun. Informelle Unterstützung erhalten die großen und kleinen Wasserfallforscher durch 12 Stationen, über die entlang des Weges viel Wissenswertes zu Natur und Geschichte vermittelt wird.

# Wasserfallweg Lofer (Oberer Würmbach)

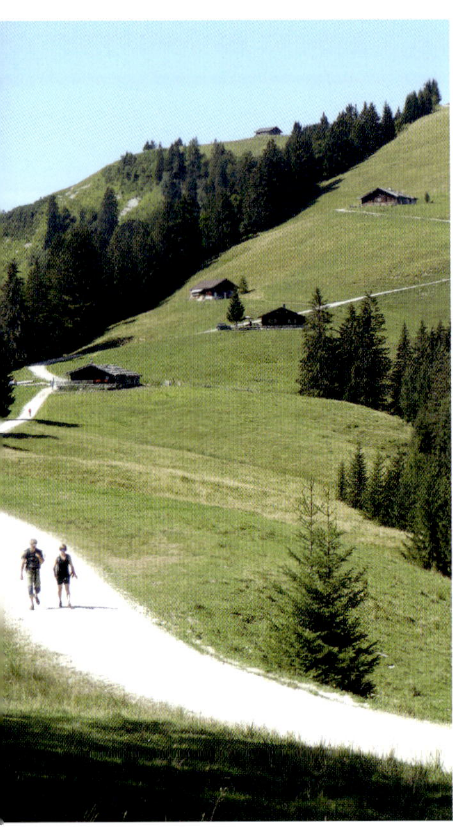

Schwarzeck auf der Loferer Alm.

**Anfahrt PKW:** A 1, A 8, Abfahrt Bad Reichenhall. Auf B 20 und B 21 durch das Kleine Deutsche Eck und auf B 178 nach Lofer, Parkplatz Bergbahnen (Wegvariante 1).
Oder 2 km vor Lofer, kurz vor der Abfahrt Lofer, von B 178 Richtung Au-Mayrberg abzweigen. Parkplatz kurz nach der Antonikapelle (Wegvariante 2).
**Anfahrt Bus & Bahn:** mit Bus 260 bis Lofer Mittelschule (Variante 1). Oder Haltestelle Lofer Antonikapelle (Variante 2).

**Länge (Variante 1/Variante 2):** 3,3 Kilometer/12,5 Kilometer
**Höhenmeter:** 370/730
**Dauer:** 1 ¾ Stunden/4 ½ Stunden
**Schwierigkeit:** T 2

**Gastronomie:** Gasthof Loderbichl, www.loderbichl.at, Tel. +43 (0) 65 88 / 85 89
Gasthof Krepper, www.krepperhof.at

**Reizvoll:** Mit Hilfe der Loferer Almbahnen lassen sich viele attraktive Varianten erwandern, die sonst zeitlich nicht machbar wären.

**Tipp:** im Sommer einkehren in einer der vielen Almen, im Winter wiederkehren zum genussvollen Familienskilauf

**Geologie:** Die günstigen geologischen Verhältnisse ermöglichen auf dem 400 Hektar umfassenden Loferer Almenplateau eine großzügige Sommerbewirtschaftung. Die Loferer Alm ist zudem die größte Almgemeinschaft im Pinzgau, deren Weiderechte bis auf das Jahr 1405 zurückgehen. Rund 400 Stück Vieh verbringen den Sommer auf der Loferer Alm. Entwässert wird das Plateau hauptsächlich Richtung Saalachtal durch den Würmbach, an dem der Wasserfallweg entlangführt.

**Schutzstatus:** keiner

**Weitere Touren:** ab Bergstation Loderbichl über Bimalm oder ab Soderbauer über Vockenalm auf das Dietrichshorn,

1542 m (4 Std., Gipfelsteig T 3, sonst T 2). Ab Bergstation Almbahn II – Rundwanderung Grubhörndl, 1627 m (3 Std., T 3). Sieben beschilderte Rundwanderwege auf der Almenwelt Lofer (40 Min. bis 3 Std., T 1 und T 2).

### Der Weg

#### Variante 1 ab Bergstation Loderbichl

Die Wanderung (in der Karte rot) beginnt recht bequem in Lofer mit der Auffahrt der Almbahn I bis zur Bergstation Loderbichl. Dort startet der gut beschilderte Wasserfallweg (Weg 50), der noch kurz der Höhenstraße folgt und dann nach rechts abzweigt. Zunächst ist auf dem noch nicht sehr steil ansteigenden Weg von einem Bachverlauf oder von Wasserfällen nichts zu sehen. Dafür öffnen sich schöne Ausblicke, und vielleicht auch Wanderideen, auf das gegenüber steil aufragende Dietrichshorn (1542 m). Dann wird's aber doch noch nass und steil, weil der Serpentinen-Pfad bis an den Rand der unterschiedlich großen Gumpen am Würmbach führt. Etwas Vorsicht ist auf den nassen Felsen natürlich immer angebracht, nicht jede Felswanne eignet sich für ein Fußbad. Nach einer spektakulären Abfolge kleinerer Wasserfälle werden die Zugänge aber leichter und der Wegverlauf im Wald weniger steil. Nach einer kleinen Holzbrücke entfernt sich die Route 50 allmählich wieder vom Bachbett und geht in jenen Weg über, der in 35 Minuten in das weitläufige Weidegebiet der Loferer Alm führt. Dort stehen verschieden lange und schwierige Wege sowie etliche Einkehrmöglichkeiten zur Auswahl bereit, oder es geht gleich mit den Almbahnen II und I wieder zurück in den Ort Lofer.

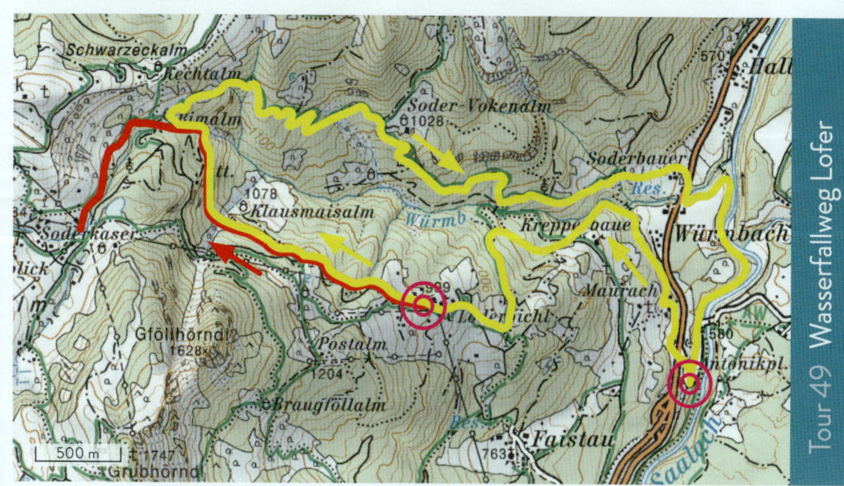

**Variante 2 über Krepper, Bimalm, Vockenalm und Soderbauer**

Vom Parkplatz an der Zufahrt „Au-Mayrberg" nahe der Antonikapelle zurück zur B 178, diese unterqueren und an den Häusern von Maurach vorbei dem Wanderweg zum Gasthof Krepper folgen. Noch kurz auf einem breiten Wirtschaftsweg, dann auf einem Waldpfad weiter in Richtung „Loferer Alm". Der Weg 54 führt zum Gasthof Loderbichl, dort beginnt wie oben beschrieben der „Wasserfallweg". Am Ende des einstündigen Wegabschnitts bei der Gabelung vor der Bimalm verläuft diese Variante gemeinsam mit dem Weg 9 in Richtung „Vockenalm, Soderbauer" weiter. Die urige Vockenalm liegt etwas abseits des Weges, unsere Route 9 orientiert sich am Wirtschaftsweg, der in einer Stunde zum Soderbauer führt. Der mit prachtvoller Lüftlmalerei verzierte Hof ist der älteste Erbhof des Landes. Er trägt seit der ersten urkundlichen Erwähnung im Jahr 1380 denselben Namen. Die Route quert die Bundesstraße, führt einen kurzen Abschnitt an der Saalach entlang (Weg „Lofer über Triftsteig") und dann wieder die wenigen Meter hinauf zum Parkplatz nahe der Antonikapelle.

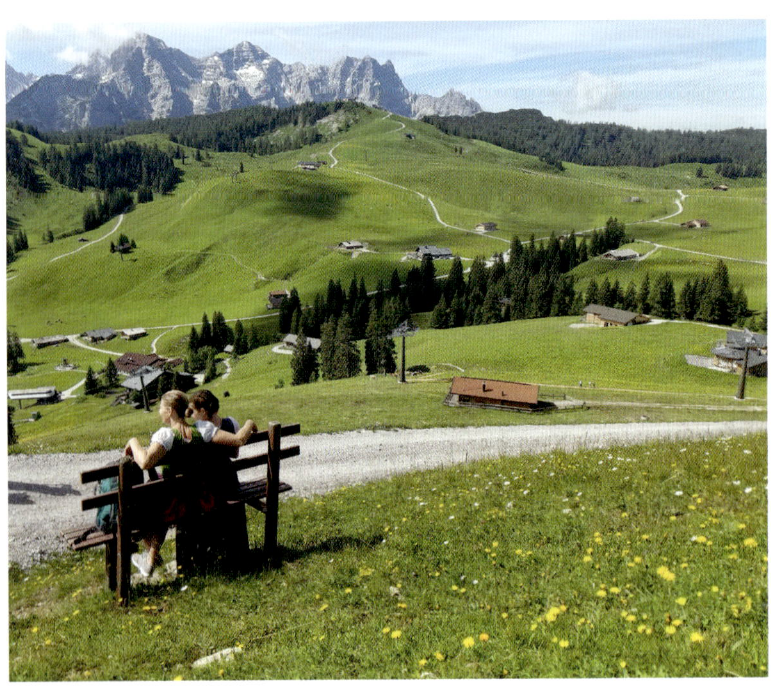

Die idyllische Loferer Alm und die Loferer Steinberge im Hintergrund.

# 50 Untere Würmbach-schlucht (Stegbrückerl)

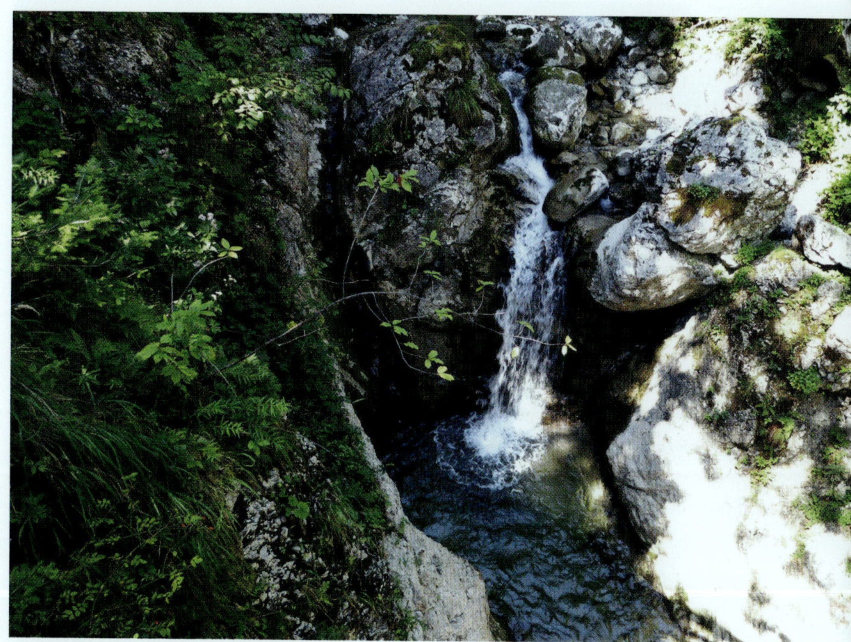

Das Stegbrückerl überquert die Würmbachschlucht.

**Bevor sich der Würmbach mit der Saalach vereint, hinterlässt er noch einmal tiefe Spuren in der Landschaft.**

Der Bach ist zwar der gleiche, aber im Unterschied zum Oberen Würmbach, der für die Attraktionen am beliebten Loferer Wasserfallweg verantwortlich ist, herrscht im unteren Abschnitt Stille. Der Bach ist natürlich noch immer vernehmbar, aber hierher verirren sich nur wenige Wanderer. Der Bachverlauf ist zugegebenermaßen auch nicht so spektakulär mit Gumpen und Wasserfällen bestückt, aber in den Landkarten ist der Weg immerhin mit Würmbachschlucht verzeichnet und macht Appetit auf einen Lokalaugenschein. Das Herzstück ist das Stegbrückerl, da quert der Wanderweg einen schluchtartigen Abschnitt, der sich wirklich sehen lassen kann. Man ahnt, dass der Ort für diesen Steg gut geplant ist, denn viele Möglichkeiten zum Queren des tief eingeschnittenen Bachbettes bieten sich nicht an.

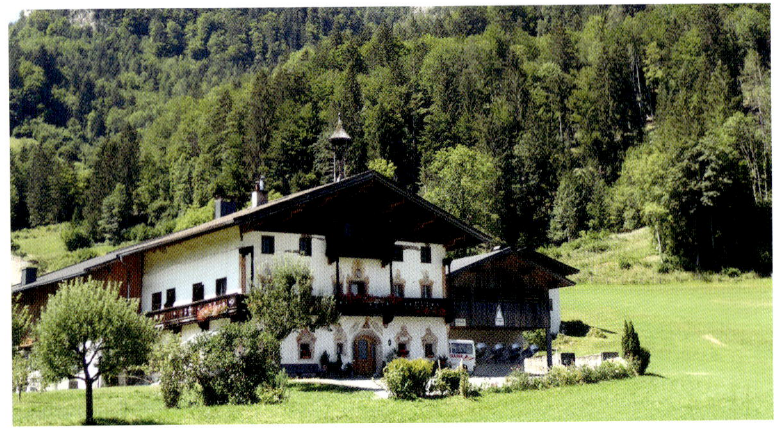

Der Erbhof Soderbauer. Die Familiengeschichte reicht bis in das Jahr 1380 zurück.

**Anfahrt PKW:** A 1, A 8, Abfahrt Bad Reichenhall. Auf B 20 und B 21 durch das Kleine Deutsche Eck und auf B 178 Richtung Lofer. 2 km vor Lofer, kurz vor der Abfahrt Lofer, von B 178 Richtung Au-Mayrberg abzweigen. Parkplatz kurz nach der Antonikapelle.
**Anfahrt Bus & Bahn:** ab Salzburg Hbf. (E.-Weiß-Weg) mit Bus 260 bis Haltestelle Lofer Antonikapelle.

**Länge:** 5,5 Kilometer
**Höhenmeter:** 240
**Dauer:** 2 Stunden
**Schwierigkeit:** T 2

**Gastronomie:** Gasthof Krepper, www.krepperhof.at

**Reizvoll:** auf einsamen Waldpfaden die Kraft des Wassers erkunden

**Tipp:** Bei entsprechender Kondition und Lust lässt sich auch noch der Obere Würmbach-Weg (Wasserfallweg) anschließen.

**Geologie:** Das maßgebende Gestein ist der Dachsteinkalk, der aus der Oberen Trias-Zeit stammt und somit etwa 200 Millionen Jahre alt ist. Seit der letzten Eiszeit vor rund 12.000 Jahren gräbt sich der Würmbach immer tiefer in das Gestein und hinterlässt trotz geringer Durchflussmenge recht deutliche Erosionsspuren in der Landschaft.

**Schutzstatus:** keiner

**Weitere Touren:** ab Antonikapelle an der Saalach entlang (Triftsteig) nach Lofer, retour über Bairau (2 Std., T 1). Ab Antoni-Kapelle – Au – Reit und über Hallenstein retour (3,5 Std., T 2). Ab Maurach – Soderbauer – Thälern Alm – Thälerer Kogel (1337 m) und retour (4,5 Std., T 2).

**Der Weg**

Vom Parkplatz nahe der Antonikapelle mit dem Weg 55 hinab zur Saalach und nach einem Kilometer links zum Soderbauer hinaufqueren. Am prachtvollen alten Erbhof vorbei und auf dem breiten Wirtschaftsweg weiter Richtung Vockenalm (Weg 9). Nach eineinhalb Kilometern zweigt der halbstündige Verbindungsweg 54 Richtung Krepper nach links ab. Herzstück des Weges ist das Steigbrückl, das die Würmbachschlucht an ihrer spektakulärsten Stelle überquert. Der hochwassersichere Platz kam erst 1995 ins Spiel, nachdem die 160 Meter oberhalb gelegenen Vorgängerbauten immer wieder durch Unwetter zerstört wurden. Ein besonders schöner Anblick auf die schmale Schluchtenbrücke und den Wasserfall ergibt sich vom Standort einige Meter weiter unterhalb am links abzweigenden Weg Richtung Krepper. Am schön gelegenen Ausflugsgasthaus vorbei führt der Rundweg zu den Häusern in Maurach und von dort in 15 Minuten retour zum Parkplatz nahe der Antonikapelle.

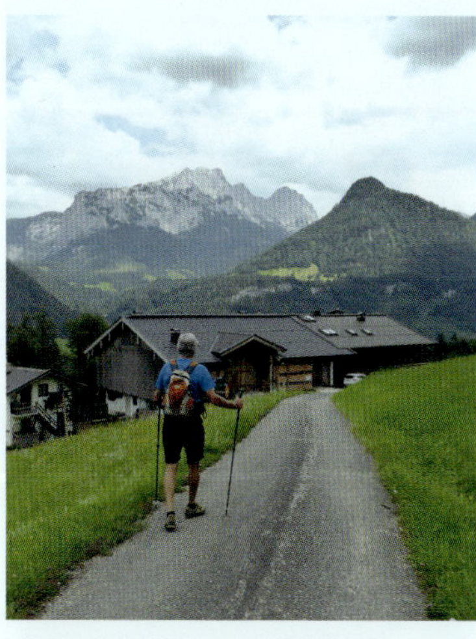

Wenige Schritte bis zum Hof Krepper.

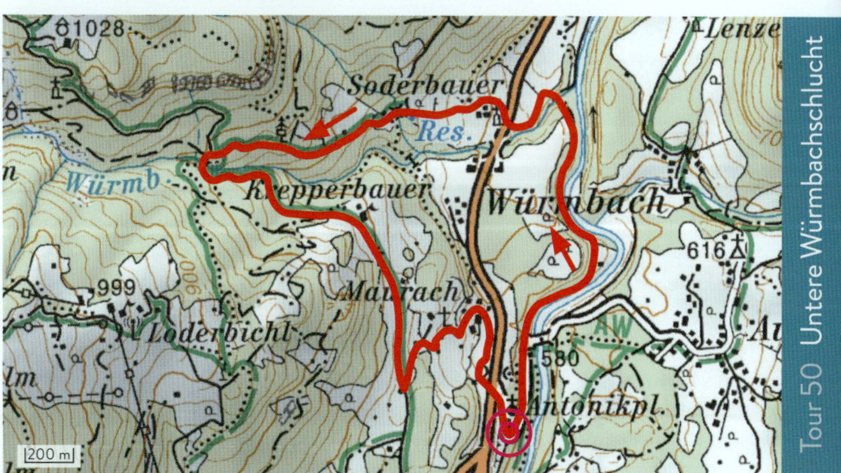


Tour 50 Untere Würmbachschlucht

# 51 Teufelssteg bei Lofer

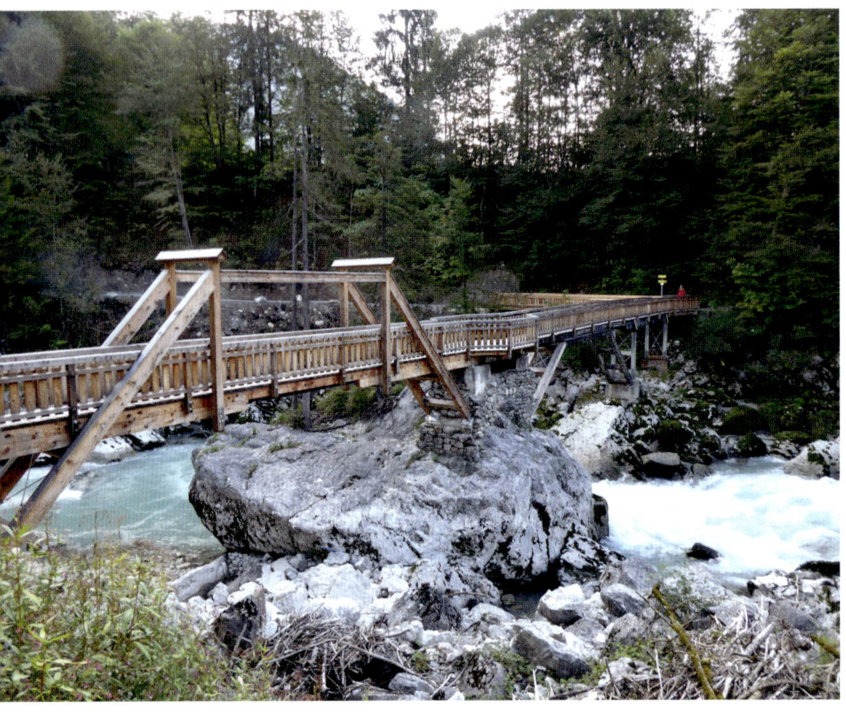

Der spektakuläre Teufelssteg nützt den natürlichen Pfeiler aus Fels.

Ein riesiger Felsblock ist die sichere Mittelstütze der Brücke über die Saalach.

Wie man bei dieser Brückenbezeichnung vermuten kann, ranken sich um den Teufelssteg bei Lofer viele Geschichten. Eine davon besagt, dass der Teufel einen gewaltigen Felsen inmitten der Flussverengung so geschickt platzierte, um dann trockenen Fußes über die wild aufschäumende Saalach zu gelangen. Mit übernatürlich großen Bocksprüngen, zu denen der Herr der Finsternis wohl fähig ist, wird es ihm schon gelungen sein. Für die nachfolgenden Generationen war der Stein in der Flussmitte noch wichtiger, denn mit diesem (über-)natürlichen Brückenpfeiler war der Bau eines Holzsteges wesentlich einfacher. Den ersten Nachweis der Brückenkonstruktion liefert ein Ölbild aus dem Jahr 1855, auf dem das

Geländer des Holzsteges über der Saalach mit den Steinbergen im Hintergrund zu sehen ist. Obwohl sechs Meter über dem normalen Wasserstand der Saalach gelegen, wurde der verwegene Teufelssteg dennoch immer wieder von Unwetterereignissen in Mitleidenschaft gezogen oder gar weggerissen. Das war unter anderem in den Jahren 1886, 1897, 1899, 1957, 1961, 1997 und 2013 der Fall. Der Bau einer höher gelegenen Hängebrücke wurde angedacht, aber das hätte den Charakter der phantastischen Wildflusslandschaft wohl massiv verändert.

**Anfahrt PKW:** A 1, A 8, Abfahrt Bad Reichenhall. Auf B 20 und B 21 durch das Kleine Deutsche Eck und auf B 178 nach Lofer. Zentraler Parkplatz bei der Touristeninfo an der B 178.

**Anfahrt Bus & Bahn:** ab Salzburg Hbf. (E.-Weiß-Weg) mit Bus 260 bis Haltestelle Lofer Mittelschule, Tourismusbüro

**Länge:** 3,7 Kilometer
**Höhenmeter:** 15
**Dauer:** 1 ¼ Stunden
**Schwierigkeit:** T 1

**Gastronomie:** unterwegs keine, große Auswahl im Ort Lofer

**Reizvoll:** Verweilen auf einem Felsblock inmitten der Saalach. Die Natur liefert die beste Stütze.

**Tipp:** Den Kanuten vom Teufelssteg aus zusehen, wenn sie unter der Brücke durchrauschen. Zwischen Hubertussteg und Teufelssteg verläuft eine ehemalige WM-Slalom-Strecke.

**Geologie:** Im Knie kurz vor dem Teufelssteg zeigt ein aus dem Wasser ragender Zollstock mit der Einteilung von 1 (=grün) bis 5 (=rot) den Wasserstand und damit die Gefahrensituation für die Kanufahrer an. Daran lässt sich schon erkennen, welches Potential die

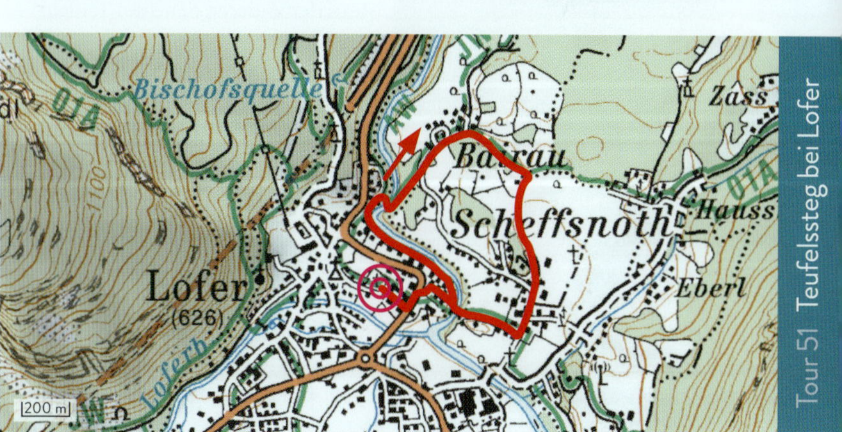

Saalach an dieser natürlichen Engstelle entwickeln kann. Ein unverrückbares Hindernis ist auf alle Fälle der gewaltige Felsblock in der Flussmitte, den sich die Erbauer des Teufelsstegs als Brückenpfeiler zunutze gemacht haben.

**Schutzstatus:** bemerkenswerter Landschaftsteil

**Weitere Touren:** Saalachweg nach St. Martin – retour über Hochmoos (2 ½ Std., T 1). Lofer – Triftsteig nach Au und retour (2 Std., T 1). Lofer – Tiroler Steig – Maria Kirchental – Wechsel – Salzburger Steig – Lofer (4 Std., T 3).

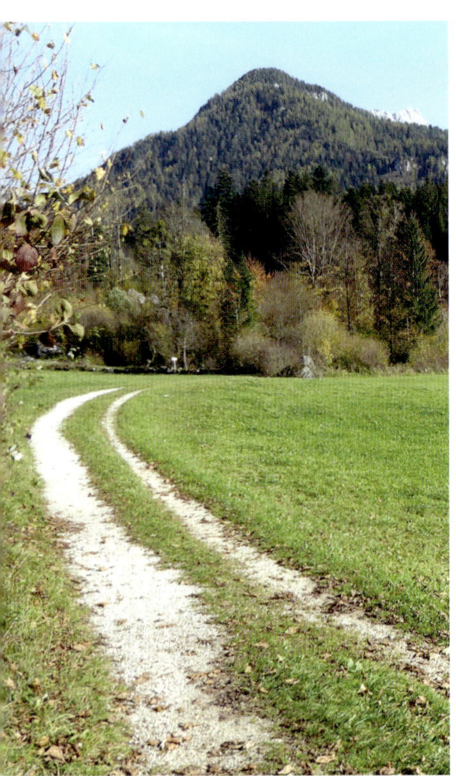

Wiesenweg in Bairau.

## Der Weg

Ausgangspunkt ist der zentrale Parkplatz in Lofer an der B 311. Hier befinden sich auch die Tourismusinformation sowie Sanitäreinrichtungen. Für einen Spaziergang durch den romantischen Ort Lofer ist der Parkplatz ebenfalls perfekt gelegen. Zunächst geht es aber über den Zebrastreifen gegenüber der Tourismusstelle über die Bundesstraße und in wenigen Minuten zum Hubertussteg weiter. Der Uferweg bleibt auf der linken Saalachseite und führt unter Felsvorsprüngen durch die Flussverengung zum sagenhaften Teufelssteg. Von dieser Seite aus ist die waghalsige Konstruktion, die einen gewaltigen Felsen inmitten der Saalach als Brückenpfeiler verwendet, besonders eindrucksvoll zu sehen. Auf der anderen Seite des Teufelsstegs führt der Weg links abzweigend einige Meter bergauf in den Bairaupark, wo Rastplätze, ein erfrischender Brunnen und geologische Informationen warten. Der weitere Weg folgt zunächst der Route 60 entlang der Zufahrt nach links und wenig später dem Wirtschaftsweg nach rechts. In einem weiten Bogen verläuft der Weg den sonnigen Talboden südostwärts querend in den Ortsteil Scheffsnoth und von dort zurück zum Hubertussteg, wo sich die Runde schließt.

# 52 Thurnlöcher und Martinsschlucht

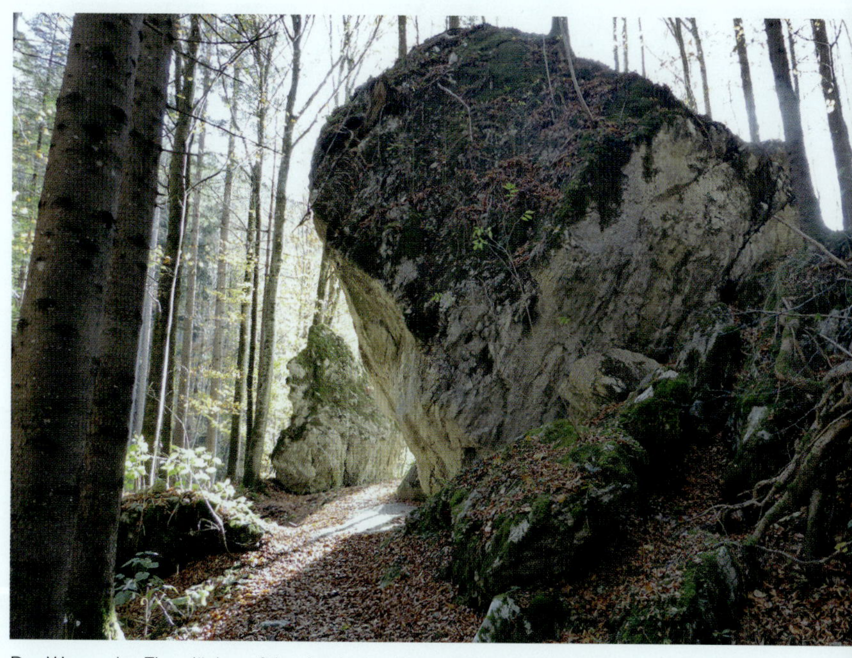

Der Weg zu den Thurnlöchern führt durch eine bizarre Bergsturzlandschaft.

Eine kühle Wanderung entlang der Saalach in St. Martin, die auch Einblicke in die Geologie gewährt.

Wer auf der Suche nach „Löchern“ im herkömmlichen Sinn ist, wird bei dieser interessanten Wanderung zu den „Thurnlöchern“ vielleicht überrascht sein, denn das Ziel der Exkursion sind große Felsbrocken, die zur Freude der zahlreichen Kajakfahrer malerisch verteilt mitten in der Saalach liegen. Das den Trümmerhaufen kataraktartig durchfließende Gewässer schafft kleine, höhlenartige Grotten, die sogenannten „Thurnlöcher“. Die Talenge hier am Pass Luftenstein wird von den Einheimischen als „Martinsschlucht“ bezeichnet.

Richtige „Löcher“ finden sich dann aber doch noch. Der Beginn der Rundwanderung führt durch einen Geologiepark, der von den atemberaubenden Ereignissen vor vielen Millionen Jahren berichtet. Auf den Felsen erkennbare Muscheln erinnern an den Entstehungsort

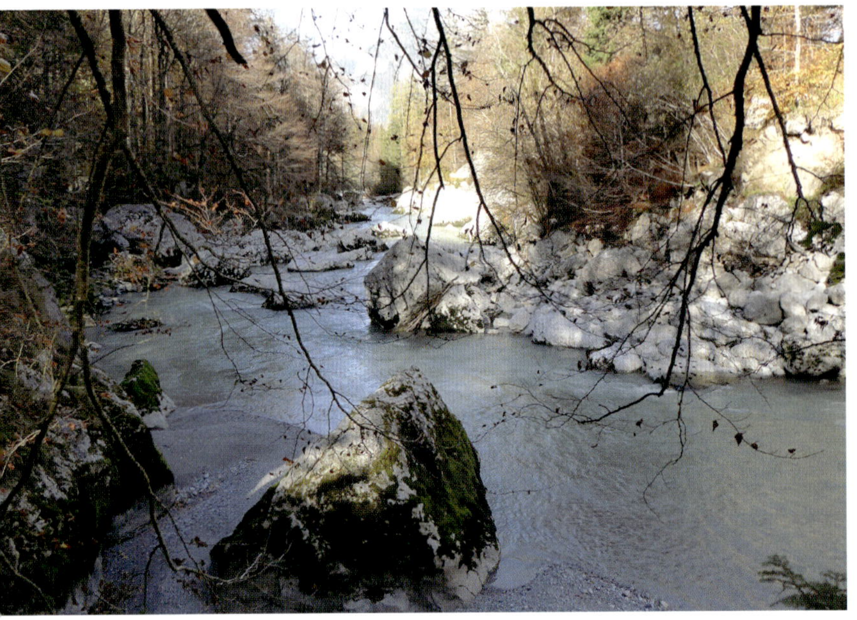

Der Rückweg führt entlang der Saalach am Naturdenkmal „Thurnlöcher" vorbei.

der Kalkgesteine im Ur-Mittelmeer Tethys. Aus einer sehr viel späteren Zeit stammt die imposante Gletschermühle, die den Namen „Fuchsloch" erhalten hat. Gebildet hat sich die beinahe kreisrunde Vertiefung durch das in die Spalten herabstürzende Gletscherwasser, vor allem durch rotierende Steine, die mit der ständigen Wirbelbewegung perfekt geformte Töpfe in den Fels meißelten.

**Anfahrt PKW:** über Lofer oder Saalfelden auf B 311 nach St. Martin bis Abzweigung Wildental, gegenüber der südlichen Ortseinfahrt St. Martin. Parkmöglichkeit vor der Saalach-Brücke.

**Anfahrt Bus & Bahn:** mit Bus 260 bis Haltestelle St. Martin bei Lofer Luftenstein/Wildenthal.

**Länge:** 2,5 Kilometer
**Höhenmeter:** unbedeutend
**Dauer:** 45 Minuten
**Schwierigkeit:** T 1

**Gastronomie:** Woodprint House & Cafe, www.woodprint.house
Gasthof Post im Ort St. Martin, www.gasthof-post.info

**Reizvoll:** Die Suche nach Löchern führt zu beeindruckenden Wasserstrudeln in der Saalach.

**Tipp:** Ein Besuch in der nahen Seisenbergklamm geht sich nach den „Thurnlöchern“ auch noch leicht aus.

**Geologie:** Entstanden ist die „Martinsschlucht“ genannte eindrucksvolle Felssturzlandschaft durch einen nacheiszeitlichen Bergsturz, welcher sich vom westlich der Saalach gelegenen Thurneck (1355 m) löste.

**Schutzstatus:** Naturdenkmal seit 1978

**Weitere Touren:** Strohwollner Schlucht (1 Std., T 2). Wildenbachschlucht (1,5 Std., T 2). Saalachweg nach Lofer (2 Std., T 1).

### Der Weg

Von der Parkfläche an der Abzweigung in den Ortsteil Wildental führt die Route über die Saalachbrücke und folgt der Zufahrt 100 Meter bis zum ehemaligen Cafe Marianne auf der rechten Straßenseite. Hier beginnt der Weg in den Geologiepark, der durch einen großen hölzernen Torbogen in die beinahe mystisch wirkende Felssturzlandschaft eintaucht. Einige Info-Tafeln erklären die geologischen Hintergründe zur Entstehung der Alpen und verweisen auf die heute noch sichtbaren Zeugen, wie etwa die Megalodonten („Kuhtrittmuscheln“) aus der Trias vor 200 bis 250 Millionen Jahren. Das Gelände wird lichter und wenig später ist auch schon der hölzerne Thurnsteg erreicht, von dem aus die „Thurnlöcher“, die gewaltigen Felsen inmitten der Saalach, besonders gut zu sehen sind. Am linken Saalachufer entlang führt der Weg 74 Richtung St. Martin retour zum Ausgangspunkt. Von dort ist es links abzweigend übrigens nur einen Katzensprung in das stimmungsvolle Ortszentrum von St. Martin.

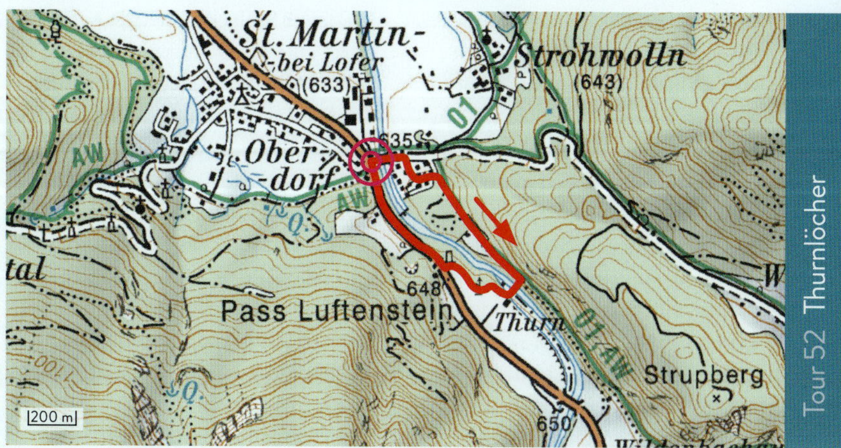

# 53 Wildenbachschlucht

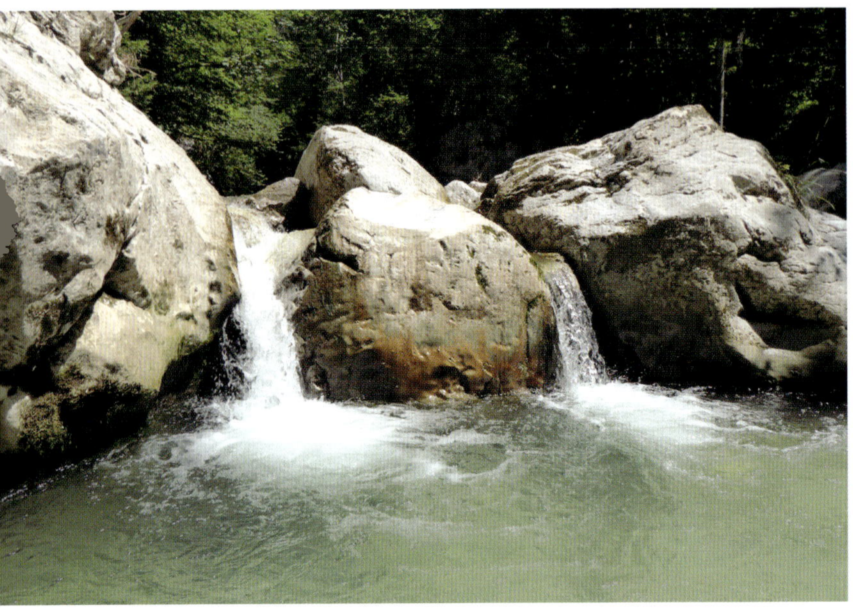

Ein natürlicher „Whirlpool“ in der Wildenbachschlucht.

## Vom breiten Saalachtal in die Enge der Wildenbachschlucht.

Vor dem Bau der neuen Straße war der Weg durch die Wildenbachschlucht die hauptsächliche Verbindung aus dem Saalachtal zu den Ortsteilen Wildental und Hirschbichl. Heute ergibt sich mit der neuen und der alten Wegvariante die Möglichkeit zu einer reizvollen, gut sechs Kilometer langen Rundwanderung. Daran schließt die sogenannte Saalachschlucht an, die aber genauso wie die landläufige Bezeichnung „Thurnlöcher“ vielleicht falsche Erwartungen hervorruft. Denn weder gibt es an dieser Saalach-Engstelle Löcher noch eine Schlucht. Eindrucksvoll ist der Abschnitt mit den teils häusergroßen Felsen inmitten der Saalach aber auf jeden Fall. Auch für die Kajakfahrer eröffnen die grottenähnlichen Durchgänge (=„Löcher“) ebenso reizvolle wie herausfordernde Strecken. Die ostwärts verlaufende Wildenbachschlucht wird ihrem Namen schon eher gerecht. Aber auch hier lassen sich leicht erreichbare Einstiegsstellen für ein erfrischendes Flussbad finden.

**Anfahrt PKW:** über Lofer oder Saalfelden auf B 311 nach St. Martin bis Abzweigung Wildental, gegenüber der südlichen Ortseinfahrt St. Martin. Parkmöglichkeit rechts vor der Saalachbrücke.

**Anfahrt Bus & Bahn:** mit Bus 260 bis Haltestelle St. Martin bei Lofer Luftenstein/Wildenthal

**Länge:** 6,5 Kilometer
**Höhenmeter:** 200
**Dauer:** 2 ¼ Stunden
**Schwierigkeit:** T 2

**Gastronomie:** im Ort St. Martin, unterwegs keine

**Reizvoll:** unterwegs auf den Spuren der alten und neuen Verkehrsverbindungen

**Tipp:** Besuch im reizenden Ort St. Martin

**Geologie:** Gletschermühlen im Geologiepark St. Martin erinnern an die landschaftsprägende Rolle der eiszeitlichen Gletscherströme.

**Schutzstatus:** keiner

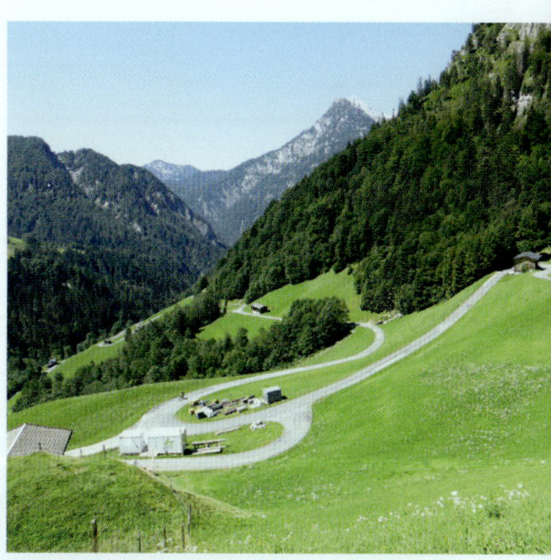

Das Wildental Richtung St. Martin.

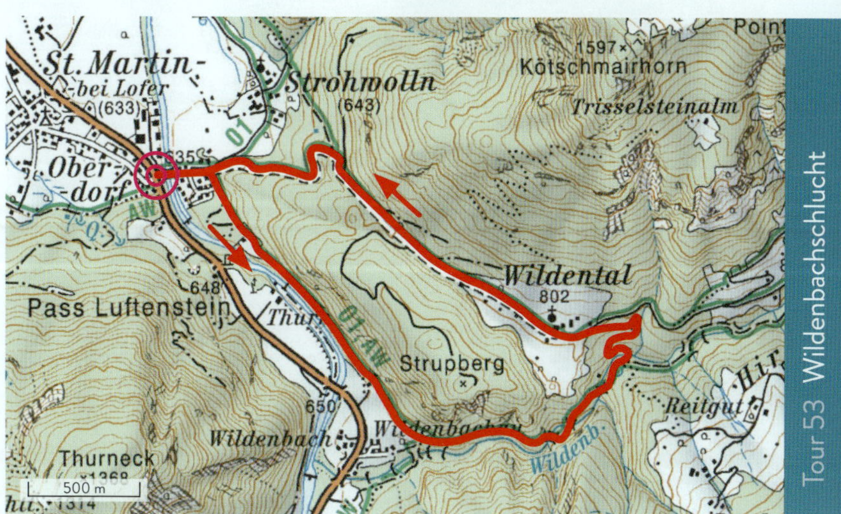


Tour 53 Wildenbachschlucht

**Weitere Touren:** Rundwanderung Hundalm – Scheffsnother Alm – Strohwollner Schlucht (4,5 Std., T 2). Wildenbachschlucht – Obsthurn – Weißbach (2 Std., T 1. Retour mit dem Bus). Wildenbachschlucht – Litzlalm (4 Std., T 2. Retour evtl. mit dem Wanderbus).

## Der Weg

Startpunkt ist die Abzweigung von der B 311 gegenüber der südlichen Ortseinfahrt St. Martin in die Ortsteile Strohwolln und Wildental. Gleich nach der Überquerung der Saalachbrücke zweigt der Weg 401 a zur Wildenbachschlucht nach rechts ab. Ein interessanter Geologiepark schafft Einblicke in die erdgeschichtlichen Zusammenhänge. Nach einer ¾-Stunde mehr oder weniger in der Ebene des Saalachtales zweigt die Richtung Wildenbachschlucht nach links ab und folgt dem Bach flussaufwärts. Die Steigung hält sich nach wie vor in Grenzen, aber der Graben verengt sich und die Felswände rücken näher. Bei einem Holzsteg in 757 Metern Seehöhe zweigt der mit eineinhalb Stunden angeschriebene Weg 23 nach St. Martin nach links ab und gewinnt jetzt noch einige Höhenmeter, bevor er in die asphaltierte Zufahrt einmündet. Entlang dieser schließt sich links abzweigend zwei Kilometer später die Runde bei der bekannten Weggabelung.

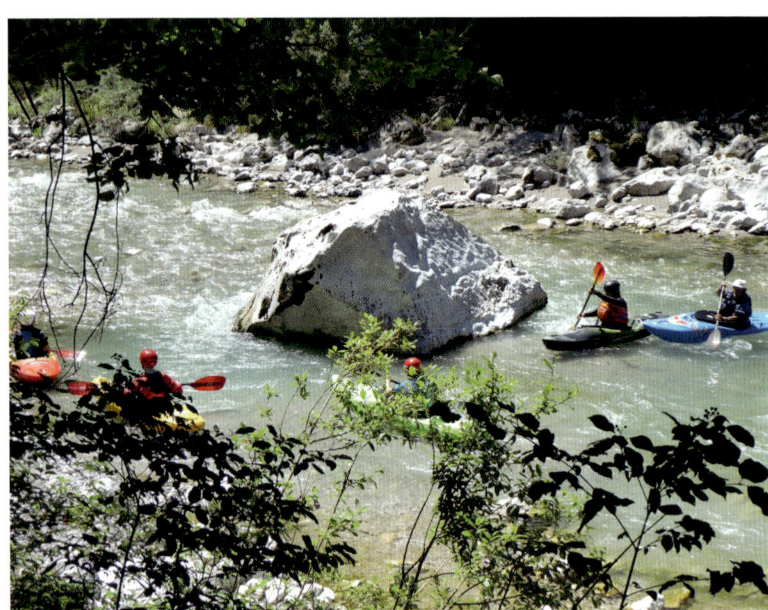

Die aus Felsblöcken gebildeten „Thurnlöcher“ sind eine beliebte Paddelstrecke.

# 54 Strohwollner Schlucht

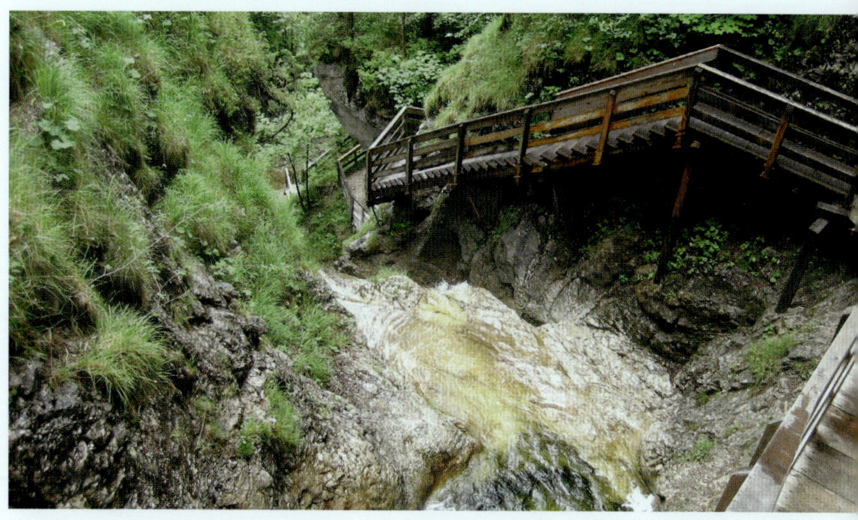

Steiler Aufstieg durch die kühle Strohwollner Schlucht.

Ein Fußbad am Eingang ganz unten und das große Staunen am Ausgang ganz oben.

Die Strohwollner Schlucht ist vielleicht etwas weniger bekannt als die nahen, viel besuchten Attraktionen Vorderkaser- oder Seisenbergklamm. Der Auftritt dieser stillen Schönheit im Gemeindegebiet von St. Martin bei Lofer ist aber kaum weniger spektakulär. Es geht nur wesentlich ruhiger zu und Eintrittsgebühr fällt auch keine an. Der Besuch von Klammen ist natürlich ganz allgemein ein kühles Sommerprogramm für heiße Tage, aber durch die nordwestseitige Ausrichtung ist die Strohwollner Schlucht eine ganz besonders coole Empfehlung bei richtig heißem Sommerwetter. Zu Beginn der Begehung finden sich noch einige Kontaktstellen im Auslauf des glasklaren Baches, weiter oben stürzt das Wasser dann unerreichbar über die bizarr geformten Felsen und bildet durch die jahrtausendelange Fräsarbeit ganz kolossale Gumpen. Die verwegene Steiganlage begleitet den Bachverlauf und schafft großartige Einblicke in dieses Wunder der Natur.

**Anfahrt PKW:** über Lofer oder Saalfelden auf B 311 nach St. Martin bis Abzweigung Wildental, gegenüber der südlichen Ortseinfahrt St. Martin

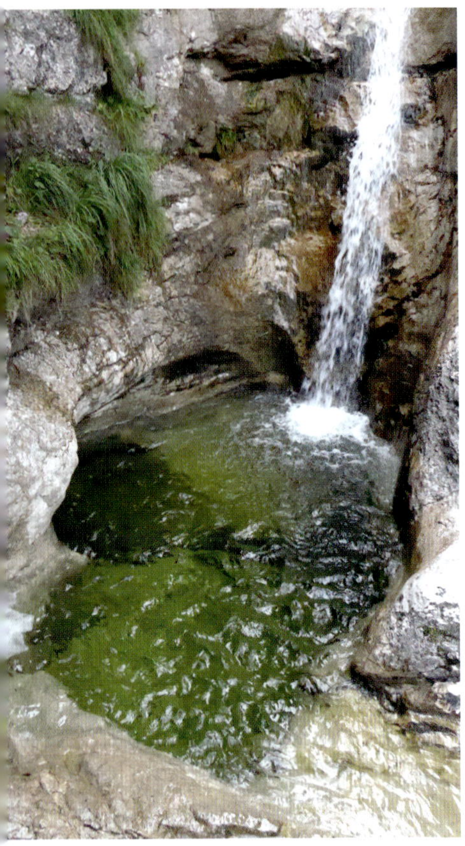

Gumpen in der Strohwollner Schlucht.

**Anfahrt Bus & Bahn:** mit Bus 260 bis Haltestelle St. Martin bei Lofer Luftenstein/Wildenthal.

**Länge (kleine Runde/Iwonski-Höhe):** 2,7 Kilometer/7 Kilometer
**Höhenmeter:** 110/470
**Dauer:** 1 ¼ Stunden/3 Stunden
**Schwierigkeit:** T 3

**Gastronomie:** im Ort St. Martin

**Reizvoll:** typische „Saalachtaler Klamm“, aber ohne große Vermarktung

**Tipp:** gute Kombinationsmöglichkeit mit anderen Klammen wie etwa der Wildenbachschlucht; Besuch im Geologiepark, Zugang nach der Saalachbrücke.

**Geologie:** große Gumpen im gesamten Schluchtenverlauf

**Schutzstatus:** keiner

**Weitere Touren:** Strohwollner Schlucht – Scheffsnother Alm (2 Std., T 3) – Hundhorn 1703 m, Wege 24 und 24 a (3 Std., T 3) – Hundalm – Wildenbachau – Strohwolln (6 Std., T 3). Strohwollner Schlucht – Scheffsnother Alm – Lofer, Wege 25 und 25 a – Strohwolln (6 Std., T 3).

## Der Weg

Ausgangspunkt ist die Abzweigung in die Ortsteile Strohwolln und Wildental gegenüber der südlichen Ortseinfahrt von St. Martin. Der angeschriebene Weg „Strohwollner Schlucht“ führt über die Saalachbrücke und dann links abzweigend in 10 Minuten zu den schönen Höfen in Strohwolln. Dort verläuft der Weg leicht ansteigend nach rechts in den nahen Wald und erreicht nach wenigen Minuten den Beginn der steilen Schlucht. Mit jedem Meter steigt das Staunen über den bizarren Klammverlauf und auch über die tollkühne Treppenkonstruktion, die den Bach so hautnah erlebbar macht. An einer Stelle führt der Steig beinahe senkrecht in die Höhe, dann geht es wieder unter einem überhängenden Felsen hindurch. Eine kleine Plattform erlaubt noch einen letzten Über- oder eher Tiefblick. Am Ende der Klamm bieten sich zwei Varianten für den Rückweg an: Die kurze Route (rot) folgt dem Weg 24 Richtung St. Martin und führt talwärts in einer Schleife in 40 Minuten zum Ausgangspunkt zurück.

### Rückwegvariante über die Iwonski-Höhe

Eine mit zweieinhalb Stunden Gehzeit erheblich längere Variante folgt am Ende der Strohwollner Schlucht dem steilen Weg 26 noch knapp 300 Höhenmeter auf die Iwonski-Höhe. In Erinnerung an den Geldgeber dieser Steiganlage, einen Wiener Medizinalrat, heißt der im Jahr 1932 auf der Gamshörndlhöhe (1120 m) errichtete Pavillon „Iwonski-Hüttchen", der Weg wird als „Michl-Stainer-Steig" bezeichnet. Sehr schön sind die Ansichten auf die westlich gegenüber, unter dem Ochsenhorn errichtete Wallfahrtskirche Maria Kirchental. Der Wiener Barockarchitekt Fischer von Erlach (1656–1723) ist für die Planung dieses Prachtbaus, auch Pinzgauer Dom genannt, verantwortlich. Der Abstieg ist genauso steil wie der Aufstieg, etwas Achtsamkeit gegen das Verstolpern ist angebracht. Der zwei Kilometer lange Rückweg entlang der Saalach verspricht dann wieder flachen Gehgenuss.

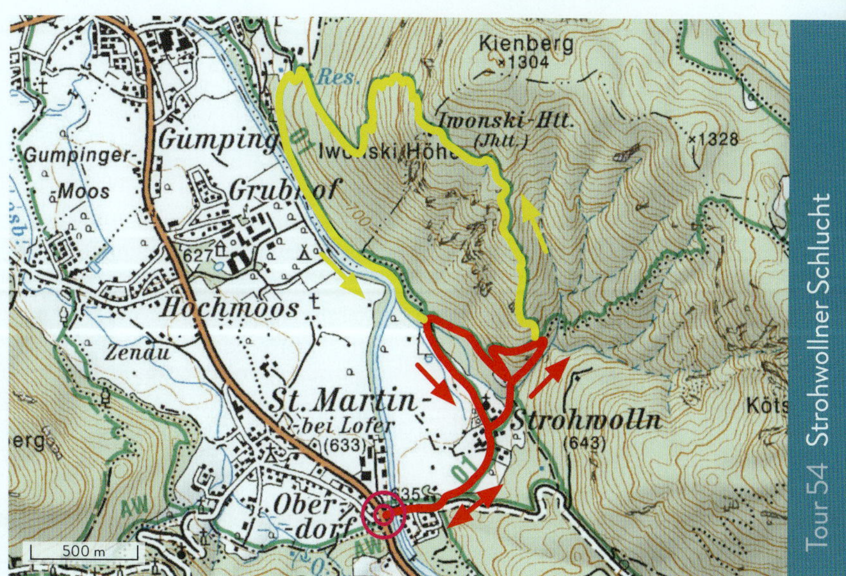

# 55 Seisenbergklamm

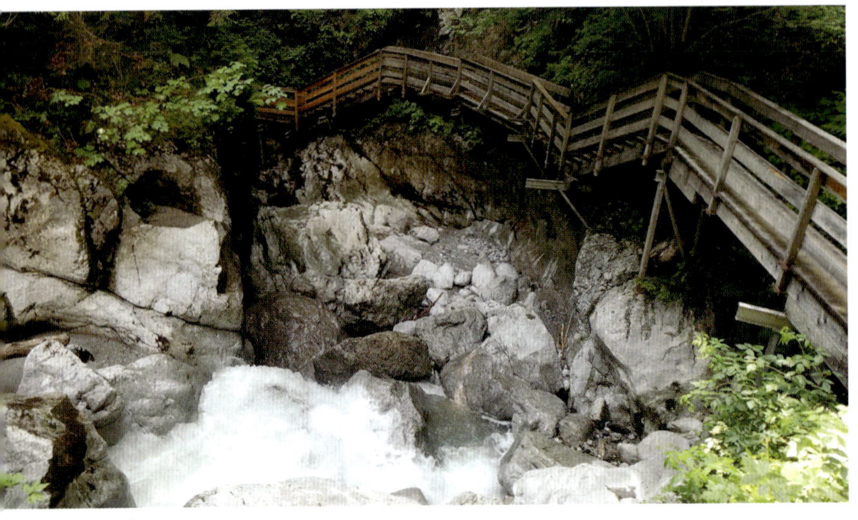

Der Übergang in die „Dunkelklamm".

Ein beeindruckendes Naturschauspiel, das am Ende der letzten Eiszeit seinen Ausgang nahm.

Wer an heißen Sommertagen Abkühlung sucht, ist im tiefen Felslabyrinth der Seisenbergklamm bestens aufgehoben. An der schmalsten Stelle ist der Durchgang kaum einen Meter breit, Sonnenstrahlen dringen nur spärlich bis zum Boden der Schlucht vor, daher heißt dieser Abschnitt auch „Dunkelklamm". Die Stege und Treppen garantieren ein sicheres Betreten, einige Info-Tafeln versorgen die Besucher im Vorübergehen mit interessanten Details. Die Kinder werden vom Klammgeist angetan sein, der listige Fragen stellt und von vielen lustigen Begebenheiten berichtet.

Seine Entstehung verdankt der Steig der gefährlichen Triftarbeit der Holzknechte. Bereits vor 200 Jahren wurden die einheitlich 90 Zentimeter langen Stämme über den Weißbach in die Saalach und weiter zur Saline in Reichenhall geschwemmt. Ein Nadelöhr auf dieser ersten Strecke war die enge Klamm, in der es immer wieder zu Verklausungen kam. Dann mussten die Triftknechte zu den Staustellen hinabsteigen und mit langen Hacken für eine Entflechtung sorgen. Um einen möglichst reibungslosen Durchfluss zu ermöglichen, wurde im oberen Bereich ein Staubecken geleert. Ein bequemer

Wald- und Wiesensteig für den Rückweg sorgt nach dem Klammabenteuer dafür, dass der coole Ausflug eine runde Sache wird.

**Anfahrt PKW:** A 1, A 8, Abfahrt Bad Reichenhall. Auf B 20 und B 21 durch das Kleine Deutsche Eck, auf B 178 nach Lofer und auf B 311 weiter nach Weißbach. Direkt nach der Saalachbrücke nach links auf den angrenzenden Parkplatz (Gebühr) abzweigen. Oder weiter bis zum Parkplatz Seisenbergklamm.
**Anfahrt Bus & Bahn:** ab Salzburg Hbf. (E.-Weiß-Weg) mit Bus 260 bis Weißbach bei Lofer, Gemeindeamt.

**Länge:** 3,4 Kilometer
**Höhenmeter:** 170
**Dauer:** 1 ½ Stunden
**Schwierigkeit:** T 2

**Öffnungszeiten:** Anfang Mai bis Ende Oktober, Mai bis Mitte September 8:30 bis 18:30 Uhr, ab Mitte September 9:00 bis 17:00 Uhr. Tel. +43 (0) 65 82 / 82 42-4, www.seisenbergklamm.eu

**Gastronomie:** Klammstüberl, Tel. +43 (0) 65 82 / 82 42
Landgasthof Seisenbergklamm, Tel. +43 (0) 65 82 / 83 48

**Reizvoll:** abschnittsweise fast wie eine Höhlenexpedition

**Tipp:** bequeme Liegen zum Chillen am oberen Teil des Rundweges mit Blick über das Saalachtal

**Geologie:** Die Klamm hat sich entlang einer Störungszone gebildet. Die Entstehungsgeschichte der Klamm beginnt mit dem Ende der letzten Eiszeit vor rund 12.000 Jahren. Der Beginn und das Ende der Klamm werden von weichen Liaskalken geprägt, der Kernteil

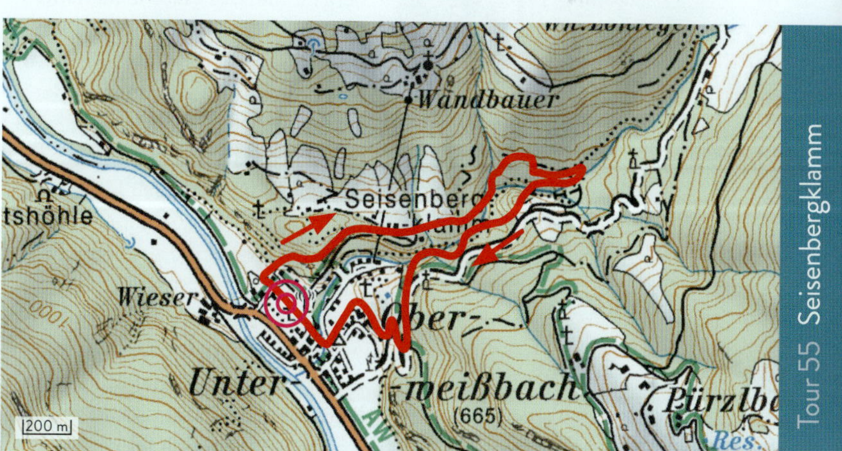

mit den domartig ausgeformten Kolken und senkrecht abfallenden Wänden besteht aus härterem Dachsteinkalk. Hier stößt der Weißbach schon auf mehr Widerstand, aber immerhin vertieft sich die Klamm jährlich um zwei bis drei Millimeter.

**Schutzstatus:** Naturdenkmal

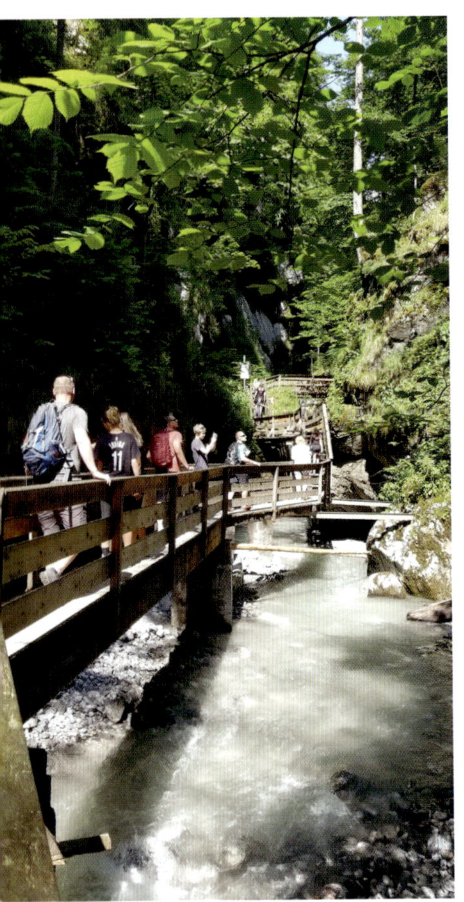

Einstieg in die Seisenbergklamm.

**Weitere Touren:** ab Klammende (Sonnenbichl) – Hirschbichl (1 ¾ Std., T 2). Kammerlingalm (2 ½ Std. T 2). Litzlalm (2 ½ Std., T 2). Kallbrunnalm (3 Std., T 2).

### Der Weg

Direkt beim Klammeingang befindet sich der am nächsten gelegene Parkplatz. Ein anderer Abstellplatz ist der am Saalachfluss gelegene Parkplatz an der nördlichen Ortseinfahrt von Weißbach. Der beschilderte Weg führt am Landgasthof Seisenbergklamm vorbei und erreicht in wenigen Minuten zuerst eine phantasievoll errichtete Kneipp-Anlage und dann einen originellen Barfußweg. Nach dem Passieren der Drehkreuze beim Klammstüberl öffnet sich die wunderbare Welt der Klamm. In der Vorklamm ist sogar noch ausreichend Platz für eine Säge und ein kleines Kraftwerk. Je weiter der Steig bergauf führt, desto schmäler und finsterer wird das Gelände. Mittendrin schließlich formt der Weißbach eine domartige Ausweitung, in der auf Steintafeln an die Klamm-Pioniere gedacht wird. Kaum zu glauben, dass die Klamm nur 600 Meter lang ist, in diesem spektakulären Naturdenkmal scheint die Zeit irgendwie stehen zu bleiben. Am Ende der Klamm geht es noch einige Höhenmeter bergauf, bevor der Weg in einer halben Stunde mit weiten Ausblicken auf die Tallandschaft zurück in den Ort Weißbach führt.

# 56 Vorderkaserklamm

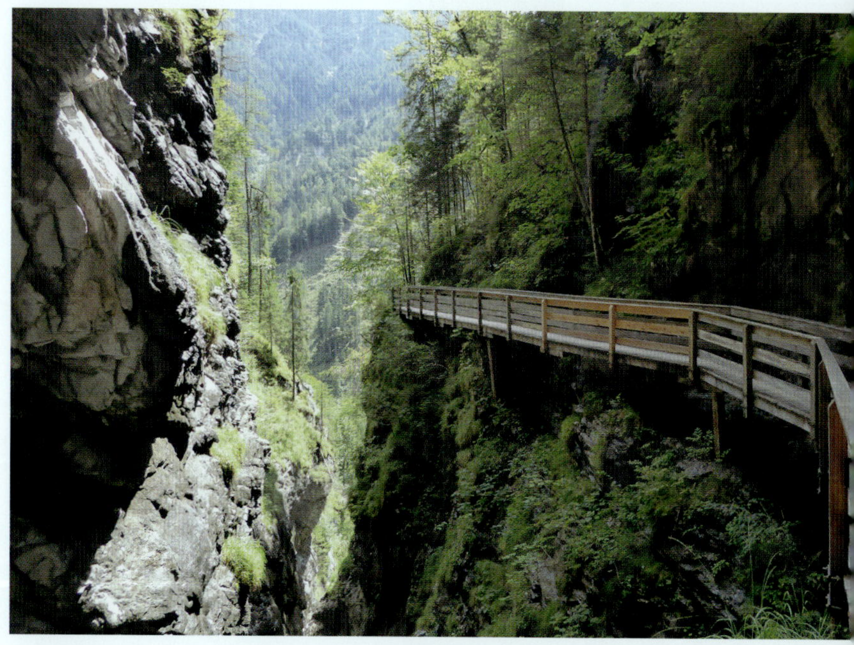

Wechselspiel zwischen Licht und Schatten in der Vorderkaserklamm.

Auf dem Steinzeit-Erlebnisweg zu den 80 Meter tiefen Spuren aus der Eiszeit.

Zwischen Weißbach und St. Martin zweigt der unscheinbare Schiedergraben Richtung Westen ab. Er trennt die Leoganger- und die nordwärts gelegenen Loferer Steinberge, bringt aus diesem Einzugsgebiet also auch viel Schotter in den Hauptfluss Saalach mit. Für einen nicht allzu mächtigen Gebirgsfluss erreichen die Schotterbänke ansehnliche Größen, die sich bestens zum Jausnen, Lagern und Baden eignen. In dieser urtümlichen Landschaft wähnt man sich an einigen Stellen tatsächlich in die Steinzeit zurückversetzt, so wie es auch der phantasievolle Erlebnisweg beabsichtigt. Neben Säbelzahntigern und Mammuts finden die Kinder Kletterbäume, Spielplätze und zwei Naturbadeteiche, die über eine Hängebrücke erreichbar und mit einem Holzfloss befahrbar sind. Höhepunkt ist dann aber natürlich die 400 Meter lange und bis zu

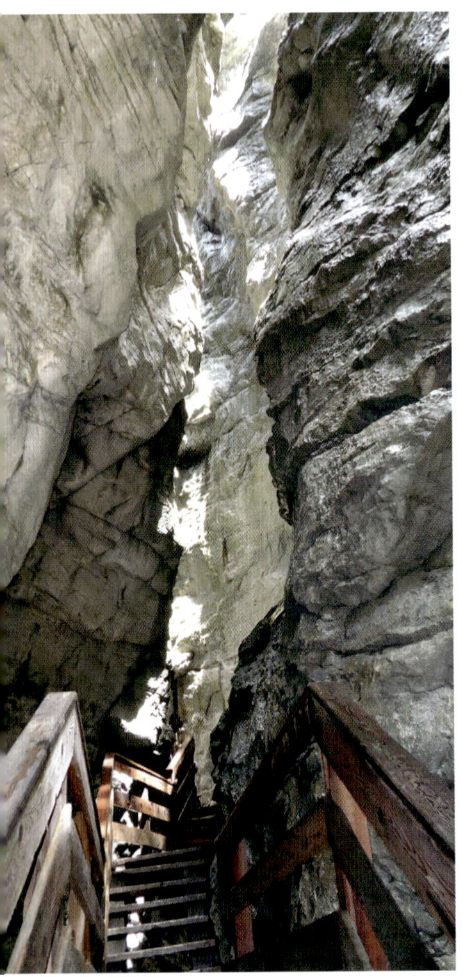

Berührende Vorderkaserklamm.

80 Meter tiefe Vorderkaserklamm. Klingt nicht nach großer Anstrengung, dann gilt es aber doch 51 Stege mit 35 Stiegen und 373 Stufen zu bewältigen. Wirklich atemberaubend sind die engsten, kaum 80 Zentimeter breiten Stellen, über denen sich in schwindelerregender Höhe sogar noch ein tonnenschwerer Fels eingekeilt hat.

Die Klamm wurde erstmals 1882 durch Stege und Treppen begehbar gemacht, damals wurde sie auf den Namen „Kronprinz-Rudolf-Klamm" getauft. In den Kriegsjahren 1914 und 1940 wurden die Anlagen durch Unwetter zerstört und anschließend wieder instand gesetzt. Heute ist die Vorderkaserklamm neben der Seisenbergklamm einer der großen Besuchermagneten im reichhaltigen Saalachtaler Klammenangebot. Weil in der Umgebung der Klamm viele bedrohte Pflanzen gedeihen, die auf der Roten Liste stehen, gibt es hier ein Naturschutzgebiet und einen reich bebilderten Orchideenweg.

**Anfahrt PKW:** über das Kleine Deutsche Eck nach Lofer und auf B 311 nach St. Martin. Oder über Zell am See und Saalfelden nach Weißbach. Nach 3 km zweigt die Zufahrt zur Vorderkaserklamm ab. Gebührenpflichtiges Parken am Taleingang oder nach 2,5 km bei der Jausenstation.
**Anfahrt Bus & Bahn:** ab Salzburg Hbf. (E.-Weiß-Weg) oder ab Zell am See Bhf. (Vorplatz) mit Bus 260 bis St. Martin bei Lofer – Vorderkaserklamm.

**Länge (über Steinzeitweg):** gesamt 7 km
**Höhenmeter:** 250
**Dauer:** 2 ½ Stunden
**Schwierigkeit:** T 2

**Öffnungszeiten:** Anfang Mai bis Ende Oktober. Mai, Juni, September, Oktober 9:30 bis 17:00 Uhr, Juli, August 9:30 bis 18:00 Uhr, www.vorderkaserklamm.eu

**Gastronomie:** Jausenstation Vorderkaserklamm, Mo. Ruhetag, Tel. +43 (0) 664 / 473 49 06

**Reizvoll:** ausgezeichnete, familiengerechte Heranführung über den Steinzeit-Erlebnisweg am Ödenbach entlang, der das Gewässer mit all seinen breiten (Schotterbänke) und tiefen (Klamm) Auswirkungen zeigt

**Tipp:** Besuch in der Lamprechtshöhle, 2 km vom Talausgang Richtung Weißbach

**Geologie:** Vor etwa 12.000 Jahren, am Ende der Eiszeit, begann mit dem abschmelzenden Gletschereis die Entstehung der Vorderkaserklamm. Die Entwicklung ist noch lange nicht abgeschlossen, pro Jahr fräst sich der Bach auch heute noch sechs Millimeter in das Gestein der Vorderkaserklamm.

**Weitere Touren:** ab Vorderkaserklamm – Römersattel (4 Std., T 2). Ab Parkplatz Vorderkaserklamm – Hochkaseralm (4 Std., T 2). Ab Parkplatz Abzweigung Vorderkaseralm – St. Martin, oder Weißbach entlang Saalach, retour mit Postbus 260 (je 1,5 Std., T 1).

## Der Weg

Zwei Ausgangspunkte sind möglich: Wer nur die Klamm besuchen will,

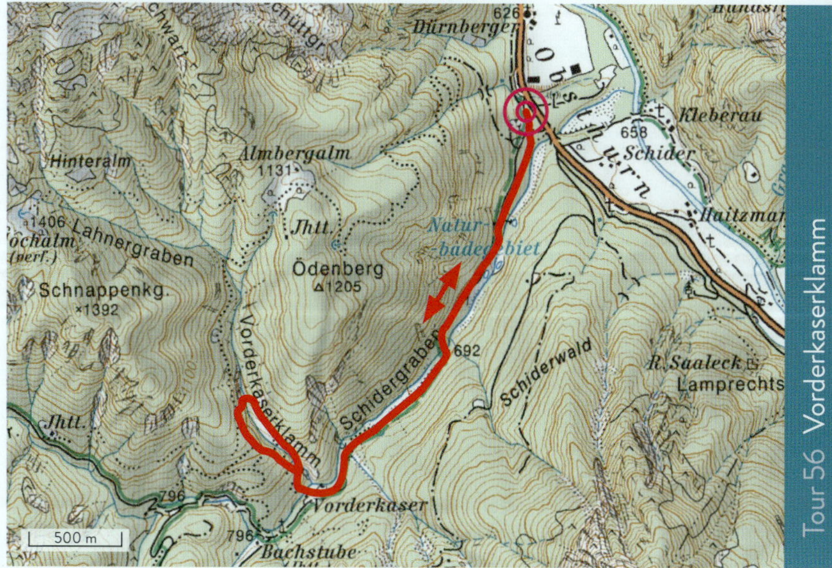

kann nach der Abzweigung von der B 311 zweieinhalb Kilometer taleinwärts bis zur Jausenstation Vorderkaserklamm fahren und dort parken.

Ein anderer Parkplatz befindet sich gleich am Taleingang. Hier beginnt auch der Steinzeit-Erlebnisweg, der auf einer Strecke von zwei Kilometern ganz spielerisch die Zeit vergehen lässt. Viele Informationen und Darstellungen geben Auskunft über die frühe Epoche der Menschheitsgeschichte. Für die Kinder vielleicht noch wichtiger sind die fünf Erlebnisspielplätze, die beiden Naturbadeseen und das einladende Bachufer. Der Erlebnisweg endet bei einem letzten großen Spielplatz vor der Jausenstation, wo es, passend zum Thema Eiszeit, ja wirklich ein feines Eis geben könnte. Der 45-minütige, gebührenpflichtige Steig durch die Klamm vergabelt sich im oberen Bereich kurz nach der Aussichtsplattform auf den 80 Meter hohen Wasserfall. Danach wird's rechts abzweigend richtig eng, zappenduster und klammheimlich, bevor der Weg über die steile Sonnenflanke linker Hand wieder zurückführt.

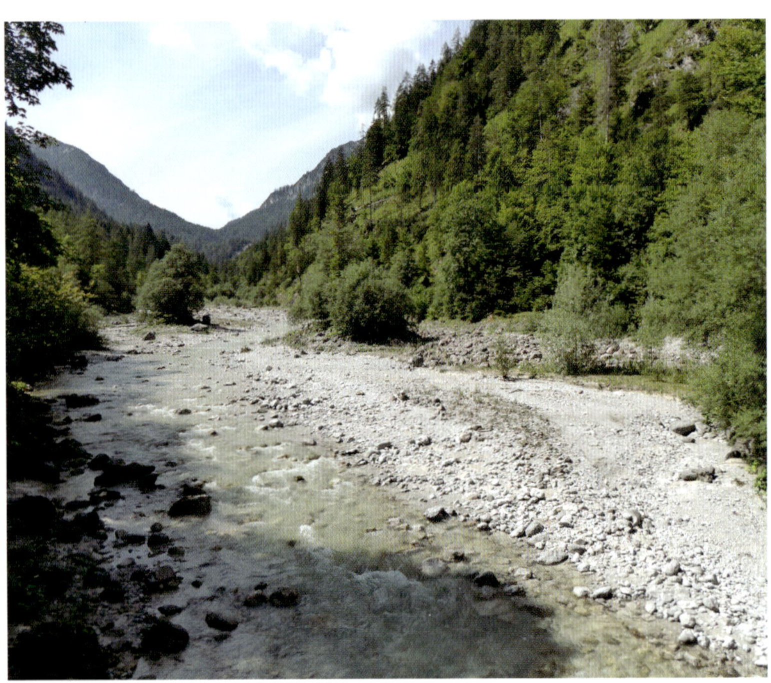

Im Schiedergraben warten attraktive Rast- und Spielplätze.

# 57 Birnbachloch

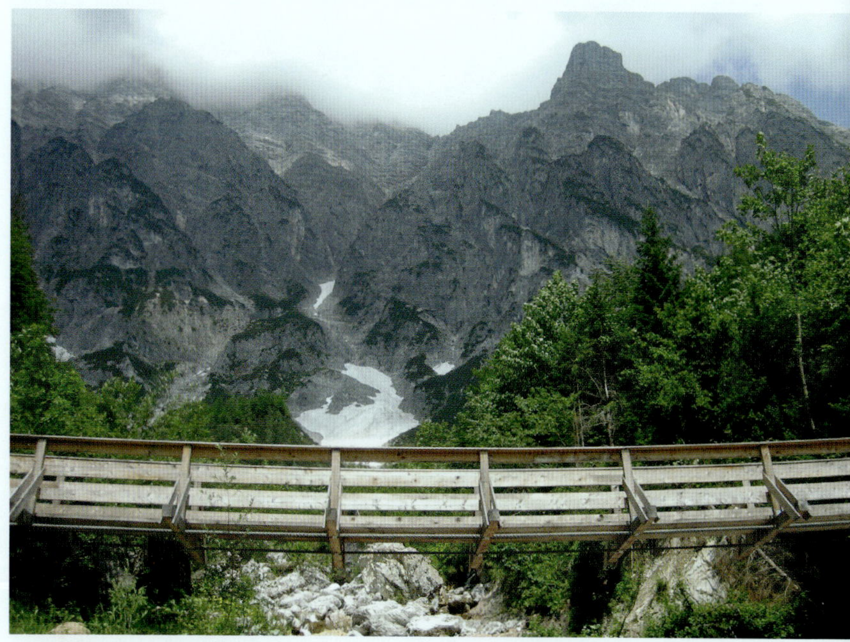

Auch im Hochsommer liegt im Örgenkessel noch der Lawinenschnee.

Eine lehrreiche Wanderung in Leogang zur Karstquelle am Fuß der gewaltigen Birnhorn-Südostwand.

Die sonnenüberflutete, felsige Südseite der Leoganger Steinberge macht im heißen Hochsommer keinen sehr einladenden Eindruck. Aber selbst dann ist die Chance groß, dass der Weg an letzten Schneeresten vorbeiführt, die sich, je nach vorangegangener Winterintensität, aus den Lawinenresten erhalten haben. Hier im Örgenkessel muss zur Hochzeit der Lawinen wirklich die Post bzw. die Schneelast abgehen, sonst könnte sich in dieser extremen Sonnenlage der lawinengepresste Schnee nicht so lange halten. Zum Höhepunkt der letzten „Kleinen Eiszeit" am Ende des 19. Jahrhunderts muss der Schneekegel noch imposanter gewesen sein. So beeindruckend, dass die Münchner Bierbrauer auf eine verwegene Idee kamen. Von 1884 bis 1900 wurden jährlich bis zu 1000 Waggons, angefüllt mit Eisblöcken, in die Eiskeller der bayerischen

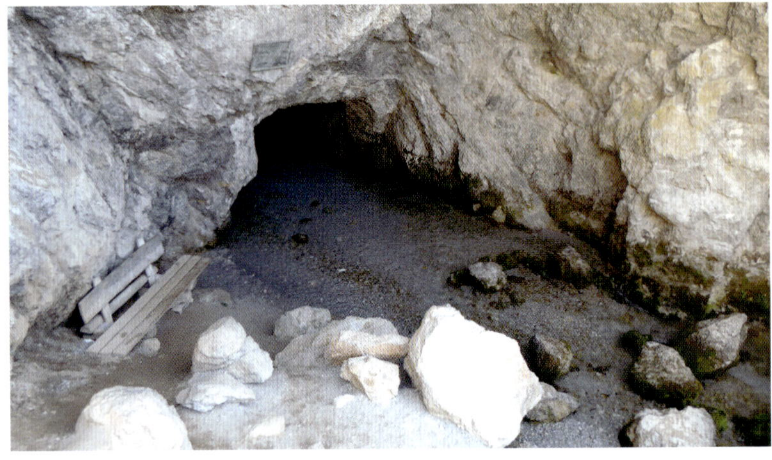

Eiskalt und glasklar: der Quelltopf im Birnbachloch.

Landeshauptstadt verfrachtet. In den Schneekegel wurden zwei bis 15 Meter tiefe Schächte gegraben und die Würfel aus Schnee und Eis über eine 1,6 Kilometer lange Holzrutsche talwärts befördert. Noch vor einigen Jahren konnten die letzten Reste der Holzbahnen entlang der Wandersteige bewundert werden. Die einträgliche Nebenarbeit für bis zu 100 Leoganger war mit dem Aufkommen der elektrischen Kühlaggregate aber bald wieder zu Ende.

Für den Ort Leogang ist die unterirdische Entwässerung aber auch heute noch ein Segen. Ein Großteil der Trinkwasserreserven stammen aus den Quellen, die sich am Südfuß der Leoganger Steinberge sammeln. Einen Probeschluck gibt es bei einem neuen Trinkwasserbrunnen neben der Quellfassung am Ausgangspunkt Parkplatz Ullachgraben. Eine weitere, am Endpunkt der Wanderung sicher sehr willkommene Wasserverkostung erlaubt dann die Birnbachlochquelle (1291 m). In der imposanten, 20 Meter breiten Eingangshalle tritt die ergiebige Karstquelle mit einer Temperatur zwischen knapp vier und sechs Grad an das Tageslicht.

**Anfahrt PKW:** von Lofer oder Zell am See kommend auf B 311 nach Saalfelden und auf B 164 Richtung Leogang abzweigen. Nach 7 km, am Ortsanfang, nach rechts in den Ortsteil Rosental. Durch die Bahnunterführung (Bahnhaltestelle Leogang Steinberge) 2 km bis zum Parkplatz Ullachtal (850 m Seehöhe).

**Anfahrt Bus & Bahn:** mit Bahn ab Hbf. Salzburg Direktverbindung bis Haltestelle Leogang-Steinberge. 20 Min. zusätzliche Gehzeit.

**Länge:** 4,5 Kilometer
**Höhenmeter:** 350
**Dauer:** 2 Stunden
**Schwierigkeit:** T 2

**Gastronomie:** unterwegs keine

**Reizvoll:** romantischer, sehr gut ausgestatteter Grillplatz nahe beim Parkplatz Ullachtal. Grillkohle muss selbst mitgebracht werden. Dort befindet sich auch ein historischer Kalkbrennofen.

**Tipp:** Besuch im Bergbau- und Gotikmuseum im Leoganger Ortsteil Hütten, Tel. +43 (0) 65 83 / 71 05

**Geologie:** ergiebige Karstquelle auf der Südost-Abdachung der Leoganger Kalksteinberge. Die Schüttung erreicht zur Schneeschmelze oder bei Starkregen 300 Liter pro Sekunde. Die Südost-Wand des Birnhorns, an dessen Fuß sich der „Gletscher" und die Birnbachlochquelle befinden, ist die zweithöchste Felswand in den Ostalpen.

**Schutzstatus:** Naturdenkmal

**Weitere Touren:** Passauer-Hütte-Weg 693 (Anstieg 3 Std., T 3). Birnhorn über Passauer Hütte (Anstieg 5,5 Std., T 4). Lettelkaser Weg 3 (Anstieg 2,5 Std., T 2).

## Der Weg

Ausgangspunkt ist der Parkplatz Ullachtal. Quellfrisches Wasser zum

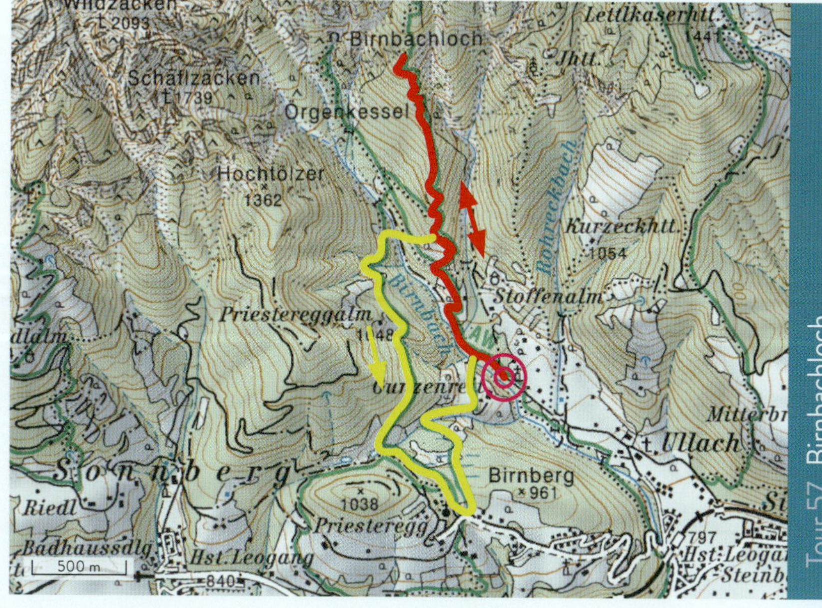


Tour 57 Birnbachloch

Auffüllen und ein zünftiger Wanderstecken (bitte wieder zurückbringen) stehen als Starthilfe bereit. Der zunächst noch schattige Weg 10 führt rechts am originellen Grillgelände vorbei und erreicht bald sonnigere Lagen. Bei einer Weggabelung verabschiedet sich die anspruchsvolle Route 623 zur Passauer Hütte nach rechts, aber auch der Weg 10 zum Birnbachloch wird zunehmend steiler. Einmal wird der Bach noch überquert, dann zieht der Steig nach links an den Rand des sogenannten „Birnhorngletschers“. Vor einer Begehung wird aber wegen der Steinschlag- und Rutschgefahr abgeraten. Der Weg quert wieder nach rechts, das Rauschen und Plätschern kündigt das Birnbachloch (1291 m) an. Die letzten Meter vor der Karstquelle erfordern erhöhte Vorsicht, ein kurzes Stahlseil hilft an der unangenehmsten Stelle.

Abstieg wie Aufstieg, oder mit einer Variante (in der Karte gelb) über eine spektakuläre Hängebrücke. Dazu bei einer Weggabelung beinahe im Talboden der Richtung Priesteregg (Weg 10) nach rechts folgen. Nach der Überschreitung der Hängebrücke führt der Weg durch den Hochwald leicht bergauf und zweigt dann bald nach dem höchsten Punkt wieder nach links zum angeschriebenen Parkplatz Ullachtal (Weg 8 a) ab. Zusätzliche Gehzeit 45 Minuten.

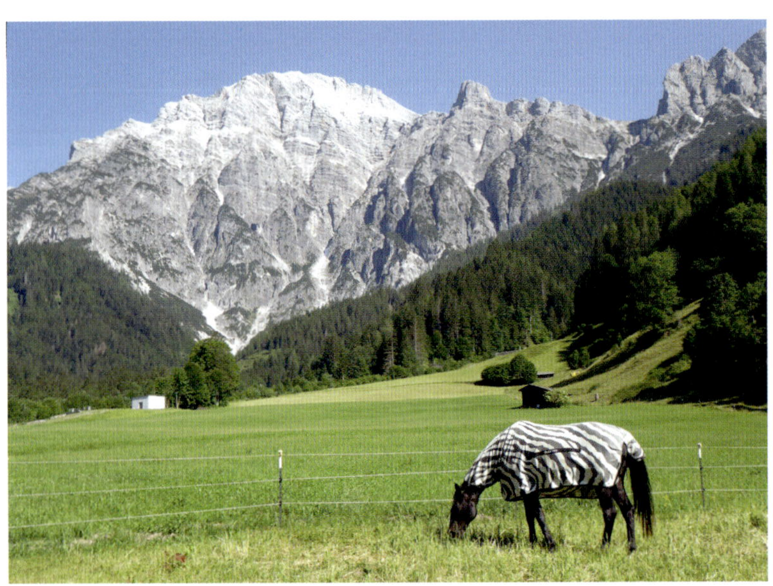

Mutiges Stoffdesign vor dem gewaltigen Birnhorn (2634 m).

# 58 Kitzlochklamm

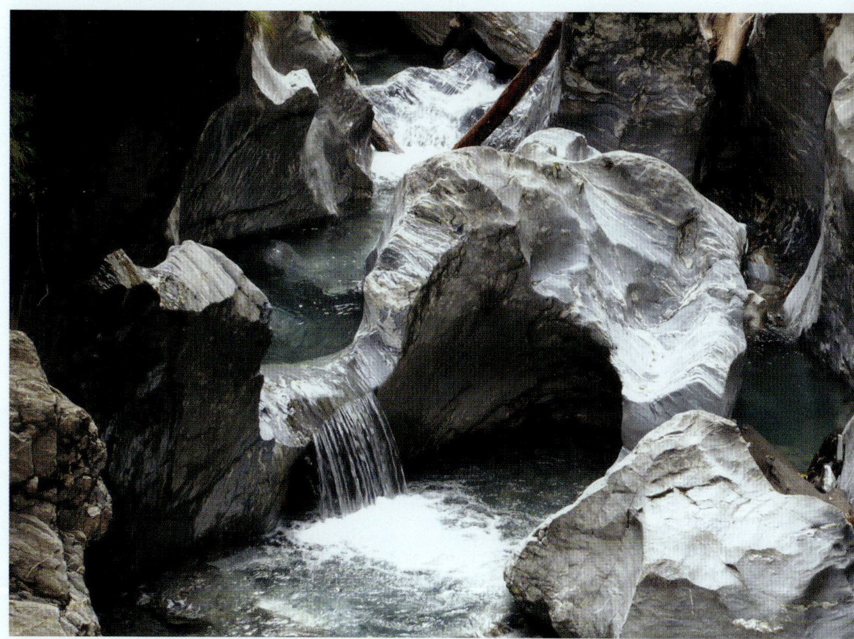

Die Rauriser Ache sucht sich den Weg durch die Kitzlochklamm.

Durch die Enge der Klamm in das strahlende Licht zur Wallfahrtskapelle Embach.

Für die Öffentlichkeit abschnittsweise begehbar gemacht wurde die spektakuläre Klamm bereits im Jahr 1833 und dann ab 1877 direkt von Taxenbach nach Embach. Diese durchgehende Querung ist auch heute noch möglich und führt zumeist zur Wallfahrtskapelle Maria Elend. Andere Motive für das Begehen der Klamm waren die Gedanken an die feinen Goldkörnchen, die möglicherweise in der Rauriser Ache zu finden sind. Die Chancen stehen nicht schlecht, das hauptsächliche Einzugsgebiet der Ache ist ja schließlich die Goldberggruppe. Die Region rund um Kolm Saigurn im Talschluss sowie das benachbarte Gasteiner Tal waren die wichtigsten europäischen Goldbergbauorte des 16. Jahrhunderts. Das Schürfen und Suchen nach Gold war aber natürlich das Privileg der Gewerken. Wie groß die Ausbeute der Goldwäscher

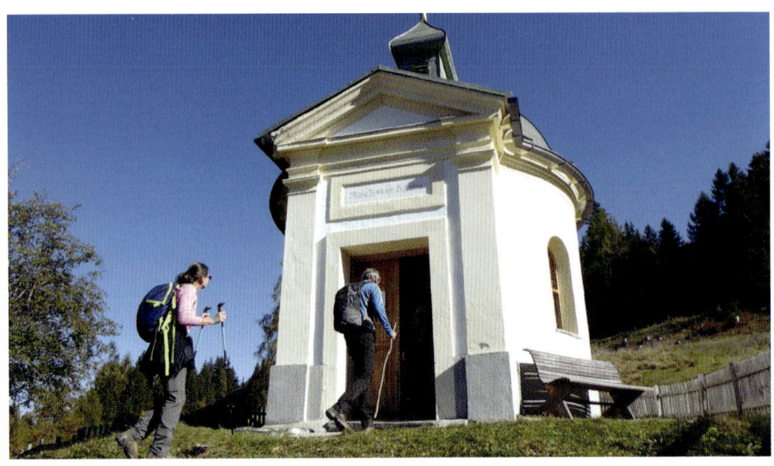

Pilgern zur Wallfahrtskapelle Maria Elend in Embach.

war, ist nicht überliefert, aber immerhin sind Fundstücke aus der Zeit der Römer aufgetaucht. Auch etliche Eremiten fanden in der Abgeschlossenheit und in den feuchten Höhlen der Klamm die gesuchte Entsagung von weltlichen Genüssen und schließlich sei noch auf das entlaufene Kitz verwiesen, dem die Kitzlochklamm ihren Namen verdankt.

**Anfahrt PKW:** A 10, Abfahrt Knoten Pongau. Auf B 311 bis Taxenbach, dort links 1 km bis Parkplatz Kitzlochklamm.
**Anfahrt Bus & Bahn:** ab Hbf. Sbg. mit REX, S 3 bis Bhf. Rauris-Taxenbach. 40 Min. bis Eingang Kitzlochklamm.

**Länge (Runde über Embach):** 8,3 Kilometer
**Höhenmeter:** 450
**Dauer:** 3 Stunden
**Schwierigkeit:** T 2

**Öffnungszeiten:** Mitte Mai bis Ende Oktober. Mai bis 30. September 8.00–18.00 Uhr, 1. bis 26. Oktober 9.00–16.00 Uhr, www.taxenbach.at/de/sommer/kitzlochklamm

**Gastronomie:** unterwegs keine, in Embach und Taxenbach

**Reizvoll:** Das optische Gegenstück zum Klammerlebnis ist der aussichtsreiche Weg über das Hochplateau in Embach.

**Tipp:** für erfahrene Alpinisten Klettersteige der Schwierigkeiten B/C und C/D. Eine Variante wurde mit E/F bewertet.

**Geologie:** Im Laufe vieler Jahrtausende hat sich die Rauriser Ache immer tiefer in den Schiefer gegraben. Im oberen Bereich herrscht ein idealer Kletterfels vor, der seit 2008 auch als solcher genutzt und von drei unterschiedlich schwierigen Klettersteigen durchquert wird.

**Schutzstatus:** Naturdenkmal

**Weitere Touren:** Rundwanderung ab Maria Elend – Kapelleralm – Oberhofalm (2 Std., 5 km, 300 hm, T 2). Ortsrunde in Embach über Bichlbauer (1 ½ Std., T 1).

### Der Weg

Von den Parkplätzen führt die Route zum Klammeingang. Weil manche Stollen und Durchgänge doch etwas niedrig sind, liegen Helme zum kostenlosen Ausleihen bereit. Aber mit etwas Vorsicht geht's auch ohne Schutzhelm. Gleich zu Beginn stürzt ein Wasserfall aus großer Höhe spektakulär in die Tiefe. Zur Beruhigung folgt die Marienrast und dann die nur im Rahmen einer Führung zugängliche Tropfsteinhöhle. Links abzweigend führt der Weg durch den bereits 1553 angelegten Ritzstollen zur ehemaligen Einsiedelei und weiter zu einem Aussichtspunkt. Nach gut einer Stunde ist der Ausgangspunkt wieder erreicht.

### Variante über Maria Elend und Embach

Der erste Teil bis zur Abzweigung in den Ritzstollen ist der Weg identisch. Nach dem Besuch der Einsiedelei führt der Weg wieder das kurze Stück retour und folgt nun dem Klamm-

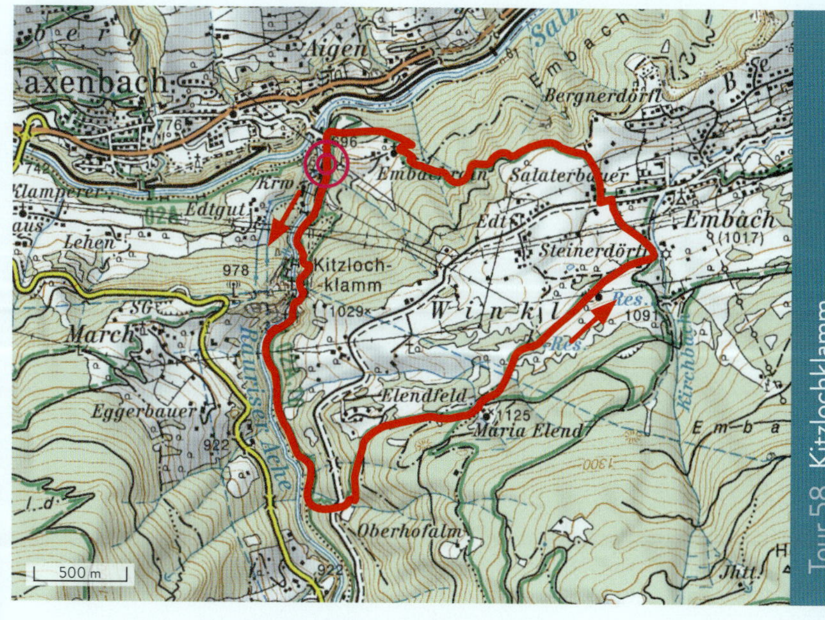

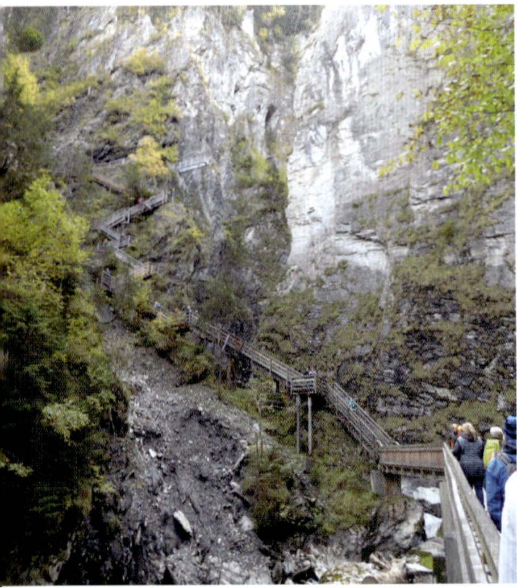

In der Kitzlochklamm.

verlauf geradeaus bergauf. Eine neue Aussichtsplattform vermittelt einen grandiosen landschaftlichen und die meisterhaft gebaute Holzbrücke einen architektonischen Glanzpunkt. Bald ist das Ende der eineinhalb Kilometer langen Klamm erreicht und 15 Minuten später zweigt der Verbindungsweg 4 nach Maria Elend (Embach) nach links ab. Der Weg quert die Landesstraße und verläuft immer aussichtsreicher hinauf zur Wallfahrtskapelle und zum Augenbründl. Der Blick ist nun geschärft und kann sich auf das Steinerne Meer konzentrieren, das da so atemberaubend nördlich gegenüber auftaucht. Der Rückweg 4 führt am knapp unterhalb von der Kapelle gelegenen ehemaligen Waldcafe vorbei und trifft 25 Minuten später auf die Landesstraße. Auf dieser geht es 100 Meter nach links, dann rechts und schließlich wieder links, nun aber steiler talwärts, ausreichend markiert in 45 Minuten retour zum Parkplatz.

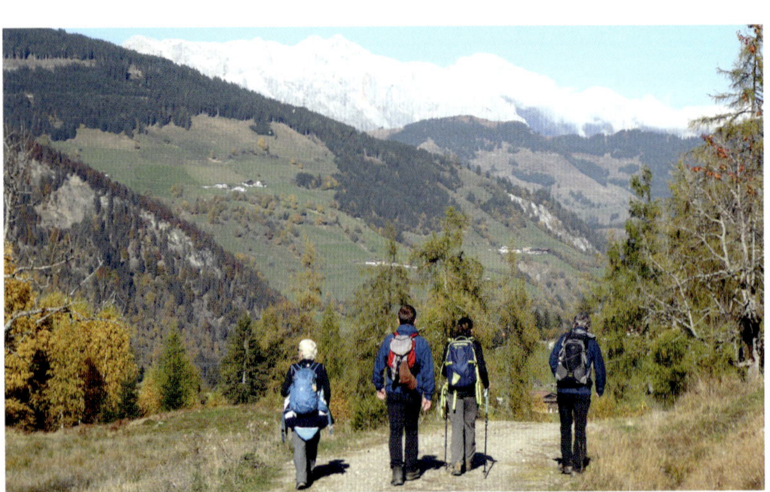

Der Rückweg mit Blick auf das Steinerne Meer verläuft über Embach.

# 59 Rauriser Urquell

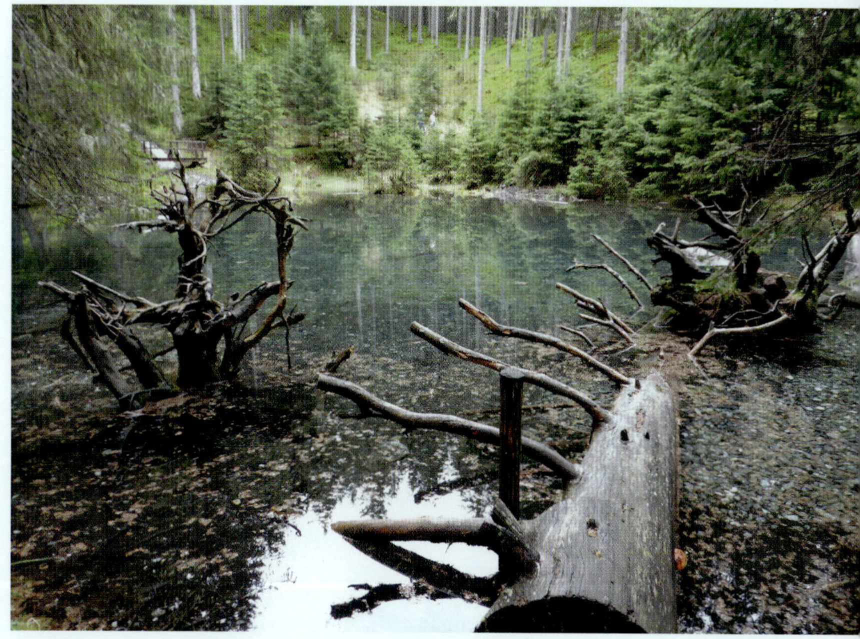

Der abgeschiedene Waldsee kommt und geht ganz nach Niederschlagsintensität.

## Auch das Wasser sucht sich manchmal neue Wege.

Eigentlich sollte an dieser Stelle der großartige Wasserfallrundweg aus dem Talschluss von Kolm Saigurn vorgestellt werden. Fünf unterschiedliche Wasserfälle auf der Nordostseite zwischen Sonnblick und Hocharn waren die Hauptdarsteller des beliebten Themenweges, bis eine gigantische Steinmure im August 2023 nach rekordverdächtigen Regenfällen den Talboden, die Weideböden, die Brücken und natürlich auch den Wasserfallweg auf einer Fläche von 23 Hektar mit meterhohem Felsmaterial verlegt hat. In irgendeiner Form wird es die Wasserfälle wieder geben, genauso wie die Hüttwinklache, die sich allerdings ein komplett neues Bachbett auf der nun nicht mehr vorhandenen Zufahrt nach Kolm Saigurn gesucht hat. Der Abgang aus dem Pilatuskar zwischen Sonnblick und Hocharn war ein Ergebnis der Klimaerwärmung. Durch den Rückgang der Permafrostflächen wird der Gesteinsaufbau im Hochgebirge

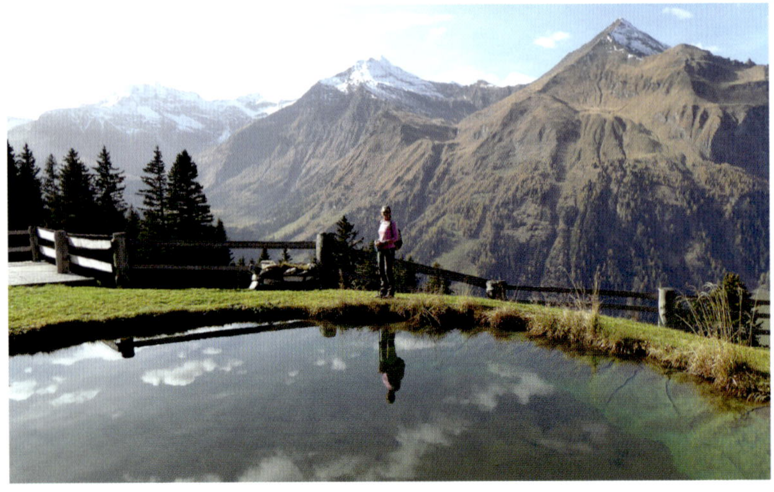

Blick von der Mitterastenalm auf das Dreigestirn Sonnblick (links), Hocharn und Ritterkopf.

instabiler, im Extremfall, wie eben im Hüttwinkltal, rutscht dann gleich das gesamte, 100 Meter (!) tiefe Schotterkar talwärts. Schutzbauten gegen solche Urgewalten sind unmöglich.

Ein anderer Wasserschatz im „Tal der Quellen" befindet sich nur wenige Kilometer talauswärts nahe beim Gasthaus Bodenhaus und trägt den erwartungsvollen Namen „Rauriser Urquell". Ganz anders als die unüberseh- und -hörbaren Wasserfälle ganz hinten im Talschluss versteckt sich dieser beinahe im Hochwald und plätschert leise über moosbewachsene Felsstufen. Ganz in der Nähe wartet mit einem periodisch auftretenden Waldsee eine weitere Überraschung. Da kann es schon sein, dass der kleine See einmal trocken liegt, dann wieder steht das romantische Uferbankerl mitten im Wasser. Die Natur ist einfach immer für Überraschungen gut, für gewaltige und für ganz kleine.

**Anfahrt PKW:** A 10, Abfahrt Knoten Pongau, und auf B 311 nach Taxenbach in das Raurisertal. Über Rauris, Wörth und Bucheben zum gebührenpflichtigen Parkplatz Bodenhaus.
**Anfahrt Bus & Bahn:** Bus 640 ab Taxenbach Bhf. (Vorplatz) bis Bucheben Bodenhaus (Sommerfahrplan beachten!).

**Länge:** 3 Kilometer
**Höhenmeter:** 170
**Dauer:** 1 ¼ Stunden
**Schwierigkeit:** T 2

**Gastronomie:** Gasthof Bodenhaus, Tel. +43 (0) 65 44 / 81 11, vor der Mautstelle. Naturfreundehaus,

Tel. +43 (0) 65 44 / 81 03, und Ammerhof, Tel. +43 (0) 65 44 / 81 12, im Talschluss Kolm Saigurn

**Reizvoll:** ein sagenhaft romantischer Quellort mitten im Wald

**Tipp:** Am Friedhof in Rauris befindet sich das Grab von Ignaz Rojacher (gest. 24. 1. 1891), dem letzten Rauriser Bergknappen.

**Geologie:** Zur Hochblüte des Goldbergbaus im 14. Jahrhundert wurden jährlich 50 Kilo reines Gold gewonnen, im Ort Rauris lebten damals 3000 Einwohner. Das prachtvolle Voglmaierhaus, ein ehemaliger Gewerkensitz im Zentrum von Rauris, erinnert an die goldene Epoche. Der Ertrag aus dem Goldbergbau wurde allerdings zusehends geringer, ein letztes Aufbäumen geschah unter dem unerhört innovativen Rauriser Bergknappen Ignaz Rojacher (1844–1891). Die jährliche Ausbeute betrug unter seiner Führung durchschnittlich nur noch fünf Kilogramm Feingold und 21 Kilogramm Feinsilber. Rojacher brachte das elektrische Licht bis nach Kolm Saigurn und er initiierte im Jahr 1881 (!) den Bau einer Telefonleitung.

**Schutzstatus:** Außenzone Nationalpark Hohe Tauern

**Weitere Touren:** ab Parkplatz Lenzanger – Rauriser Urwald – Durchgang Alm (2 Std., T 2). Knappensteig vom oder zum Gasthaus Bodenhaus (2 Std., T 2). Ab Parkplatz Lenzanger – Rundweg Niedersachsenhaus (2471 m) mit Barbarafall (5 Std., T 3). Ab Parkplatz Bodenhaus – Urquell – Mitterastenalm, retour eventuell über Kolm Saigurn – Lenzanger (2 ½ bis 4 Std., T 2).

## Der Weg

Ausgangspunkt ist der große, gebührenpflichtige Parkplatz beim traditi-

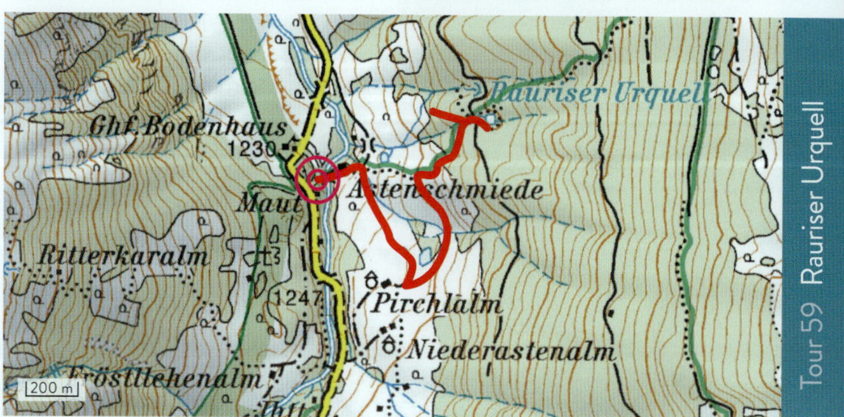

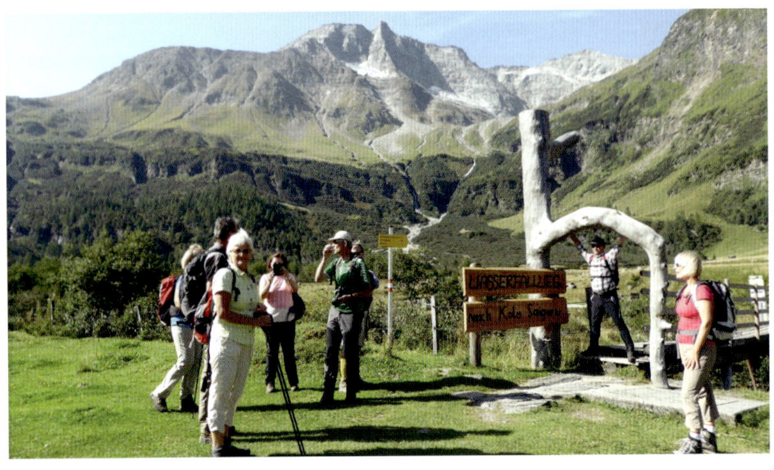


So sah das Tor zum Wasserfallweg vor dem Abgang der Gerölllawine aus.

onsreichen Gasthaus Bodenhaus kurz vor der Mautstelle. Der markierte Weg führt über die Achenbrücke am schmucken Naturschutzhaus As-

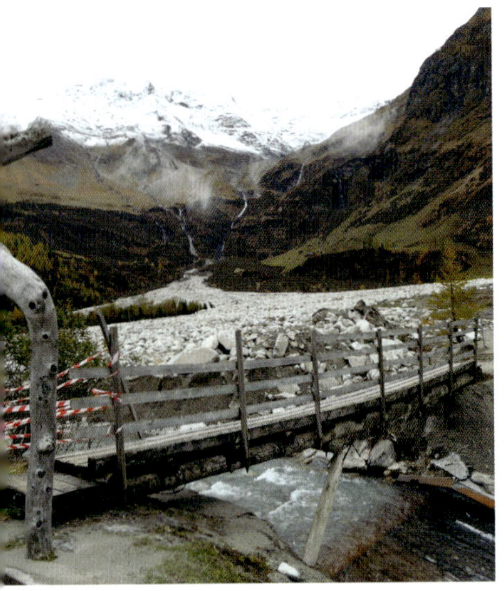

Wasserfallweg nach dem Murenabgang 2023.

tenschmiede, einem Stützpunkt der Österreichischen Naturschutzjugend, vorbei. Etwas weiter oberhalb sind noch gut erkennbare Schlackehaufen aus der Zeit des Bergbaus vorhanden. Der Steig führt in den Wald und wird zunehmend steiler. Allerdings nicht sehr lange, denn schon verweist ein originelles Holzschild auf die Abzweigung zum Urquell-Rundweg nach links. Wie feine Silberfäden verlaufen die kleinen Quellbäche über das Moos und die Felsen und vereinen sich dann zu einem größeren Strang. Eine weitere zauberhafte Entdeckung ist der periodische Waldsee, der sich knapp oberhalb der Forststraße in einer Mulde versteckt. Ein knapp einstündiger Weg führt dort vorbei durch den steilen Wald zur bewirtschafteten Mitterastenalm (1762 m) weiter, der Abstieg folgt in beiden Fällen dem Aufstieg.

# 60 Sigmund-Thun-Klamm

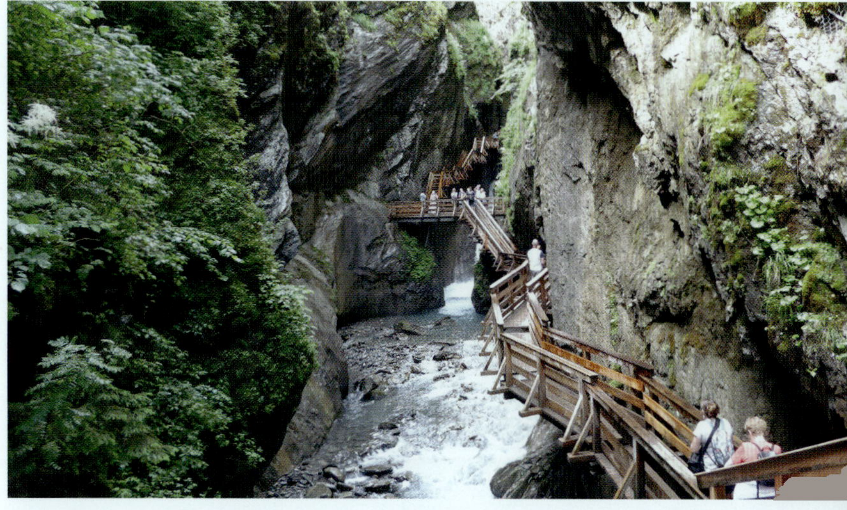

Die Kapruner Ache und die Besucher auf dem Weg durch die Sigmund-Thun-Klamm.

## Mit und gegen den Strom wandern in Kaprun.

Die Sigmund-Thun-Klamm macht den Eindruck, als ob sie schon seit ewigen Zeiten hier ist. Dabei ist der bis zu 30 Meter tief eingeschnittene Graben das jüngste Ergebnis in der Entstehungsgeschichte des Tales. Erst während und nach der eiszeitlichen Abschmelzphase vor rund 12.000 Jahren begann durch fortlaufende Tiefenerosion jenes einschneidende Ereignis, das auch jetzt noch anhält und die Klamm pro Jahr um beachtliche ein bis drei Millimeter pro Jahr in die Tiefe wachsen lässt.

Bereits im Jahre 1893 wurde die Klamm als besondere Touristenattraktion durch eine Holzsteganlage nach Plänen von Nikolaus Gaßner erschlossen. Der Kapruner Fremdenverkehrs- und Hotelpionier hatte schon drei Jahre zuvor den Moserboden mit einer aufwendigen Bergstraße erschlossen. Er ließ auf über 2000 Metern ein Luxushotel errichten, heute breitet sich hier der riesige Stausee Moserboden aus. Durch das zunehmende Interesse an der Stromerzeugung aus Kapruner Wasserkraft verschwand auch die vormalige Touristenattraktion Sigmund-Thun-Klamm aus den Prospekten. Im Jahr 1938 wurden die Steganlagen aufgelassen, erst in den 1990er Jahren kam

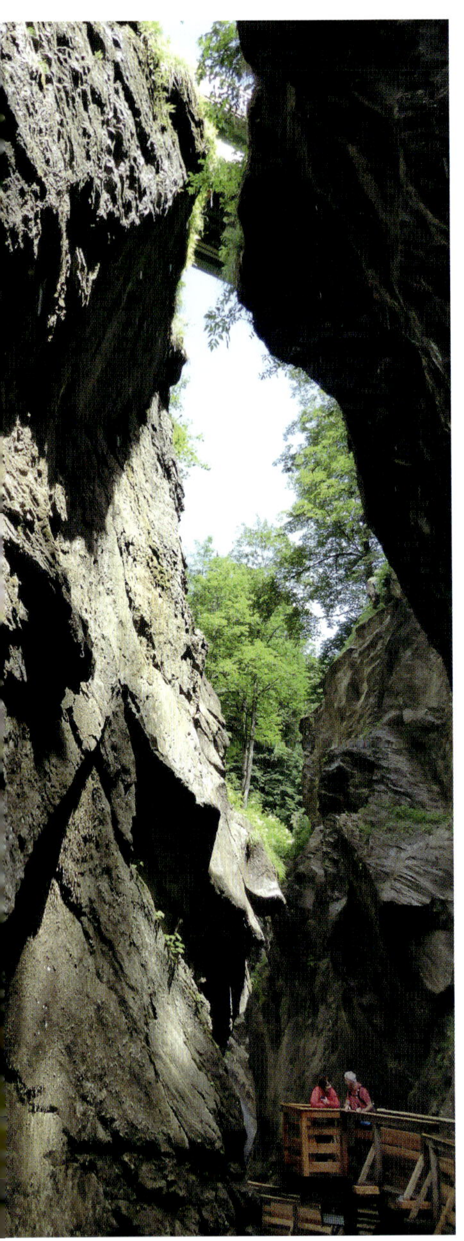

In der 30 Meter tiefen Klamm.

es durch die Initiative eines Vereines zur Wiedereröffnung. Der Name der Klamm erinnert an den Salzburger Landespräsidenten und Statthalter Sigmund Ignaz Graf von Thun und Hohenstein (1827–1897).

**Anfahrt PKW:** über das Kleine Deutsche Eck oder über A 10, Abfahrt Knoten Pongau, auf B 311 nach Zell am See und 8 km weiter nach Kaprun. Der Beschilderung Thun-Klamm zu den Parkplätzen folgen.
**Anfahrt Bus & Bahn:** ab Zell am See Bhf. (Vorplatz) mit Bus 660 bis Kaprun Sigmund-Thun-Klamm.

**Länge (Runde über den Bürgkogel):** 2,5 Kilometer
**Höhenmeter:** 170
**Dauer:** 1 ¼ Stunden
**Schwierigkeit:** T 2

**Öffnungszeiten:** Mitte Mai bis Ende Oktober. Bis 30. Juni 9:00–17:30 Uhr, 1.9.–30.9. von 9:00–17:30 Uhr, Sommerbetrieb 1.7.–31.8. von 9:00–19:00 Uhr, Herbstbetrieb 1.10.–Ende von 9:30–15:30 Uhr, www.klamm-kaprun.at

**Gastronomie:** Klammseestüberl, Tel. + 43 (0) 50 31 32 32 01

**Reizvoll:** Egal wohin der Blick fällt, in Kaprun hat beinahe alles mit dem Element Wasser zu tun: die Stromproduktion, das Thermalbad und natürlich die atemberaubende Sigmund-Thun-Klamm.

**Tipp:** Besuch der Hochgebirgsstauseen Wasserfall- und Mooserboden in Kaprun

**Geologie:** Die Sigmund-Thun-Klamm ist 320 Meter lang, die Kapruner Ache überwindet dabei einen Höhenunterschied von 40 Metern. Die Wassermassen fließen über die Verengung zwischen Bürg- und Maiskogel und formten im Laufe der Jahrtausende riesige Strudeltöpfe in dem bis zu 32 Meter tiefen Einschnitt.

**Schutzstatus:** seit 1934 Naturdenkmal

**Weitere Touren:** Klammseerunde (Weg 17, 1 Std., T 1). Wüstlauweg zum Hotel Kesselfall (Weg 13, 2 Std., T 1). Ab Klammsee Jetzbachastensteig zum Alpengasthof Glocknerblick (Weg 29, 2 Std., T 2). Schneckenreithweg (Weg 17 a, 1 ½ Std., T 1).

## Der Weg

Von einem der Parkplätze führt der Weg zum etwas unterhalb gelegenen, neu geschaffenen Eingangsbereich. Davor präsentieren die wichtigsten Turbinentypen die verschiedenen Möglichkeiten zur Stromgewinnung aus Wasserkraft. Der Weg durch die Klamm ist ein erfrischendes Erlebnis, an einer Stelle schützt nur ein massives Holzdach vor den herunterrieselnden Wasserfontänen. Die Klamm endet vor einer hohen Wehranlage, hinter der sich der romantische Klammsee ausbreitet. Der kürzeste, halbstündige Rückweg führt rechts abzweigend oberhalb der Klamm retour. Ein anderer lohnender, ¾-stündiger Weg verläuft linker Hand mit herrlichem Blick auf den Klammsee über den steilen Bürgkogelsteig 15 a zurück zum Parkplatz. Wer noch mehr Zeit an diesem schönen Ort verbringen möchte, kann natürlich auch in einer zusätzlichen halben Stunde den mit etlichen Freizeitangeboten versehenen Klammsee umrunden (in der Karte gelb).

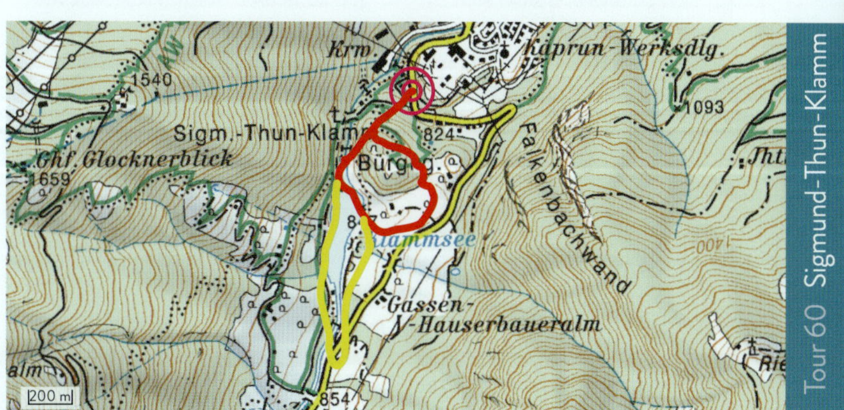

# 61 Piesendorfer Klammweg

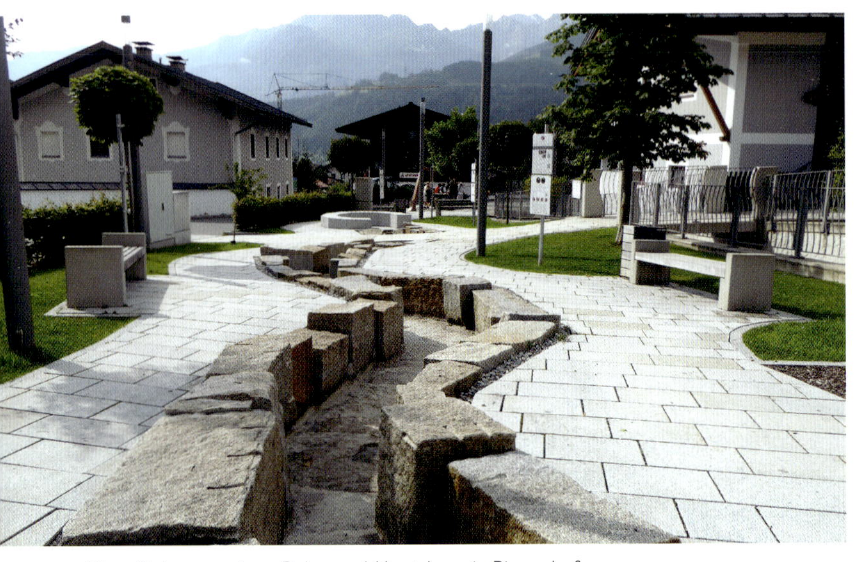

Die raffiniert gestaltete Ruhe- und Mentaloase in Piesendorf.

Kühle Wälder, kleine Wasserfälle und ein klammartiger Graben sind die erfrischenden Zutaten bei dieser Runde.

Auf der Nordseite des Oberpinzgauer Salzachtales erstreckt sich in Ost-West-Richtung der Gebirgszug der Kitzbüheler Alpen. Sie sind für den Skitourismus von großer Bedeutung, die Schmittenhöhe oder die Schattberggipfel sind nur zwei von etlichen prominenten Zielen. Der Ort Piesendorf hat zwar keine Ski- und Liftanbindung, dafür aber sehr nette Fußwege, die auf den sonnigen Höhenrücken führen. Die unteren Abschnitte der langen, dreistündigen Anstiegsroute sind wald- und wasserreich, sie eignen sich daher sehr gut für Wanderungen an heißen Sommertagen. Eine knapp eineinhalbstündige Variante bleibt auch gleich in diesem kühlen Bereich und verläuft nach dem steilen Grabenanstieg über eine aussichtsreiche und sonnige Zufahrt am Hof des Ebnerbauern vorbei retour nach Piesendorf. Vielleicht bleibt bei dieser Runde ja auch genügend Zeit für den gelungenen Mental-Fit-Pfad, mit dem die Wanderer zu originellen Übungen am Ausgangspunkt in Piesendorf animiert werden. Der einstige Nordische Weltklasse-Kombinierer Felix Gottwald zeigt die Übungen in schmissiger Weise via QR-Code vor, die Gäste versuchen das Beste daraus zu machen. Nicht alles ist so leicht, wie es in den witzigen Videos des sympathischen Mentalcoaches Gottwald aussieht, aber Ärgern ist jedenfalls verboten. Nach dieser befreienden Auflockerungsübung kann die Reise in die Piesendorfer Klamm ja beginnen.

**Anfahrt PKW:** durch das Salzach- oder das Saalachtal auf B 311 nach Zell am See. Auf B 168 Richtung Krimml 5 km bis Abzweigung Piesendorf. Angeschriebene Parkplätze im Ort.
**Anfahrt Bus & Bahn:** ab Bhf. Zell am See mit Lokalbahn bis Bedarfs-Haltestelle Piesendorf, oder mit Bus 670 ab Bhf. Zell am See (Vorplatz) bis Piesendorf Bundesstraße.

**Länge:** 3 Kilometer
**Höhenmeter:** 150
**Dauer:** 1 ¼ Stunden
**Schwierigkeit:** T 2

**Gastronomie:** im Ort

**Reizvoll:** zu Beginn im Ortsgebiet spielerisch mit dem Bach umgehen, weiter oben mit Respekt die mächtigen Wildbach-Verbauungen betrachten. Die idyllischen Bäche haben bei Starkregenereignissen also ein hohes Zerstörungspotential.

**Tipp:** im Sommer Besuch im Hinkelsteinbad am südlichen Ortsrand (Schwimmbadstraße); geöffnet Mitte Mai bis September

**Geologie:** Die 1000 Meter mächtige Grauwackenzone ist der Hauptbestand-

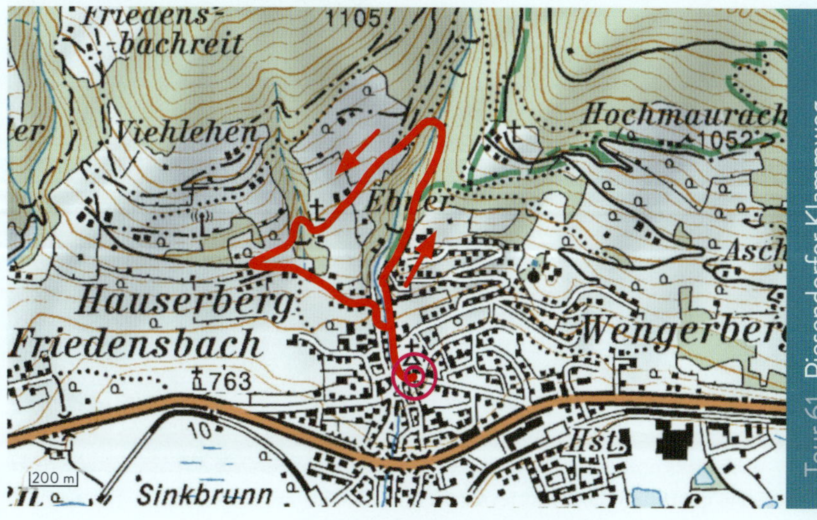

teil der Kitzbüheler Alpen. Auf dem Grauwackenschiefer liegt eine dünne Schicht von Graphitschiefer, Kieselschiefer und Dolomit. Darüber sorgen die hellen Karbonatgesteine (Kalke und Dolomite) für ein belebtes Landschaftsbild.

**Schutzstatus:** keiner

**Weitere Touren:** Panoramalehrweg in verschiedenen Varianten und Richtungen (1–3 Stunden, T 2). Rundweg zur Pinzgauer Hütte (gesamt 5 Std., T 2). Rundwege von Piesendorf nach Fürth (Weg 9) oder Weg 5 nach Walchen (jeweils 2–2 ½ Std., T 1).

## Der Weg

Von einem der Parkplätze im Ort Piesendorf führt der Weg zur weithin sichtbaren Kirche. Gegenüber laden der Mental-Fit-Pfad und der neue Trinkbrunnen zum geistigen und körperlichen Auftanken ein. Auf der Kirchenstraße und dem Grabenbäckweg geht es am Piesendorfer Bach entlang auf der rechten Seite bergwärts zum letzten Gebäude. Dort zweigt der Weg scharf nach rechts ab und führt am äußeren Grabenrand zum Hexenknie, einer auffallenden, knieförmigen Vertiefung im Fels. Wenig oberhalb verläuft der Pfad auf die Schmittenhöhe (1965 m) und zur Pinzgauerhütte (1700 m) geradeaus weiter, während der Klammweg 9 A nach links abzweigt. Ein schmaler Steig quert den Piesendorfer Graben über eine kleine, stählerne Hängebrücke und führt noch einige Höhenmeter durch den steilen Wald bergan, bevor die Route in den talwärts verlaufenden Forstweg nach links einmündet. Am alten und an dem im Jahr 2017 neu erbauten Ebnerbauernhof vorbei schließt sich die Runde über die kurvenreiche Zufahrtsstraße im Ortsgebiet Piesendorf.

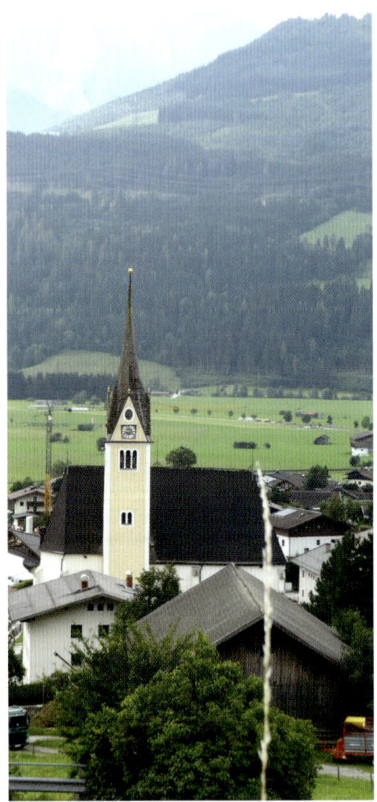

Die Pfarrkirche Piesendorf.

# 62 Schösswendklamm

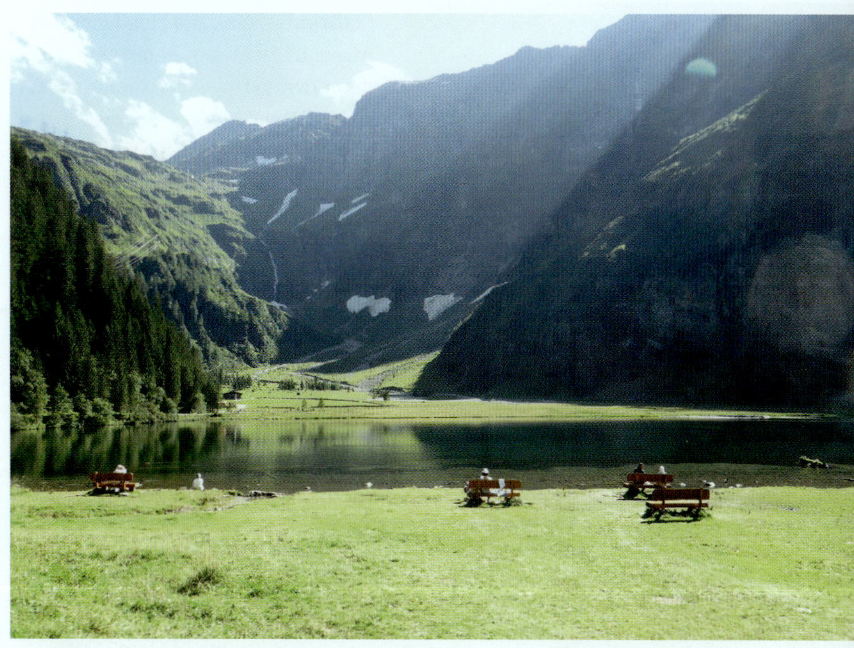

Der Hintersee vor dem Felber Tauern, über den ein alter Saumpfad führt.

## Ein atemberaubender Abstecher am Weg zum malerischen Hintersee.

Im Vorfeld des viel besuchten Hintersees nahe der Felbertauernstraße befindet sich die weit weniger beachtete Schösswendklamm. Wer hier eine große Klamm erwartet, wird vielleicht enttäuscht sein, aber die Konzentration auf diesen einen Platz, an dem sich der Abfluss des Hintersees seinen Weg durch das spezielle Grünschiefergestein bahnt, schafft eine ganz besondere Beobachtungsqualität. Zwei Positionen ermöglichen genaue Einblicke: zuerst von der oberhalb gelegenen Brücke aus als Draufsicht und dann von der unterhalb errichteten Kanzel mit einem zusätzlichen Hörerlebnis. Dafür können sich die Besucher ruhig Zeit nehmen, um dann der Ursache der Klammbildung auf den Grund zu gehen. Dies ist der Felberbach, dem der Pfad flussaufwärts folgt und der dabei sogar so viel von seiner einschneidenden Wirkung verliert,

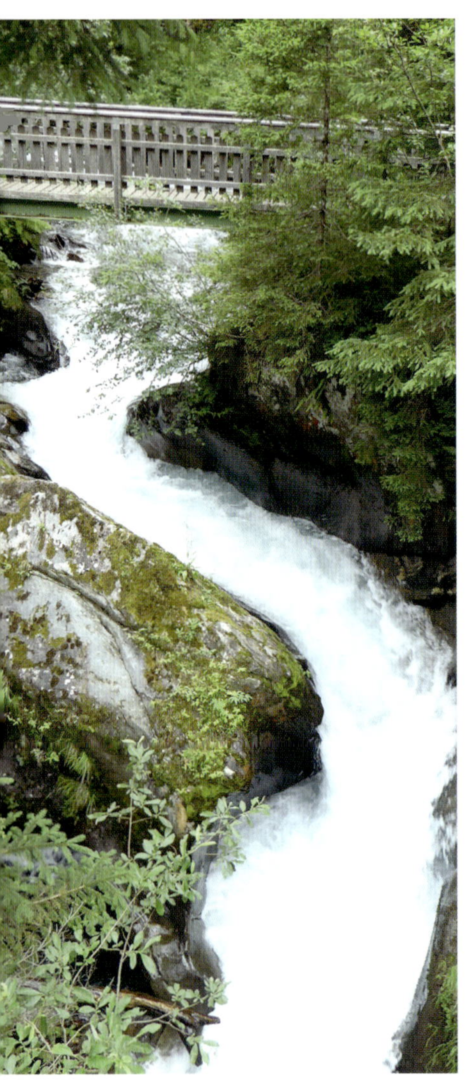

Die Schösswendklamm.

dass auch ein (Fuß-)Bad entlang der schönen Uferplätze möglich wird. Der Weg am Hintersee vorbei und dann weiter über den Felber Tauern (2481 m) ist eine alte Handelsroute in den italienischen Raum. Aufgrund der relativ geringen Passhöhe galt er lange als wichtigster Handelsweg der Region. Da auf den schmalen und steilen Wegen kein Wagenverkehr möglich war, kamen hier robuste Tragetiere zum Einsatz, die bis zu 150 Kilo an Waren beförderten. Vor einiger Zeit wurde diese alte Tradition mit regelmäßig stattfindenden Säumerwanderungen über den Felber Tauern wiederbelebt.

**Anfahrt PKW:** über das Kleine Deutsche Eck oder über A 10, Abfahrt Knoten Pongau, auf B 311 nach Zell am See und 24 km weiter nach Mittersill. Im Kreisverkehr auf die Felbertauernstraße abzweigen, nach 7 km gleich nach einer Lawinengalerie nach rechts Richtung Hintersee. Parkplatz Schösswendklamm nach 400 m.
**Anfahrt Bus & Bahn:** ab Bhf. Zell am See (Vorplatz) bis Mittersill Ortsmitte mit Bus 670, oder Lokalbahn, dann mit Taxidienst.

**Länge (Schösswendklamm – Hintersee und retour):** 7 Kilometer
**Höhenmeter:** 330
**Dauer:** 2 ½ Stunden
**Schwierigkeit:** T 2

**Gastronomie:** Jausenstation Gamsblickhütte (Hintersee). Meilingeralm am Weg zum Hintersee.

**Reizvoll:** sehr familienfreundliches Gelände, gut geeignet aber auch für weitere Spaziergänge

**Tipp:** In Mittersill warten mit dem neu konzipierten „Felberturm“ und dem „Nationalparkzentrum“ zwei hervorragende Museen auf ihre Besucher, www.museumswelten-hohetauern.at.

**Geologie:** Die maßgeblichen Gesteine in der Klamm sind die hier vorkommenden Hornblende- und Grünschieferschichten, durch die sich der Felberbach zwängen muss. Beeindruckend sind die kleinen und größeren Wasserfälle sowie die bemerkenswerten Erosionsformen.

**Schutzstatus:** Naturdenkmal seit 1983

**Weitere Touren:** Naturlehrpfad Hintersee ab PP Hintersee (1 Std., T 1). Bergtour St. Pöltener Hütte ab PP Hintersee (Weg der Säumer. Gesamt 12 km, 1200 hm, 6 Std., T 3).

## Der Weg

Ausgangspunkt ist ein kleiner Parkplatz, der 400 Meter nach der Abzweigung von der Felbertauernstraße für die Besucher eingerichtet wurde. Der Klammweg beginnt 150 Meter weiter oberhalb. Er verläuft über die Almwiese in wenigen Minuten zum Felberbach, der über einen Steg gequert wird. Von hier aus ergibt sich ein erster schöner Einblick auf das Naturdenkmal, ein weiterer Foto- und Beobachtungspunkt ist die unterhalb errichtete Kanzel. Der Weg bleibt zunächst auf der östlichen Uferseite und quert dann nach 15 Minuten über den Felberbach.

Eine kurze, ¾-stündige Runde (in der Karte rot) verläuft geradeaus zur Schößwendalm hinüber und folgt dann der Zufahrtstraße zurück zum Parkplatz. Die längere 2 ½-stündige Wanderung führt weiterhin am schönen Felberbach entlang und erreicht 2,5 Kilometer später den Hintersee. Am Zugang zum malerischen See vermittelt der Nationalpark-Kiosk interessante Infos und am Südende des Sees lockt die Gamsblickhütte mit feinen regionalen Speisen. Retour entlang der Zufahrt, vielleicht mit einem Abstecher zur Meilingeralm, oder auf der bekannten Route.

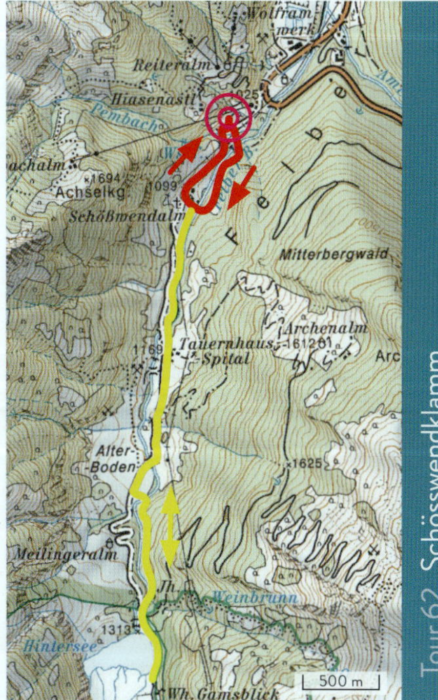

# 63 Gamseckfall und Seebachfall

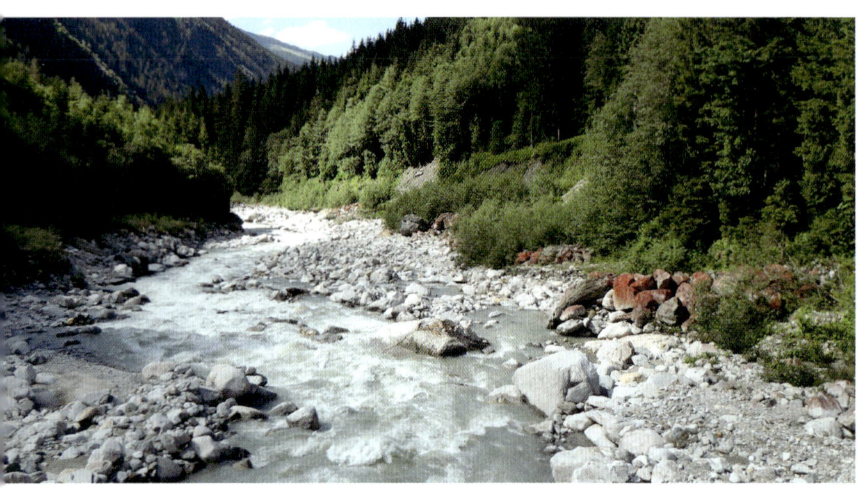

Im Obersulzbachtal. Gut erkennbar sind die roten, von Algen überzogenen Steine.

Mit Blick auf die Venedigergruppe durch das Obersulzbachtal zu den Wasserfällen.

Wenn vom Obersulzbachtal die Rede ist, bekommen die Alpinisten leuchtende Augen, denn das Ende des rund 15 Kilometer langen Tales wird vom höchsten Berg des Landes Salzburg, dem Großvenediger (3662 m), abgeschlossen. Meistens ist die Besteigung mit einer Übernachtung auf der Kürsingerhütte (2558 m) und dann dem sehr frühzeitigen Gipfelanstieg über das Obersulzbachkees verbunden. Dieser Gletscher ist der größte von insgesamt neun im Einzugsgebiet des Obersulzbachtales. Noch im Jahr 1850 reichte das Zungenende bis zur Obersulzbachhütte (1742 m) im hinteren Talboden, auch die legendäre „Türkische Zeltstadt" ist längst Schnee von gestern. Im Tal gibt es aber auch im Nahbereich viel zu entdecken, wie etwa die auffallend roten Bachsteine im Uferbereich. Die Leuchtfarben sind ein lebender Organismus, eine spezielle vom Wasser auf das Land übergewechselte Algenart. Reibt man daran, verbreitet sich ein leichter Veilchenduft. Bevor die sinnliche Wanderung durch das Obersulzbachtal zum Gamseckfall beginnt, lädt ein Informationskiosk des Nationalparks Hohe Tauern am Startpunkt Parkplatz Hopffeldboden (1090 m) zur Wissensauffrischung ein.

**Anfahrt PKW:** durch das Salzach- oder Saalachtal nach Zell am See. Auf B 168 und B 165 nach Neukirchen a. Großvenediger und weiter bis zur Abfahrt Sulzau, Sulzbachtäler. Nach 4 km Parkplatz Hopffeldboden (gebührenpflichtig).
**Anfahrt Bus & Bahn:** mit Bus 670 ab Bhf. Zell am See (Vorplatz) bis Rosental Ortsmitte. 1,5 Std. zu Fuß oder mit Wandertaxi (Tel. +43 (0) 664 / 916 67 18) bis Parkplatz Hopffeldboden.

**Länge:** 8 Kilometer
**Höhenmeter:** 500
**Dauer:** 2 ¾ Stunden
**Schwierigkeit:** T 2

**Gastronomie:** Kampriesenalm, Tel. +43 (0) 65 65 / 62 72. Almgasthof Berndlalm, Tel. +43 (0) 664 / 91 66 718, www.berndlalm.at

**Reizvoll:** unterwegs im grünen Vorgarten der höchsten Berge des Landes Salzburg

**Tipp:** Museum Bramberg mit der Nationalparkausstellung „Smaragde und Kristalle“, www.museumbramberg.at

**Geologie:** Die charakteristische Höhenstufe im Obersulzbachtal, über die sich der Gamseckfall 80 m in die Tiefe stürzt, hat seine Ursache in einem altpaläozoischen Schieferband. Auch der benachbarte Seebachfall ergießt sich als fein zerstäubter Tröpfchenteppich über eine derartige, 300 m hohe Schieferflanke. Schiefer ist prinzipiell ein gutes Zeichen für das Vorkommen von Bodenschätzen. Im östlich parallel verlaufenden Untersulzbachtal wurden Gold und Kupfer gewonnen, dort gewährt das Schauberg-

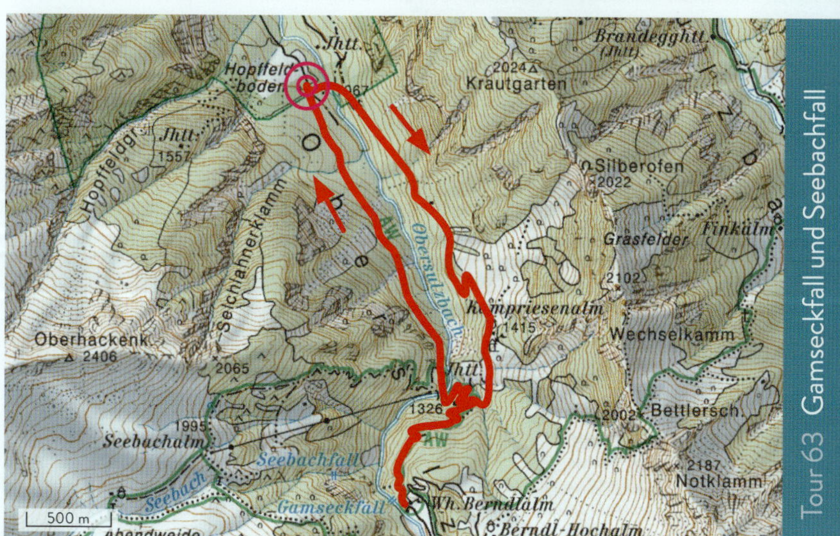

werk Hochfeld bei der Knappenwand Einblicke in den historischen Bergbau.

**Schutzstatus:** Naturdenkmal seit 1986

**Weitere Touren:** ab PP Hopffeldboden – Rundwanderung Seebachsee (5,5 Std., 11 km, 1000 hm, T 3). Ab PP Hopffeldboden – Foisskarsee (3,5 Std., 6,5 km, 1000 hm, T 3). Ab Pfarrkirche Neukirchen – Kapellenweg (ges. 4,5 Std., 17,5 km, kürzere Varianten sind möglich, T 2).

### Der Weg

Ausgangspunkt ist der gebührenpflichtige Parkplatz Hopffeldboden im Obersulzbachtal. Der kürzeste, einstündige Anstieg zum Gamseckfall folgt ganz einfach der breiten Zufahrt, der auch von den Anrainern und den Radfahrern benutzt wird. Sehr empfehlenswert ist aber auch der etwas längere, naturbelassene Weg über die Kampriesenalm, der nach wenigen Metern nach links abzweigt. Von der gleich folgenden, 60 Meter langen Hängebrücke aus sind die charakteristischen roten Steine am Rand des Bachbettes besonders gut zu sehen. Verantwortlich für die auffallende Färbung ist die Veilchen-Steinalge. Der Steig führt in den Wald und erreicht nach einer halben Stunde wieder das offene Gelände. Von einer kleinen Unterstandshütte aus ist das gewaltige Ofenloch links oberhalb gut erkennbar. Wenig später taucht die neu erbaute Kampriesenalm (1415 m) auf. Nach der Einmündung in den Fahrweg schwebt auf der gegenüberliegenden Talseite der Seebachfall, ein insgesamt 300 Meter hoher Schleierfall, in die Tiefe, wenig später folgt der rauschende Gamseckfall. Ein kurzer Steig verläuft vom breiten Almweg zu einer Kanzel hinab, die noch bessere Einblicke erlaubt. Bis in die 1970er Jahre führte sogar ein schmaler Steg über den Wasserfall. Bei der nahen Gastwirtschaft Berndlalm (1514 m) ist die Steilstufe zu Ende, dahinter steigt das Tal sanft Richtung Großer Geiger (3360 m) und Großvenediger (3662 m) an. Rückweg zum Parkplatz Hopffeldboden wie Anstieg oder alternierend entlang der Zufahrt oder mit dem Hüttentaxi.

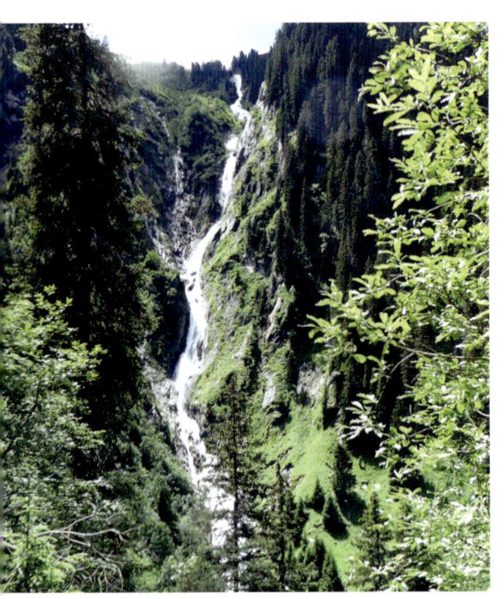

Der Seebachfall.

# 64 Krimmler Wasserfälle

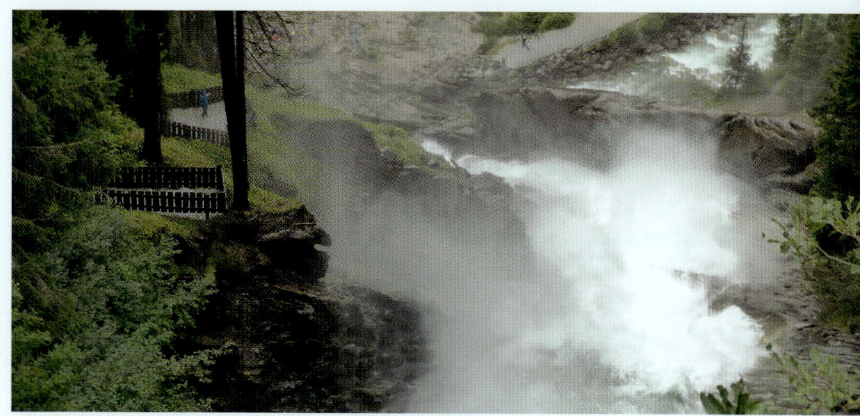

Der Wasserfallnebel hat eine gesundheitsfördernde Wirkung.

## Ein grandioses Schauspiel in drei Akten.

Rein dramaturgisch betrachtet wäre der ideale Ausgangspunkt für den Wasserfallweg ganz hinten am Ende des Krimmler Tauerntales. Also an jenem Punkt, an dem sich die Wassermassen in aller Stille sammeln, um dann zum furiosen Finale am Talausgang über drei Stufen knapp 400 Meter in die Tiefe zu stürzen. Bis die Krimmler Ache zu diesem fulminanten Schlussakt gelangt, durchfließt sie zuerst rund 12 Kilometer sanfte Almböden. Ein wunderbares Spaziergelände für die Besucher und bestes Weideland für die vielen Almtiere. Natürlich gibt es entlang dieser Strecke auch genügend Einkehrstationen. Das seit 600 Jahren bestehende Krimmler Tauernhaus (1622 m) kann dabei wohl auf die längste Tradition zurückblicken. Der Tauernweg wurde aber auch schon während der knapp 500 Jahre dauernden Zeit der römischen Herrschaft (ab 15 v. Chr.) begangen. Anders als heute machten die Wegebauer allerdings einen großen Bogen um das wild tosende Wasser. Dieser alte Tauernweg auf der orografisch rechten Seite der Ache besteht noch immer und bietet sich bestens für eine Rundwanderung an, die somit sowohl die Lust am Wasserfall-Schauen als auch die Freude über einen historischen Saumweg miteinschließt.

**Anfahrt PKW:** A10, Abfahrt Knoten Pongau oder über das Kleine Deutsche Eck auf B 311 nach Zell am See. Auf B 168 und B 165 nach Krimml Parkplatz Orts-

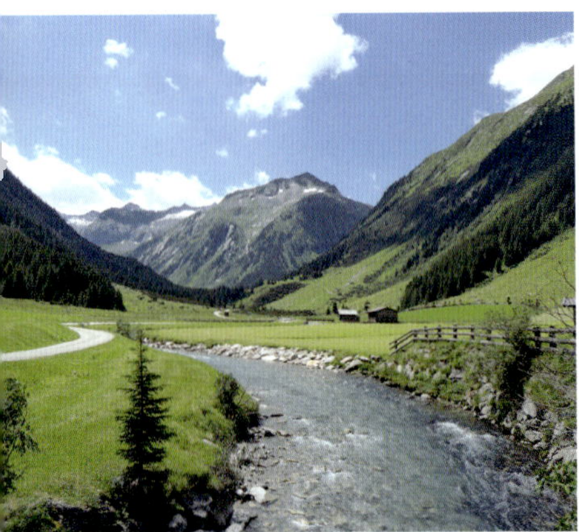

Im Hinteren Krimmler Achental.

mitte oder Parkplätze (Gebühr) bei den Wasserfällen.
**Anfahrt Bus & Bahn:** ab Zell am See Bhf. Vorplatz mit Bus 670 bis Krimml Wasserfälle

**Länge:** 9 Kilometer
**Höhenmeter:** 470
**Dauer:** 3 Stunden
**Schwierigkeit:** T 2

**Öffnungszeiten:** durchgehend Mitte April bis Ende Oktober, 9–17 Uhr, www.wasserfaelle-krimml.at

**Gastronomie:** Gasthof Schönangerl, Veitnalm, Hölzlahneralm, Söllnalm, Krimmler Tauernhaus und andere

**Reizvoll:** Mit 400.000 Besuchern im Jahr sind die Krimmler Wasserfälle natürlich kein Geheimtipp mehr. Trotzdem ziehen die atemberaubenden Eindrücke von den Aussichtskanzeln und die atemberuhigende Wirkung des mikrofeinen Sprühnebels alle Gäste in ihren Bann.

**Tipp:** Besuch der „WasserWunderWelt" in Krimml, gegenüber dem Eingangsbereich zu den Wasserfällen, www.wasserwelten-krimml.at

**Geologie:** Die Bildung des dreistufigen Wasserfalls (145 m, 100 m, 140 m) hängt mit dem besonders harten Granitgestein zusammen, das hier am Rand des Tauernfensters an die Oberfläche kommt. Die Krimmler Ache, ein typischer Gletscherbach mit stark wechselnder Wasserführung, sucht sich hier den Weg in das Salzachtal. Die wasserreichste Zeit sind die Monate Juni und Juli mit dem 30- bis 40-fachen der Februarmenge. Das Schmelzwasser vom Gletschertor bis zu den Wasserfällen benötigt für die knapp 20 Kilometer lange Strecke neun bis zwölf Stunden. Dadurch tritt das Tagesmaximum bei den abschließenden Wasserfallstufen zeitversetzt zwischen 21 und 24 Uhr auf. Über die drei Fallstufen mit einer gesamten Fallhöhe von 385 m stürzen pro Sekunde durchschnittlich 5,6 $m^3$ Wasser in das Tal.

**Schutzstatus:** seit 1967 Europäisches Naturschutzdiplom

**Weitere Touren:** Tauernhaus – Windbachtal – Krimmler Tauern (Anstieg 4 Std., T 3). Tauernhaus – Rainbachtal – Richterhütte (Anstieg 2,5 Std., T 2). Tauernhaus – Rainbachsee (Anstieg

2 Std., T 2). Tauernhaus – Warnsdorfer Hütte (Anstieg 3 Std., T 2).

## Der Weg

Entweder aus dem Ortszentrum Krimml oder von den nähergelegenen, gebührenpflichtigen Parkplätzen führt der angeschriebene Weg zum Eingangsbereich vor den Wasserfällen. Der „Alte Tauernweg" (Weg 40) zweigt zuvor nach links ab. In welcher Reihenfolge der Auf- und Abstieg gewählt wird, ist Geschmackssache. Auf jeden Fall ist die Wasserfallgebühr zu entrichten, die ausschließlich zum Erhalt des aufwendigen Weges verwendet wird. Der Alte Tauernweg mündet nach einer Gehstunde in Höhe der Schönangerlalm (1320 m) nach rechts zum Wasserfallweg hinüber. Etwas unterhalb befindet sich die Gastwirtschaft Schönangerl, eine halbe Stunde weiter oberhalb warten noch die letzte, 145 Meter hohe Fallstufe und eine besonders spektakuläre Aussichtskanzel. Einige Minuten weiter taleinwärts breitet sich dann das sanft ansteigende Krimmler Tauerntal aus.

Ganz nach Lust und Laune kann die Wanderung noch viele Kilometer taleinwärts führen, bis zum traditionsreichen Krimmler Tauernhaus sind es rund sieben Kilometer. Von dort besteht eine Rückfahrmöglichkeit mit dem Tälertaxi (Tel. +43 (0) 664 / 261 21 74). Auf keinen Fall darf bei der Wanderung aber natürlich der spektakuläre Wasserfallweg mit seinen vielen Kanzeln fehlen. Zum Abschluss sehr empfehlenswert ist der Besuch des Tosbeckens beim unteren Fall. Den feinen, in der Luft schwebenden Wassertröpfchen wird eine große gesundheitliche Wirkung bei Atem- und Lungenbeschwerden bescheinigt.

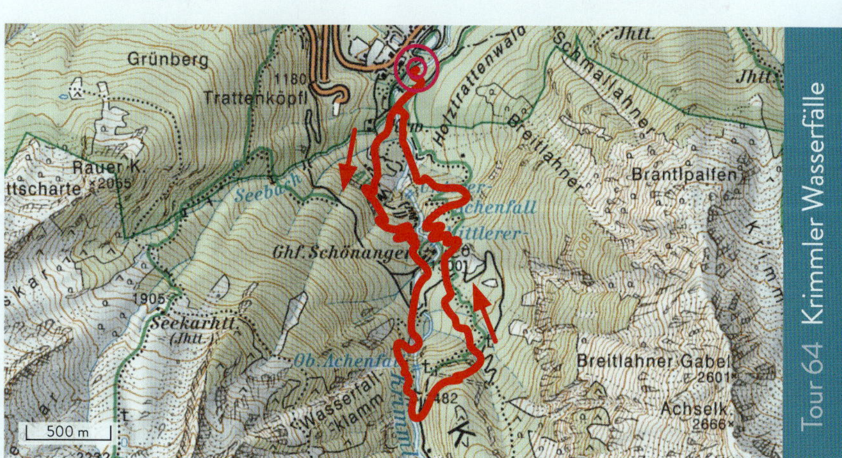

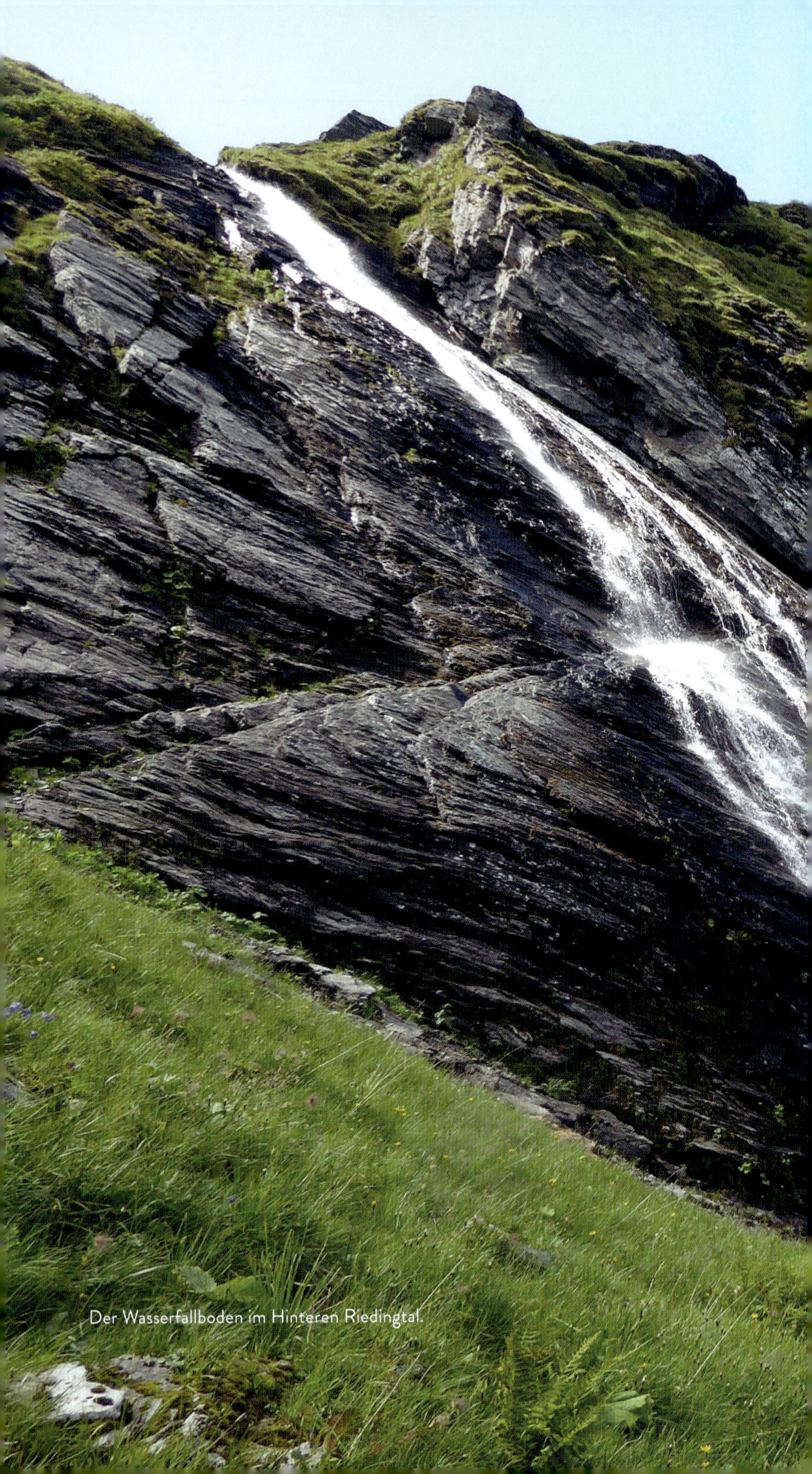

Der Wasserfallboden im Hinteren Riedingtal.

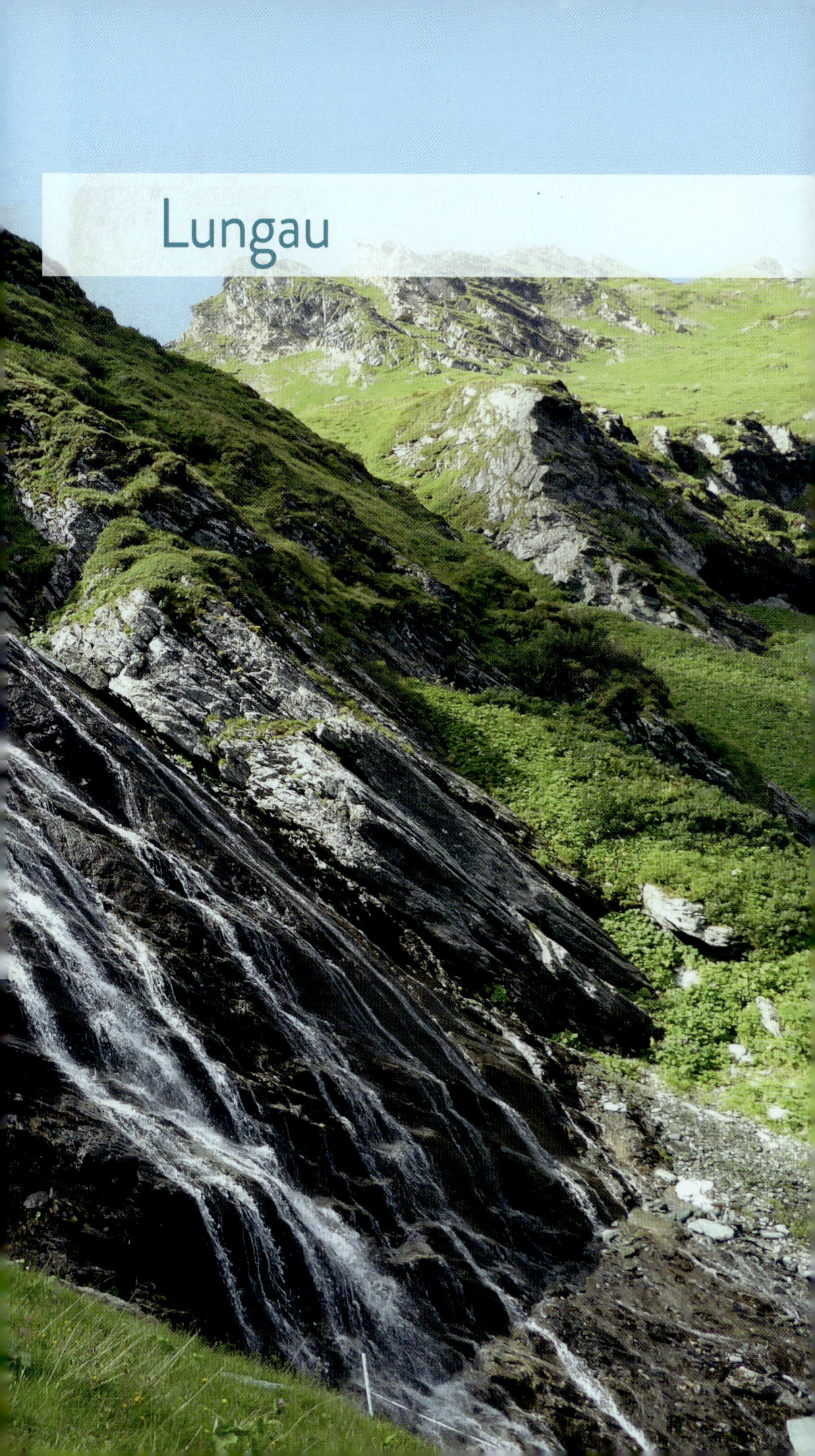

# Lungau

# 65 Tennfall

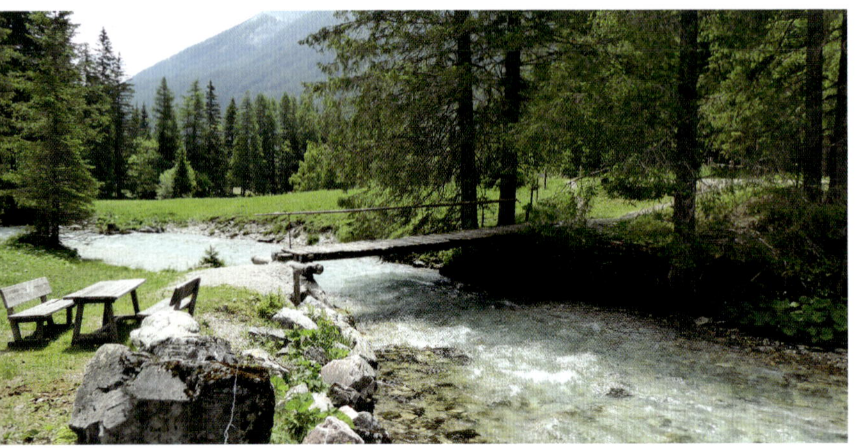

Rastplatz an der Lungauer Taurach nahe Tweng.

Von Tweng entlang der Lungauer Taurach zum Tennfall.

Die kleine Gemeinde Tweng mit ihren knapp 300 Einwohnern hat viel zu bieten. Vor allem unberührte Natur im großen Ausmaß. Das freut nicht nur die Naturliebhaber, sondern auch die Wildtiere. In früheren Zeiten waren das nicht nur friedliebende Tiere. Der Schulreformer, Schriftsteller und Journalist Franz Michael Vierthaler (* 1758 in Mauerkirchen, † 1827 in Wien) berichtet in seinen Reiseaufzeichnungen aus dem Lungau: „Im Blockhaus erfuhren wir, dass die Jäger und Schützen vom ganzen Gau aufgebothen seyn, um ein paar Wölfe zu verfolgen, welche Angriffe auf die Herden gemacht hatten. Wölfe durchstreifen nämlich jährlich, und von Zeit zu Zeit auch Bären, den Lungau und lassen blutige Spuren ihrer Grausamkeit zurück." Rund 200 Jahre später ist mit der Rückkehr der großen Beutegreifer das Thema wieder aktuell geworden. Die Chancen, auf Bär, Wolf oder Luchs zu stoßen, sind für die Wandertouristen aber gering. Schon eher auf seltene Schmetterlingsarten, oder zur richtigen Zeit auf beste Speisepilze, die rund um Tweng in großer Anzahl wachsen. Zu „erjagen" gibt es also genug, auch die Eindrücke vom Tennfall 40 Minuten nördlich vom Ort Tweng gehören dazu. Bevor die von der Passhöhe kommende Taurach in den ruhig fließenden Lantschfeldbach einmündet, gibt es noch einen letzten starken Auftritt mit dem überschäumenden Tennfall. Zwei Wegvarianten, die sich zu einer Runde kombinieren lassen, führen dorthin. Auf den jeweiligen Uferseiten begleiten sie den breiten und ruhigen Fluss zum großen Schotterfeld vor dem Wasserfall. Dieser schöne Ort und auch viele Einstiegsstellen am Flussverlauf eignen sich ganz ausgezeichnet zum Abkühlen an heißen Sommertagen. Der orografisch rechte Weg (Zufahrt in das Lantschfeld) ist kinderwagengeeignet.

**Anfahrt PKW:** A 10, Abfahrt Altenmarkt. Auf B 320 und B 99 nach Tweng. Parken im Ort oder am Ortsbeginn rechts 1 km zum PP Lantschfeld.
**Anfahrt Bus & Bahn:** mit Bus 280 ab Radstadt Bhf. Vorplatz bis Tweng Ortsmitte.

**Länge:** 4 Kilometer
**Höhenmeter:** 50
**Dauer:** 1 ½ Stunden
**Schwierigkeit:** T 1

**Gastronomie:** Gasthof und Landhotel Postgut, Tel. +43 (0) 64 71 / 202 06
Hotel Twengerhof,
Tel. +43 (0) 64 71 / 216

**Reizvoll:** ein leicht erreichbarer Wasserfall, der durch die oberhalb vorbeiführende „Römerstraße" noch zusätzlich aufgewertet wird. Zwischen dem Leißnitzgraben in St. Margarethen (siehe Wasserweg Leißnitz) und Radstadt konnten 24 Meilensteine gesichert werden, einer davon ganz in der Nähe in Tweng.

**Tipp:** Die Schotterbänke beim Tennfall sind ein feiner Jausenplatz.

**Geologie:** So wie die berühmte, um 200 n. Chr. errichtete Römerstraße und die daraus entstandene Bundesstraße

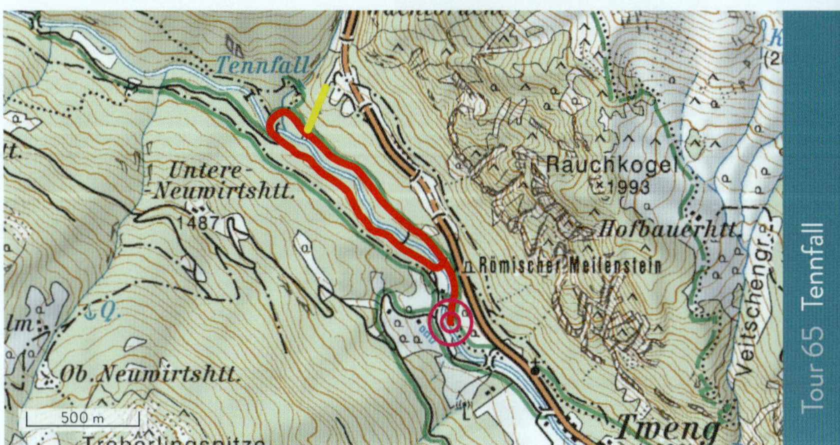

B 99 überquert auch die Taurach den Radstädter Tauernpass. Es gibt nämlich eine „Nördliche Taurach" in den Ennspongau, deren auffallendster Wasserfall der 70 Meter hohe Johannesfall ist, und dann fließt noch eine „Südliche Taurach" in den Lungau. Sie ist für den Tennwasserfall verantwortlich.

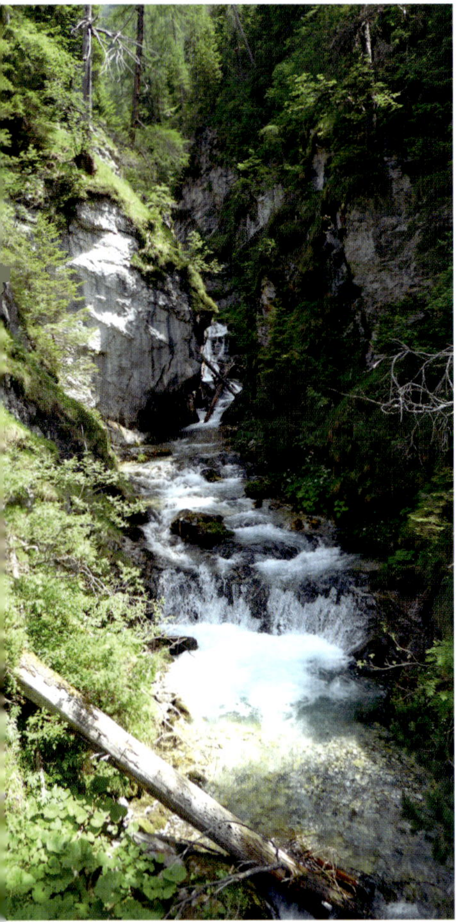

Beim Tennwasserfall.

**Schutzstatus:** Biosphärenpark Lungau

**Weitere Touren:** Tweng – Treberlingspitze (Anstieg 2,5 Std., T 2). Tweng – Schareck (Anstieg 3,5 Std., T 3). Tweng – Lantschfeld (Anstieg 3 Std., Auffahrt gegen Gebühr möglich, T 1). Tweng – Twengeralm – Jugendhotel Schaidberg (4,5 Std., Rückfahrt mit Postbus 260, T 3).

### Der Weg

Vom Ort Tweng ist noch eine eineinhalb Kilometer lange Zufahrt Richtung Lantschfeld bis zu einem ausgewiesenen Parkplatz möglich (Gehzeit von der Bushaltestelle Tweng Ortszentrum bis hierher 30 Min.). Bald nach dem Parkplatz, der mit einem Informationskiosk ausgestattet ist, teilen sich die Routen in die geradeausführende Wirtschaftsstraße und in die rechts abzweigende, naturnahe Variante. Nach 30 Minuten treffen sich die beiden Wege vor dem Tennfall. Eine Holzbrücke führt über den Wasserfall und ermöglicht weitere Einblicke in die Klamm. Ebenso führt ein schmaler Pfad an der Taurach-Schlucht bergwärts entlang und eröffnet den einen oder anderen interessanten Standort. Für Kleinkinder eignet sich dieser Steig nicht. Er führt auch nicht (mehr) in den Ort Tweng zurück, sondern endet an der Bundesstraße. Der Rückweg vom Tennfall erfolgt im Sinne einer Rundwanderung am besten auf der alternierenden Route.

# 66 Wasserfall im Veitschengraben

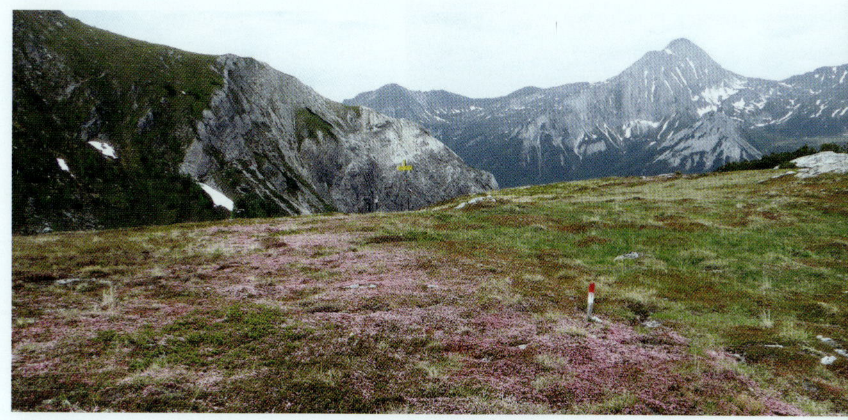

Der Weg zum Twenger Almsee führt über einen Teppich aus blühenden Polsternelken.

Unterwegs auf der wilden Seite von Tweng.

Ganz anders als der auch mit dem Kinderwagen leicht erreichbare Tennfall präsentiert sich der östlich der Ortschaft gegenüber gelegene Wasserfall im Veitschengraben, der nicht einmal auf einen eigenen Namen verweisen kann. Macht aber gar nichts, der „Namenlose" ist leicht zu finden, wenn auch nicht ganz leicht zu erwandern. Angesichts der steilen Flanken und Schluchten, die vom Gurpitscheck-Kamm herunterziehen, auch keine wirklich große Überraschung. Umso größer ist dann aber das Erstaunen über einen grandios abwechslungsreichen Wasserfall, der über eine kurze Strecke hinweg der kühle Begleiter ist. Überraschend ist dann aber auch die unerwartet weitläufige Almlandschaft, die sich nach der langen, über knapp 400 Höhenmeter anhaltenden Steilstufe öffnet. Für die Wanderer, die nun schon einmal in dieser stillen Landschaft auf rund 1900 Metern angekommen sind, könnte sich eine interessante Rückwegalternative über die Twenger Alm oder den Twenger Almsee (2120 m) auftun.

**Anfahrt PKW:** A 10, Abfahrt Altenmarkt. Auf B 320 und B 99 nach Tweng. Parken im Ort.
**Anfahrt Bus & Bahn:** mit Bus 280 ab Radstadt Bhf. Vorplatz bis Tweng Ortsmitte.

**Länge (nur Wasserfall/Querung Obertauern):** 2 Kilometer/8,5 Kilometer
**Höhenmeter:** 160/870

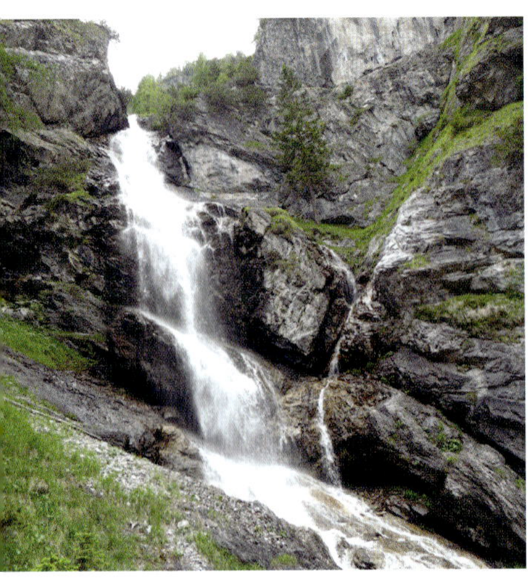

Der Wasserfall im Veitschengraben.

**Dauer:** 1 Stunde/4 Stunden
**Schwierigkeit:** T 3

**Gastronomie:** Twengeralm. Geöffnet Mitte Juni bis Mitte September, Tel. +43 (0) 664 / 369 66 96, www.twengeralm.salzburgurlaub.eu Gasthof Postgut in Tweng, www.postgut.at

**Reizvoll:** diesmal eine anspruchsvolle Wanderung abseits breiter Wege, zu einer kaum bekannten Wasserfall-Schönheit

**Tipp:** Für konditionell Ausdauernde ist der Weg über den Twenger Almsee oder/und über die Twengeralm eine reizvolle Ergänzung (insgesamt 4–5 Std.).

**Geologie:** Für die Geologen bieten die Wände ostwärts oberhalb von Tweng (Gurpitscheckzug) einen aufschlussreichen Einblick in das komplizierte Profil des Radstädter Deckensystems. Zu erkennen sind über der weißen Quarzit-Kalk-Dolomit-Zone dunkler Kristallin. Also alpine Tektonik im Ildefonso-Schwarz-Weiß-Kontrast: interessant für die Geologen, aber auch einfach faszinierend für den Laien.

**Schutzstatus:** Biosphärenpark Lungau

**Weitere Touren:** Tweng – Wildalmsee und Treberlingspitze, 2083 m (ges. 4 Std., T 3). Tweng – Gr. Gurpitscheck, 2526 m (ges. 8–9 Std., T 3). Tweng – Tennfallrunde (1 ¾ Std., T 1).

## Der Weg

Von der Bundesstraße in Tweng zweigt ostwärts der „Schulweg“ ab, dem auch die angeschriebene Route „Twenger Almsee, 3 ½ Std.“ folgt. Der bequeme Teil ist allerdings nur von kurzer Dauer, dafür taucht schon bald der Wasserfall im Veitschengraben auf. Über mehrere Stufen stürzt der Bach durch einen Felseinschnitt in die Tiefe. Ein Drahtseil hilft über den steilsten Wegabschnitt hinweg, weiter oben steht auf einer kleinen Verflachung ein längst verfallener Stadel. Im nachfolgenden Lärchenwald geht die Steigung merklich zurück, allmählich setzt sich eine sanfte Almlandschaft durch. Die unbewirtschaftete Hofbauerhütte auf knapp 1850 Metern Seehöhe (Anstieg 1,5 Std.) wäre schon ein schönes

Ziel, der Rückweg folgt in diesem Fall dem Anstieg. Eine sehr einsame, um eineinhalb Stunden längere Variante führt über die Twengeralm retour. Dazu von der Hofbauerhütte sanft ansteigend nordwärts auf den Kamm, der mit einem großen Steinmann versehen ist. Über die flache Schulter mit dem herrlich weichen, rosaroten „Polsterbezug" aus Stengellosem Leimkraut geht es zu einem kurzen Steilabstieg weiter, dem sich ein Gegenanstieg und die Querung zur Hauptroute Richtung „Twenger Almsee" anschließt. Nach rechts geht es in 30 Minuten zum See (2120 m) bergauf, nach links ebenso lang zur Twengeralm (1900 m) abwärts und von dort in einer Stunde auf einem breiten Almweg hinab zum Jugendhotel Schaidberg (1621 m). Rückfahrt mit dem Bus 280.

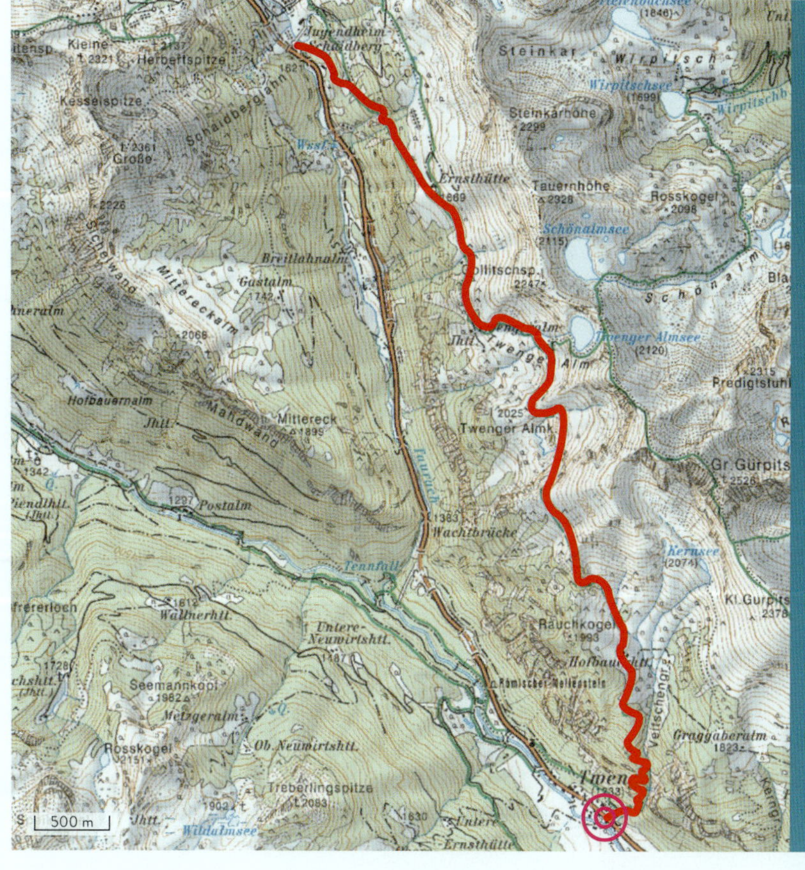

# 67 Gletschermühlen in Mauterndorf

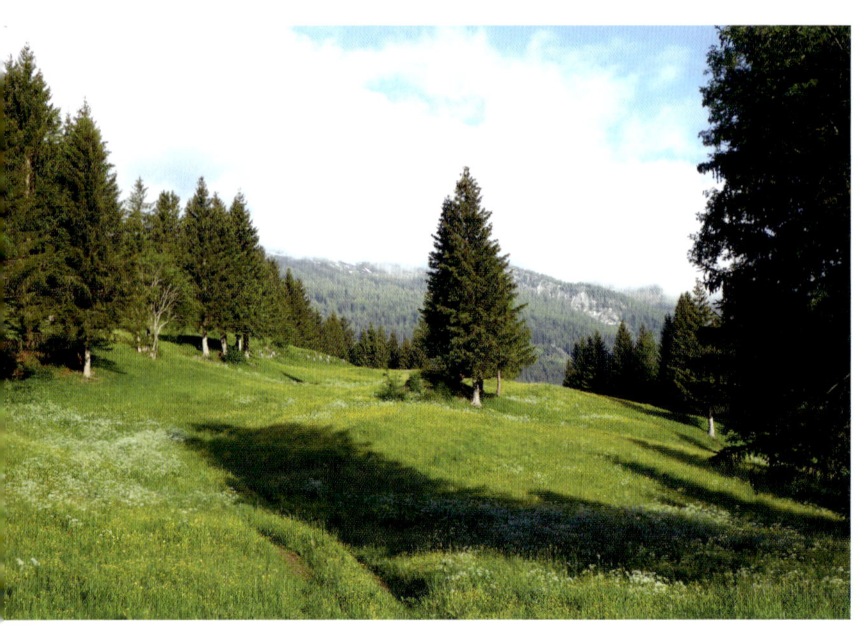

Die von eiszeitlichen Gletscherströmen geformte Landschaft bei Mauterndorf.

**Die Südliche Taurach formt und ist kreativ: von den Gletschermühlen bis zu den Hammerwerken.**

Vom Süden über Spittal (Teurnia) kommend haben nicht nur die römischen Straßenbauer eine perfekte Route über den Radstädter Tauern gefunden. Der Trassenverlauf ist weitgehend jener, dem auch heute noch die Bundesstraße 99 folgt. Schon viel, viel früher hinterließen die Gletscherströme auf dem für sie günstigsten Weg Spuren und formten die Landschaft. Noch vor 20.000 Jahren bedeckte ein 400 Meter mächtiger Eisstrom das Taurachtal.

Das Schmelzwasser des Gletschers sickerte durch Spalten in den Untergrund, mit im Gepäck war Gestein aus den Grundmoränen. In Verbindung mit den steten Wasserwirbeln kam es durch die reibende Wirkung der Steine zur Bildung von Hohlformen im Urgestein. Nach dem Ende der Eiszeit wurden die meisten dieser Gletschertöpfe von Erd- und Steinmaterial zugeschüttet und waren für ungeübte Augen kaum mehr wahrnehmbar. Der Wiener Geologe

Dr. Alex Tollmann konnte bei seinen Nachforschungen im Jahr 1961 verschiedene Standorte der Gletschermühlen lokalisieren und freilegen. Die bis zu vier Meter tiefen Auswaschungen liegen leicht erreichbar drei Kilometer nördlich von Mauterndorf im Talboden des Taurachtales unweit jener Stelle, an der die sogenannte „Römerstraße“ vorbeiführt.

Der gut einstündige Weg zu diesem sehenswerten Naturdenkmal trifft aber noch auf ein weiteres bemerkenswertes Industrie-Kulturdenkmal. Die Reste eines großen Eisenwalzhammerwerkes erinnern an die große Zeit der Lungauer Hammerwerke zwischen dem 16. bis hinein in das 19. Jahrhundert. Der Eisennagel im Wappen von Mauterndorf ist ebenfalls ein Hinweis auf dieses erfolgreiche Kapitel Lungauer Industriegeschichte.

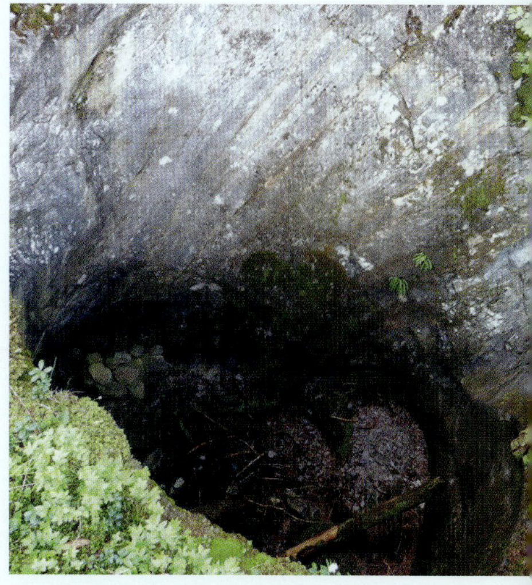

Die vom Wiener Geologen Tollmann entdeckte Gletschermühle war von meterhohem Geröll und Erdreich zugedeckt.

**Anfahrt PKW:** A 10, Abfahrt Altenmarkt. Auf B 99 über Radstadt bis Burgparkplatz Mauterndorf.

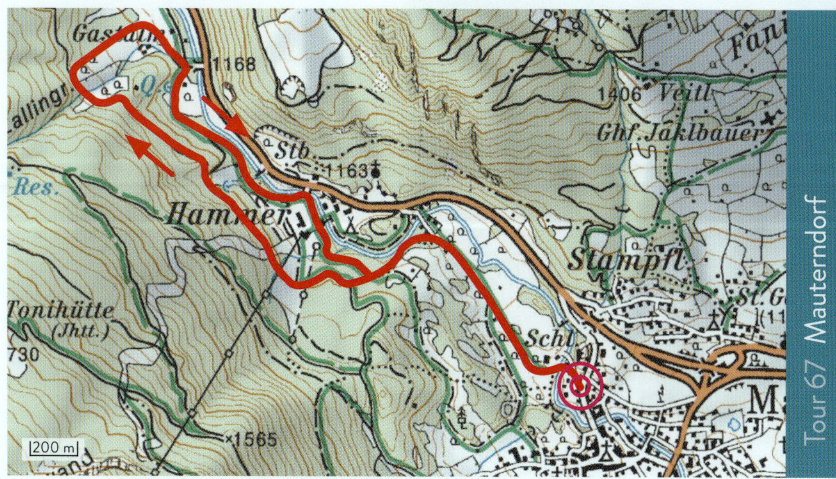

**Anfahrt Bus & Bahn:** mit Bus 280 ab Bhf. Radstadt (Vorplatz) bis Mauterndorf Stampfl oder mit Bus 270 ab Hbf. Salzburg (Engelbert-Weiß-Weg) bis Mauterndorf Ledermoos.

**Länge:** 5,5 Kilometer
**Höhenmeter:** 70
**Dauer:** 1 ½ Stunden
**Schwierigkeit:** T 2

**Gastronomie:**
Burgschenke Burg Mauterndorf,
www.burgschenke-mauterndorf.at
Gastronomie im Ort

**Reizvoll:** Die Aufeinanderfolge von eiszeitlichen und industriehistorischen Überresten macht die Wanderung zu einer spannenden Zeitreise.

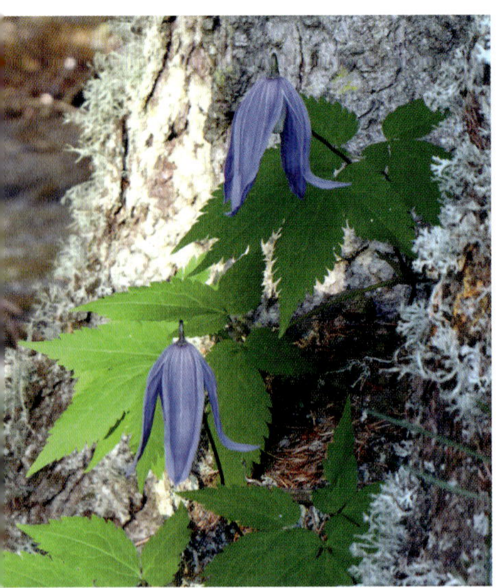

Die Alpenwaldrebe liebt kühle Orte.

**Tipp:** Besuch der „Familienburg" Mauterndorf, www.salzburg-burgen.at, Tel. +43 (0) 6472 / 7426

**Geologie:** Vier Gletschertöpfe wurden ab dem Jahr 1961 nördlich von Mauterndorf im Taurachtal freigelegt. Die bis zu vier Meter tiefen kreisrunden Aushöhlungen werden als Samsonwiege, Samsontöpfl sowie als Große und Kleine Gletschermühle bezeichnet. Entstanden sind sie im Laufe der Jahrtausende durch das Zusammenspiel von Wasserkraft und rotierenden Gesteinsteilchen. In den Wirbeln kann unter hohem Druck eine Fließgeschwindigkeit von 200 Stundenkilometern herrschen.

**Schutzstatus:** Naturdenkmal seit 1972

**Weitere Touren:** Rundwanderweg 43 Berghof Jackl – St. Gertrauden (2 Std., T 2). Moserkopf Weg 16 (Anstieg 2 Std., T 2). Rundwanderweg 39 Neusess – Begöriach (2 ¼ Std., T 1).

## Der Weg

Ausgangspunkt ist der Parkplatz (Bushaltestelle) kurz nach der Ortseinfahrt am Zugang zur Burg Mauterndorf. Entlang der Marktstraße geht es Richtung Zentrum am Schlossmeierhaus und am Brunnen vorbei, wenig später zweigt der beschilderte Weg zur „Annakapelle", bzw. zur Gletschermühle nach rechts ab. Der „Hammerweg" führt selbstredend zum historischen Hammerwerk, unsere Route aber

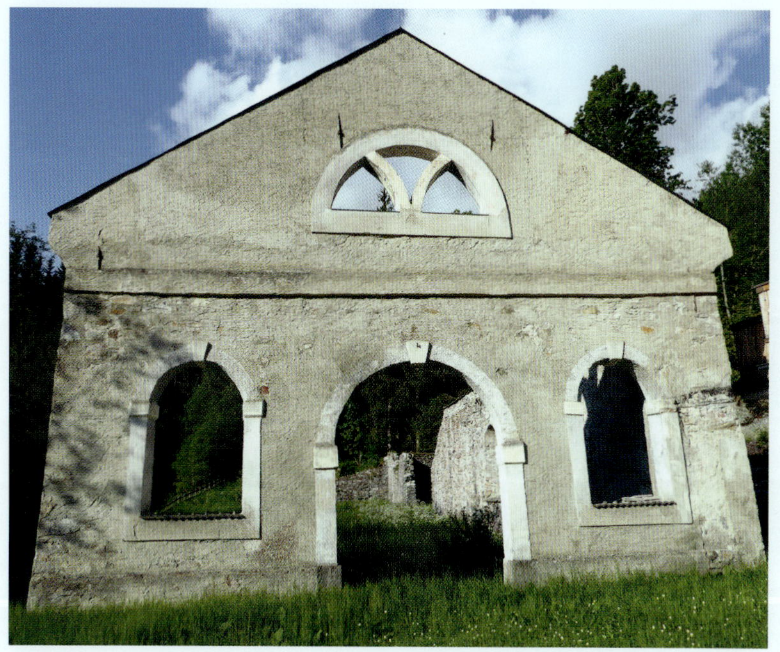

Das Industriedenkmal an der Taurach erinnert an ein Eisenwalz-Hammerwerk.

folgt noch zuvor, bald nach einem Bogensportparcours, dem nach links abzweigenden „Waldwanderweg". Der schmale Pfad beschreibt einen weiten, leicht ansteigenden Bogen zur Talstation der Großeck-Gondelbahn. Die Piste wird gequert, danach geht es auf einem breiten Wirtschaftsweg, immer den Wegweisern Annakapelle folgend, bis zur Abzweigung „Gletschermühlen", weiter. Das Naturdenkmal liegt, von Wald umgeben, fünf Gehminuten oberhalb.

Der Rückweg folgt bis zur Großeckbahn der bereits bekannten Route, dort zweigt der Weg 40 nach Mauterndorf linker Hand ab und führt entlang der Taurach retour. Nun liegen auch die wenigen, aber immer noch beeindruckenden Bauruinen des einst so bedeutenden Hammerwerks am Weg. Wieder beim Schlossmeierhaus am Fuß des Burghügels in Mauterndorf angelangt, drängt sich noch der lohnende, kurze Rundgang um den Burghügel auf. Dazu einige Meter auf dem südlichen Burgzugang bergauf und nach dem Tor nach links auf den Rundweg abzweigen. Fünfzehn Minuten später erreicht der phantasievoll angelegte Weg das Plateau in Parkplatznähe.

# 68 Wasserfallboden im Riedingtal

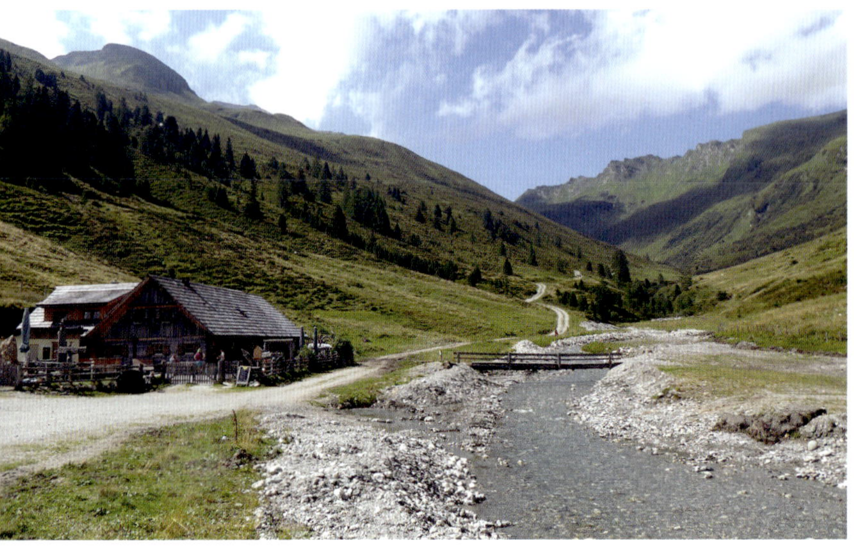

Die Örgenhiasalm im Hinteren Riedingtal.

Eine stille Wanderung im Naturpark Riedingtal zurück zum Ursprung des Riedingbaches.

Das Riedingtal im Gemeindegebiet von Zederhaus ist von einer großen landschaftlichen Vielfalt geprägt. Aus der Sicht der Geologen sind dafür die angrenzenden Gebirgseinheiten verantwortlich: Auf der nördlichen Talseite geben die Radstädter Tauern mit den gewaltigen Kalkgipfeln, wie dem beherrschenden Mosermandl (2680 m), den Ton an, südlich gegenüber machen sich die Ausläufer der Ankogelgruppe bemerkbar. Dazwischen verläuft der Riedingbach, dem bei dieser Wanderung die ganze Aufmerksamkeit gilt. Wer es genussvoll liebt und mit Kindern unterwegs ist, wird dem naturbelassenen Gebirgsbach bereits vom Parkplatz Schliereralm folgen und während der sechs Kilometer langen Wanderung auf nicht weniger als neun Almen treffen. Die meisten sind im Sommer bewirtschaftet, zudem werden die Besucher mit interessanten Informationen über das Leben auf der Alm versorgt.

Ganz anders dann das Bild im Talschluss bei der Königalm, wo die wesentlich anspruchsvollere und für Kleinkinder nicht geeignete

Wanderung zurück zum Ursprung des Riedingbaches beginnt. Der eineinhalbstündige Anstieg führt zu einem schon von weitem sichtbaren Wasserfall, der sich in beeindruckender Breite über die Felsflanke ergießt. Der kurze Steig auf die obere Kante zum Wasserfallboden ist mit Drahtseilen gesichert und erfordert Trittsicherheit.

Sehr hilfreich bei allen Unternehmungen im Riedingtal ist der Wanderbus, der während der Sommermonate im Einstunden-Rhythmus zwischen der Schliereralm und der sechs Kilometer entfernten Königalm verkehrt. Mehrere Haltestellen entlang der Busstrecke ermöglichen eine ganz individuelle Weggestaltung. Während der Sommersaison ist die Riedingtalstraße ab der Schliereralm für den privaten Verkehr gesperrt.

**Anfahrt PKW:** A 10, Abfahrt Zederhaus. Durch den Ort taleinwärts und 10 km bis zum Parkplatz Schliereralm (Maut). Mit Tälerbus stündlich, jeweils zur vollen Stunde, bis Endhaltestelle Königalm, retour stündlich um viertel nach (Bus fährt bis Mitte Sept.). Wenn der Tälerbus nicht mehr fährt, ist die mautpflichtige Zufahrt bis zum Talschluss Königalm möglich.
**Anfahrt Bus & Bahn:** ab Bhf. Bischofshofen (Vorplatz) mit Bus 270 bis Zederhaus Ortsmitte, mit Bus 700 bis Zederhaus Schliereralm, mit Tälerbus 772 bis Königalm.

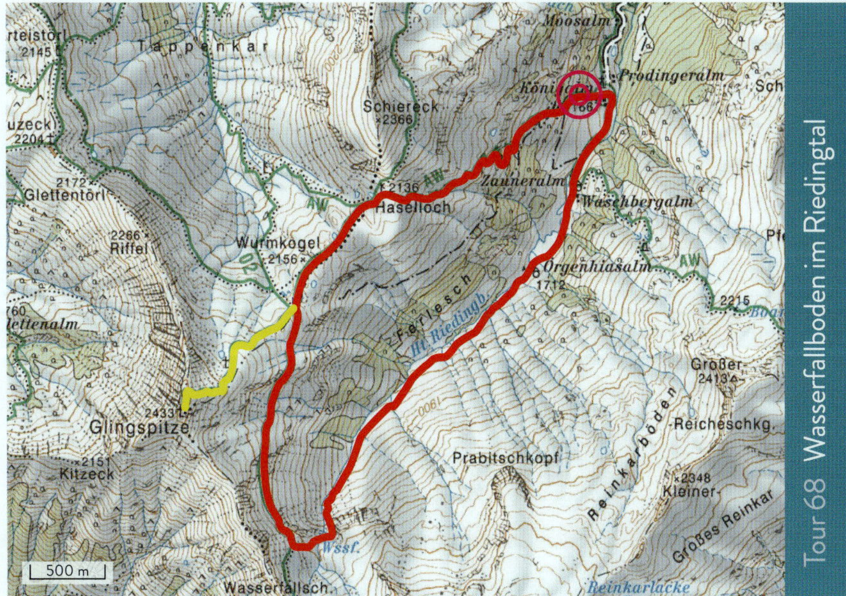

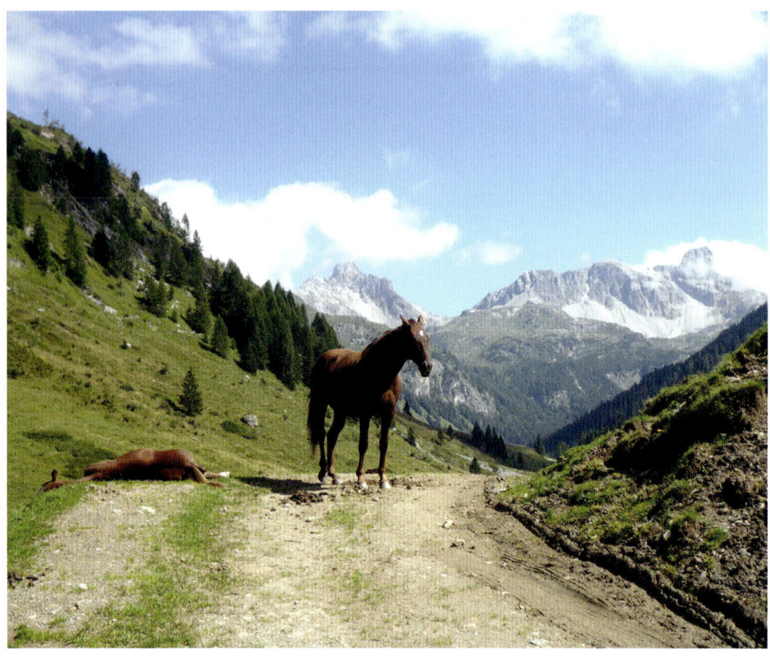

Auszeit im Riedingtal. Rechts im Hintergrund das wolkenumhangene Mosermandl.

**Länge (Runde Wasserfallboden):**
9 Kilometer
**Höhenmeter:** 530
**Dauer:** 3 ¾ Stunden
**Schwierigkeit:** Wasserfallboden T 3, Themenweg Almen T 1

**Gastronomie:** von der Schliereralm bis zur Örgenhiasalm zahlreiche Almen im Riedingtal mit unterschiedlichen Öffnungszeiten

**Reizvoll:** Während der vordere Abschnitt des Riedingtales zumeist sehr gut frequentiert ist, breitet sich im Talschluss die große Stille aus.

**Tipp:** Ein Stopp im Talort Zederhaus ist immer lohnend. Vor allem aber zwischen dem 24. Juni und dem 15. August (Mariä Himmelfahrt), denn da stehen in der Kirche die sechs Meter hohen, mit bis zu 50.000 Sommerblumen gebundenen Prangstangen.

**Geologie:** Im Riedingtal berühren sich mit der südwärts auftretenden Schieferhülle und der Kalkdecke im Norden zwei sehr unterschiedliche tektonische Einheiten. Allerdings ist eine scharfe Grenzziehung zwischen den beiden Einheiten nicht möglich. Das Erscheinungsbild des Riedingtals wurde wesentlich durch die glaziale Überformung in den Eiszeiten mitbestimmt. Die Gletscher reichten bis in eine Höhe von über 2000 Metern und hatten eine Mächtigkeit bis 1000 Meter. Im Hinteren Riedingtal erkennt man deutlich das durch den Gletscher geformte Trogtal (U-Form). In den höheren Regionen bildeten die Eismassen Kare und hobelten die Scharten zu den Nachbartälern aus, wie etwa die Wasserfallscharte am Ziel der Wanderung.

**Schutzstatus:** Natura-2000-Fläche im Hinteren Riedingtal

**Weitere Touren:** Almwanderweg ab Schliereralm bis Königalm (Themen- u. Erlebnisweg, 2 Std., T 1). Themen- u. Erlebnisweg Schlierersee (1 Std., T 1). Weißeck (2711 m) ab Königalm (Anstieg 3 Std., T 3).

## Der Weg

Ausgangspunkt für die Wanderung zum Wasserfallboden und damit zum Ursprung des Riedingbaches ist die Tälerbus-Endhaltestelle Königalm. Der zunächst noch breite, kaum ansteigende Wirtschaftsweg führt taleinwärts an der Zauner- und an der Örgenhiasalm (beide bewirtschaftet) vorbei, geht dann aber bald in einen schmalen Steig über. Nach einer guten Stunde ist der Auslauf des Wasserfalls erreicht, der sich da so beeindruckend über die markante Felsflanke ausdehnt. Wer nicht trittsicher oder schwindelfrei ist, könnte hier umdrehen und den prachtvollen Wasserfall in aller Ruhe genießen. Die alternative 3-Stunden-Runde über das Haselloch beginnt mit dem kurzzeitig anspruchsvollen, mit Drahtseilen gesicherten Abschnitt auf der linken Wasserfallseite. Im paradiesischen Wasserfallboden (2053 m) zweigt der Weg Richtung „Haselloch“ dann nach rechts ab und quert die Flanke der Glingspitze (2433 m). Der Gipfel kann bei entsprechenden Kraft- und Zeitreserven über den Nordostkamm leicht „mitgenommen“ werden. Der Rückweg zum Ausgangspunkt Königalm aber zweigt beim Kreuzungspunkt Haselloch (2135 m) nach rechts ab und erreicht nach eineinhalb aussichts- und blumenreichen Stunden den Talschluss.

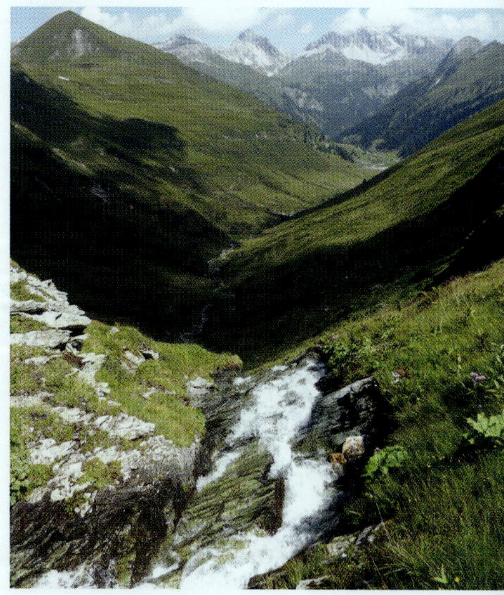

Vom Wasserfallboden Richtung Riedingtal.

# 69 Granier- und Ulnwasserfall

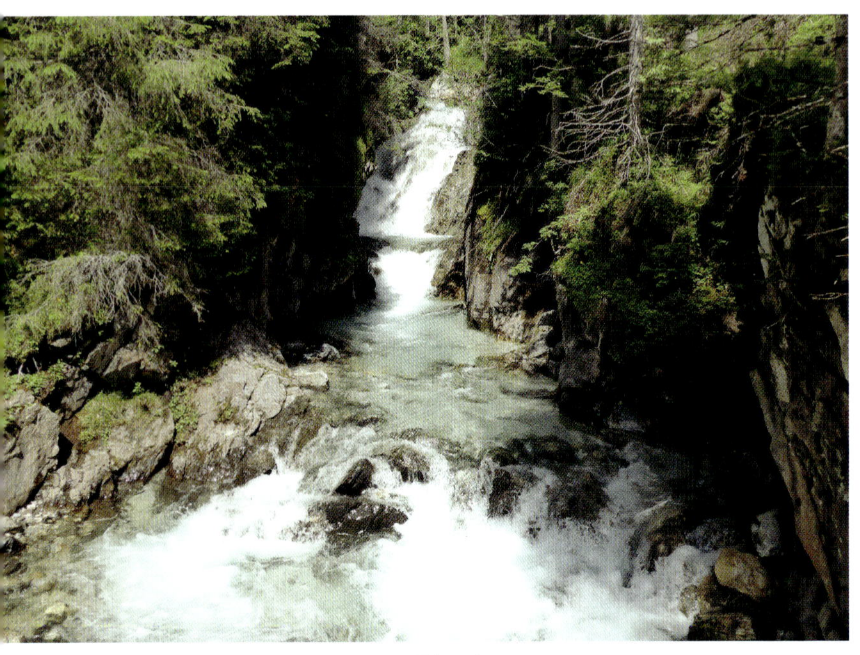

Der Ulnwasserfall am Umkehrpunkt der Talwanderung.

**Eine kinderleichte Wanderung zwischen der Dicktler- und der Ulnhütte im Hinteren Weißpriachtal entlang der Lonka.**

Der Weg durch das Weißpriachtal war schon in der frühen Besiedelungsgeschichte des Lungaues von großer wirtschaftlicher Bedeutung. Diese relativ bequeme und sichere Nord-Süd-Verbindung wurde bereits lange Zeit vor der parallel laufenden, auch heute noch als Verkehrsroute verwendeten „Römerstraße“ (B 99 über den Radstädter Tauern) benutzt. Wahrscheinlich waren die vorwiegend slawischen Händler und Säumer von der Abfolge mit den fruchtbaren Weideböden genauso begeistert, wie es die Wanderer in der heutigen Zeit sind – wenn auch aus anderen Beweggründen. Der familienfreundliche, knapp fünf Kilometer lange Abschnitt zwischen der Jausenstation Dicktlerhütte (1150 m) und dem Ulnwasserfall (1350 m) an der Abzweigung zur Toni-Mörtl-Hütte wird vom Gebirgsbach Lonka begleitet. Der Name leitet sich vermutlich aus dem keltischen Wort

Lonkina (= gekrümmt) ab, eine Bezeichnung, die später für den ganzen Landschaftsteil Lungau übernommen wurde. Besonders im Unterlauf und dann nach der Engstelle „Lahntörl“ erscheint die keltische Namensgebung durch die vielen malerischen Mäander recht plausibel. Eine andere Namenserklärung bietet das ähnlich klingende altslawische Wort „Lonka“ für Sumpf oder Moor. Entlang der Strecke finden sich beide Landschaftsformen, Sumpfwiesen durchzogen von Bachmäandern, dazu dann noch wunderbare Rastplätze. Jener kurz nach der Dicktlerhütte ist eines der sogenannten „Glücksplatzln“ und gibt den Blick auf den gegenüberliegenden Granierwasserfall frei.

**Anfahrt PKW:** A 10 Ausfahrt St. Micheal, weiter B 99 Richtung Mauterndorf und B 95 Richtung Mariapfarr. Vor Mariapfarr links nach Weißpriach (L 224) bis zum Parkplatz P 4 Dicktlerhütte.
**Anfahrt Bus & Bahn:** ab Mariapfarr mit Bus 720 bis Weißpriach, Tälerbus bis Dicktlerhütte (Ende erste Juli- bis Ende erste Septemberwoche = Salzburger Schul-Sommerferien). Retour mit Lungauer Tälerbus ab Ulnhütte.

**Länge:** 5 Kilometer
**Höhenmeter:** 200

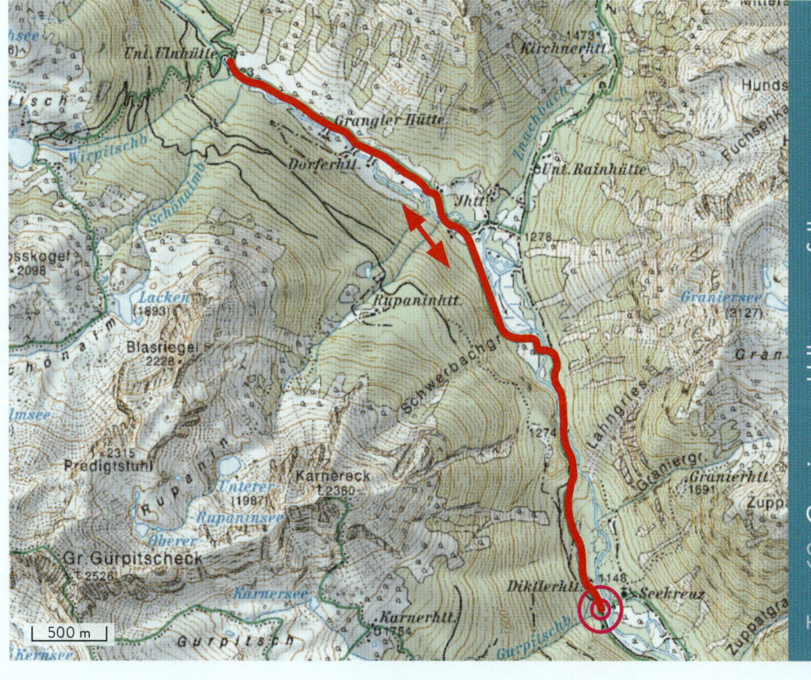

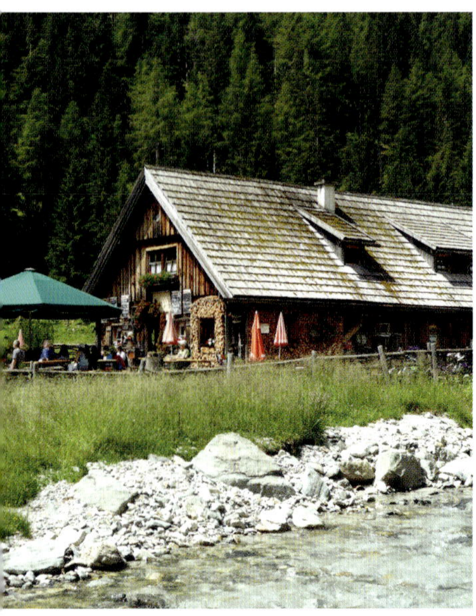

Die Granglerhütte.

**Dauer:** 1 ½ Stunden
**Schwierigkeit:** T 1

**Gastronomie:** Granglerhütte, Familie Bergmann, Hinterweißpriach, 5573 Weißpriach, Tel. +43 (0) 64 73 / 73 10, www.hausbergmann.at
Jausenstation Dicktlerhütte, Fam. Bogensperger, Tel. +43 (0) 664 / 649 09 10

**Reizvoll:** dabei sein und miterleben, wie sich die Lonka im Hinteren Weißpriachtal zu einem der Hauptflüsse im Lungau sammelt

**Tipp:** Besuch der Rupert-Kirche im Ort Weißpriach. Prachtvolle Fresken aus der Zeit um 1240

**Geologie:** Das Hintere Weißpriachtal liegt in einer Übergangszone und wird ostwärts von der Schladminger Gneisdecke geprägt. Der Ulnwasserfall befindet sich auf der westlichen Talseite, hier sind die Weißpriach-Gneislamellen maßgebend. Das Tal kann auf eine sehr aktive Bergbaugeschichte zurückblicken: Nicht weniger als elf Bergbaubetriebe sind nachweisbar. Etliche Bergnamen weisen auf die abbauwürdigen Vorkommen hin. Die Zinkwand (2442 m) über dem Knappenkarsee im hinteren Znachtal war einer der wichtigsten Fundorte. Die Hauptschmelzanlage für das Erz der Zinkwand lag an der Abzweigung des Znachtales nahe beim letzten Parkplatz im Weißpriachtal unweit der Granglerhütte.

**Schutzstatus:** Biosphärenpark Lungau

**Weitere Touren:** ab PP Dicktler Hütte – Toni-Mörtl-Hütte (Anstieg 2 ¼ Std., T 2). Pilz-Lehrpfad (1 Std., T 2). Ab Talschlussparkplatz – Znachtal – Greinmeisteralm 1620 m (Anstieg 1,5 Std., T 2).

## Der Weg

Ausgangspunkt ist der Parkplatz P 4 nahe der Dicktlerhütte (Mitte Mai bis Ende Okt., Mo. und Di. Ruhetage). Der kinderwagentaugliche Wirtschaftsweg führt geradeaus, der verkehrsfreie Fußweg zweigt nach rechts ab und erreicht bald das liebevoll gestaltete „Glücksplatzl“ am Wasserfall. Nach dieser kleinen Geländestufe mündet der Pfad in Höhe der Lahnbrücke (1272 m) wieder in den Wirtschaftsweg ein. Das enge „Lonka Lahntörl“ ist wie geschaffen für unheimliche Sagen, die es natürlich auch hier gibt, aber gleich wird das Gelände wieder breiter und bietet dem jungen Fluss viel Platz. Bei der nächsten Weggabelung erhält die Lonka Unterstützung durch den Znachbach, der aus dem gleichnamigen Tal aus nördlicher Richtung zufließt. Hier befindet sich noch eine allerletzte Parkmöglichkeit für die Benützer der mautpflichtigen Zufahrt. Das nordwestwärts verlaufende Haupttal (Weg 790) erreicht nach 1,3 Kilometern die Granglerhütte. Sie steht auf einem paradiesischen Flecken direkt neben der Lonka und bietet neben regionalen Schmankerln viele Spielmöglichkeiten für die kleinen Gäste. Von der Granglerhütte führt der leicht ansteigende Weg noch einen Kilometer taleinwärts zur unbewirtschafteten Ulnhütte. Kurz nach der Abzweigung zur Toni-Mörtl-Hütte befindet sich auf der rechten Seite der attraktive Ulnwasserfall. Der Rückweg folgt der bereits bekannten Strecke. Alternativ dazu fährt in den Sommermonaten der Tälerbus vom Umkehrpunkt Ulnhütte retour.

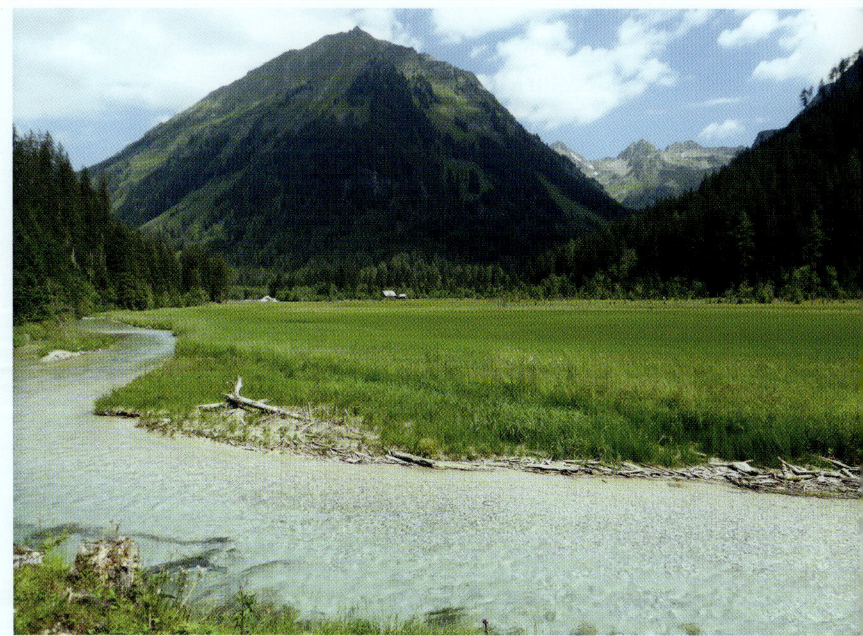

Das Weißpriachtal verläuft geradeaus, das Znachtal zweigt nach rechts ab.

# 70 Wasserweg Leisnitz

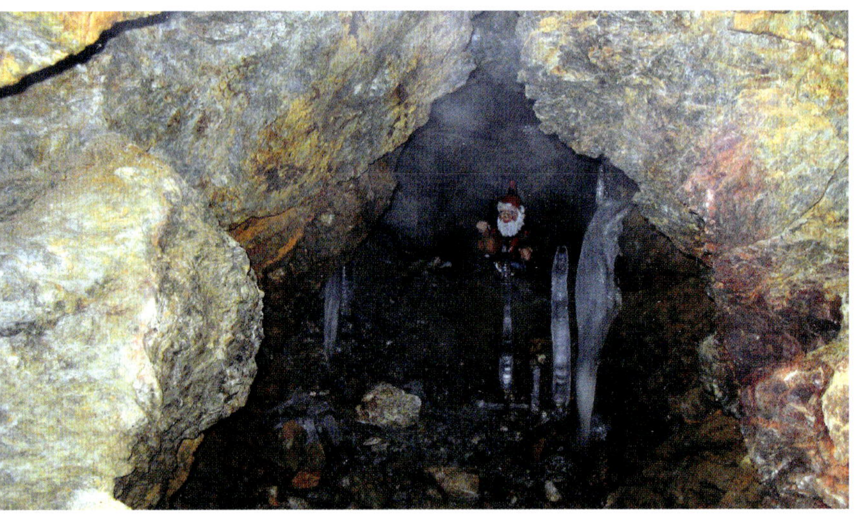

Der Leisnitz-Uferweg steckt voller kleiner Überraschungen für die jüngsten Gäste.

Der kleine Leisnitz-Bach ist sanft und lieblich, kann aber auch verheerende Schäden anrichten.

Die Kraft des Wassers ist ein Segen, wenn sie richtig dosiert eingesetzt werden kann. Die Erfindung der Mühlen hat die Landwirtschaft verändert. Das gemahlene Korn und die Produkte, die daraus hergestellt werden konnten, waren ein entscheidender Eckpfeiler für die Versorgung der Bevölkerung. Auch für die metallverarbeitende Industrie war die Wasserkraft eine unabdingbare Voraussetzung. Im Lungau gab es zahlreiche Hammerwerke, in denen das qualitativ hochwertige Eisen aus den Nockbergen veredelt wurde. Später kamen die Kraftwerke hinzu, die den elektrischen Strom in die Häuser lieferten.

Ein großes Problem war und ist die Unberechenbarkeit der Bäche und Flüsse. Die Leisnitz, die aus den Nockbergen kommend durch St. Margarethen fließt, ist ein bildhübscher, für viele Zwecke geeigneter Bach. Trotzdem kann er extreme Verwüstungen verursachen. Der reich beschilderte Wasserweg Leisnitz erklärt viele Aspekte rund um das Thema, am Ende betrachtet man das Gewässer mit differenziertem Blick.

Interessant ist auch der geschichtliche Rückblick in den „Lungauer Aufzeichnungen", die wir dem berühmten Topographen und Schriftsteller Ignaz von Kürsinger (1795–1861) zu verdanken haben. Nach der Schilderung dieser Katastrophen mit Todesopfern ist es auch nicht verwunderlich, dass die Leisnitz bereits 1893 bis 1896 umfassend gesichert wurde. Diese aus Stein gemauerten Schutzbauten sind noch immer ein wichtiger Bestandteil des heutigen, modernen Sicherheitskonzeptes. Der ausgeschilderte Themenweg demonstriert, wie sinnvoll altes Wissen mit modernen Murbrechern und Dosierwerken kombiniert werden kann. Heute ist der Bach weitgehend gezähmt, aber der Respekt ist geblieben. Die Volksschüler von St. Margarethen haben dazu „Sagenhaftes" beigesteuert und am höchsten Punkt des lehrreichen Familienausfluges wartet noch ein imposantes Wildgatter.

**Anfahrt PKW:** A 10, Abfahrt St. Michael. Von St. Michael 5 km auf der B 99 in das Zentrum von St. Margarethen. Parkplatz vor der Kirche.
**Anfahrt Bus & Bahn:** ab Radstadt Bhf. (Vorplatz) mit Bus 280 bis St. Margarethen Ortsmitte.

**Länge:** 5 Kilometer
**Höhenmeter:** 250
**Dauer:** 2 Stunden
**Schwierigkeit:** T 2

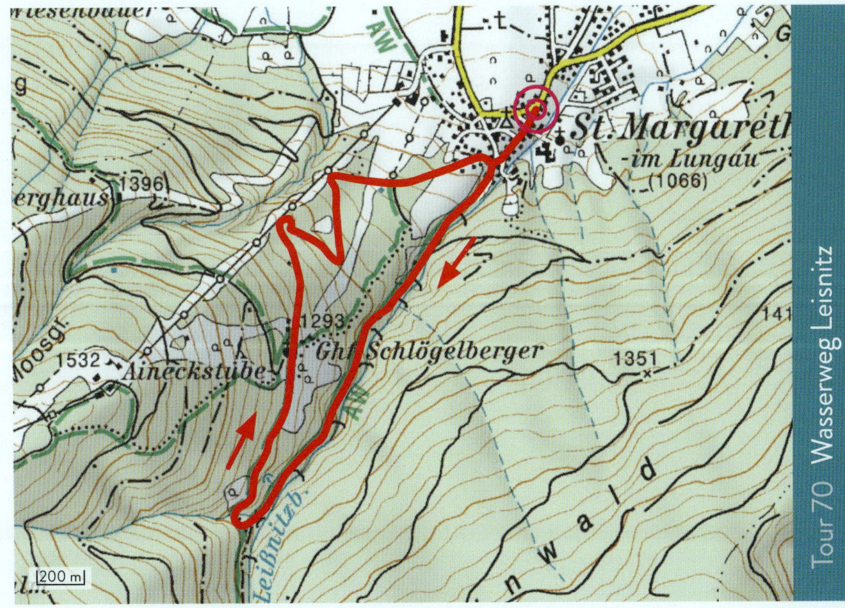

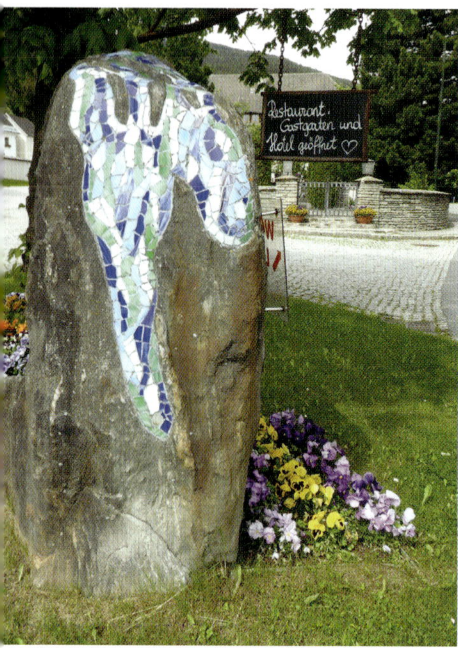


Wasserstein in St. Margarethen.

**Gastronomie:** im Ort Gasthof Löcker, Tel +43 (0) 64 76 / 212, Gasthof Zal-lerwirt, Tel +43 (0) 64 76 / 207 und während der Wanderung Gasthof Schlö-gelberger, Tel +43 (0) 64 76 / 313

**Reizvoll:** Wie die gefundenen römischen Meilensteine zeigen, sind auch die Römer diesen „Themenweg" entlang der Leisnitz schon gegangen.

**Tipp:** Wer mit Kindern unterwegs ist, sollte unbedingt eine Schatzkarte aus dem Tourismusbüro mitnehmen, für die es dann, sofern alle Rätsel gelöst sind, im Gasthof Schlögelberger ein kleines Geschenk gibt.

**Geologie:** Interessante Details zur Wildbachverbauung, die an der Leisnitz bereits Anfang des 19. Jahrhunderts zu ersten, effizienten Schutzmaßnahmen führten. Heute sind historische und moderne Techniken sinnvoll kombiniert.

**Schutzstatus:** Biosphärenpark Lungau

## Der Weg

Ausgangspunkt ist der dekorative, mit Mosaiksteinen verzierte Wasserstein am Parkplatz vor der Kirche, der aus dem Flussbett des Leisnitzgrabens stammt. Der Weg führt an der gotischen Kirche vorbei durch den Ort, dann folgen zwei kühle Kilometer dem Grabenverlauf entlang flussaufwärts. Die verschiedenen Stationen präsentieren viel Theorie rund um die Leisnitz, als praxistaugliche Gegenstücke finden sich aber natürlich auch einige passende Einstiegsstellen in die glasklare Materie. An heißen Sommertagen ist zumindest das Fußbad im eiskalten Wasser bestimmt eine Wohltat. Bevor die Route nach rechts zum Gasthof Schlögelberger abzweigt, führt noch ein kurzer Stichweg zum sehenswerten Wasserfall. An einem Römerstein vorbei endet der Wasserweg schließlich beim wunderbar aussichtsreich gelegenen Gasthof Schlögelberger und dem angeschlossenen Wildgehege. Eine alternative Möglichkeit für den Rückweg nach St. Margarethen eröffnet die 1,8 Kilometer lange Zufahrt.

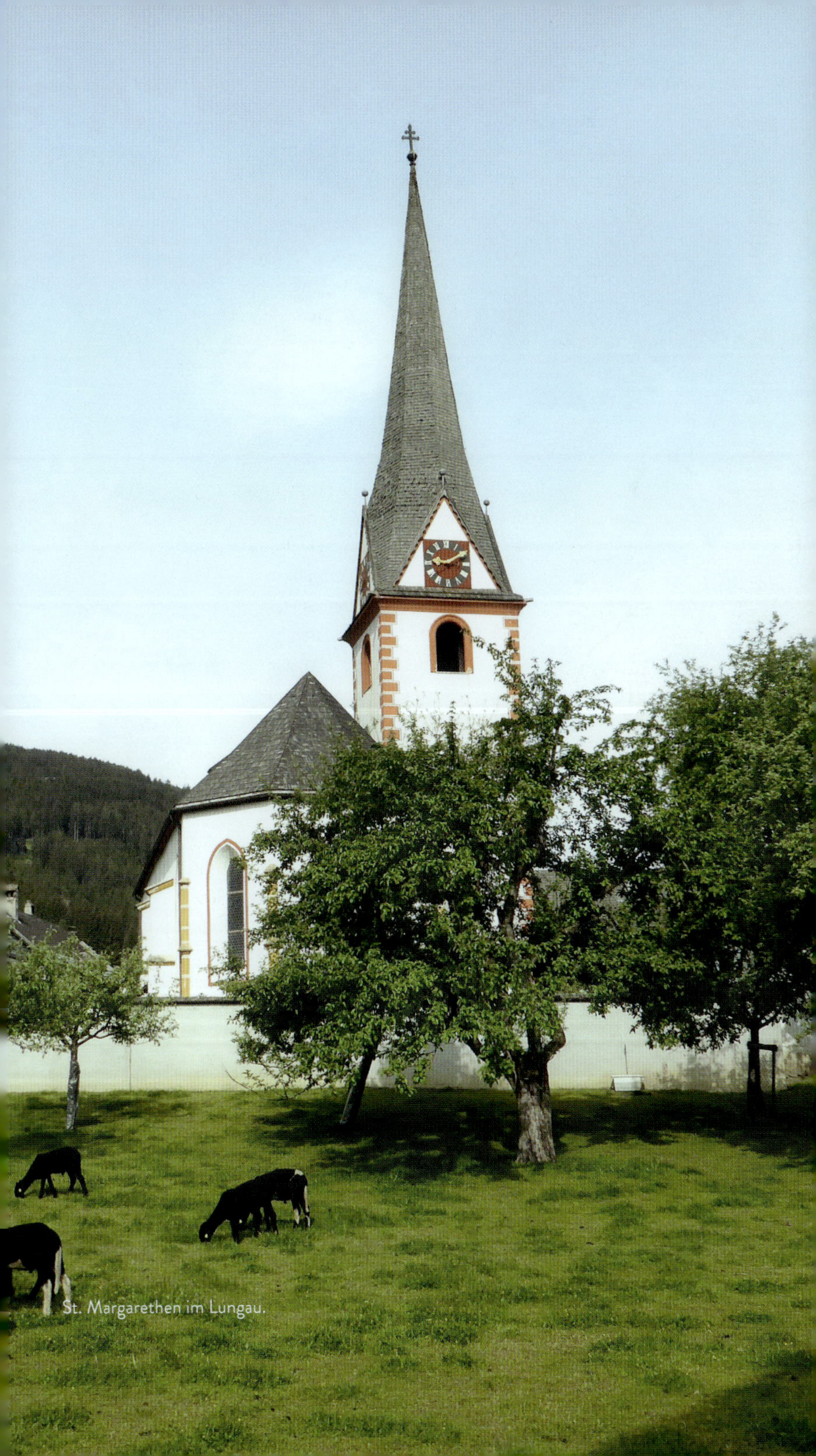

St. Margarethen im Lungau.

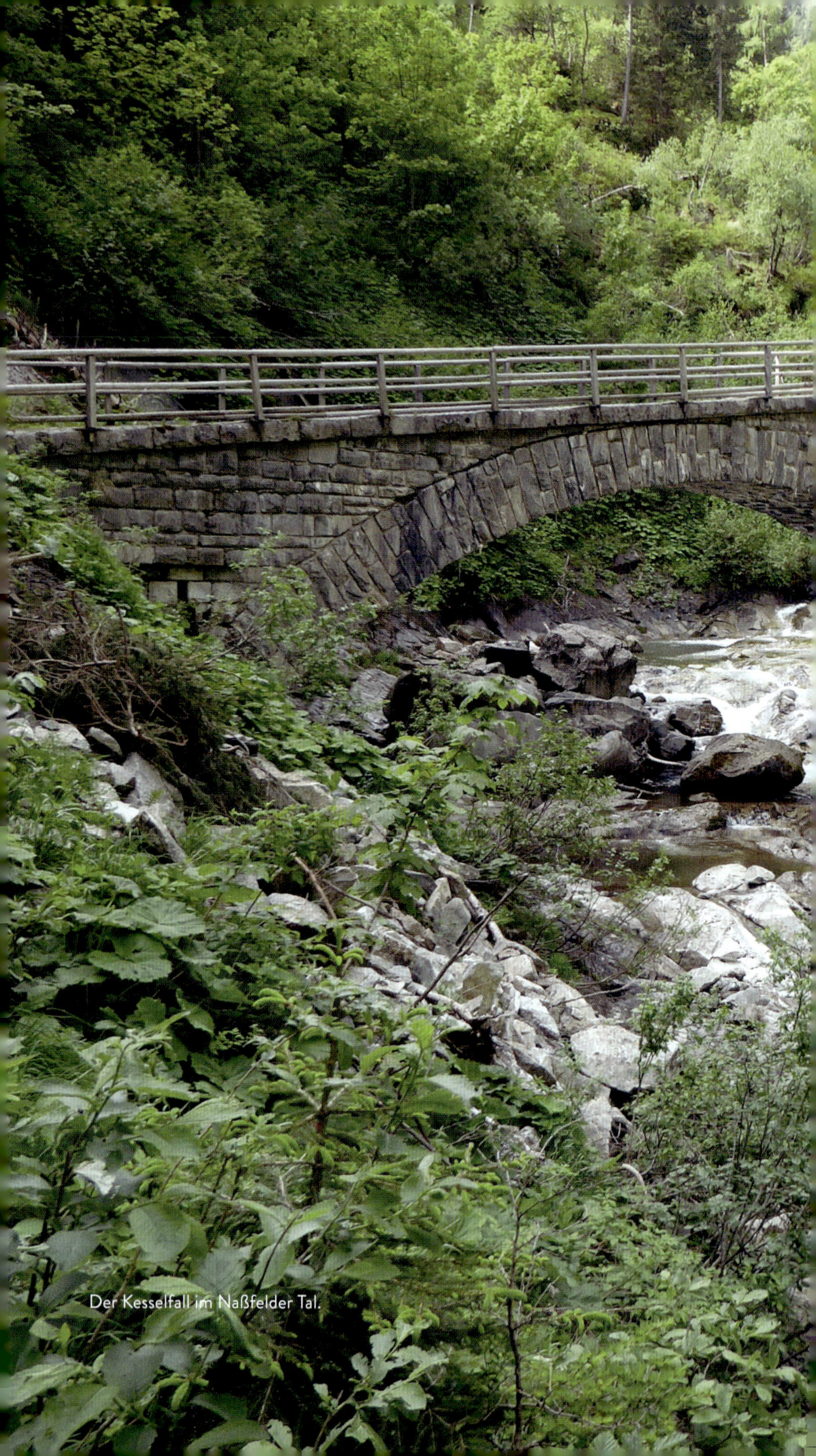

Der Kesselfall im Naßfelder Tal.

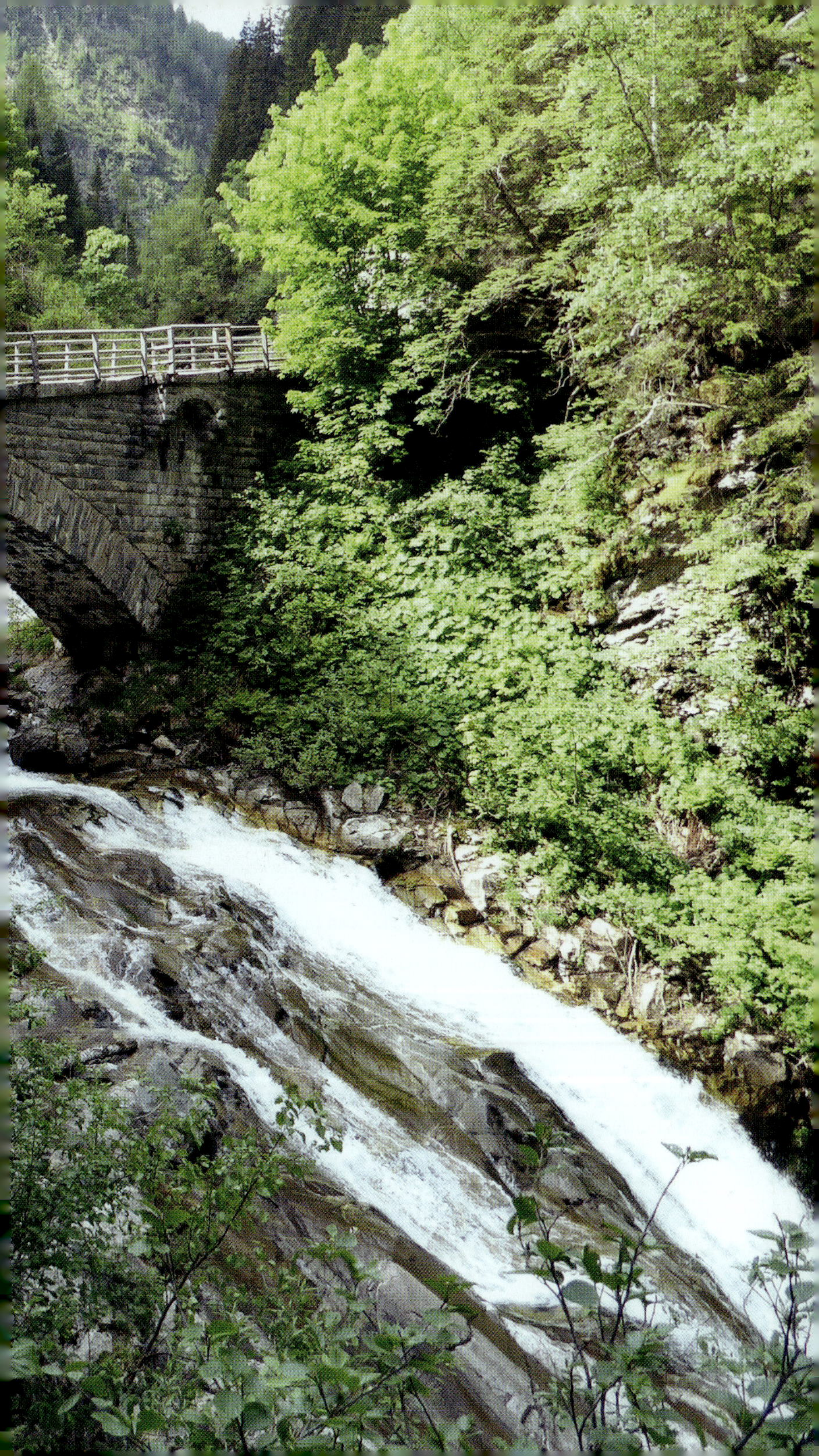

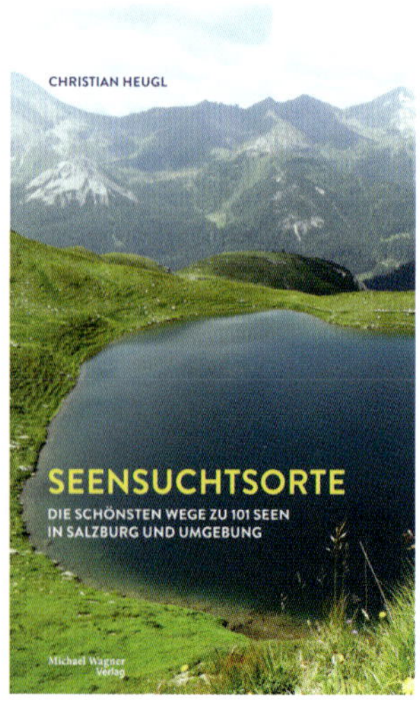


Christian Heugl

**Seensuchtsorte**
Die schönsten Wege zu
101 Seen in Salzburg und Umgebung

340 Seiten, Klappenbroschüre
ISBN 978-3-7107-6702-9
€ 19,90

**Geben Sie sich der Seensucht hin!**
Salzburg und seine Nachbarregionen sind mit über 600 stehenden Gewässern ein außerordentlich seenreiches Gebiet. Nicht nur die Anzahl, sondern auch die Vielfalt der Seen ist erstaunlich: von erfrischenden Badeseen im sanft-hügeligen Alpenvorland über mystische Fischweiher bis hin zu glasklaren Gletscherseen am Alpenhauptkamm. Ob Genusswanderer oder erfahrene Gipfelstürmerin, hier findet jede/r Wanderlustige die wohlverdiente Erfrischung!

Dieses Buch stellt die attraktivsten Gewässer Salzburgs in den Mittelpunkt und zeigt die schönsten Wege zu diesen Naturjuwelen. Unterwegs versorgt Sie Christian Heugl mit wissenswerten Infos und erzählt die spannendsten Legenden, die sich um die Seen ranken.

- Detaillierte Wegbeschreibungen zu 101 Seen im Salzburger Flachgau, Salzkammergut, Tennengau, Lungau, Pongau und Pinzgau sowie auf der Innviertler Seenplatte und im bayrischen Grenzgebiet zu Salzburg
- Vorbereitung ist der halbe Weg: Mit genauen Angaben zu Wegcharakter, Gehzeit und Höhenmetern wissen Sie, was auf Sie zukommt.
- Orientierungshilfe: Anschauliche Karten zu jeder Tour helfen, immer den Überblick zu bewahren.
- Faszinierendes Wissen zur Entstehung der Seen und zu ihren abenteuerlichen Geschichten
- Facts, Facts, Facts: Infos zu Größe, Tiefe und Lage der Seen für die perfekte Tourenauswahl

Michael Wagner **Verlag**

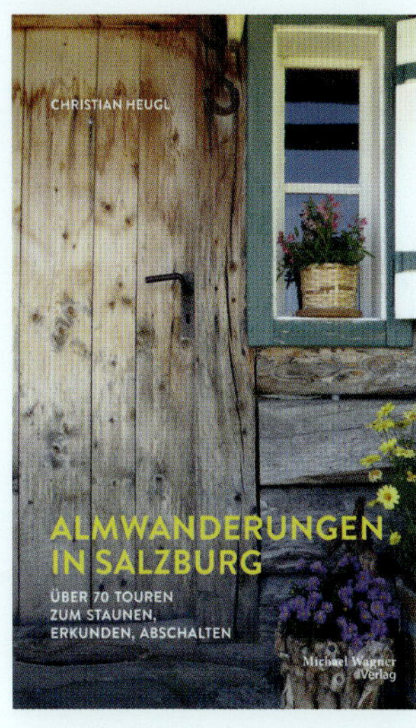


Christian Heugl

**Almwanderungen in Salzburg**
**Über 70 Touren zum Staunen, Erkunden, Abschalten**

340 Seiten, Klappenbroschüre
ISBN 978-3-7107-6774-6
€ 19,90

**Kulturlandschaft zum Wandern nah!**

Für Ihre Almwanderungen gibt es keinen besseren Begleiter als Christian Heugl. Denn er kennt die Almen und Hütten in Salzburg und Bayern wie seine Westentasche – oder sollten wir sagen: wie seinen Wanderrucksack?

Bei den mehr als 70 Almen ist für jeden etwas dabei: Von einstündigen Genießer-Ausflügen bis zu mehrstündigen Touren für Wanderwütige finden Sie in diesem Wanderführer alles. Zu jeder Tour verrät Ihnen Christian Heugl Hintergrundinfos und Besonderheiten der Alm, gibt Ihnen Insidertipps, welche Spezialität Sie unbedingt probieren und welche versteckten Schätze Sie erkunden müssen. Übersichtliche Karten runden die Tourenbeschreibungen ab und sorgen dafür, dass Sie immer den Überblick bewahren. So kann der Berg kommen!

- Höhenluft schnuppern: detaillierte Wegbeschreibungen zu über 70 Almen in ganz Salzburg sowie im benachbarten Salzkammergut und im bayerischen Grenzgebiet zu Salzburg
- Mit genauen Angaben zu Wegcharakter, Gehzeit und Höhenmetern gibt es keine Überraschungen. Anschauliche Karten zu jeder Tour erleichtern die Orientierung.
- Ein Einblick in frühere Almleben und die Geschichte der einzelnen Almen
- Christian Heugl verrät, welche Almen mit dem Mountainbike erobert werden können.
- Sprechen Sie Almisch? Stöbern Sie während der Gehpausen in Almvokabeln.

**Michael Wagner Verlag**